幸福产业丛书

总策划◎程安东

CHINA'S
HAPPINESS
INDUSTRY
SYSTEM

中国幸福产业体系论

党兴华　吴艳霞　王文莉◎著

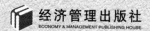
经济管理出版社
ECONOMY & MANAGEMENT PUBLISHING HOUSE

图书在版编目（CIP）数据

中国幸福产业体系论／党兴华，吴艳霞，王文莉著. —北京：经济管理出版社，2021.4
ISBN 978-7-5096-7970-8

Ⅰ.①中… Ⅱ.①党… ②吴… ③王… Ⅲ.①产业体系—研究—中国 Ⅳ.①F121.3

中国版本图书馆 CIP 数据核字（2021）第 081695 号

组稿编辑：王光艳
责任编辑：丁光尧
责任印制：黄章平
责任校对：王淑卿

出版发行：经济管理出版社
　　　　　（北京市海淀区北蜂窝 8 号中雅大厦 A 座 11 层　 100038）
网　　　址：www. E-mp. com. cn
电　　　话：(010) 51915602
印　　　刷：唐山昊达印刷有限公司
经　　　销：新华书店
开　　　本：710mm×1000mm /16
印　　　张：28.5
字　　　数：527 千字
版　　　次：2021 年 6 月第 1 版　　 2021 年 6 月第 1 次印刷
书　　　号：ISBN 978-7-5096-7970-8
定　　　价：98.00 元

前　言

在经济社会发展现实中，人民的收入水平本应该随着经济的繁荣和社会综合发展水平的不断提高，但是，由于各个产业很难同步发展，不同产业发展水平的高低决定了就业群体的收入差距。加上科技不断进步，新兴产业实现高劳动生产率、高效率，必然带来收入的提高。因而，笨重体力劳动者收入低，智慧劳动者收入高，已是实施社会主义分配原则的一大难题。在一次分配中既要效率又要兼顾公平是解决不了的难题，只有动用国家力量通过二、三次分配才能予以缓解。中国特色社会主义建设也无法忽视实践已证明是正确的经济法则，可见，在深化改革、扩大开放、加快发展的总体推进中公平分配只能是相对的。整个社会主义时期都会存在分配差距，人们要设身处地地对待分配公平，因为平均分配很有可能会制约经济发展和社会进步。

我国现状也证明了上述论点。一方面，亿万富翁数名列世界前茅，另一方面，还有一些收入较低人群。当然，其中部分原因在于非公有经济的快速发展。国家鼓励创业，鼓励非公有经济发展，这是符合国家大局和整体利益的。私人资本的出现进一步加剧了社会分配差距的扩大，这是我国社会主义新时期一个客观存在的社会问题。一方面，我们要继续鼓励一部分人富起来；另一方面，要努力持续增加中低收入人群的收入，缩小社会分配的差距。

我国人均国民生产总值已超 1 万美元，总体上达到了中等收入偏上国家水平，人民吃、住、行都得到了明显的改善，老百姓的获得感、幸福感有了显著增强。但为什么仍有不少人感到不满，怨声常在呢？这是因为现实社会生活中确实还存在着看病难、看病贵，入托难、入托贵，上学难，住房难，养老难，食品安全风险等忧虑，有待通过经济持续发展、依法全面治理社会来解决。

习近平总书记在党的十九大报告中指出，"促进社会公平正义，在幼有所育、学有所教、劳有所得、病有所医、老有所养、住有所居、弱有所扶上不断取得新进展"。社会主义建设必须坚持以人民为中心，实现改革开放发展的成果由人民共享，不断解决经济社会发展中的短板，建设一个能让人民安身、安心的和谐社会。全面提高我国的社会竞争力，增强社会活力，实现社会长治久安，促进经济稳定持续发展。只有这样，才能在世界大变局中立于不败之地。

为此在未来五年发展规划中，应该在重点发展战略性的新兴产业和高新技术产业的同时，更加关注民生经济，大力发展老百姓身边的产业，也就是"幸福产业"。着力解决或缓解人民生活客观存在的难点，实实在在地增加老百姓的获得感和幸福感，最大限度地调动全民建设中国特色社会主义的积极性和创造性。为实现"两个一百年"的宏伟目标，家家参与，人人动员，全民一致行动，任何困难都能克服，世界的任何变化都能应对。

我们提出的十大幸福产业都是贴近人民生活的产业，充分体现了民生经济的内涵，而且都具有服务业的特点，客观地实践了为人民服务的宗旨。可以预测，十大幸福产业如果能列入国家发展战略，必将推动国内大循环的形成和国民消费水平的提高。在逆全球化思潮的影响下和保护主义抬头的世界经济发展预期中，扩大内需是拉动我国经济发展的着力点。可见，发展幸福产业应该成为我国今后一段时间国民经济发展的战略重点。我国人口众多，对幸福产业的需求庞大，发展幸福产业既可满足人民的需求，提高获得感和幸福感，又可保持经济稳定增长。因为人民收入水平提高了，购买力也随之增长，幸福产业发展市场潜力巨大，应该是国民经济中最具有稳定性的产业。随着经济的发展和社会的进步，人民对更高生活质量的追求必将在较长的时间内推动幸福产业的发展和增长。人民幸福是我们追求的目标，因而贴近民生的幸福产业一定是发展前景广阔的朝阳产业。

本书的研究内容由陕西省原省长程安东统筹策划，西安理工大学城市战略研究院常务副院长党兴华教授总体负责。全书共分四篇二十章。

第一篇：幸福产业体系之总论篇。包括三章：第一章为研究概述。阐述了研究背景、研究意义、国内外相关文献综述、研究思路、研究目标、研究内容与研究框架。第二章为理论基础与国际借鉴。对研究所涉及的相关理论（人类需求理论、国内外幸福论、公共产品理论、幸福产业理论）进行阐述，对国外幸福产业发展进行系统论述，为本书幸福产业体系构建提供理论借鉴。第三章为幸福产业体系的构成与分析，提出本书幸福产业体系的构成与分类，为研究奠定丰厚理论基础。本篇的主要完成人员为杨冬民、魏龙、向希尧（按章节排序）。

第二篇：幸福产业体系之产业篇。根据总论中幸福产业分类方式，对幸福产业进行系统深入的分类研究。第一，对该类产业的特征、性质与构成进行综合论述；第二，对该产业与幸福感的关系进行理论分析与数理统计分析（运用因子分析、回归分析等实证分析方法）；第三，对国内外该产业发展模式进行分析；第四，对该产业发展方向与重点进行规范分析；第五，对该产业发展影响因素进行分析；第六，对我国该产业发展的现状、模式、重点、对策进行研究。本篇的主要完成人员为赵璟、刚翠翠、胡海青、王华、赵立雨、吕霄、王晓东、熊国强、许璐、薛伟贤、杨毅、蔡俊亚、邹晓斌、张萌物（按章节排序）。

　　第三篇：幸福产业体系之保障制度篇。第一，该部分阐述了完善的社会保障制度的组成部分（城乡一体化医疗保险与养老保险制度、普惠的失业保险制度与退休金制度以及完善的社会救济制度）。第二，对各保障制度进行系统研究，包括如下内容：①该制度的概念、类型及作用；②该制度与人民幸福感的关系；③该制度的国内外比较研究；④该制度的发展内容与重点；⑤该制度发展的规范研究；⑥我国该制度发展的研究回顾与现状分析。本篇的主要完成人员为吴艳霞、王文莉（按章节排序）。

　　第四篇：幸福产业体系之归结篇。第一，该部分阐述了构建幸福产业与社会保障制度的需求：①社会生活之共同需求；②满足最低消费的需求；③高收入阶层也能得到满足。第二，提出幸福产业的特征：①人人可参与的均等产业；②物质文明与精神文明融合的产业；③永恒社会需求与永久朝阳产业；④现代经济体系中最稳定的产业。第三，提出构建幸福产业与社会保障制度的必要性：经济持续稳定发展的定海神针。本篇的主要完成人员为杨冬民、向希尧、魏龙（按章节排序）。

　　全书由党兴华、吴艳霞进行总纂稿。

目 录
CONTENTS

第一篇　总论篇

第五章　"米袋子""菜篮子""果盘子"产业发展研究 …………… 094

第四篇 归结篇

第 一 篇

总论篇

第一章

研究概述

第一节 研究背景与研究意义

一、研究背景

幸福是一个永恒的命题，千百年来，人类都在寻找幸福、追求幸福，进而达到幸福，古今中外，概莫能外。尽管在不同历史条件下，人们对幸福的具体定义有所不同，但究其本质而言，人们是拥有普遍认可的幸福观的，即在生理、安全等基本需求得以满足的基础上，追求更高层次的情感需求和自我实现。改革开放以来，中国经济社会取得了长足进步，生产力解放、物质财富增加、社会生态稳定都在彰显中国共产党领导下的社会主义迈入了崭新的时代，中国人民实现了"站起来到富起来"的历史跨越。然而，物质"富起来"的人们是否真正"幸福起来"？《2019世界幸福报告》指出，中国幸福指数排名相比于2018年由第86名下滑至第93名，人民幸福感整体有所下降。本书拟从幸福产业角度进行研究，分析幸福产业作为我国新兴产业将如何为社会创造幸福，提升人民幸福感，并深入剖析构建幸福产业体系对于我国经济建设、社会发展的重要性。

（一）构建幸福产业是建设新时代中国特色社会主义的迫切需要

1. 构建幸福产业是建设社会主义的本质要求

"社会主义的本质是解放生产力，发展生产力，消灭剥削，消除两极分化，最终达到共同富裕。"邓小平曾在"南方谈话"中对社会主义本质要求进行了深刻解读，即"解放和发展生产力"。党的十八大以来，以习近平为核心的党中央围绕"新时代坚持和发展什么样的中国特色社会主义、怎样坚持和发展中国特色社会主义"这一理论，在实践中不断探索钻研，逐步形成了对中国特色社会主义本质的新认识。

"共享是中国特色社会主义的本质要求。共享共富是科学社会主义的一个基本原则，是坚持和发展马克思主义的内在要求。"党的十八届五中全会中，以习近平为核心的党中央关于中国特色社会主义提出新的论断，即"共享是中国特色社会主义的本质要求"。共享旨在坚持社会主义的原则下，努力做到改革成果更公平、更高效地惠及人民。

而构建幸福产业体系不仅是中国向着共同富裕前进、实现全面小康的助力，更是建设社会主义的本质要求。2016年李克强总理在夏季达沃斯论坛开幕式致辞时，提出"五大幸福产业"（旅游、文化、体育、健康、养老）概念。"幸福产业"不仅要发展产业，更要提升幸福。产业是经济增长的动能，发展产业旨在完善基础建设，刺激经济增长，缩小贫困差距，最终实现同步富裕；提升社会幸福感是为实现全国人民物质生活、精神生活、政治生活和生存环境得到全面改善的目标，更是促进人的全面发展的全面小康社会的目标要求。幸福产业体系的构建正是从上述方面出发，遵循社会主义本质，实现社会主义目标的要求。

2. 构建幸福产业是解决新时代中国特色社会主义主要矛盾的客观要求

党的十九大报告中，以习近平为核心的党中央指出，"中国特色社会主义进入新时代，我国社会主要矛盾已经转化为人民日益增长的美好生活需要和不平衡不充分的发展之间的矛盾。"人民对于美好生活的需要不仅表现在基本物质生活、精神文化、公共服务等方面需求得到满足，对于相关的生活品质也有了更高要求，人民期望更优质的教育、更健全的医疗、更完善的养老、更丰富的文化享受。生存之外，人民更关注生活，需求的纵向层次在逐步延伸。

发展不平衡不充分则表现在"区域间、产业内、群体中"。东、中、西部在发展规模、速度、水平上差异显著，城乡之间在发展结构与层次上落差明显，群体之间财富与资源两极分化，各个产业结构分布不合理，过分依靠传统产业拉动经济，新兴产业和高新技术产业的驱动作用并未发挥。

构建幸福产业体系，正是针对人民需求与发展问题的矛盾而探索出的一条必由之路。从人民生存与生活需求入手，将人们对于美好生活的诉求作为发展的出发点和落脚点，逐步满足人民日益增长的生活需要；激发幸福产业对经济社会的积极效应，转变发展方式、促进经济转型、促进区域协调发展、解决民生痛点问题。依靠幸福产业体系的构建，化解新时代中国社会的矛盾。

3. 构建幸福产业是实现中国特色社会主义崇高目标的迫切需要

"没有马克思主义信仰、共产主义理想，就没有中国共产党，就没有中国特色社会主义。"作为社会主义国家，中国所发展的社会主义是共产党领导下的科学社会主义。虽然我们目前处于社会主义初级阶段，急需解决社会主义初级阶段的矛盾问题，但我们应该明确，奋斗的最终目标是实现"共产主义"，而共产主义社会的理想形态是保证人民自由而全面的发展，进而实现人的幸福。幸福产业体系的构建正是为人们实现自我发展提供必要条件，不断提升人们幸福感，最终进入共产主义社会。

党的十八大以来，习近平总书记曾多次谈及幸福这一话题。党的十九大报告中，习近平总书记再次提出，"人民对美好生活的向往就是我们的奋斗目标"，"实现全国人民共同幸福、恢复民族的繁荣昌盛，就是我党的重要责任和最初目标"。改革开放以来，中国进入高速发展阶段，在这一历史背景下，实现共同富裕和幸福成为新时代中国特色社会主义发展奋斗的目标。

进入新时代，人们对于幸福富裕生活的要求不仅限于物质领域的改善，而且要兼顾精神领域的提升。幸福产业体系中的旅游、文化、体育、教育等产业，将成为经济领域新的增长点，主动适应、引领新常态，优化产业结构，不断创新升级，提供高品质、多元化的物质产品和精神产品，推动文化艺术发展，既能满足人们对于幸福生活的物质要求，也开辟了非物质领域幸福生活的新天地。综上所述，构建幸福产业体系将为实现中国特色社会主义目标提供强大的助力支持。

（二）构建幸福产业是实现 21 世纪中叶我国经济社会目标的必然选择

1. 幸福产业的构建需面对中国仍是发展中国家的客观背景

改革开放以来，中国经济社会发展进入高速时期，创造了举世瞩目的"经济奇迹"，国内生产总值位居世界前列，超越部分发达国家水平。然而，作为人口"大国"，在人口红利带来经济繁荣快速发展的同时，庞大的人口基数势必影响各项相对经济指标数值统计，这使得国内多项人均数据指标值尚未达到发达国家水平，如人均国内生产总值（GDP）等，如表 1-1 所示。

表 1-1　中国、发达国家与世界人均 GDP 水平　　　　单位：美元

年份	中国	韩国	日本	英国	美国	世界
2000	959	11948	38532	27982	36450	5488
2005	1753	18640	37218	41804	44115	7287
2010	4550	22087	44508	39080	48467	9539
2015	8033	27105	34524	44472	56803	10218
2016	8079	27608	38794	40540	57904	10248
2017	8759	29743	38332	39932	59928	10769
2018	9771	31363	39287	42491	62641	11297

资料来源：《中国统计年鉴（2019）》。

第三产业在国内生产总值中的占比是评判发达国家与否的重要经济指标之一，如图1-1所示，截至2010年，我国各产业总体结构虽然有所调整，但与发达国家相比，第二产业占比过大，第三产业比重明显偏低。综合各项因素及数据指标可知，中国与发达国家的标准仍有差距，对于中国属于发展中国家这一认定，既是主观认识，也是客观事实，在较长一段时期内，这一基本属性不会改变。

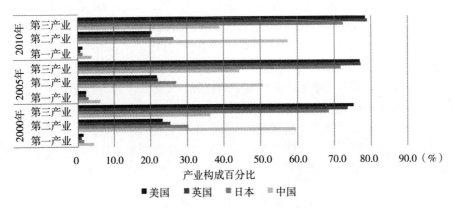

图1-1　中国与发达国家国内生产总值产业构成

资料来源：《中国统计年鉴（2019）》；世界银行等国际组织网站。

2. 21世纪中叶中国经济社会发展目标的具体要求

习近平总书记在庆祝改革开放四十年大会的讲话中曾提到："为中国人民谋幸福，为中华民族谋复兴，是中国共产党人的初心与使命。"正如前文所言，人民幸福、民族复兴既是中国社会经济发展的出发点，也是一直以来所追求的终极目标。人民幸福不仅涉及物质财富积累，更涵盖生活的方方面面，如文化艺术繁荣、生态环境优美、社会法制稳定等。民族复兴也不只是经济实力壮大，民族文化、民族意识、民族自豪感与认同感同样是一个强大民族所必需的。而人民幸福、民族复兴离不开经济发展，当前，中国经济正向着高质量发展阶段转变，传统的高耗能、高污染、低效益的粗放型发展模式需要摒弃，反之，要追求更加绿色高效的现代型产业体系。具有较强创新性的现代服务业是民生经济中的朝阳产业，以高新技术为代表的新兴产业是我国未来经济发展的重要方向，这些都是实现幸福生活和民族复兴的重要前提。在经济发展新常态的重要时期，将人民幸福、民族复兴作为经济社会发展目标，既顺应了广大人民群众对于国家发展的期许，也是符合国情、与时俱进的体现。

3. 构建幸福产业是实现中国经济社会发展目标的必由之路

幸福产业体系的构建应从旅游、文化、体育、教育等9个方面着手，主要集中于服务业的发展。如图 1-2 所示，截至 2019 年，我国服务业增加值已达到 534233 亿元，服务业对经济发展的贡献愈加显著，作为"国民经济稳定器"的地位进一步得到巩固。服务业创新发展态势良好，发展速度持续增长，新业态、新模式助力国民经济稳步发展，为人民追求幸福、国家谋求复兴奠定物质经济基础。

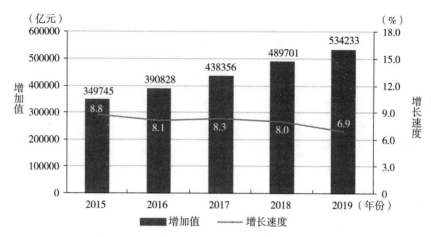

图 1-2　2015～2019 年服务业增加值及增长速度

资料来源：《中华人民共和国 2019 年国民经济和社会发展统计公报》。

　　幸福产业通过转变经济发展方式，积极推动多种产业融合，在保证经济发展、人民富裕同时，兼顾精神领域建设，进一步推动文娱领域发展，将文化产业渗入各个方面，切实做到发展成果由人民共享，逐步实现人民幸福。一方面，幸福产业所构建的产业体系是一种绿色经济的新型产业系统，通过发展以服务业为主的第三产业，关注人民多样化的差异需求，带动经济转型，调整产业结构，为经济发展注入活力。另一方面，经济发展、社会稳定、人民幸福都体现一个国家的繁荣富强，国家强大将在潜移默化中滋养人们的自豪感与认同感，与此相应，人民认同也将成为国家复兴的精神基础。

（三）构建幸福产业是落实人民对美好生活向往的重要路径

1. 中国人民对于美好幸福生活的诉求表达

中国人民从衣不蔽体、食不果腹的艰难岁月，到吃饱穿暖的平凡生活，再到如今富裕充盈的小康社会，"美好幸福"成为人们对于未来生活的愿景。那什么又是"美好幸福"的生活？事实上，人们的基础幸福感来自于物质的满足，当物质积累达到一定程度，单纯物质数量增加未必能带来更多的幸福感，更深层次的幸福来自精神领域的安全感、获得感以及愉悦感。中国人民大学《中国综合社会调查

（CGSS）》汇集整理数据显示，影响幸福感的因素及其变化程度如表1-2所示。

表1-2　2005~2015年中国部分地区主观幸福感及当地居民关注主题感受情形变化统计表

地区名称	幸福改善	健康改善	收入增幅	政府质量	社会信任	收入不均
安徽省	0.3972	−0.3091	15550	0.7171	−0.3857	0.0762
北京市	0.6781	−0.1154	54767	0.6583	−0.3508	0.1256
福建省	0.4920	−0.5211	34931	−0.0564	−0.4505	−0.1231
甘肃省	0.6333	−0.5887	9409	0.7455	−0.3698	0.1220
广东省	0.3864	−0.4535	72985	0.0862	−0.5711	0.1369
广西壮族自治区	0.4964	−0.3206	9651	0.5744	−0.5697	0.4565
贵州省	0.4514	0.0070	33366	0.4159	−0.3940	0.6638
河北省	0.5823	−0.1723	14568	0.5901	−0.6986	−0.3303
河南省	0.5534	0.3288	35647	0.6193	−0.4744	0.2479
黑龙江省	0.5591	−0.1421	21172	0.1844	−0.4881	0.0215
湖北省	0.4824	−0.3238	15248	0.0858	−0.1651	−0.0856
湖南省	0.4746	−0.5505	15766	0.7172	−0.8082	0.3313
吉林省	0.6515	0.2565	24657	0.4077	−0.8090	0.2342
江苏省	0.4277	−0.3094	24973	0.3773	−0.4930	−0.2556
江西省	0.5225	−0.2571	22397	0.2977	−0.6252	−0.4633
辽宁省	0.5542	0.2148	24627	0.7303	−0.8030	−0.1253
内蒙古自治区	0.4977	−0.5799	11057	0.7403	−0.9368	−0.3010
山东省	0.3264	−0.4129	24723	0.5093	−0.7168	−0.0711
山西省	0.4337	−0.0074	26472	0.2858	−0.6250	−0.1037
陕西省	0.3100	−0.1778	15060	0.8068	−1.0305	1.0695
上海市	0.3762	−0.4335	40052	−0.0391	−0.6118	0.0014
四川省	0.2661	−0.2980	36550	0.2433	−0.9266	−0.0019
天津市	0.3678	−0.5566	26632	0.5627	−0.5521	0.1678
云南省	0.4481	−0.2363	8024	0.6156	−0.9055	0.3118
浙江省	0.6544	−0.0114	67823	0.4710	−0.5799	0.2216
重庆市	0.0868	−0.7742	9250	0.4812	0.0771	−0.2145

资料来源：马志远、刘珊珊（2019）。

分析表1-2可得出表1-3，即典型地区主观幸福感演化提升适配路径、前置条件组合及其覆盖率和一致性测度结果。由表可知，不同地区幸福感提升具有各自的适配路径。例如，在北京、上海等发达地区，健康改善、政府治理、社会信任是改善人民幸福感的前置条件。在以新疆、内蒙古为代表的地区，收入增幅、收入不均、社会信任、健康改善是影响幸福感的重要因素。综上可知，提升居民幸福感，实现人民幸福，不仅需要关注财富积累，也要考虑诸多非物质因素的影响。

表1-3 各地区主观幸福感演化提升适配路径及前置条件组合

路径	前置条件	原覆盖率	净覆盖率	一致性	典型地区
1	健康改善*收入增幅*政府治理	0.6364	0.0455	1.0000	浙江、江苏、天津、陕西、广西
2	健康改善*政府治理*社会信任	0.6364	0.0455	1.0000	上海、广东、北京、重庆
3	健康改善*政府治理*收入不均	0.4546	0.0455	1.0000	湖南、陕西、湖北、河北、辽宁、四川、贵州、河南
4	收入增幅*政府治理*收入不均	0.4546	0.0909	1.0000	山东、安徽、云南、黑龙江、甘肃、福建
5	健康改善*收入增幅*社会信任*收入不均	0.3636	0.0455	1.0000	江西、吉林、内蒙古、新疆
6	健康改善*收入增幅*政府治理*社会信任*收入不均	0.0455	0.0455	1.0000	海南、宁夏、青海

资料来源：马志远、刘珊珊（2019）。

当前我国经济领域取得长足发展，各项经济指标屡创新高，然而，区域间发展不均衡、城乡差距依旧存在，我国人民尚未达到所期望的幸福生活水平。新时代下，人民更加注重生活的质量，生态环境绿色适宜、生活方式安全健康、精神世界充实多彩是人们对于非物质领域的多元诉求。人民需求层次的跃迁正表明了新时期幸福生活标准的提升，由此可见，人民幸福感不仅来自物质需求的满足，更来自多维度非物质诉求与生活体验感的满足。

2. 构建幸福产业体系有助于缩小人民生活差距

曾有学者研究表示，在发展中国家收入分配不公是经济增长与幸福感背离的原因之一。统计显示（见表1-4），2018年，中国城镇居民人均可支配收入为39250.8元，城镇居民人均消费支出为26112.3元；农村居民人均可支配收入为14617.0元，农村居民人均消费支出为12124.3元。居民人均收入与消费支出在稳步增长，但是城乡居民收入仍存在显著差距，部分居民的最低消费需求有待弥补满足。幸福产业体系的构建将从旅游、文化、体育、教育等多个产业入手，促进经济转型，培育发展新动能。例如，在经济较为落后但自然资源丰富、生态环境优良地区发展旅游、养老等产业。幸福产业秉承从实际出发、因地制宜理念，坚持"具体问题具体分析"，依据不同地区实际情况发展适宜产业，带动区域经济发展，促进地区间经济协调，从国家层面助力人民发展致富，缩小收入差距，缓解人民生活矛盾。

表1-4　城乡居民人均收支情况　　　　　　　　　　单位：元

指标＼年份	2014	2015	2016	2017	2018
城镇居民人均可支配收入	28843.9	31194.8	33616.2	36396.2	39250.8
城镇居民人均消费支出	19968.1	21392.4	23078.9	24445.0	26112.3
农村居民人均可支配收入	10488.9	11421.7	12363.4	13432.4	14617.0
农村居民人均消费支出	8382.6	9222.6	10129.8	10954.5	12124.3

资料来源：《中国统计年鉴（2019）》。

3. 构建幸福产业体系有助于满足人民的精神诉求

马克思幸福观认为，幸福是物质生活与精神生活的统一，物质生活是幸福的基本需求，而更深层次追求来自精神层面。在物资匮乏的困难时期，物质生活改善提高是影响人民幸福感的主要因素。当经济社会发展到一定水平，人民基本生活得到保障，非物质因素与精神性消费就成为人民关注的另一大命题。如表1-5所示，2013~2018年，全国居民教育文化、医疗保健等方面支出在居民可支配收入中占比大致呈现逐年提高的趋势。而幸福产业体系下诸多产业发展正致力于满足人民社会生活中的共同需求，为其提供丰富的精神性产品。各个产业间的关系密不可分、相辅相成，文化旅游业为人们提供富有意境的精神之旅，体育旅游业使人民在观看体育赛事的同时体会旅游乐趣，而旅游养老更是在满足中老年人养老需求时，兼顾人民渴望"健康、愉快"的精神诉求。构建幸福产业体系将形成一条完备的产业链，提供不同层次多元化精神产品，不断满足人民对于幸福生活的精神诉求。

表1-5　全国居民人均收支状况　　　　　　　　　　单位：元

指标＼年份	2013	2014	2015	2016	2017	2018
居民可支配收入	18310.8	20167.1	21966.2	23821.0	25973.8	28228.0
教育文化娱乐支出	1397.7	1535.9	1723.1	1915.3	2086.2	2225.7

续表

指标＼年份	2013	2014	2015	2016	2017	2018
教育文化娱乐支出占比（%）	7.63	7.61	7.84	8.04	8.03	7.88
医疗保健支出	912.1	1044.8	1164.5	1307.5	1451.2	1685.2
医疗保健支出占比（%）	4.98	5.18	5.30	5.48	5.59	5.97

资料来源：《中国统计年鉴（2019）》。

（四）　构建幸福产业是缓解国内外复杂矛盾的关键环节

1. 构建幸福产业有助于摆脱国内经济发展困境

伴随改革不断深化，我国经济发展呈现出不同以往的复杂局面，一系列经济数据表明，国内经济面临新的问题。GDP增速回落、经济结构调整经历阵痛期、前期部分政策失效等问题都在证实当前我国经济发展面临困境。为解决我国经济发展问题、摆脱经济发展困境，习近平总书记提出，主动适应和引领经济新常态。新常态意味着经济发展不再以增长速度为唯一评判标准，而是更加重视经济发展的持续性和均衡性，把提升人民幸福感、促进人的全面发展视为重要目标。幸福产业体系正是致力于发展"幸福经济"，将经济发展重点放在解决民生问题上，鼓励企业大力发展第三产业，推进产业向主导消费型转变，通过结构性改革和调整，促进地区性经济稳健增长，在发展经济的同时，兼顾人民幸福感提升。幸福产业体系的构建使我国经济逐步适应新常态，从中寻找新的发展方向和机遇，以此摆脱发展困境。

2. 构建幸福产业有助于化解贸易摩擦对我国经济的影响

相对于发达国家，我国服务业的投入与规模较小，这意味着服务业存在着巨大发展空间与发展潜力。幸福产业中养老、文化、健康等多个产业都与服务业关系紧密，构建幸福产业体系应从服务业的方方面面着手，全面发展完善服务体系，扩大服务业规模，促进服务业在消费、拉动内需等方面的推动作用。而构建幸福产业体系能够助力供给侧结构性改革并优化产业结构，吸收较多人口就业，保障幸福产业蓬勃发展，缓解国际贸易摩擦对我国经济的影响，提升我国应对国际贸易摩擦以及国际市场动荡的能力。大力发展幸福产业是在当前国际背景下对经济的"自救"，在复杂多变的外部环境下，构建幸福产业体系将在一定程度上缓和贸易冲突对中国经济的影响。

3. 构建幸福产业有助于预防国际公共危机

幸福产业体系不仅对医疗保障系统普及和医疗费用补贴有意义，而且在提升人民健康意识和安全意识上有所作为。对于医疗系统内部，在面对可能出现危机时的警觉性以及必要的防御措施也是健康产业发展的重点。综上，幸福产业体系中的健康医疗等产业发展不仅要关注解决已存在的问题，更需要建立具有前瞻性的医疗防御系统和危险应急措施。

4. 构建幸福产业有助于缓解当前国际环境问题

随着世界经济发展、工业化水平提高，人类对于自然资源的索取愈加频繁，然而，自然也在"回报"人类。2019年以来，世界范围内的自然灾害数不胜数，最广为人知的是持续半年之久的澳大利亚大火与席卷多国的非洲蝗灾。虽然调查表明，澳大利亚大火是由闪电、数起纵火案和风力扩散导致的，但致使火灾如此严重的却是全球变暖与极端天气。而非洲面临的却是在极度干旱后过量降水所造成的蝗灾，蝗灾给当地植被和生态系统带来难以恢复的严重后果。幸福产业下旅游业的发展正是针对当前世界严重的环境问题与愈演愈烈的环境危机，选择的一条经济发展与环境保护兼顾的道路。例如，根据不同地区、不同特色制定发展战略，而非一味要求全面工业化。对于自然条件优越、生态资源丰富的地区，优先发展旅游业，开展生态旅游、乡村农家乐等新兴旅游模式，在保护环境、保障生态的基础上，提高人们生活水平，推动地区经济发展。这一措施既有利于解决当地人民生活问题，也有利于缓解全球环境危机。

二、研究意义

（一）理论意义

1. 有助于完善和发展马克思主义幸福观

马克思主义幸福观认为，幸福是物质生活与精神生活的统一，物质生活是幸福的基本需求，而更深层次的追求是精神层面的。马克思主义幸福观的内涵对于构建幸福产业体系具有重要的指导意义，人民需要意识到幸福不仅仅来自于物质，精神丰盛可以带来更深层次的幸福。当人们树立起正确的内在意识，才能发挥主观能动性，明白个人幸福需要依靠社会幸福来实现，将社会发展进步与个人追求幸福看作一个整体，通过劳动创造出可以满足幸福感的物质产品和精神产品。构建幸福产业体系是马克思主义幸福观在中国的衍生发展，也是社会主义制度的普适理论，而建设幸福产业体系则是马克思主义幸福观中国化的成果，是在中国特色社会主义制度下探索得到的新实践、新理论。中国作为社会主义国家之一，不断摸索适合中国发展的"幸福之路"和构建幸福产业体系的理论建设更是对马克思主义幸福观的发展和完善。

2. 有助于消解"幸福悖论"的消极影响

财富增长必然带来幸福感的提升吗？幸福经济学之父、美国经济学家理查德·伊斯特林的研究表明："通常在同一个国家内，统计富人的平均幸福指数多高于穷人。但如果将比较范围扩大为跨国横向比较，结果却显示穷国幸福指数与富国是相差无几的。统计数据显示，美国幸福系数最高，古巴接近美国，居第二。"显然，幸福感提升与财富增加未必相关，依照幸福悖论的传统解释，我们可以得到暗示，即所有旨在提升幸福感的努力都终将失败，人无法获得完全的幸福感，追求幸福只是一种理想状态，幸福悖论是无法破解的。然而，当我们尝试从"单一因素导致结果"这一错误认识中跳脱出来，对收入之外的其他因素进行研究分析时可以发现，幸福感提升不仅来源于物质需求的满足，更可能会来源于精神世界的充实。当我们对"幸福悖论"有了重新认识，并由此入手尝试破解，也许就不再是"痴人说梦"。构建幸福产业体系也应由此出发，兼顾客观需要与主观需求，既要"经济"幸福，也要"精神"幸福，从过去人们所忽视的因素入手，寻找提升人民幸福感的方法，力求消解"幸福悖论"怪圈。

3. 有助于完善幸福产业体系的理论构建

幸福产业体系目前在学术界并未形成一套明确、完备的理论体系，但发达国家在旅游、文化、体育、医疗等方面产业发展相对成熟。旅游业是一种可与多种产业融合、具有较强包容性的产业，发达国家已在实践中形成并采用诸多可借鉴的发展模式，如文化旅游、旅游养老等，其形成的新产业形态，不仅满足了人民对于主观幸福感的需求，而且带动经济不断转型发展；体育产业形成的体育表演、体育用品、体育广告市场等特色产业也在日趋完善；发达国家种种福利政策及惠民政策也可视之为"幸福产业"的组成部分。然而，上述产业发展实践中形成的理论多适用于发达国家，对于世界上为数众多的发展中国家，仍缺乏与之相近的实践与理论。中国作为世界上最大的发展中国家，对于幸福产业体系的建设和实践将为不发达国家如何发展幸福产业提供范例，更能对幸福产业体系理论构建起到发展完善作用。

（二）现实意义

1. 有利于促进经济增长与产业结构转型升级

在经济新常态背景之下，消费逐渐成为我国经济增长的"推动器"，居民可支配收入在逐渐增加，消费需求也在同时增长，并由过去基本生存性消费转向多样化高品质消费。幸福产业作为一种由需求牵引的消费性产业，也将为我国推行供给侧结构性改革提供新思路、新方向。幸福产业体系的构建立足于民生、经济、社会等多个方面，致力于引导产业转型，加快释放消费潜能，推动产业跨界融合，发挥产业集群效应。同时，在不同产业下细化分工。例如，大力推动文娱领域的发展，将文化产业渗入各个方面，推进产业融合转型；发挥体育产业带动性，促进体育产业在拉动就业、促进经济增长等方面发挥作用。综上而言，我们所推崇的幸福产业并非传统模式的延续，而是一种充满生机、健康、绿色的新型产业，是一条自上而下、融会贯通的产业链，具有良好的外部性和强大的融合性。幸福产业体系的构建不仅致力于提升人民幸福感，也将在推动经济转型、拉动消费增长、培育经济新动能等方面有所作为。发展幸福产业、构建幸福产业体系对于经济增长、产业转型的贡献不可小觑。

2. 有利于满足人民物质与精神生活的多种需求

"仓廪实而知礼节"，物质生活的保障是实现精神追求的基础。构建幸福产业体系的根本是以满足人民物质需要为先，发挥各个产业对于经济的促进作用，吸纳就业人口，逐步提高居民可支配收入，将财富切实积累于人民手中，而健康、养老等产业将在保障人民生命、解决养老问题等方面发挥积极作用。当人们生理、安全等基本需求得到满足后，随着经济社会的发展和生活水平的提高，人的需求层次也将逐步上升，由最初的"生存"延伸为"美好生活"。但同时，人们对于"美好生活"的标准也在改变，"美好生活"不再是传统意义上的"吃饱穿暖"，而是有了更高层次的追求——体会文化、愉悦身心等。幸福产业体系中各个产业发展完善不仅为人们提供了多样化、高品质的物质产品，也为人们非物质主观领域的需求提供了保障。综上所述，构建幸福产业体系，大力发展民生经济中物质文明与精神文明融合的新型产业，有利于满足人民对于美好生活的多种需求。

3. 有利于推动全面建成小康社会进程

21世纪初中国进入小康社会，下一步则是全面建设小康社会直至全面建成小康社会，2020年是实现这一重大社会目标的关键时期。小康社会不只关注人民物质生活，更关注人民全面发展，而人民幸福感的提升也将成为社会建设的目标之一。党的十八大报告曾明确阐述全面建成小康社会的要求，即"经济持续健康发展，人民民主不断扩大，文化软实力显著增强，人民生活水平全面提高，资源节约型、环境友好型社会建设取得重大进展"等。在进入小康社会后，人民物质需求得以满足，我国经济社会发展目标也不再局限于此，而应进一步延伸向前——实现人自由而全面的发展，为人民提供长久幸福生活。构建幸福产业体系正是从人民幸福角度出发，将经济建设、社会发展、政治进步都立足于人民幸福，以实现人的幸福为宗旨，从各个产业、各个行业做到"以人为本、幸福为民"。当前，我国经济社会发展的主要任务是全面建成小康社会，全面小康必须兼顾经济、民生、社会等多方面，而构建幸福产业体系是将各个产业系统化整合，对关系人民生活的产业进行规范化发展，对实现全面建成小康社会这一重大目标起到指导推动作用。

第二节 研究综述

一、幸福感相关研究

(一) 幸福感的概念研究

心理学领域通常认为，幸福感是"使个体能够从整体上对生活感到满意的心理状态"，是人们对自身存在状况的积极的情绪体验，由需要（包括动机、欲望、兴趣）、认知、情感等心理因素与外部诱因的交互作用形成的一种复杂的、多层次的心理状态，但这类研究者对于幸福感的早期定义使得幸福感难以量化。为解决幸福感的测量与计算问题，心理学家提出主观幸福感（Subjective Well-Being，SWB）概念，即个体对生活状态正向情感的认知评价。Diener（1984）强调，主观幸福感具有三个特点：①主观性，以评价者既定的标准而非他人确定标准进行评估；②稳定性，主要测量基于长期而非短期的情感反应和生活满意度，由此得到一个相对稳定的值；③整体性，综合评价个人的情感反应与个体认知。叶南客等（2008）认为，幸福感是人民对目前社会和个人生活状态满意程度的评价以及与此相关的情绪状态。康君（2009）认为，幸福是一种相对的赋值（感受），是获得与失去的最终结果与平衡账户，是价值观的选择与实现。这种感受包括主观与客观两个方面，从心理感官角度来讲，幸福呈现出的是"期望"得到"满足"，从而达到心理预期与客观现实大致匹配的心理状态，从物质生活角度来讲，幸福与物质生存、发展环境改善联系密切，体现了个体需求与社会物质条件之间的博弈状态，从价值观角度讲，幸福在一定程度上反映价值取向。肖仲华（2011）认为，幸福与快乐不同，幸福是一定人生阶段的总体快乐水平，是个体在一定阶段中马斯洛五大需求满足水平的加总。朱金鹤和王军香（2016）认为，幸福感是由满足感和安全感主观产生的欣喜与快乐的情绪。自主观幸福感概念提出后，国内外关于幸福感的度量研究、实证研究以及影响因素分析绝大部分都基于主观幸福感概念展开，因为主观幸福感更容易量化，便于进行数理统计分析，所以，对幸福感概念的研究大致在量化层面上默认为主观幸福感。

(二) 幸福感的影响因素研究

随着我国经济进入新常态，社会主要矛盾已发生变化，美好生活需要与发展不平衡不充分的矛盾日益凸显，在影响社会幸福感的因素中，非物质因素占据主导地位，并且来自多个维度。左学金（2007）认为，社会发展和谐与否不能仅仅看 GDP 增长是否迅速，更应关注广义的社会总体主观幸福感增长与否，在今后的经济增长中，应该更多地关注能有效促进幸福感增长的非收入因素，如就业、健康、教育和环境保护等。Zagorski 等（2010）、George（2011）与 Miret 等（2014）验证了左学金（2007）的观点，发现一国家整体教育水平、心理与身体健康对主观幸福感具有很强的影响。陈刚和李树（2012）认为，政府效率、公共物品供给和财产权利保护等政府质量的分项指标显著影响居民幸福感，它们对居民幸福感的促增效应依次递减。刘小鸽等（2018）认为，地区间代际流动可以缓解贫富差距对幸福感的负面影响。整体来说，促进幸福感增加的因素范围较为广泛，并且随着经济发展，与经济增长、收入之间的关系越来越弱，表现出多元化的影响格局。Andersson（2014）利用瑞典数据进行幸福感影响因素研究，发现空气污染与幸福感没有关系，但 Liang（2018）与叶林祥和张尉（2020）利用中国数据，证实空气污染将降低幸福感。

（三）幸福感的度量研究

早期度量幸福感的方法主要通过量表开发，集中于 20 世纪 80 年代以前对生活质量意义上的主观幸福感度量，但这种度量对总体生活满意度的把握存在一定缺陷，因为大多数研究使用单项目（Single-Item）自陈量表或者统计技术从具体领域满意感得分推算总体满意感分数。20 世纪 80 年代后，这种思路开始受到质疑，因此，相关领域研究者则开始尝试构建多项目（Muti-Item）总体满意感量表。后期出现显变量调查方法，即通过一个指标调查幸福感状况，如对调查对象进行提问："总的来说，您现在幸福吗？"随着对幸福的研究逐渐进入中国，本土化研究丰富了幸福感的度量方式，出现评价体系构建、验证性因子分析、结构方程模型等方法。目前，度量幸福感的主要与次要方法见表 1-6。

表 1-6 幸福感度量方法

度量方法	文献来源
量表设计	中国家庭收入调查（CHIPS）、中国社会综合调查数据（CGSS）、生活满意感量表（LSI）、自我标定量表（SAS）、多总体生活满意感量表（SWLS）、纽芬兰大学幸福度量表（MUNSH）
体验抽样法	Csikszentmihalyi 和 Larson（1987）
日重现法	Kahneman 等（2004）

续表

度量方法	文献来源
开方式问卷调查与量表法	中国劳动力动态调查数据（CLDS）、中国社会状况综合调查（CSS）、梁土坤（2019）、李焰和赵君（2005）、彭代彦和吴宝新（2008）、余红伟等（2016）
显变量调查	美国综合社会调查（GSS）、世界观调查（WVS）、欧洲社会调查（ES）、罗楚亮（2006）
验证性因子分析	张进和马月婷（2007）、林洪和温拓（2010）
构建评价体系	叶南客等（2008）
结构方程模型	梁兴辉和车娟娟（2012）
构造幸福指数	李刚等（2015）

二、幸福产业相关研究

（一）幸福产业体系构建研究基础

1. 经济增长与幸福感的脱钩效应

经济增长与幸福感增加研究起源于伊斯特林的"幸福悖论"（幸福感不随收入增加而增加）。伊斯特林（1974）在《经济增长是否改善人类命运？一些经验证据》一书中提及，对于发达国家而言，一国平均幸福感与 GDP 没有显著关系。之后，国内学者开始将目光从发达国家转向发展中国家。1978 年，黄有光（1978）开始关注国人生活质量问题，并提出疑问："金钱能买快乐吗？"田国强和杨立岩（2006）通过实证研究，发现存在一个与非物质初始禀赋呈正相关的临界收入水平，当收入尚未达到这个临界水平之前，增加收入能够提高社会的幸福度；一旦达到或超过这个临界收入水平，增加收入反而会降低总体幸福水平，导致帕累托无效的配置结果。Stanca（2010）对 94 个国家样本进行分析，发现在人均 GDP 较低的国家，收入对人均幸福的积极影响较大，而在富裕国家收入水平越高，反而对幸福感越不重要。周绍杰等（2015）认为，我国已进入经济增长对国民幸福感提升作用边际递减的阶段，改善民生对国民幸福感作用更大。李路路和石磊（2017）认为，社会需求类型升级、社会不平等加剧等因素消除了经济发展带来的幸福回报，致使主观幸福感并没有随经济增长显著提升。幸福感与经济增长之间呈现脱钩效应，在经济增长初期，幸福感主要取决于收入，随着经济进入高质量发展阶段，幸福感与经济增长出现脱钩现象，即幸福感增加不再依赖经济增长。

2. 提升社会幸福感助力经济高质量发展

良好的公共服务供给能够提升社会幸福感，而社会幸福感正是社会公众美好生活需要的核心要义，提升社会幸福感意味社会整体福利水平的提高，最终推动经济高质量发展。温子勤等（2016）通过对广东省 21 个地级市 2001~2014 年面板数据进行分析，发现幸福满意度与旅游人数、文体产业企业数、餐饮行业等内需增长要素的乘积项和经济增长呈显著正相关关系，得到"居民幸福满意度有利于促进内需驱动型经济增长并遏制粗放式经济增长"的结论，叶德珠等（2017）运用同样方法研究 2001~2010 年全国 30 个省的数据得出更一般的结论，幸福满意度与餐饮业、文化体育产业及居民消费等变量乘积的系数显著为正，幸福满意度与第三产业产值乘积项的系数显著为正，表明幸福满意度能够促进经济增长，并且主要通过促进消费、扩大内需产业的发展，刺激经济增长。两位学者的研究成果成为构建幸福产业的逻辑起点，幸福产业提升社会幸福感，同时提高经济发展的集约化水平，成为经济高质量发展的强大推力。

3. 经济新常态传统产业发展面临的现实问题

虽然以高能耗、高排放、低效率为特征的传统产业为改革开放起步阶段我国经济带来了飞速发展，也创造了世界经济奇迹，但随着经济进入高质量发展阶段，传统产业面临的现实问题转化为日益凸显的社会矛盾，传统产业已不能继续作为经济增长引擎，需要调整产业结构以实现新旧动能转换，推动经济高质量发展。郭克莎（2000）强调，产业结构问题使我国经济增长速度受到需求的制约，第三产业比重偏低影响、阻碍消费需求扩大，产业结构问题进一步影响经济增长质量的提高，第三产业发展滞后无法起到进一步为第一产业、第二产业扩大生产规模、提高生产效率的作用。王小鲁（2000）认为，传统产业长期存在就业不充分问题，需要调整第三产业在经济结构中的比重，改善并提高生活环境与质量，提高人口素质，创造更多的就业机会。江小涓（2005）认为，我国目前经济发展水平决定我国处于相对高能耗的发展时期，需要使经济增长向着更加节约资源能源与保持生态环境的方向转变。传统产业以工业化为主，第二产业比重偏高，致使第二产业面临普遍产能过剩问题，何德旭和姚战琪（2008）认为，发展服务业与推动工业化不矛盾，反而能够在更高程度上相互促进、相互融合，成为推动经济增长和社会进步的力量。传统产业存在有效供给不足的问题，刘伟与苏剑（2014）认为，我国食品安全领域存在问题，食品安全有效供给不足，需要通过改革强化市场力量，加强市场竞争，淘汰落后产能，减少无效供给。传统产业面临供需失衡问题，冯志峰（2016）认为，供给侧结构性改革实践路径为"促进产业转型升级，实现从传统产业向现代产业转变"，以产品创新为主导，以工业创新为手段，以农业生产为基础，以公共产品为保障，缓解我国经济新常态供需结构失衡问题。传统产业难以应对经济波动，过大波动将迫使传统企业退出市场，经济出现停滞现象，张居营和周可（2019）通过动态随机一般均衡

（Dynamic Stochastic General Equilibrium，DSGE）模型发现服务业、工业、农业的价格黏性会依次递减，价格黏性会降低外生冲击对经济波动的影响，因此，服务业具有更强的经济稳定效应。综合以上学者观点与结论，传统产业面临就业不足、能源消耗（环境污染）、产能过剩、有效供给不足、供需结构失衡以及经济波动等问题，使得传统产业难以持续推动我国经济高质量发展。而以第三产业为主的幸福产业能够顺利实现产业结构优化升级，转换经济增长动能，缓解甚至解决传统产业面临的发展问题，增加社会幸福感，提升整体福利水平，持续推动经济高质量发展。

（二）幸福产业体系建设目标

随着我国经济进入高质量发展阶段，社会主要矛盾随之发生变化，需要通过构建幸福产业体系来缓解日益突出的社会主要矛盾。由于社会不断进步与公众最基本的需求层次得到满足，经济增长与社会幸福感出现了脱钩效应，需要调整产业结构，以满足不断变化的外部环境和社会总需求，缓解社会主要矛盾。幸福产业作为满足人民日益增长美好生活需要的产业，能够在经济高质量发展阶段提升社会幸福感，缓解日益突出的社会主要矛盾。施卫华（2012）认为，要大力发展幸福导向型产业，引导产业转型升级方向，并进一步指出，"幸福导向型产业"是指以满足人们由生存到发展的多元幸福诉求为导向的产业，能够提升人民的幸福感，不仅要做到数量的满足，更要重视质量的提升。新时代，我国社会主要矛盾转化为人民日益增长的美好生活需要和不平衡不充分的发展之间的矛盾。而人民的美好生活需要是动态提升的过程，因此，幸福产业成为化解社会矛盾的关键要素，满足公众精神消费、发展幸福产业才能为人民制造幸福，增强幸福体验，推动我国经济高质量发展。

（三）幸福产业分类研究

李克强总理于2016年世界经济论坛上提出的"幸福产业"及其分类并非首次被提及，学术界于2016年之前也有相关研究，但并非称作幸福产业。2016年，政府将"幸福产业"作为中国话语正式提出，学术界开始出现一定小范围的研究，但幸福产业分类在学术界并没有形成统一标准，仅依托李克强总理的分类展开相应研究。

一方面，对于"幸福产业"，国外学者并没有直接称之为幸福产业，仅有极少数文献对某个产业与幸福感之间的关系展开研究，而这些产业通常与李克强总理划分的"五大幸福产业"具有关联性，另一方面，国内关于幸福产业分类研究也刚起步。李克强总理将"幸福产业"分为旅游、健康、文化、体育、养老五大产业。关于五大幸福产业的研究如下：

1. 旅游业为幸福产业之首

国务院总理李克强认为，旅游业是"五大幸福产业"之首，幸福产业能够满足公众精神文化需求，提升居民幸福感。高圆（2013）认为，旅游业通过"提高就业率，增加居民收入""改善基础设施，促进公共服务""优化社会文明，和谐人际关系""打造地区名片，强化归属感"四个方面来提高幸福感。夏杰长和周玉林（2019）认为，旅游业能够满足国民的精神消费需求，而且国民越来越能够从文化旅游等精神消费中获得愉悦和升华，增强幸福体验。因此，旅游作为一个以"幸福"来定性的产业，完全立得住。Seresinhe等（2019）通过众包方式研究智能手机应用程序 Mappiness 的个人幸福数据，发现即使控制一系列因素，风景秀丽地区依然能够使人更加幸福，并且绿色空间对幸福感的增加不仅存在于自然界，也存在于城市建成区。

2. 健康产业是幸福产业的前提

作为改善国民健康、提供健康产品和服务的健康产业，在经济学和社会学领域被普遍认为是"21世纪引导全球经济发展和社会进步的重要产业"。张颖熙和夏杰长（2018）认为，健康人人所需，关乎一个国家和民族发展的根本，健康服务业关系经济发展和民生福祉，是幸福之源泉。

3. 养老产业相关研究

养老产业是满足老年人生活、身体、精神等需求的服务行业。陈东和张郁杨（2015）通过对2011年中国健康与养老追踪调查的全国极限调查数据进行研究，发现家庭养老依然是提升农村老人幸福感的重要因素。岳经纶（2018）通过广东省公众福利态度调查数据与有序 Probit 模型分析，发现养老保险会对中低收入阶层基本生活水平、就业机会与工资福利水平造成挤压，并且没有发挥保障未来养老的预期和功能。侯志阳（2018）通过实证研究，发现养老保险能够显著提升人民幸福感。何晖和李全胜（2019）在陈东和张郁杨研究的基础上，采用2013年同样的调查数据进行实证研究，证实了基本养老保险能够显著提升居民幸福感，参加基本养老保险的居民比没参加的明显更幸福。邓大松和杨晶（2019）使用中国家庭金融调查（China Household Finance Survey，CHFS）数据进行研究，发现养老保险能够缓解消费差异对农村老年人主观幸福感的负面影响。

4. 文化产业相关研究

禹新荣和陈湘舸（2008）认为，一方面，文化产业、文化经济有助于遏制和调整人民不合理的欲望，遏制对物质财富占有和消费过高、过多的欲望，使之把对物质财富的需求控制在合理范围内；另一方面，精神文化性财富能产生超过物质性财富的幸福与快乐，是幸福感的重要源泉。唐珍名（2011）认为，文化产业直指精神需求，与个人幸福之间存在必然联系，其发展方向直接关系到文化乃至人类的未来，关注与提升幸福感是文化产业发展不可推卸的责任和使命。赵志立（2011）认为，文化产业促进经济增长从单纯追求以物为本的 GDP 转向以人为本的国民幸福总值（Grass National Happiness，GNH），不仅能够满足人民日益增长的精神文化生活需求，提高我国文化软实力，推动社会主义文化繁荣，而且对于促进经济增长方式的转型具有重要意义。杨君（2013）认为，文化产业是创造幸福的产业，具有广阔的发展空间和市场。张鸿雁（2016）以迪士尼文化产业作为研究案例，提出文化产业是对"人本主义"与"人性理念"的创新，以"世界最快乐的地方"为主题，以幸福家庭与家庭幸福为表达形式，以幸福快乐为内核，能够满足人民的追求与梦想。徐金海（2019）认为，文化与旅游的关系应着眼于实现社会幸福，从文化与旅游功能演进的角度来说，文化与旅游关系的归途也应立足于实现社会幸福。杨海波和高兴民（2019）认为，文化产品需要以其高质量供给满足人民需求，落实以人民为中心的发展理念，增强人民获得感与幸福感。

5. 体育产业相关研究

Kim 和 James（2019）通过生态瞬时评估与多级结构方程模型对促进体育消费（体育参与、体育鉴赏与体育媒体观看）与长短期主观幸福感之间的关系进行研究，发现体育参与与体育鉴赏对长期、短期主观幸福感均具有促进作用，而体育媒体观看对主观幸福感存在正向与负向影响。

（四）幸福产业体系发展趋势

幸福产业是我国的新兴产业，虽然一些省份正在稳步推进幸福产业的发展，但是依然处于探索阶段，幸福产业体系构建仍缺乏顶层设计。未来幸福产业发展需要形成整体，自成体系，才能互相支撑、彼此协调发展。施卫华（2012）认为，幸福导向型产业发展必须是全方位的，政府要逐步梳理出符合未来发展需求的重点产业，引导它们转型升级。同时，政府要积极营造良好政策环境，构建幸福导向型产业体系行动计划，全方位、多方面推进幸福导向型产业的持续健康发展。崔彩周（2013）认为，幸福导向型产业发展应注重社会新型就业观塑造与推进专业人员待遇提升，明确新时期产业发展核心任务，创新产业发展规划，合理厘定幸福导向型产业发展中的政府角色。国家发改委社会发展司（2016）认为，应从"完善国家基本公共服务体系，持续优化服务资源布局""深化社会领域改革发展，进一步创新发展体制机制""打造幸福产业系列品牌，推动成为经济发展新动能"三个方面发展幸福产业，加快形成社会事业产业双轮驱动、共促经济发展与民生改善的良好局面。彭凯平（2019）认为，幸福产业不是传统模式的简单延续，而是以健康、绿色、智慧等为特征的新兴产业，应当以新发展理念为引领，深入推进供给侧结构性改革，通过引入新兴科学技术，大力提升产品与服务品质，推动幸福产业健康发展。

三、社会保障相关研究

（一）社会保障概念与内涵研究

常建勇等（2014）认为，现代社会保障是实现分配正义的重要手段，分配正义是现代社会保障的根本价值诉求，社会保障是政府和社会依据相应的法律法规在国民遭遇老年、疾病、残疾、失业、生育、贫困等风险时，给予一定的服务支持，以确保国民（尤其是弱势群体）基本生活并不断提高国民生活质量的制度安排。丁建定和王伟（2019）基于党对我国特色社会保障制度的目标认识，从四个角度进行内涵阐述。鲁全（2020）认为，完整的社会保障体系包括社会救助、社会保险（含养老保险、医疗保险、失业保险、工伤保险、生育保险和长期护理保险等）、社会福利和慈善公益事业。陶纪坤（2020）指出，社会保障是国家对国民收入进行再分配的制度，是国家对社会不同阶层、不同成员的收入分配状况以及同一阶层、同一成员、不同时期的收入分配状况的调节，是维护公平、促进经济发展的重要手段，具体可以分为"纵向再分配""横向再分配""个人生命周期再分配"三个类型。张小瑛（2020）从政治经济学角度解释社会保障的内涵，指出社会保障是人类经济社会发展到一定历史阶段的产物，是生产社会化发展的必然要求，产生于资本主义生产方式发展带来的劳资阶级矛盾激化。在保证资本主义基本经济制度不变的情况下，社会保障的作用在于通过对资本主义大工业发展中工人阶级遭受的损害做出部分补偿，以安抚工人阶级、缓和阶级矛盾，所以，社会保障本质上只是维护资本主义的工具。

（二）社会保障功能研究

林闽钢（2017）认为，我国社会保障制度体系包括社会保险、社会救助、社会福利、慈善事业和社会优抚等功能。李胜会和宗洁（2018）通过 2013 年中国综合社会调查（Chinese General Social Survey，CGSS）研究经济发展、社会保障支出与居民健康之间的关系，发现增加社会保障支出和提高经济发展水平均有利于促进居民健康，经济发展水平与社会保障支出水平对居民健康的影响存在城乡和收入异质性，且医疗保险对居民健康的影响并不显著，养老保险对居民健康具有促进作用。胡鑫（2019）认为，我国特色社会保障体系基本形成，在保障贫困人口基本生活、缓解社会风险、平衡收入差距等方面起到重要作用。孙早和刘李华（2019）通过内生经济增长的理论框架引入社会成员的理性职业选择过程，揭示社会保障对提高经济增长质量的作用机制，发现社会保障水平的提升能够激活当地企业家精神，与全要素生产率呈"U"形相关，当人力资本和市场化水平提高时，社会保障的积极影响将得到进一步增强。王立剑和代秀亮（2020）从重大突发公共危机事件对社会和个人的影响与社会保障制度功能匹配的角度出发，认为社会保障制度包括"降低公共危机产生的社会整体风险""保障公共危机中全体人民的基本生活需要""凝聚全社会应对公共危机的共同力量"三个功能。鲁全（2020）认为，社会保障制度具有多重制度功能，第一，社会保障不仅能够应对风险，而且有利于经济发展；第二，社会保障不仅能够免除风险发生者的后顾之忧，也能够稳定国民安全预期；第三，社会保障不仅能够提供经济支持，也能提供服务支持和精神慰藉；第四，社会保障不仅能够发挥政府作用，也能调动社会资源（如社会捐赠）；第五，社会保障的根本要义在于互助共济，确保社会保障可持续发展。侯明等（2020）运用我国2008~2017年省域空间面板数据研究社会保障支出与就业之间的关系，发现财政社会保障支出对就业具有显著的正向促进作用。

（三）社会保障与幸福感关系研究

社会保障兼顾社会公平性，而社会幸福感由所有人民幸福感组成，因此，社会保障与人民幸福感具有相关性。Kotakorpi 与 Laamanen（2010）通过研究政府福利政策变动对幸福感的影响，发现政府增加社会保障支出能够有效提高居民幸福感与获得感。周春平和蒋伏心（2010）认为，主观幸福感受分配公平的影响。何立新和潘春阳（2011）认为，机会不均等对幸福感存在普遍负向影响，并且对低收入者与农村居民幸福感的负向影响更严重。袁正等（2013）基于2002年中国家庭收入调查数据（China Household Income Projects，CHIPs），发现分配公平对幸福感存在负向影响。桑林（2018）认为，拥有社会医疗保险与对社会医疗保险的满意度均对幸福感产生显著正向影响，并指出我国社会保障体系建设应当把增进民生福祉作为社会保障体系设计的根本取向。梁土坤（2019）基于城乡贫困家庭生活状况入户调查数据进行低保政策与幸福感关系的研究，发现最低生活保障制度能够显著提高贫困人口幸福感。侯玉波和葛枭语（2020）认为，政府推行收入再分配政策能够有效提升社会整体主观幸福感。马红鸽和席恒（2020）通过有序 Probit 模型进行幸福感实证研究，发现收入差距与幸福感呈现倒"U"形关系，社会保障对提升幸福感具有显著影响。

（四）社会保障发展面临的现实问题

常建勇等（2014）认为，现实中社会保障促进收入再分配的效果不明显，甚至在一定程度上存在逆调节现象，违背社会保障制度的公平本质，具体体现在社会保障制度碎片化、覆盖面总体不足、筹资机制不完善、待遇补偿机制不科学等方面。何文炯（2019）认为，我国社会保障面临的现实问题主要有"社会保障全民覆盖尚未到位""部分社会保障项目未能有效担当基本风险保障之责""线性社会保障制度难以适应经济社会的变化"三个问题。王立剑和代秀亮（2020）基于公共卫生事件角度，阐释我国社会保障应急措施仍然处于碎片化状态、社会和市场力量参与社会保障应急供给能力不足、社会保障制度稳定性与灵活性之间缺乏有效衔接、社会保障应急措施权威性和法律效应不强、不同地区社会保障应急水平存在较大差异，不利于推进社会保障应急机制全国统筹与促进社会公平。陶纪坤（2020）认为，在共享改革成果和运用社会保障调节收入差距上，无论是实际情况还是制度设计，均存在不完善的地方，存在发展不平衡和不充分的问题，不平衡主要体现在我国社会保障资源配置的不平衡，城市比农村获得更多社会保障资源配置。

（五）社会保障制度建设完善方向

匡亚林（2018）基于我国经济进入新时代的现实背景，提出我国社会保障体系建设的路径选择为统筹城乡社会救助体系，完善最低生活保障制度（健全社会救助法制、完善规范的社会救助体系监督机制、推进城乡社会救助的区域均衡发展），提高统筹层次，实现养老保险全国统筹，构建多层次医疗保险体系，实现健康中国战略（构建多层次的医疗保险体系、统一城乡居民基本医疗保险制度、完善大病医疗保险制度），社会保障体系中的服务体系构建（建立全国统一的社会保险公共服务平台，构建老有所依、弱有所扶的社会服务体系）。何文炯（2019）认为，提高社会保障质量需要从"体系质量""制度质量""运行质量""服务质量"四个方面，构造更加科学合理的制度安排和进行必要的利益调整。牛海和孟捷（2019）认为，新时代优化我国社会保障体系需要从"消弭身份差异，建设全民统一的基础性社会保障体系""打通地区分割，建设全国统筹的基础性社会保障体系""激发多元力量，构建多层次可持续的社会保障体系""调整制度设计参数，优化运行机制"四个方面进行路径优化。王立剑和代秀亮（2020）认为，完善对重大突发公共危机事件的社会保障制度，需要从体制（"健全社会保障部门参与的国家应急管理体系""优化社会保障制度体系内部的职能衔接""加强社会保障部门同其他民生相关部门的协同合作"三个方面）与机制（构建"社会保障应急治理协同""社会保障应急需求识别""社会保障应急标准调整""社会保障应急供给保障""社会保障运行规范"五个机制）两方面进行考虑。鲁全（2020）认为，提高社会保障应急管理能力需要从"优化社会救助项目，丰富社会救助形式""更好处理公共财政资金与医疗保障的关系""逐步实现从疾病保险向健康保障的战略转型""加快建立社会补偿制度""不断加强社会组织能力建设"五个方面进行。杨立雄（2020）认为，社会保障中的社会救助应采取单项分类立法方式，优先推进对于基本生活保护的立法，通过立法建立基本生活保护制度，改革救助标准计发方法，并通过立法保障公民的基本生活权利，而对于医疗救助、住房救助等救助项目，应充分考虑社会救助制度与其他社会保障制度的纵向联系，并将对应的救助项目纳入相关社会保障制度的立法中。

四、文献述评

幸福产业的本质与使命是提升社会幸福感，幸福感相关研究逐渐趋于成熟，从西方国家对幸福感的哲学、心理学、经济学思考萌生出幸福感的概念，到幸福感的度量研究，呈现出递进式、科学化、规范化的研究范式。最后，到社会幸福感影响因素研究，发现物质财富并不能显著提升人民幸福感。因此，需要从影响幸福感的因素着手，发展幸福产业，构建幸福产业体系并制定相应社会保障制度，提升社会幸福感。

幸福产业早期研究基础为经济增长迅速但国民幸福感却呈现下降趋势，传统粗放式追求 GDP 的经济增长方式已失去增加社会幸福感的作用。幸福感的增加更多来自于完善的公共服务供给体系，因此，提高公共服务供给能力才能提升社会幸福感。传统产业面临的现实问题难以持续推动经济高质量发展，需要构造以第三产业为主的幸福产业体系，推动经济高质量发展。

幸福产业研究脉络呈现递进趋势，虽然已有少数学者进行实证研究，证实幸福产业中的部分产业能够增加社会幸福感，但仍缺乏构建幸福产业体系的相关研究。从研究经济增长与幸福感之间的关系到"建设幸福中国"研究，再到 2016 年李克强总理提出"幸福产业"，逐渐受到学术界关注，但目前研究仍然仅局限于李克强总理提出的"旅游、文化、体育、健康、养老"五大幸福产业，相关领域学者并没有对其进行拓展。

社会保障作为幸福产业体系的组成部分，能够保障社会公平性，对于提升人民幸福感，特别是社会救助人口、贫困人口等能够从社会保障制度中获得幸福感，进而提升社会整体幸福感。社会保障研究自我国经济进入新常态后呈现多角度趋势，特别是基于 2020 年新冠肺炎疫情背景，社会保障相关研究的数量呈现递增趋势，但依然没有关于幸福产业相适应的社会保障体系或者制度的研究。

本书拟拓展传统"幸福产业"组成部分,构建幸福产业体系,对幸福产业体系组成部分、幸福产业与社会保障制度进行系统研究,为提升我国社会幸福感,推动经济高质量发展奠定基础。

第三节　研究思路与研究目标

首先,本书梳理了幸福产业在理论层面的有关概念、内容以及各个产业的重点和发展模式,形成完整幸福产业基础理论,发展幸福产业建设,提升公众生活幸福感。其次,将社会保障制度与幸福产业建设相结合,促进社会公众个体全面发展,稳定社会秩序。最后,将幸福产业与社会保障制度贴近民生生活,促进整体民生经济发展。

一、研究思路

第一,我国社会经济在党的十九大之后迎来了新一轮发展节点。在党的十九大报告中,得出了我国社会主要矛盾已经转变为人民日益增长的美好生活需要和不平衡不充分的发展之间的矛盾的结论。人民不再满足于当今社会的物质和文化发展现状,如果无法满足人民需求的升级,人民幸福感将持续下降,与"以人民为中心"的高质量发展思想相违背,对我国全面建成小康社会的战略目标造成一定阻碍。因此,为了让人民幸福感得到不断满足与提升,同时和社会整体稳定发展相协调,本书提出,对幸福产业的相关研究旨在为人民提供幸福产品与服务,提升人民幸福感,而任何产业体系的研究均离不开对产品与服务的生产、供给以及再分配三方面的系统分析,因此,本书拟将幸福产业分为两大子框架对幸福产业如何提升人民幸福感进行系统阐述,即幸福产业与社会保障制度两大组成部分。

第二,幸福产业与社会保障制度作为幸福产业研究的两大重要组成部分,在研究范式上存在差异。幸福产业发展总体研究思路为:首先,根据马克思和马斯洛需求层次理论,分析社会公众需求在不同历史阶段、不同层次的需求,将人民各种需求归类分层,将这种层次感变化关系体现在幸福产业建设中,对幸福产业也做出明确分类。基于此,将这种动态变化关系与产业发展因素相结合,将幸福产业分为"米袋子""菜篮子""果盘子"、产业以及公共住房及物业服务产业、大众餐饮服务业、文化产业、旅游产业、医养产业、公共卫生产业、全民健身产业、成人教育产业、家政服务产业十大产业类别。其次，对各个幸福产业性质、特征、构成进行明确的概念界定，为准确把握幸福产业与人民幸福感之间的动态关系奠定研究基础。最后，分析各个产业当下发展现状与存在问题，找出产业发展薄弱的环节并从产业链角度重点规划发展方向；分析各个产业发展的影响因素，阐述各个产业在幸福产业发展中发挥什么样的作用。在将各个产业的服务与产品提供给人民时，还需结合安格斯·迪顿的思想，分析如何最优化产品与服务分配，既要保障个体消费的满足又要保障经济稳定发展，实现"帕累托最优"状态。

为解决产品与服务在市场中分配不均衡的问题，则要求构建一个完备的社会保障制度，这也是产业体系构成的重要部分。构建与幸福产业相匹配的社会保障制度是研究如何给予人民最基本的生活保障，和幸福产业发展相统一。目前，我国社会保障制度的发展包含多个角度：医疗、养老、退休、社会救助、失业等方面。这体现出，社会保障制度与人民幸福感满足存在一种动态关系，这些社会保障制度针对社会老龄人群、失业人群、低保人群等提供基本保障，目的是解决最基础的温饱物质需求，让人民在社保制度下获得足够的关怀感，对社会发展充满信心。幸福产业在市场经济中容易出现供需失衡状态，本书重点研究社会保障制度如何解决分配不公问题，如何提升幸福产业满足需求水平，如何促进人民全面发展提升幸福感，这是保障社会秩序和体现公平正义理念的需要。结合不同发展阶段，比较各社会保障制度在实施路径、发展内容方面的区别，协调城乡发展相统一问题，提出我国构建完善社会保障制度的实施方案。

第三，研究幸福产业和社会保障制度就是为了贴近民生经济发展，贯彻"以民为本"思想发展社会经济。幸福产业的发展满足基础物质需求和精神文明需求，社会保障制度确保分配最优，提升人民整体幸福感，两者结合发展能够保障民生经济发展要求。同时，民生经济发展如何促进人的全面发展，如何促进社会整体创新意识的发展，综合各种发展因素稳定社会持续发展也是本书的重要研究思路。

在改革开放进入新时期的背景下，我国经济面临诸多机遇与挑战，经济发展仍存在许多现实问题。例如，我国近年来实体经济发展不充分、产业结构仍需调整、社会经济创新能力不足、产品附加值低、社会收入差距加大、就业环境需要新的活力等问题。在经济发展转型关键期，构建幸福产业是稳定社会经济发展的重要战略点，也对本书的研究提出了新要求。首先，发展幸福产业要多以实体经济为主，努力改善虚拟经济与实体经济发展失衡局面，幸福产业要注重高质量服务与产品供给以刺激消费、带动产业结构转型。其次，社会保障制度要配合幸福产业，要落实如何争取分配最优，改变收入水平差距过大现状，改善"哑铃型"社会结构。两者相结合，促进人民素质全面提高，促进社会创新能力提升，将幸福产业作为社会经济发展"定海神针"的作用体现出来。

二、研究目标

本书拟系统分析如何构建幸福产业，论述幸福产业（生产并提供幸福产品与服务）与相应的社会保障制度（解决幸福产品与服务在市场经济中的分配问题）两大组成部分，并阐释幸福产业如何成为我国民生社会经济稳定发展的"定海神针"。

第一，在对幸福产业的研究过程中，吸收相关经济理论基础，形成本书的幸福产业理论体系与框架，目标是为幸福产业研究奠定理论基础，并为后续相关研究提供研究基点。从国际经验借鉴研究中分析我国幸福产业建设与国外相关产业发展之间的差距，为后文突破十大幸福产业各自发展重点与难点提供决策依据与实践指引。分析幸福感与人民需求之间动态关系，目标在于构建完善的幸福产业，从而使幸福产业在基本物质生活需求和更高层次精神文明需求等方面均能够提供支持人的全面发展的幸福产品与服务。

第二，对于产业研究，十大幸福产业也需要达到各自的发展目标，"米袋子""菜篮子""果盘子"产业要确保社会经济发展所需粮食供给，解决全体人民温饱问题。同时，丰富粮食供给种类，提升生活健康水平；公共住房及物业服务产业建设保障性住房和廉租房，保障人民安居乐业，缓解房价压力过大而造成人民幸福感下降的冲突；大众餐饮服务业针对不同收入阶层提供不同服务，满足个性化消费需求，这是促进人民生活多样化发展的重要方式；文化产业发展要促进人民世界观、价值观、人生观的发展，提高精神层面水平，满足人民自我认同感，更好实现自我价值；旅游产业不再以效益为核心，要注重把握人民对旅游业服务的需求，旅游产业要带给人民足够的愉悦感、满足感，吸引人民消费；医养产业针对社会老龄化问题，要做到老有所养，缓解老龄化问题带来的社会矛盾，保障老年人权益，释放更多社会空间，促进社会活力发展；公共卫生产业要建设完备的防疫体系，医疗范围全方位覆盖，对重大公共应急事件有足够的医疗物资和应急准备能力，缓解的人民后顾之忧；全民健身产业要带动社会形成提升身体素质的良好氛围，同时，在社会中保障全民健身设施建设和供给，新时期全民健身产业不同于传统体育产业，要不断创新以更好地满足人民幸福感需要；成人教育产业要为人民提供优质教学资源，从道德、技能、知识等方面促进人的全面发展，培养创新意识与创新能力，为社会发展注入新鲜血液；家政服务产业为公众提供多样化、高质量的家庭服务，满足个性化消费需求，使得人民减少在社会工作后的家庭生活压力，更好地保障人民幸福感。

第三，社会保障制度要完善幸福产业发展，重点优化分配，促进社会公平正义。幸福产业重在促进经济建设、满足公众需求和效益提升，而幸福产业自身存在分配不公问题，因此，社会保障制度应重点保障低收入人群与中产阶级，缩小收入差距造成的生活水平差异化并提供基本保障。在经济高质量发展阶段，社会保障制度需解决幸福产业分配不公平、供需失衡问题，避免收入差距过大和分配差异导致幸福感降低，进而激化社会矛盾，达到人人都可以充分享受幸福产品和服务的目标。这体现出我国经济发展"以民为本"的理念，让人民在幸福产业发展中充分获得满足感，增强社会认同感，让公众更积极地投身于社会经济建设，有利于化解幸福产业建设和经济改革转型中存在的阻力。

第四，本书将研究如何使幸福产业建设更加贴近人民生活，满足公众从基本物质到更高层次的精神文化需求，将幸福产业与社会保障制度建设作为提升民生经济发展的支柱。"以人民为中心"发展理念已经成为我国社会经济发展方略，民生经济研究目标是促进社会公众的全面发展，将物质水平提升与精神文化多样化发展相融合，这也是符合马斯洛需求层次理论的全面发展。同时，发展民生经济要处理好幸福产业与社会保障制度之间的关系，社会保障制度为发展民生经济奠定基础，优化市场经济体制中存在的分配不公以及经济发展中城乡差距过大的问题，而幸福产业将公众生活又提升到一个新的层次，以促进整体社会幸福感、满意感的提升。协调好民生经济内部发展关系，以此作为促进社会经济稳定发展的"定海神针"。

第四节　研究内容与研究框架

一、研究内容

本书在梳理以往国内外关于幸福产业体系研究的基础上，拟通过理论基础和产业发展实践两种研究路径，对幸福产业体系构建进行系统研究，根据各个产业自身特征、性质与构成，进一步对幸福产业进行分类研究，最后提出社会保障制度的组成部分、构建范式与实践指引，以保证幸福产业体系兼顾社会公平，全方位提升人民幸福感，保障人民生活和社会文明建设，实现民生幸福与经济社会协调发展。具体研究内容如下：

第一部分为总论篇。第一，详细阐述了本书的研究背景，深入剖析构建幸福产业对于我国社会主义建设、经济发展、实现人民美好生活以及缓解国内外复杂矛盾的必要性，分别从理论意义与现实意义两个方面阐述本书的研究意义。第二，回顾国内外相关研究，分别从文献综述和研究现状两种途径进行论述。第三，阐释本书研究思路、研究目标、研究内容与研究框架。第四，对本书研究所涉及的相关理论（人类需求理论、国内外幸福论、公共产品理论、幸福产业理论）进行概述，对国外幸福产业发展进行系统论述，为本书幸福产业体系构建提供理论借鉴。第五，对幸福感的形成阶段与动态演化进行分析，提出幸福产业体系构成与分类，为本书研究奠定丰厚的理论基础。

第二部分为产业篇。根据总论中的幸福产业分类方式，对幸福产业进行系统深入的分类研究。第一，对该产业的特征、性质与构成进行综合论述；第二，对该产业与幸福感的关系进行理论分析与数理统计分析（包含因子分析、回归分析等实证分析方法）；第三，对国内外该产业发展模式进行分析；第四，对该产业发展方向与重点进行规范分析；第五，对该产业发展影响因素进行分析；第六，对我国该产业发展的现状、模式、重点、对策进行研究。

第三部分为保障制度篇。首先，该部分阐述了完善的社会保障制度的组成部分，包括城乡一体化医疗保险与养老保险制度、普惠的失业保障制度与退休金制度以及完善的社会救济制度。其次，对各个保障制度进行系统研究，包括如下内容：①该制度的概念、类型及作用；②该制度与人民幸福感的关系；③该制度的国内外比较研究；④制度的发展内容与重点；⑤制度发展的规范研究；⑥我国对该制度发展的研究回顾与现状分析。

第四部分为归结篇。首先，该部分阐述了构建幸福产业与社会保障制度的需求：①社会生活之共同需求；②满足最低消费的需求；③高收入阶层也能得到满足。其次，提出幸福产业的特征：①人人可参与的均等产业；②物质文明与精神文明融合的产业；③永恒的社会需求与永久的朝阳产业；④现代经济体系中最稳定的产业。最后，提出构建幸福产业与社会保障制度的必要性：经济持续稳定发展的定海神针。

二、研究框架

本书研究框架包括四个部分。

第一部分是总论篇，包括研究背景、研究意义、国内外研究综述、理论基础与发展实践，以及通过研究公民需求的满足与幸福感的关系提出幸福产业理论，并对幸福产业体系进行分类。

第二部分是产业篇，从幸福产品供给角度，对幸福产业体系的各个产业进行研究分析。

第三部分是保障制度篇，从幸福产品分配角度，考虑现实情况与兼顾社会公平，提出社会保障制度，与幸福产业体系共同组成提升人民幸福感的基石。

第四部分是归结篇，该部分为对上述第二、三部分的研究总结，主要论述通过对幸福产业与社会保障制度的研究，可以实现公民社会不同层次需求的满足，促进整个社会的幸福感。具体研究框架如图1-3所示。

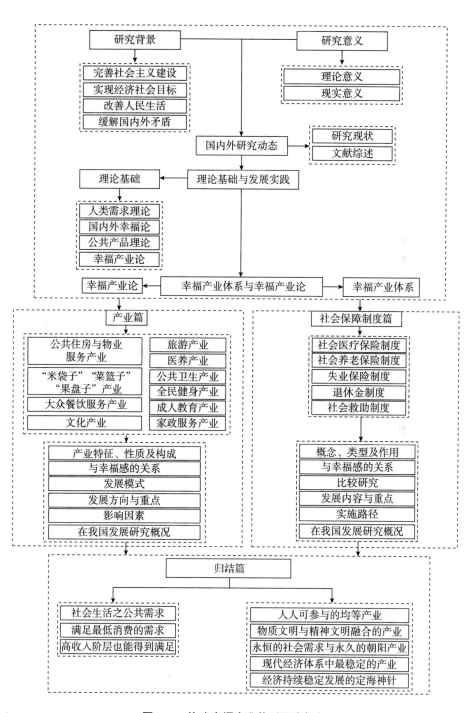

图 1-3　构建幸福产业体系研究框架

第二章

理论基础与国际借鉴

第一节　公众幸福的相关理论基础

一、公众幸福的概念解析

经济增长和政府政策的最终归宿是增加公众的幸福。对于大多数公众来说，幸福即便不是生活的唯一目标，也是最主要的目标。公众主观幸福感被认为能够完整且合理地评判个人对生活的整体满足感。因而，公众幸福这个概念引发了政治领袖、社会科学研究者和媒体的广泛关注，成为国际上衡量发展水平的新探索。公众幸福概念早在 1970 年就由不丹国王提出，但在相当长的时间内并未引发世界性关注。20 世纪 90 年代，公众幸福的概念从传统的快乐主义幸福感逐渐向最大程度地实现自我潜能而获得幸福感转变，公众幸福的定义需要结合个人价值需求和客观条件，即公众幸福是居民个体根据个人设定的标准对生活质量所做出的情感和认知性的整体评价与感受。因此，公众幸福逐渐与心理学、经济学联系起来，公众幸福感研究被赋予了越来越重要的现实意义。

（一）公众幸福的心理学解释

公众幸福感作为一种主观的体验，是个体根据个人设定的标准对生活质量所做出的情感性和认知性的整体评价与感受，包括大多数人所谓的幸福、成就和生活等多方面的心理满意度。心理学家从行为科学角度研究个人幸福感，并提出幸福感的三种界定标准："个体自我评价""内在情绪"和"外界标准"，由此得到从心理学角度研究公众幸福感的公众心理幸福感、公众主观幸福感和公众社会幸福感三个视角。公众心理幸福感依据"个体自我评价"，定义为公众个体心理机能发展的良好状态，包括自我接受、机能自主、个人成长、生活目的、人际关系和环境控制等方面；公众主观幸福感依据"内在情绪"，定义为公众对当前自身生活状况的积极评价，包括生活态度的满意、积极和消极的情绪；公众社会幸福感依据"外界标准"，定义为公众在生活层面对社会状态的积极评价，包括社会接受、社会实现、社会贡献、社会和谐和社会整合等不同方面的满意度。综合以上多种心理学视角，公众幸福是公众对生活、自身、环境都感到满意的一种心理状态。公众幸福程度越高，不仅有利于自身的身体健康与生活快乐，并且有助于保持与外部环境的和谐共生状态。

（二）公众幸福的经济学解释

公众幸福作为一种主观感受，同样属于经济学的研究领域，经济学的研究是建立在人的主观感受基础上的，其中，效用就被用来衡量人快乐、享受和满足的程度。经济学家在"理性人"的前提下，将幸福等同于最大效用，在萨缪尔森提出的幸福方程式中，幸福被定义为效用与欲望比值的最大化。经济学家重新对幸福感研究感兴趣是因为所谓的"幸福悖论"：第二次世界大战以后，美国的人均实际收入有了显著的增加，但是所观测到的幸福感水平并没有相应提高，并且这一现象在美国、英国、日本等很多发达国家均得到了验证。基于既有的"幸福悖论"对公众幸福的解析主要从以下三个方面展开：

1. 非收入因素的影响

许多非收入因素，如健康、家庭、休闲等，也影响人们的幸福。如果非收入因素与收入因素呈负相关，那么，随着 GDP 的增长，许多影响幸福的非收入因素会减少，从而抵消收入因素带来的正面作用，使得幸福感水平保持不变。

2. 相对收入的影响

当社会变得更富裕时，个人的绝对收入提高，但是相对收入并没有提高，从而使得总效用水平保持不变。

3. 适应水平理论

人类对环境的积极变化具有调整适应能力，人们的收入提高后，通常会较快形成一种对高收入自动适应的心理习惯，以至于经济条件的改善对主观幸福水平的提高不能产生任何实质性的影响。这好比水车在不断地上升，但每次上升后都会回到原点。

（三）中国的公众幸福

对我国居民幸福感的研究最先是从研究城市居民的生活质量开始的，《2005年：中国社会形势分析与预测》对中国城乡居民的生活满意度进行了初步的统计分析，得出了"近八成农民感到生活幸福，农村居民幸福感强于城镇居民"的判断，这一结论引起了比较强烈的社会反响，为中国存在"幸福悖论"提供了证据。人民幸福感的提高一直是新时期我国党和政府的重要执政理念之一。习近平在党的第十二届全国人民代表大会第一次会议上指出，"中国梦，就是要实现国家富强、民族振兴、人民幸福"。党的十九大提出了我国社会主要矛盾是人民日益增长的美好生活需要和不平衡不充分的发展之间的矛盾的重大论断，这标志着我国经济社会发展理论与实践进入了新时代、新征程。美好生活是与特定历史时代的发展水平相关联的，它是社会发展的最大价值公约数，它包含了对发展成果（财富等）的占有，精神价值与意义的体验、感受，以及主体际（他人、群体和社会）之间的相互尊重、理解和合作等，它是公正社会的制度安排和充满理性、自由、开放的氛围和生活。美好生活既包括"日益增长的物质文化需要"等"硬需求"，也包括人民的获得感、安全感以及人的尊严、权利、当家做主等"软需求"。

二、公众幸福的构成、测算与困境

（一）公众幸福的构成

关于公众幸福的构成的研究较为丰硕，学者从不同角度进行了分析，已有的测量幸福感构成的研究有三条主线：第一条主线是关于正情感或体验的权衡，主要聚焦于积极情绪，如情感平衡量表，积极情感是体验到一些征兆，表明对生活的热情、喜悦和幸福，包括欢喜、振奋、爱、极乐、舒适、美好、积极等关键词。第二条主线是情感的唤醒程度，聚焦于消极情绪，如流行病学研究中心抑郁量表，表明生活不如意和不愉快的征兆，包括羞愧、悲伤、焦虑、气愤、压力、紧张、妒忌等关键词。第三条主线是基于个体认知体验程度，聚焦于生活满意，如生活满意度量表、盖洛普公司发布的盖洛普幸福指数等。欲望与取得成就和成绩的需要之间的差距较小，因而，感到满足、平静和满意。包括想要改变生活、对目前的生活满意、对过去的生活满意、对未来的生活满意等关键词。综上所述，在公众幸福的构成中，积极情感和消极情感属于幸福感的情感成分，而生活满意度较多地反映了认知成分。

（二）公众幸福的测算

1. 公众幸福的心理学测量

公众幸福的心理学测量是伴随着心理学的发展，形成的以结构化问卷测量为主体的多样化测量体系。心理学家对公众主观幸福感的测量方法可以分为单一维度测量和多维度测量。公众幸福的单一维度测量是指调查者向被调查对象提出一个单一的、有关幸福感的问题，让被调查者选择一个能够代表其幸福感状态的答案。目前，一些比较权威的有关幸福感的调查大多采用单一维度测量的测量方法。例如，美国芝加哥大学全国民意研究中心负责实施的一般社会调查中的测量题项是："总的来说，你认为最近怎样？非常幸福、相当幸福，或者是不太幸福？"在美国密歇根大学主持的世界价值调查中关于公众幸福的问卷题项是："考虑到所有的事情，你会说你是非常幸福、相当幸福、不太幸福，还是一点儿也不幸福？"公众幸福的多维度测量是不直接就被调查者的幸福感程度进行提问，而是采用比较复杂的心理学量表对被调查者的享乐论幸福感和实现论幸福感进行测量。前者以主观幸福感为代表，生活满意度是其中一个维度；后者以心理幸福感为代表，有六个维度：自我接纳、个人成长、人生目标、与他人的积极关系、对环境的掌控能力和自主性。

2. 公众幸福的经济学测量

从幸福经济观看来，要提高人的生活水平、提高人们对自身生活质量的满意度，不但要提高人的收入效益，而且要提高人的非收入效益，由于幸福指数（人们对自身生活质量的满意度）＝生活效益（收入效益，非收入效益）。一方面，要聚焦于收入效益，从多维的经济指标进行刻画。①GDP 增长率。GDP 是指按市场价格计算的一个国家（或地区）所有常住单位在一定时期内生产活动的最终成果。GDP 增长率就是指 GDP 每一年的增长速度，是居民收入效益增加的主要标志。②居民人均可支配收入。居民人均可支配收入主要用来衡量一个地区居民生活水平的高低，包括城镇居民与农村居民，单独列开对了解两者差异有很大帮助。通常情况下，收入增长与经济增长有同向关系。另一方面，要聚焦于非收入效益，从非收入效益的维度进行刻画。由于非收入效益＝非收入生活效益，包括自由指数、平等指数、和谐指数、安全指数、环境指数等。如果由于这些指数的降低，不但直接在精神方面降低了人的生活质量，而且人们为了维持这些非收入效益而额外增加开支，则增加了人的无效支出，从而减少了收入效益。

3. 中国公众幸福的测量

（1）关于我国公众幸福的测量，中国学者结合中国文化传统进行了探究。以国务院发展研究中心中国民生指数研究课题组给出的民生指数为代表具体包括：①公众幸福的民生客观指数。民生客观指数包括居民生活、公共服务、社会环境和生态文明四个一级指标，指标体系的设计与国家"十二五"规划纲要所定义的民生工程基本一致。民生客观指数又分为民生水平指数和民生改进指数。②公众幸福的民生主观满意度指数。民生主观满意度指数由 12 个满意度变量构成，包括生活满意度、休息满意度、休闲满意度、交通满意度、义务教育满意度、医疗卫生满意度、社会保障满意度、社会服务满意度、社会治安满意度、食品安全满意度、行政效率满意度、环境满意度。

（2）从公众幸福的构成角度对中国居民的幸福感进行测量。具体包括：①生活满意度，涉及认知范畴的生活满意度包括生存状况（如就业、收入、社会保障等）、生活质量（如居住状况、医疗状况、环境状况、教育状况等）。②情感满意度，涉及情感范畴的心态和情绪愉悦的程度，包括紧张程度、心态等。③社会满意度，指人际以及个体与社会的和谐程度，包括对人际交往的满意度、身份认同、个人幸福与社会和城市发展的关系。

第二节　幸福产业发展的相关理论基础

一、幸福产业的概念、特征与分类

（一）幸福产业的概念

关于"幸福产业"的概念，目前学术界尚未作出统一的界定，幸福是这个概念需要强调的。一方面，从狭义的幸福精神文化层面对幸福产业进行解构，聚焦于幸福概念本身，形成了狭义幸福文化产业的认知。由于幸福产业的概念最早来源于党的十七届五中全会提出的发展文化产业，也就是精神文化产业。幸福文化产业是指以"幸福"为价值取向，以幸福观为主要内容，为落实正确的幸福理念而形成的合理的、科学的文化产业。广大民众依照幸福的原则决策、行动，从而得以科学地享受、获取幸福生活。要想让全体人民的幸福感不断攀升，就要大力推进幸福文化建设。从整体看，我国的幸福文化建设迎来了幸福文化的大繁荣，社会发展被以开放、幸福、和谐、先进为要求的幸福文化建设所引领。这种精神层面的幸福导向是心灵层面的诉求的直接体现。另一方面，主要从涉及生活方方面面的服务性层面对幸福产业进行解构，聚焦于人民幸福生活的向往，形成了广义幸福文化产业的认知。广义幸福产业的相关概念较多地集中在消费性服务业认知层面进行探讨。消费性服务业是我国"十一五"规划提出和强调的概念，消费性服务业又称为生活服务业、民生服务业，主要是指为适应居民消费结构升级的趋势，继续发展主要面向消费者的服务业，扩大短缺服务产品的供给，满足多样化的服务需求，消费性服务业是市场化的最终消费服务。消费性服务业包括生活中的方方面面，主要包括商贸服务业、房地产业、旅游业、市政公用事业、社区服务业、体育产业。这种生活性的幸福导向的满足是对日常生活质量诉求的直接体现。综合幸福文化、消费性服务业的双重认知以及个人精神层面和日常生活质量的诉求可以看出，幸福产业是绿色产业，幸福产业是中高端产业，幸福产业是朝阳产业，幸福产业是人民对美好生活的需要和向往，高质量发展离不开幸福产业的支撑。幸福产业表现为以满足人由生存到发展的多元幸福诉求为导向，以健康、绿色、时尚、智慧为特征的新兴产业。因其与人民的生活质量和公众幸福感相关，因而被称为幸福产业。

（二）幸福产业的特征

幸福产业产生迎合了人民对于美好生活的追求，这些产业共同为百姓的幸福生活提供了服务和支持，因此，幸福产业具备以下特征：

1. 幸福产业累积的长期性

幸福产业不是一蹴而就的，是不断成长的且具有长期的社会效应，不是产业规模上收益的简单增加，而是经过资本投入使得其产业的实力不断增强，目的都是为百姓创造幸福的美好生活。

2. 幸福产业内部的渗透性

幸福产业应该为百姓的幸福生活贡献最大的力量，具有举足轻重的地位，人们想要获得幸福感，就需要幸福产业有效地发挥其作用，高质量满足百姓需求的同时，还要带动其他产业提高百姓精神和物质上的幸福感受。

3. 幸福产业的长期动态性

幸福产业的萌芽与发展离不开一定的经济条件，它的发展是随着人们不断增加的需求而变化的，没有哪一种幸福产业是永久占主导的，随着人们需求的改变与提升，精神和物质需求的幸福感也会产生变动。

（三）幸福产业的分类

关于幸福产业中涵盖的具体行业，目前学术界还没有一致的看法，不同的人因研究角度不同而划分不同。2016年国务院总理李克强在夏季达沃斯论坛的国际性会议上给出了幸福产业的概念，具体可以划分为旅游、健康、文化、体育和养老五大幸福产业。

1. 旅游

李克强总理认为，旅游业是最重要的幸福产业，旅游业是幸福感的指向标，最能体现百姓的精神文化追求，旅游满足了百姓更高层次的精神追求和享受，中国自古就有"读万卷书，行万里路"的精神层面的追求。

2. 健康和养老

幸福的根基是健康，没有健康就没有幸福可言，健康是百姓最关心的问题，同时，健康也是标志着我国全面建成小康社会的要素，无论是精神幸福还是更高层次的生活幸福追求，都是在健康的基础上建立的。

3. 文化和体育

随着整体社会经济条件的提高，人们除了旅游，还增加了对文化、艺术等休闲活动的需求，快速推动了文化和体育业的发展。幸福产业也可以从服务的消费性上进行划分，可以分为房地产与装潢业、零售业、租赁与维修业、体育与教育业、旅游与文娱业、社区服务业六个行业。基于以上分析，幸福产业作为新的经济增长点，不仅要关注关注人民衣、食、住、行等传统幸福需求，而且还要关注提升幸福的旅游、健康、文化、体育、养老等需求。同时，结合这两方面的行业划分方式，为解构幸福产业的类型划分提供完整的全景图。

二、幸福产业发展的影响因素与动力机制

"幸福产业"不仅仅是"产业"，更需要强调的是"幸福"。任何产业的发展都离不开内外部环境的共同影响，从幸福产业的主体来看，主要涉及以下几个方面：其一，需求方：社会中的每个人以及组成的家庭。我们每个人作为劳动者在幸福产业中是需求者，得到劳动所得用于获取幸福感。其二，供给方：政府和企业。政府和企业制定相应的制度和规范以开展生产活动，承担支付报酬的任务，同时，也激励着每个人为幸福产业付出劳动。其三，公共产品的提供为社会公众带来了幸福感，因此，政府还承担着幸福产业的投资者角色。政府控制产业的发展方向，掌握发展的质量，通过政策调节和引导幸福产业的各项活动。综上所述，构成幸福产业的三个相关主体，即供给、需求和制度共同组成了幸福产业的发展主体，如图 2-1 所示。

(一) 需求方面的影响因素

1. 需求变化

幸福产业的需求变化引导了发展方向，有需求层次的变化和在心理和生理需求的变化，随着人们物质生活水平的不断提高，对美好生活的追求是每个人的向往，吃、住是最基本的生理需求，对提高生活质量和更加舒适、便捷的生活的追求才是更高层次的需求。因此，对幸福生活的向往是幸福产业需求的变化演进方向。

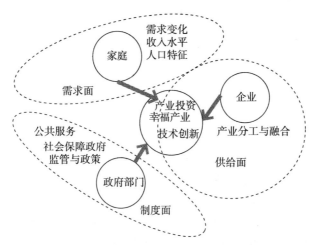

图 2-1　幸福产业发展主体的影响因素

2. 收入水平

幸福感的获得与公民的经济情况呈正相关关系，当经济水平较高时，人们基本的衣、食、住、行得到满足后，往往对幸福感的需求就会有更高层次的追求。

3. 人口特征

当前各国人口出现了显著的特点，一是老龄化，更多的老年人对健康、幸福生活有了更加强烈的需求；二是随着经济的发展，由经济水平提高所带来的幸福感不断减少。

（二）供给方面的影响因素

1. 产业投资

幸福产业投资有健康、旅游、医疗、养老等行业，是一个资本和劳动密集的新兴产业，这些企业的成长、行业规模的扩大都源于投资力度的加大。投资的注入能够加速企业成长、规模扩张，同时，也会带来同业竞争，推动行业发展的规范和标准，促使新兴的幸福产业从萌芽到成熟。

2. 技术创新

幸福产业的发展离不开技术创新，可以通过以下方式来实现：一是将技术创新手段运用在健康、旅游、医疗、养老等行业，促进企业生产效率的提高；二是通过技术创新激发、引导幸福产业需求，主动创造幸福，而不是因需求而被动提供幸福，强有力地推动幸福产业的发展进程。

3. 产业分工与融合

幸福产业的发展从根本上讲，不仅仅能提高社会中个人基本生活水平，通过分工使行业细化，增加健康、旅游、医疗、养老等行业，提高服务水平，形成专业化发展，还能通过产业融合使各行业之间的联系更加紧密，推动幸福产业整体的、均衡的发展，形成绿色、健康、幸福的产业形态。

(三) 制度方面的影响因素

1. 公共服务

政府需要提供具有医疗、教育等公共产品的设施保障，制度的制定、产业的发展情况等都是幸福产业发展的外部环境。整体社会氛围影响着幸福产业的发展，对社会个人心理幸福感的获得具有重要意义。

2. 社会保障

社会保障是为了人民的幸福而存在的，更注重公平性。当社会中个体发生困难时，社会保障会为其提供满足一定生活水平的待遇福利；同时，提供满足社会稳定与和谐发展的基本生活物质条件。

3. 政府监管与政策

政府通过政策的制定、专项规划的实施，关注百姓关心的热点民生问题，择优扶持，推广创新方法，以达到示范的效果。构建健康培训咨询、管理与服务、数字教学等幸福产业平台，利用技术创新不断完善产业环境，带来使人民更幸福的新体验。从政策、税收倾向、金融等有建设性的扶持幸福产业，完善幸福产业体系。

幸福产业受需求、供给、政府三个维度下的九个方面的共同影响，不断加快幸福产业的发展进程，其发展动力机制如图2-2所示。

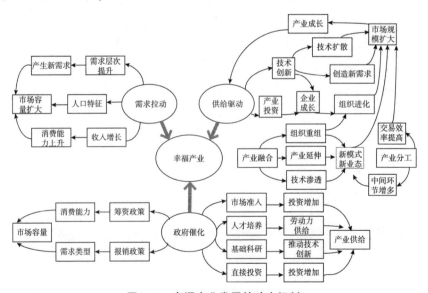

图2-2　幸福产业发展的动力机制

三、幸福产业发展模式的对比

(一) 幸福产业发展模式的概念

幸福产业发展既包括幸福产业总体即整个国民经济的进化过程，也包括单个幸福产业的进化，表现为幸福产业结构、幸福产业技术、幸福产业组织方面的革新。幸福产业发展模式是在既定的外部发展条件和市场定位的基础上，由旅游、健康、文化、体育、养老等幸福产业内部和外部的一系列结构所反映出来的一种资源利用方式。

(二) 幸福产业发展模式的类型

1. 幸福产业发展的市场主导发展模式

由营利性企业为市场主体，通过价格调节供需以及竞争机制，从而满足百姓心理上的幸福感和提升社会幸福感，这种幸福感的获得需要个人支付相应的费用，政府只是起到了制度建立和监督的作用，经济上基本没有干预。

2. 幸福产业发展的政府主导发展模式

由政府部门主导建立的机构为全民提供公共性服务，费用来源是政府的财政拨付，政府把控幸福产业的发展方向，利用政策、产业要素调节市场供需，这样明显挤压了市场的自由空间，高效引导了产业导向。

3. 幸福产业发展的混合发展模式

由政府和营利性企业共同作用于市场，一种是政府和企业在产业中的不同环节进行分工合作，分别提供产品和服务；另一种是政府和企业在不同领域进行分工合作，这种合作处于政府、市场主导的中间位置，也是相对的，在产业结构中此消彼长、共同作用。

(三) 幸福产业发展模式的解析

旅游、健康、文化、体育、养老等幸福产业的发展处于不同的生命周期，政府和市场作用的力量结构不同，市场体制并不是在所有阶段的资源配置上都更有效率，见表2-1。

第一，幸福产业创新、导入阶段，适合采取政府主导模式。在旅游、健康、文化、体育、养老等幸福产业创新、导入阶段，幸福产业的技术、标准等都还不成熟，幸福产业资金和资源供给严重不足，需要政府发挥在财政和行政计划方面的优势，一方面对幸福产业发展进行统筹规划，另一方面集中资金和人力解决关键性问题。第二，幸福产业成长阶段，适合采用混合发展模式。在该阶段，主导产品和服务逐步形成，幸福产业发展的主要矛盾在于形成规模经济和范围经济，适合采取混合发展模式。政府职能在于培育市场主体、扶持中小企业的发展，形成有效的竞争市场。第三，幸福产业成熟阶段，适合采用市场主导模式。该阶段市场发育完全，价格体系相对完善，主要发挥市场机制作用自发运行。政府作用限定于纠正市场失灵领域。

表 2-1 幸福产业发展模式解析

幸福产业生命周期	幸福产业创新、导入阶段	幸福产业成长阶段	幸福产业成熟阶段
发展模式类型	幸福产业政府主导模式	幸福产业混合发展模式	幸福产业市场主导模式
发展阶段类型	多样化创新阶段、市场大量试错；市场发育不完全	主导产品和服务正在形成，规模经济、范围经济形成阶段；市场不规范	市场发育完全；市场体系完善；市场竞争加剧
政府职能	产权制度保护创新；高效融资环境；突破共性技术；培育市场主体；产业发展规划	培育市场主体；扶持中小企业；促进竞争	匡正市场失灵
市场职能	市场创新和探索	专业化、规模化生产；形成主导产品和服务	建立质量、品牌等多样化竞争优势

第三节 幸福产业发展的国际借鉴与启示

一、幸福产业发展的国际借鉴

(一) 市场主导模式典型案例：美国管理式健康保险产业

美国的健康保险市场最初是由政府主导非营利性质的，经历了蓝十字、健康保险竞争、管理式健康保险多方参与的阶段，才形成了现在由市场主导的健康保险，如图 2-3 所示。将健康管理的理念运用到保险中去，运用多种形式将提供健康管理以及付费方结合在一起，通过对提供健康服务的机构进行管理，合二为一，利用财务手段控制成本，形成激励机制，提高服务效率。在提供医疗服务的同时，提高参保人的健康水平，从而减少赔付支出，这种方式不仅能够获取可观的经济效益，还能够提高全民的健康水平，降低国家因医疗健康而产生的不必要的开支。

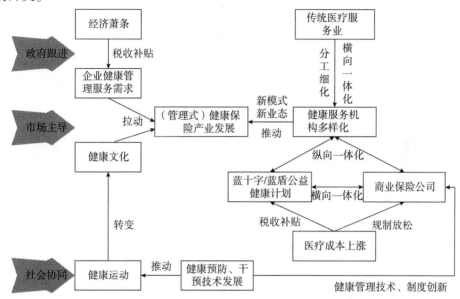

图 2-3　美国管理式健康保险产业

1. **市场主导模式以自由化价值观的幸福感提升为前提**

健康管理在美国指的是包括医疗服务和非医疗服务在内的整个医疗体系的管理以及资源整合。为了能够达到多方共赢的局面，被保险人通过购买保险，将权利委托给保险公司，再通过保险公司与医疗机构进行谈判，保险公司掌握一定规模的健康保险，从而在谈判中获得较低成本的服务。保险公司为了获得利润的最大化，积极采用健康管理方式来降低参保人患病的风险，政府很支持这种做法，有效提高了全民的健康，还大量节约了医疗方面的支出。但是，从政策角度扩大保险覆盖面、提倡公平仍然存在诸多困难，所以，得不到广大群众的拥护。一方面，最初建立的健康管理机构都是非营利性质的，后来都转变为营利性质的机构；另一方面，在美国，个人观念非常强，追求自由、私有化的观念在医疗健康保险中形成了一种社会契约。

2. **市场主导模式促进收入和就业增长的同时提升了幸福感**

在美国健康服务中，管理式健康保险是重要的组成部分，不仅带动了行业收入、提供了就业机会，并且推动了整个行业的规范化和迅速发展。同时，该领域也得到了广大群众的重视，家庭护理、健康管理师等成为了收入较高、成长得最快的行业。从整体看，健康服务行业内部的就业是增长的，健康管理成为了增速最快的方向，反而，从事医疗服务和社会救助的人员逐渐减少，从事非医疗健康管理的人员逐年增加，这都源于市场利益的主导，灵敏地感知到市场需求，形成各种符合市场需求的健康管理模式。在美国市场中，私营形式的管理式健康保险的引进增加了市场竞争，从而达到了节约成本的目的，政府主导有效减少了服务机构审核等成本，通过调节保险费率，更加灵活地调节了市场供需环境。

3. 市场主导模式导致公平和垄断性失灵，抑制了公众幸福

美国政府主导的管理式健康保险归根结底还是市场化的，最大的弊端就是损害了社会公平，收入增长不能弥补医疗支出的快速上涨，但参与保险的人数却在下降，政府想利用税收、政策等对市场上健康保险进行干预、调控和监管的效果甚微，面临着一些问题。健康保险市场化的目标就是利润最大化，这使得弱势群体，特别是老年人、贫困的人、已经患有疾病甚至有家族疾病的人等无法获得保障，但他们却是最需要保障的群体，统计结果显示，大部分人多少都有健康保险的意识。此外，政府主导的健康保险强调管理，行政成本越来越大，这些机构利润导向限制了被保险人的就医选择，削弱了被保险人给予保险机构的权利，导致保险公司在谈判中趋于劣势，被保险人的医患关系受到很大影响，这就迫使大型医疗机构吞并中小机构，保险公司也因此破产，大保险公司在市场中形成垄断带来了健康保险费率的大幅度提高，也降低了市场的多元化和创新性。

（二）政府主导模式典型案例：英国社区医疗产业

英国有一套完整的医疗保障体系——英国国家医疗服务体系（National Health Service，NHS），其政府主导的社区医疗服务经历了由政府直接供给到内部改革再到民间力量介入的过程，形成了初级是社区保健、次级是医院、最高级是医疗专家逐级增强的医疗体系结构。当百姓感觉到身体不适时，可以先寻求初级社区保健提供服务，如果社区保健不能解决，病人将会被送往医院接受更高级的治疗，初级社区保健的初诊是前提，初级社区保健不仅仅提供医疗初诊的服务，还包括医疗咨询、改善社区卫生环境、消除危险因素、引导百姓开展健康的生活、收集社区居民的健康情况、流行性疾病的传播情况等。初级社区医生的服务对象是全民，负责识别、解决、分流病人，开展体检、卫生教育，预防季节性疾病等活动，解决了大部分的问题，更高效地利用了医疗资源，其费用是由国民卫生服务体系负担，取之于民，用之于民。

1. 英国福利传统确保由国家主导，实现了普适的社会幸福

政府在英国社区医疗体系中的领导地位是由执政党的传统理念决定的，反映了一定的价值观和历史传统。英国注重市场的自由贸易发展，是资深的资本主义

国家，然而，在建立社区医疗体系时，却是由政府主导的。国家医疗服务体系的建立推动了相关法律的实施。很长一段时间，世界上公认的最好的医疗模式就是英国的全民医疗，但是随着时代的变迁，人们也发现了一些缺点，关系到每个人的生活，但也不能削减英国民众对它的喜爱和拥护，这种传统已经根深蒂固了，如果执政党想要撼动这种模式，很可能会遭到选民的反对，引发舆论抨击，因此，政府主导的英国医疗体系是全民的选择。

2. 政府主导有利于全民健康、社会公平和谐、提升幸福感知

政府主导社区医疗体系能够提高公民整体的福利水平和幸福感，医疗服务作为全民共有产品，对全民具有公平性，不会因为个人的经济能力而受到影响，是真正的全民受益的服务体系。英国医疗保障体系集行政与服务于一体，既是体系的管理方，也是医疗保障服务的提供方，经费使用的是全民的税收。在这种模式下，有看病需求的百姓可以直接前往社区接受医疗服务，后续也没有报销的手续，效率大大提高，同时，也方便医疗体系控制成本。由于民间资本的介入，市场中就存在更多的竞争者，如果想得到政府更多的经费拨付，就需要为民众提供更好的服务，获得更多的信赖，从而促使社区医疗注重质量和不断提高业务水平。

3. 政府主导模式激励不足，商业医疗补充地位上升，协同促进公众幸福

政府主导的社区医疗体系作为全民共有的产品，往往不需要面对市场压力，就会出现运营效率低下和损失的问题。英国社区有限的医疗资源面向全民预约时，病人等候时间长、设备陈旧等问题也很明显，往往因社区医师预约满而无法为其他患者提供服务，不得不将患者分流转送到上级医院，导致各级医院排队现象严重，同时，越来越严重的老龄化问题也会对现有的医疗体系产生重大影响。英国的医疗保障体系要求节约成本，这就为私人保健提供了发展的空间，很多健康组织通过把握市场需求获得了利润。根据这一现状，政府缓解了损失和效率低下的问题，同时，也让更多的医疗服务机构参与到这一体系中，为居民的健康提供更全面的服务，更好地发挥了作用。

（三）幸福产业混合发展模式典型案例：日本医养结合的养老产业

日本于2000年正式启动"健康日本21"计划，积极鼓励民间资本注入市场，使得公私资本都能够参与到市场中。

1. 居家医养结合养老

成立专业的介护组织，为有需要的老年人提供上门的医疗、餐饮、清洁等全方位定制服务，也能提供白天接老年人到集中活动中心、开展各项老年朋友喜欢的活动、晚上再送回家的服务。

2. 机构医养结合养老

老年人也可以选择能够提供一站式服务的机构，这里为老年人安排了日常娱乐活动，有专人负责卫生，提供可口的饭菜，不限于养老中心、康复养老院、老年福利中心等形式。

3. 老年健康生活大社区

在这个社区里实现统筹养老，利用现代网络设施在生活上、医疗上提供多层次服务，将老年人住宅分为自理型、支援型、照护型，根据不同类型提供介护的保险，实现分摊风险的目的，同时，也吸引了大量的社会资源进入，实现了公私参与的混合发展模式。日本医养结合的养老产业如图2-4所示。

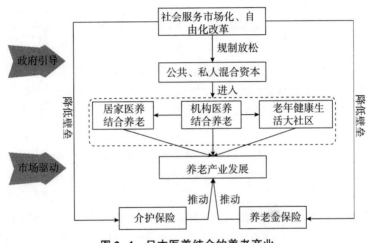

图2-4　日本医养结合的养老产业

1. 政府的多方参与、居家养老与机构养老相互补充

政府的多方参与、居家养老与机构养老相互补充在减轻公众的养老负担、多样化养老方式的自主选择的基础上提升了公众的幸福感。

日本老龄化比较严重，在这方面很有经验，日本老年人的养老保险大多来自财政拨款和保险，自己只需缴纳很少的部分，并且介护保险法自2000年起实施，该法案能够帮助老年人节省90%的相关费用，自己只需要负担10%，这种由政府补贴的机制使得养老机构多为介护型的。此外，百姓也很喜欢社区型养老形式，该养老形式容易实现更周到的介护服务以及有利于管理的精细化。根据老年人的年龄划分，大于80岁的老年人大多采用养老院形式养老，小于80岁的老年人采用居家和功能性社区形式养老。为了更规范地提供服务，政府还对提供的各项介护服务进行了详细的规定，把养老服务作为建设重点，其内容分类非常细致，达上门看护、上门康复等15种之多。当达到一定规模后，百姓们就可以享受到更加精细、便宜的养老服务，使得老年人也能有较高的幸福感。

2. 完善的养老机构服务评价体系、医疗保障相关配套政策与专业的医护人员

完善的养老机构服务评价体系、医疗保障相关配套政策与专业的医护人员在满足老人基本养老需求的前提下保障了养老服务质量，是公众幸福感建立的前提条件。在日本，厚生劳动省负责所有养老机构的管理，制定日常管理的各项规章制度，其中包括养老行业的标准、执行的细则、日常管理运营、从业人员上岗资质及服务标准、所具备的设施等。日本通过立法来规范养老机构服务质量以及标准等问题，有效地控制了养老行业的服务质量。此外，护理老年人需要具有专业技能的医护人员，不同于简单的看护。家庭护理人员在日本也有完善的机构和考核体系，每位从业人员需要持有国家认可的能力证书才能上岗工作，并且有专门的机构进行管理，通过与医学院的合作，还会定期进行继续再教育，从而使每位从业人员更新和掌握最新的专业技能和服务，同时，医学生还能在护理老人的实践中进行实习。

3. 注重细节化的养老模式和地区统筹养老的新形态

注重细节化的养老模式和地区统筹养老的新形态，在满足了老年人需求与意愿的同时，也为公众幸福感的创建提供了基础。日本采取的医养结合方式不但能够保证老年人的生活品质，还能保持老年人在生活中的独立，丰富晚年生活，使失能老人在心理上、身体上自立，保持尊严。这种医养结合的目标就是最大可能地尊重老年人的选择，致力于为老年人提供更好、更优质的服务而不断努力。此外，养老的一个重要课题就是防止发生医疗事故，优先要考虑的是医疗行为，其次才是老年人的生活。以社区为单位的养老模式使老年人在足不出户的情况下就可以享受到定期的专业医疗服务，减少了路途上的艰辛和麻烦，这样老年人可以在自己日常习惯的住宅环境下，安心且安全地接受照护和享受福利。

二、幸福产业发展启示

世界范围内幸福产业的蓬勃兴起和一些主要国家的做法，对我国发展幸福产业有着重要的启示。

第一，坚定的国家意志和稳定的政府支持是幸福产业发展的有力保障。幸福产业的发展能够提升百姓的幸福感，并且能够带动整个社会经济的发展，很多发达国家都意识到了幸福产业发展的重要性，从国家战略的角度给予了支持。坚定国家意志，进行超前布局，从而推动经济结构的转型，确保幸福产业高质量的发展。当前，幸福产业是新的更高层次的发展追求，没有能借鉴的历史经验，我们

必须把握时代的发展机遇，审时度势，把握当下难得的发展机会，但对于任何产业来说，发展初期往往市场不明朗，技术路线也不确定，会产生供需双向不足的窘境。此外，幸福产业的各个行业发展得并不均衡，存在较大差距，仅靠企业自身很难改变现状，需要整个行业乃至政府层面的干预，统筹协调，这就需要政府态度坚定，给予实质性的支持，为行业指明发展方向，从政策角度给予大力支持。

第二，依赖新兴技术重塑传统民生产业、完善产业创新体系是幸福产业发展的重要基础。传统民生产业是当前幸福产业主要涉及的领域，未来幸福产业要引入新兴技术，如物联网、大数据、云计算等，将其融入传统民生产业，创造新的产业，提供新的服务，从而形成新的幸福产业业态，主动推动幸福产业的发展。在发展幸福产业的战略上，着重夯实基础研究以及人才的培养，这是产业发展的基石，构建产业、教育和科研相互支撑的机制，为企业注入技术创新理念，提高创新能力。完善的产业创新体系是发展幸福产业的重要支撑。在创新体系中，基础设施、研究环境、技术水平、制度创新框架等缺一不可，缺少任何一个环节，都会导致相关产业发展不协调，形成短板。因此，只有将传统的优势产业与新技术交叉融合，才能优化传统民生产业升级，幸福产业才能走上快速、健康发展的道路。

第三，公平竞争的市场环境、宽松健康的产业生态环境是激发幸福产业活力的必要条件。想要幸福产业能够在健康的环境下发展，一方面，必须消除市场中存在的垄断和不正当竞争行为，使得市场中各主体都能在公平、平等的条件下参与竞争。其中，要注意扶持还在成长期的中小型企业，鼓励其在幸福产业中发挥作用。同时，也要充分调动成熟企业整合和优化资源的能力，发挥市场领先优势，从而形成若干成熟大企业领军，带动一批成长期的中小企业，相互配合、发展合作的业态，为幸福产业的发展奠定基础。另一方面，要减少政府干预，从制度角度加强创新，为幸福产业发展提供有利的空间和环境，积极构建和发展新的商业模式和业态，颠覆传统市场，为产业交叉融合提供更多的可能，迸发出新的火花。因此，发挥幸福产业的独特优势离不开市场认知、监管等共同构建的综合竞争环境。

第四，立足国情、开放发展是后发国家发展幸福产业的必由之路。随着全球经济的不断发展，国际间流动的成本也随之降低，创新已成为全世界发展的首要因素，也是国家发展幸福产业的必要因素。同时，为了顺应全球化，在幸福产业的发展上各国也有了强烈的合作意愿。要想幸福产业发展中寻求"蓝海"，就必须打破国际壁垒，拓展合作方式，合理配置各国优势资源，如果没有达成共识，那么一定会阻碍幸福产业的发展，甚至可能会面临淘汰的风险。当然，我们在当前的国际竞争局势中，看到了这样的现象，那就是发达国家想要利用发展中国家的庞大市场，但同时也对发展中国家的发展设置障碍。因此，发展中国家的幸福产业想要更好的发展，就必须立足于国情，充分发挥其庞大市场所具有的优势，满足人们日益增长的对美好生活的追求和向往，从而使人民群众得到获得感和幸福感，这是发展中国家幸福产业发展的必由之路。

第三章
幸福产业体系的构成与分析

2019 年，我国人均 GDP 已经超过了 1 万美元，正式进入了中等收入门槛。从国外发展经验来看，相当数量的发展中国家在这一阶段未能继续创造经济奇迹，转而发生了经济衰退。但部分成功的经验告诉我们，关注民生、发展幸福产业是推动经济继续向前的重要途径。党的十九大报告中明确指出，我们社会的主要矛盾已转化为"人民日益增长的美好生活需要和不平衡不充分的发展之间的矛盾"。其中，美好生活需要即是人民对幸福的追求。《2020 年政府工作报告》进一步指出要保障和改善民生。然而，在产业发展过程中，人民幸福感如何体现、如何维持以及如何加以提升，当前的经济形势下，满足我国人民幸福感的产品需要通过哪些产业来生产并通过哪些机制加以有效分配，这是目前我国经济转型时期所要面对的关键问题。本章结合需求层次理论、生态系统理论以及产业经济学原理，围绕着幸福感的形成、幸福产业体系的构成以及相应的保障制度展开论述。

第一节　幸福感的形成理论

什么是幸福？"福"在《尚书·洪范》中的解释为五个方面："寿、富、康宁、攸好德、考终命"，它们之间的关系为"富而康宁，康宁而寿，寿而考终命"，由此，还衍生出"福禄寿喜财"的概念。"五福"虽然是古代的治国理念，但对于现代社会也具有参考价值，它是人们对于美好生活的憧憬。

党的十八大以来，国家不仅追求经济的增长，而且更加注重人民的美好幸福生活，大力发展我国的幸福产业。一个人幸福与否基本取决于自身对当下生活的整体评价，其中，幸福感的形成主要通过以下三个阶段：

首先，是感知幸福，主要是人们生理和安全需要上的满足，这一阶段更注重物质条件，主要体现为居民生活水平的提高。其次，是维持幸福，主要是人们情感归属需要的满足，是建立在一定的物质基础之上的、立足于当下的幸福感。最后，是提升幸福，主要是人们尊重需要及自我提升需要的满足。该阶段人们的物质需求和精神需求有了显著的提升，并由此形成新的、迫切的需求。

幸福感是层层递进的，是在逐步满足自己的既定需求之后所获得的一种幸福体验。只有感受到幸福并加以维持，才能进一步提升人们的幸福感。感知幸福是维持幸福与提升幸福的基础和必要条件。人们的基础需求得到满足之后，将会产生新的、更高层次的需求，而提升幸福则是感知幸福与维持幸福的进一步升华。

一、感知幸福

感知幸福的本质是人们刚开始获得一定的满足，现阶段物质和精神诉求初步达到既定目标，新的需求并未产生，因此，这一阶段的幸福感源于对既有目标的完成，是与过去作比较而达成的满足感。同时，这一阶段的满足感更多来自于物质生活的丰裕。

（一）主要需求

在感知幸福阶段，主要需求为生理需求和安全需求。生理需求如水、睡眠和食物等，是人们基础的维持正常生活的需求；安全需求如人身安全、工作保障等，是为了避免自身生命受到威胁的需求。

（二）主要特征

感知幸福阶段的主要特征是人们"有所得"，主要受到物质财富因素的影响。相比过去，人们现阶段的物质和精神诉求已经基本满足，并且暂时未产生新的需求。主要体现在收入水平和社会福利保障方面。一般随着人们物质需求的不断满足，人们所感受到的幸福感不断增强。在财富匮乏时，尤其对于中等以下收入者，收入的增加可以增强人们对于幸福的感知。

（三）满足基础

国家的繁荣昌盛是人们的强大依靠和感知幸福的基础，但是人们感知幸福还需要一定的物质基础，也就是收入水平的提高。财富是人们感知幸福阶段极为重要的影响因素和必要条件，物质财富的积累是满足人们感知幸福的基础，而收入水平的提高可以满足人们的物质需求，从而获得一定的安全感，让人们有追求更深层次幸福的动力。

二、维持幸福

维持幸福建立在以一定的物质基础之上，通过横向比较，不断拉近与他人各方面的差距所产生的满足感，是立足于当下的幸福感。情感与归属需要成为主要追求的目标。当这些目标达成时，幸福感会得以维持。不能达成时，个体会感到焦虑并产生动力驱使其通过努力获得幸福感。

（一）主要需求

在维持幸福阶段，人们需要在满足感知幸福阶段需求的基础上，获得一定的更高层次精神层面的满足，也就是需要满足人们的情感与归属需求，主要包括亲情、友情、爱情等人们相互之间的情感互动需求。

（二）主要特点

维持幸福阶段的主要特点是"有所乐"，该阶段受到非物质财富因素的影响较大。在维持幸福阶段，物质需求基本满足，需要满足一定的精神需求，从而在精神层面和物质层面的双重需求上获得极大的满足感，即不断拉近与他人各方面的差距。维持幸福阶段更具有主观性，比起财富，该阶段更重视自我内心的情感满足，这也具有可持续性。

（三）主要途径和手段

随着物质水平的提高，人们会逐渐感知到幸福，但若想要获得相对持久的幸福，还需要通过其他路径来维持。物质财富、生活水平的提高等物质因素是维持幸福的基础保障，也就是要拥有一定的收入和福利保障才能满足自身的生理安全需要。但还需要良好的生活工作环境和人际关系等情感方面因素，给人们带来情感与归属的满足，从而具有追求更高层次幸福的动力。值得注意的是，随着人们财富的不断积累，情感与归属等非物质因素对人们幸福感的影响会逐渐加大。

（四）与感知幸福的根本差异

双因素理论中保健因素包含人们的生理、安全和社交需求，也就是感知幸福所需，而激励因素对应人们的情感与归属需求，也就是维持幸福的重要部分。感知幸福需要满足物质欲望，需要拥有一定的经济实力。感知幸福可以从保健因素出发，通过提高人们的收入水平和待遇、改善工作生活环境等措施，提高人们对幸福的感知水平，调动人们追求幸福感的积极性。维持幸福需要满足人们的情感与归属需要，获得精神层面的满足。维持幸福可以从激励因素出发，了解人们真正需要什么，以此来激发人们追求幸福感的热情，从而有追求更高层次幸福的动力。

"有所得方有所乐。"感知幸福和维持幸福间的关系是对立统一、密不可分、相互促进的辩证关系，需要协调发展。感知幸福是维持幸福的基础，维持幸福是感知幸福的持续和提升，也就是精神需求必须有物质需求做基础；感知幸福重在物质需求，维持幸福重在精神需求。

（五）实现基础

古语有云："仓廪实而知礼节，衣食足而知荣辱。"也就是说，只有人们生活富裕，丰衣足食，才能顾及到礼仪和荣辱。同样，要实现维持幸福，就需要在满足人们物质需求的基础上满足精神需求，达到人们客观上安居乐业、主观上内心充实满足的状态。只有满足人类在感知幸福阶段的主要需求并长期保持，那么人们才能产生更高层次的需求，逐渐进入维持幸福阶段。具体来说，维持幸福阶段需要在感知幸福阶段的基础上满足人们更高层次精神层面的需求，也就是满足自身的情感和归属需要，从而获得更高、更持久的幸福感。

三、提升幸福

提升幸福阶段是个体物质生活和精神世界有了新的显著的提升，已经超过了横向比较的个体而进入的新阶段。此时，个体会向更高的生活标准或社会阶层看齐，形成新的、迫切的尊重与自我实现的需求。

（一）主要途径

结合期望理论发现，如果想要提升幸福感，就需要了解到人们对于得到更大幸福感的信心及之后个人的实际需求。提升幸福需要获得更多的内在满足，需要超出现有期望产生新的更高的需求，比如对美好生活的向往，需要个性化、专业化的高品质消费等，从而得到更大的幸福感。如果人们越有信心提升幸福，由此带来的动力和积极性越强，那么，获得成功的概率也会增高。

（二）主要表现

提升幸福阶段要"有所望"，具体表现为通过人们社会地位的提升和自身才能的发挥来满足人们的尊重需要和自我实现需要，获得精神层面的高度满足。尤其是社会地位的提升对于提升幸福具有重要意义。

(三) 待满足的需求

在感知幸福和维持幸福的基础上,提升幸福阶段需要从物质基础需求到精神基础需求,在一层一层的需求得到满足之后,产生驱动向更高层次的成长型需求发展。提升幸福阶段待满足的需求就是尊重和自我实现的需求,更注重成长型需要。

尊重需求是希望被他人和社会认可,由此可以充满信心,包括一定的社会地位、实力、信心、被尊敬和独立自主能力等需求。自我实现需求是更高层次的需求,也称之为成长需求,是实现理想、发挥自身才能、有能力成为理想中的自己的需求,包括创造力、处理能力、接受力等。

(四) 向新的幸福感知阶段跃迁的基本机理

幸福感的三个阶段主要包含了马斯洛需求层次的五个方面,从基础需求到更高的需求层层发展,从提升幸福阶段向新的幸福感知阶段跃迁的基本机理是层层提升,提升幸福需要突破现有幸福的瓶颈寻求新的幸福感,从而开始新一轮的幸福感晋升。具体来讲,首先,居民需要"安居",满足自身的生理安全需求。其次,向维持幸福阶段跃迁,在居民"乐业"之后,再向提升幸福阶段跃迁,产生社会价值需要,生活"有所望"。最后,突破现有幸福的瓶颈,从提升幸福阶段再向新的幸福感知阶段跃迁。

我国幸福产业的发展会进一步提升人民群众的幸福感,因此,需要处理好幸福产业和人民幸福之间的关系。在我国经济发展的同时,实现我国人民对美好生活的向往,让人民的物质和精神需求得到相应满足,对未来充满信心,如此才能进一步促进提升幸福阶段向新的幸福感知阶段的跃迁。

第二节 需求满足与幸福螺旋理论

幸福感来源于物质和精神的满足,当人们有所需求并报以期望时,幸福感的衡量便由此开始。对幸福的追求,前期主要表现为个体生活方式的选择,在时代进步发展的社会背景下,人民群众的生活条件在不断改善,物质和精神需求也在随之提升。为了更好地提升幸福感,我们需要研究幸福感与需求满足的动态关系,这也是在新时代经济发展的前提下,构建幸福产业发展体系的基础。

现代化产业的发展有助于增加物质生活质量,从而提升幸福感,不同的人群对于幸福的追求也不尽相同，因此，根据幸福感形成阶段的差异化，在明确幸福感与需求满足的关系之后，要重点分析相关幸福产业发展方向，以此为基础构建幸福产业体系。

一、幸福感对应的需求层次

（一）需求层次理论

需求层次理论由美国心理学家亚伯拉罕·马斯洛提出，这一理论将人的需求从低到高依次分为五个类别，分别是生理需求、安全需求、社交需求、尊重需求和自我实现需求。

第一层次是生理上的需求，是最为基本的需求。作为生理上必不可少的基础物质，食物、水源、呼吸、睡眠是保障人类生理机能正常运转的首要条件。第二层次是安全上的需求，包括生命安全、健康保障、财产所有性等方面，是整个有机体追求安全保障的体现。第三层次是情感和归属的需求，表现在友谊、爱情以及接纳等方面，是渴望与他人建立情感联系的心理需求。第四层次是尊重的需求，渴望在工作和生活中展现出人的自尊并获得他人的认可，以此满足内心的幸福感。第五层次是自我实现的需求，是人类最高层级的需求。在努力实现自我价值的过程中，体会到最大程度的满足和快乐。

（二）幸福感与需求层次

幸福感的提升一方面依靠物质性幸福产品，另一方面还要依靠精神性幸福产品。幸福感形成的三个阶段分别是感知幸福、维持幸福、提升幸福，这三个阶段所表现出来的递进关系，体现了幸福感提升的方向。将幸福感的不同阶段与马斯洛需求层次相对应，有助于明确两者之间的动态关系，建立更高水平的满足感和安全感。

1. 感知幸福与生理安全的需求

生理需求和安全需求是保障人类生活最基本的需求，没有基本物质条件的满足，就谈不上生存，幸福感更是无从说起。感知幸福是一种能力，这一阶段的幸福感的主要来源是物质基础。现阶段，我国居民生活水平总体较高，生活物资能得到充分的给予，不存在早期中国社会无法满足温饱的情况，所以，国民幸福感在一定程度上有所提升。

2. 维持幸福与情感归属的需求

在物质需求得到满足后，便有了精神需求的追求，保持积极的生活态度，维持正常的社交往来，才能够持续感受幸福。情感归属需求是在基本的生理安全需求得到满足之后产生的新的更高的需求，这也是想要进一步提升并维持幸福感的表现。人不同于动物的本质之一是需要社交，在社会交往中获得他人的认可，得到情感的安慰，感受到归属感，是维持幸福的关键。

3. 提升幸福与尊重及自我实现的需求

满足内心、超出期望，就会产生更大的幸福感，此时也会渴望表达更多的需求。而需求和幸福感是一个动态关系，随着需求的不断增加，幸福感也在不断提升，反之，幸福感的提升也来自于需求的增加。提升幸福感的最好办法就是实现尊重及自我实现的需求，只有个人能力得到极大发挥，内心力量充分得到释放后，幸福感才会得到最大程度的满足。

二、幸福螺旋与动态需求满足

（一）幸福正循环

幸福正循环说明幸福感的形成是螺旋向上的动态过程，不仅在水平上不断向上提升，而且创造幸福感的内容也在不断更迭。在新的水平上，原有的幸福感知的物质基础可能会失效，而新的幸福感知需要建立在更高水平的基础上。需求的提升内在地驱动了幸福感形成过程不断的螺旋式上升，产生正循环。如果各阶段不能协调统一，形成正循环，幸福就难以真正形成，会出现"伪幸福"。

（二）幸福螺旋与需求满足

幸福感形成的三个阶段不是独立存在的，而是一个整体不断变化的动态过程。从感知幸福到维持幸福，再到提升幸福，幸福感在不断的正循环中形成一个闭环。随着需求层次从高到低的增加，幸福感逐步螺旋提升。

2019 年，中外城市竞争力研究会对中国最具幸福感城市进行了调查，数据显示，前十大最具幸福感城市分别是青岛、杭州、烟台、哈尔滨、济南、珠海、信阳、惠州、威海和肇庆，北京、上海、广州和深圳并未入榜单前 30。为何物质生活丰裕、商业气息浓厚的大城市居民的幸福指数更低呢？从幸福感形成与需求满足的角度来看，在发展更快速的大城市中，人们之间的横向比较使得单纯维持幸福变得不再容易，越是与他人比较，越发体会到差异，产生焦虑的心理。反观那些最具幸福感城市的居民，他们在物质和精神方面的需求更容易满足，幸福感在推进的过程中就更简单。

图 3-1 表明了幸福螺旋与需求满足的动态关系。幸福感的三个形成阶段从低

到高处于循环状态，其对应的需求层次也在相应发生变化。由此可见，幸福感的提升与需求层次的变化有很大的关联性。

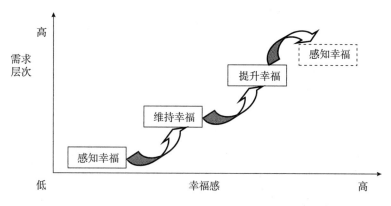

图 3-1　幸福螺旋与需求满足

三、幸福感形成阶段差异与幸福产业发展

社会资源分配不均以及地理环境等方面因素，造成现在不同的人群处于不同幸福感形成阶段的现象，现代产业的发展对于幸福感的形成有积极作用。为了提升当前我国人民的幸福感，我们要根据不同的产业来满足差异化的需求，以此分析不同人群幸福感形成阶段差异对产业发展丰富性、多样性和层次性的要求，还要对具体幸福产业的发展方向和发展类型有一定的了解，为构建新时代经济背景下的幸福产业体系打下坚实的基础。

（一）幸福感阶段差异对幸福产业发展的要求

1. 幸福产业发展的层次要求

幸福感形成阶段差异要求幸福产业明确其类型层次，找准功能定位。具体地说，结合市场调查，明确不同阶层消费群体的需求，构建一个层级分明的产业发展体系，是幸福产业发展层次要求的关键，也是新时代经济发展的战略重点。

2. 幸福产业发展的多样化要求

幸福产业需要多样化发展，产业多样化为处在不同阶段的人群提供差异化选择。不同人群对于物质和精神文化的需求不同，结合不同人群的幸福状态以及该区域现有的资源，有侧重点地发展幸福产业的各个类型，打造幸福产业的多元化体系。

(二) 幸福产业发展的作用

1. 保障基本需求，提供形成幸福感的基础

近年来，以养老、文化、旅游为代表的幸福产业快速发展，不仅保障了老百姓的基本需求，增强了生活幸福感，也拉动了我国消费增长，给我国经济转型带来了新的发展动力。结合我国实际情况和相关政策导向发展幸福产业，可以更好地满足人们生活条件改善后对生活质量的追求和对美好生活的向往，有利于增强人民群众的获得感、幸福感、安全感。

2. 满足市场需求，维持稳定幸福

幸福产业是人类社会发展到一定阶段的产物，特别是科技进步推动生产力不断发展，让更多人有钱、有闲消费。现阶段，我国正从中高等收入国家向高收入国家迈进，经济发展动力由过去的投资主导转向更多依靠消费拉动，市场需求的扩大为产业的发展提供了动力。幸福产业在市场中为消费者提供了服务。例如，随着我国老龄人口逐年增多，老年护理服务发展水平将不再简单通过养老机构的数量来判断，更多要看能否提供全面的生活照护、情感关怀，更注重护理质量。

3. 实现可持续性发展，进一步提升幸福

幸福产业大多不是资本密集型产业，其所使用的生产要素以人力资本为主，许多人都可以加入到幸福产业的创业队伍中来，提供丰富多元的产品和服务。与此同时，随着人们美好生活需要的不断增长，对个性化产品和服务的需求日益上升，幸福产业可以不断创造新的就业机会，为人才提供就业岗位，而人才为产业创造自我价值，不仅能实现产业持久稳定发展，也能进一步提升人民的幸福感。

(三) 驱动幸福产业发展的机制

幸福感的产生、维系与提升的正循环是驱动幸福产业发展的动力之源。幸福感的不同发展阶段催生了大量的市场需求，从而直接刺激了相关产业的发展。例如，基础民生相关的幸福产业是保障人民生活的根本，服务娱乐产业是满足人们精神文化需求的保障，体育教育产业是增强人民自尊、自信高层次需求的动力。

在幸福螺旋的上升发展过程中，不同时期的产业发展重点存在差异，与此同时，前一阶段满足幸福感的主要产业成为了后一阶段新兴产业的发展基础，由此形成紧密联系的产业体系。因此，幸福正循环提供了幸福产业体系化的原动力。依靠幸福产业体系的整体框架来完善每个部分的产业链，既有整体的约束，又在每个产业中细化各项产品，以此提升人们的体验感和满足感。

第三节 幸福产品的供给：幸福产业发展的理论依据

一、幸福产业体系与现有产业部门的衍生关系

（一）幸福产业以传统产业为基础

幸福产业以传统产业为基础，但并不是传统产业模式的简单延续，是当代社会的一种新兴产业。目前，我国高技术产业得到快速发展，规模逐渐壮大，水平和质量不断提升，也满足了人民对于物质生活的需求。但随着我国国民财富的迅速累积和群众收入水平的不断提高，人们对于个性化、高端化、差异化产品服务的需求逐步加大，对幸福的追求更深层次化，这也促进了文化、旅游、医养、教育和体育等幸福产业的不断发展壮大。

（二）幸福产业是传统产业升级改造的必然结果

面对中国的经济前景和时代发展趋势，现在我国的社会主要矛盾已经变成人民群众日益增长的美好生活需要与不平衡不充分的发展之间的矛盾。传统产业对于民生的关注较少，注重发展速度而不是质量。在优化产业布局的进程中，环保型产业成为社会和谐进步的重点，旅游、文化、体育、养老等产业成为了新的发展热点。

二、基于需求层次的产业功能分析

（一）幸福产业体系的具体内容

人们在不同的时代阶段和不等的生活质量中对幸福产业的体会和认知也不一样，获得幸福的过程也会体现出区别。生活水平越高，越想要得到精神层面的幸福。因此，可以确定幸福产业的出发点就是每个人不同时期的物质和精神需求。近年来，随着国民经济的增长和人民生活水平的提高，以往那些与生活直接关联的产业正在成为城市的主导产业，即健康、文化等休闲幸福产业。幸福产业就是精神文化产业，包括生活的各个方面，其发展意义就在于积聚幸福感，提升群众

幸福感，是维持美好社会生活的主要途径之一。

为了创造新时代经济背景下人民的美好生活，满足物质文化生活提出的更高要求，让人民有获得感、幸福感、安全感，我们应该注重规划幸福产业的发展方向，明晰产业类型，为幸福产业体系的构成打下基础。当前的幸福产业类型主要有以下几种：

1. 公共住房及物业服务产业

公共住房是国家和社会提供资金和制度支持，专门用于在当地生活但没有房产的一些人群居住和使用，它不但能够保障城镇住房困难住户的需求，也能推动社会进步与和谐，增强民众的幸福感。物业服务能够为各类房子住户提供规范化和标准化的管理服务，是基础的生活保障型产业。

2. "米袋子""菜篮子""果盘子"产业

这一类产业是指粮食、蔬菜、鱼、肉、蛋、奶、水果等农副产品相关产业，直接关乎我国人民生活基本物质的供应，基础性产业的有序发展有利于维护社会正常的生活生产秩序，满足人民基本物质需求，为感知幸福提供动力支撑。

3. 医养产业

医养产业是以保持、调理和促进健康为目标，以医和养为主要特色的产品制造、信息交流和服务升级等关联产业的总称，包含医疗、养老、健康等不同方面，能够满足人民群众的健康服务需求，促进民生改善和社会进步之间的良性互动。

4. 公共卫生产业

公共卫生产业是为了提前预测和尽量控制病痛的产生而实施的一些产业，使公众尽量能够提前预防疾病，也能够治愈大部分疾病，让老百姓感受到优质的社会健康卫生服务。公共卫生产业的发展，不但为推动社会进步提出了友好的卫生环保政策，而且也是促进人类幸福生活的主要举措。

5. 大众餐饮服务业

大众餐饮服务业是向消费者提供多种饮食、聚会场所和设备的食品生产经营产业。餐饮类型的增加很大程度上会为社会增加物质财富，以提高老百姓的物质生活水平和增强幸福感，属于幸福保障性产业。

6. 文化产业

文化产业是以制造和供给精神产品为主要操作，来满足人们的文化需求，增强人们的文化获得感和幸福感。在提升人们的认知观念的同时，文化消费还有很好地带动发展的能力，协同部分幸福产业共同进步。例如，旅游、教育、健康、餐饮、体育等产业的发展都与文化产业有一定的联系。

7. 旅游休闲产业

旅游不仅能获得体验生活、扩展视野的机会和途径，也是发现自我、改变自我和实现自我的一种方式。旅游是现实生活中人们的一种放松方式，主要体现为非功利性的精神层面的需求。

8. 家政服务产业

家政服务指的是将一些家庭活动与事务交给专门的服务机构和人员来完成，这样使得家庭和社会完美衔接，享受生活的乐趣，提升家庭生活品质，维持家庭幸福感，以推动全人类社会的进步与繁荣。

9. 全民健身产业

全民健身产业的重要功能在于提高群众身体素质、振奋民族精神、推进社会和谐、实现个人的全面发展和社会文明的全面进步。

10. 成人教育产业

成人教育能够让社会中的成年人开阔视野、提升见解力，在人的全面发展方面，他们的态度和行为得以改变，精神世界有了显著性提升，继而收获内心更大的满足，幸福感也得到大幅提升。

（二）不同幸福产业的功能分析

促进幸福产业茁壮快速发展是保障和改善民生的重要方式，也是实现经济高质量发展的重要途径。未来幸福产业的发展对广大人民群众幸福感的提升具有极其重要的实际价值。长时间的研究表明，在幸福产业中，不同产业的发展对群众生活水平的影响程度是不一样的。

1. 公共住房及物业服务产业

公共住房最主要的目的就是让那些无房可住的民众体验到拥有住房的快乐，在达到他们最低居住需求的同时，也要实现不断增长的对社会生活更高层次的需要与追求。公共住房在物业服务方面最主要的问题就是社区安全问题，到位的社区服务和良好的治安环境会使人感到幸福，城市的幸福生活与良好的社区安全环境紧密相连。

2. "米袋子""菜篮子""果盘子"产业

"米袋子""菜篮子""果盘子"产业作为农业的重要组成部分，有利于调整城镇农业发展的方向和提升发展的水平。突如其来的新冠肺炎疫情或多或少会对经济社会造成一些影响，而民生是立国之本，全国各地推出一系列迅捷有力的民生保障举措，这些精准的政策举措不仅有效保障了城乡居民的基本生活供应，也使得疫情防控过程中的物质需求有所保障，给老百姓送去了真真实实的温暖。

3. 医养产业

人口老龄化是当今社会的一个基本国情，能够使得老年人幸福安享晚年是全国人民共同的责任。国家和政府要积极创健养老、尊老、爱老的政策方针和公共环境，促进医疗卫生事业和健康养老产业的发展。面对突出的人口老龄化问题，政府部门应不断加强"社区化养老"举措，持续推动"医养结合"，提高养老产业服务的供给水平，在提升老龄人口生活幸福感的同时，也为青年人降低家庭负担，提升全民幸福感。

4. 公共卫生产业

公共卫生建设是保障疾病预防控制体系井井有条的工作，为人民提供优质的公共卫生服务，让人民群众可以无病早防、有病能治。公共卫生体系的建设，既可以为新时代提供很好的环境卫生保障，同时，也体现出国家和政府对老百姓日常生活的关切与注重。因此，我们要努力创造人人享有健康的美好社会。

5. 大众餐饮服务业

随着餐饮业的迅速发展，消费者的餐饮需求不断得到满足，目前，消费者的餐饮需求呈现出独特化、多样化的特性。现在的民众在消费时越来越注重绿色、环保、卫生、环境、特色、服务等方面，现在的主题餐厅就是对餐饮的基本作用进行延伸，不断满足消费者独特化的消费需求和精神层面的享受。同时，人们寻求品牌店、特色店和名牌餐饮公司的趋势越发显著，这在一定程度上反映出人们对幸福生活的更深层次的追求。

6. 文化产业

在市场经济条件下，人们通过文化消费满足各种需要，生活质量的高低在一定程度上代表着幸福感水平。通常来说，人们一般先实现基本需求，再实现更高层次的需求。这种更高层次的需求便是精神需求，精神需求需要通过消费文化产品得到满足。对于某些地区的部分贫困人口来说，文化消费的需求得不到保障，就不能体会到文化消费所带来的幸福感的提升。我们应该要让包含着优秀传统文化的文化产品与百姓生活融合在一起，让人民在不知不觉中接受其所传播的文化因子。

7. 旅游休闲产业

作为集聚性、关联性强的产业，旅游业不但和文化、健康、教育、养老、餐饮等产业密切相关，还很大程度上促进了这些产业的持续发展，对百姓身体健康、心情愉快、增长知识、健康养老和生活质量有着不同凡响的价值和意义。人们出游的最终目的，通常在于满足比基本的生理需求和安全需求更高层次的需求。

8. 家政服务产业

家政服务行业在我国属于一个新兴行业，它是伴随着社会的经济发展、细化分工以及居民日益丰富的物质文化需求而产生的。家政服务与人民幸福生活密切关联，事关民众生活质量和幸福指数，是很多家庭非常重视的一个方面。面对人口老龄化和家庭小型化的演变、公共住房和生活质量的不断提高，公民对家政服务的需求量急剧增加，对家政服务的需求层次也越来越高。家政服务业从物质和精神两个方面满足了当代人民群众提高家庭服务质量方面的需求。

9. 全民健身产业

全民健身概念的提出是当今社会进步的内在要求，同时，是健身活动有效体现其实际意义的重要途径。随着人民生活品质不断提高，全民健身运动逐渐盛行起来，国民健康已经被认为是健康中国的新时代象征，正如我们常说："身体是革命的本钱"。发展全民健身产业是一项国家战略，能够体现出国民的综合身体素质和精神风貌。在当今激烈的社会竞争背景下，人们要想拥有坚韧不拔的意志力，健身运动是增强意志力的很好方式。

10. 成人教育产业

成人教育产业作为一种幸福产业，对国民生活有极大的影响。目前，生活中的各方面与美好的幸福生活还是存在着某些差距，这些社会问题一定程度上会对人民的幸福感产生影响。面对这种情况，就需要不断提升人民的文化教育素养和思想政治觉悟，建立和完善成人教育制度体系。成人教育的学习过程一定程度上成为了各级政府部门与老百姓交流的途径和联系的桥梁，能够促进社会更加和谐美好。

总之，不同的产业在推进幸福螺旋过程中发挥着不同的作用。公共住房及物业服务产业，"米袋子""菜篮子""果盘子"产业，医养产业以及公共卫生产业满足人基本的生存和安全需求，为感知幸福提供基础。大众餐饮服务业、文化产业、旅游休闲产业和家政服务产业实现人的情感和归属需求，为维持幸福提供保障。全民健身产业、成人教育产业则满足更高层次的尊重和自我提升需求，为提升幸福感提供源泉。

第四节　幸福产品的分配：社会保障制度构建的理论依据

一、幸福产业体系的层次分析

依据产业功能及需求层次理论，将幸福产业划分为不同层次，如表 3-1 所示。

表 3-1　幸福产业层次划分

需求层次	产业类型	产业功能	产业层次
生存需求、安全需求	公共住房及物业服务产业，"米袋子""菜篮子""果盘子"产业，医养产业，公共卫生产业	为感知幸福提供基础	基础型产业

需求层次	产业类型	产业功能	产业层次
情感与归属需求	大众餐饮服务业、文化产业、旅游休闲产业、家政服务产业	为维持幸福提供保障	保障型产业
尊重需求、自我提升需求	全民健身产业、成人教育产业	为提升幸福提供源泉	提升型产业

（一）基础型产业

基础型产业指的是为经济的增长、社会的发展和人民的生活提供公共服务的一种产业，包含公共住房及物业服务产业，"米袋子""菜篮子""果盘子"产业，医养产业，公共卫生产业，为感知幸福提供基础。它与需求层次中的生存需求和安全需求相对应，当人类的生存需求得不到满足时，人类就无法正常生活。安全需求也属于较低级别的需求，其中包括对生命安全、生活稳固以及避免遭受疾病和威胁等的需求。满足人民这些需求是幸福产业的基础，只有满足了生存需求和安全需求，人们才能够感知到幸福。

公共住房及物业服务产业是人们生活的基础，也是人们感知幸福的基础。只有住房问题得到保障，其他问题才能逐步解决。物业服务产业的参与主体包括物业服务企业和业主，政府有关部门也参与其中。政府有关部门通过颁布政策和法律法规对物业服务产业进行管理，同时，从建设与管理城市的方向出发，把物业服务质量和城市发展相结合，改善城市面貌和居民生活环境。

"米袋子""菜篮子""果盘子"产业为人民饮食生活提供基础。2020年初，一场猝不及防的疫情蔓延全国，疫情当前、春耕开始，如何保证"米袋子""菜篮子""果盘子"的充足，直接关系着农户和百姓的民心安稳。

医养产业未来有着广阔的发展前景。我国老龄人口数量居于世界前列，受传统观念影响，中国老人一般会选择在家养老。不过近年来，越来越多的老人开始选择去机构养老，医养产业得到了迅猛发展。在政策的鼓励下，近几年市场上不断推出差异化、为不同需求的老年人量身定制的养老机构，同时，提升了养老机构的运营效率和稳定性。

公共卫生产业为人民提供优质的公共卫生服务，满足广大人民群众的公共卫生需求。公共卫生产业是造福人民的产业，与广大人民群众的切身利益密切相关。我国经济的快速发展，缩小了城市与农村、差异人群享有公共卫生服务水平的差距，能够使广大人民群众享有安全、方便和实惠的基本医疗和公共卫生服务，使广大人民群众的生命安全问题得到保障。

（二）保障型产业

保障型产业为维持幸福提供保障，包括大众餐饮服务业、文化产业、旅游休闲产业、家政服务产业等，与需求层次中的社交需求相对应。社交需求属于较高层次的需求，人们只有在生理需求和安全需求得到满足时，才会产生社交需求。基础型产业让人们感知到幸福，保障型产业进一步提升人们的幸福感。

大众餐饮服务业是我国发展较早的产业，随着人们需求的不断提升，对餐饮业的需求不再仅仅是吃饱，而是吃好、吃健康、享受餐饮环境和服务等。大众餐饮服务业形式多、种类丰富，从小吃摊到高档餐厅，人们可以根据自己的需求选择性就餐。随着互联网的发展，大众餐饮服务业也从线下走到线上，如今大众餐饮服务业已经形成了餐饮商务网络，不仅促进了销售和采购之间的交流，还发展了网络社区服务。餐饮用品原材料供应平台和食品采购批发平台推动了大众餐饮服务业的发展，同时也促进了我国餐饮行业配套服务的发展。

文化产业不仅是经济的一个非常重要的部分，还代表了一个国家的文明程度和发展水平。在当今世界，文化强大意味着国际影响力的强大，所以文化体现了国家的软实力和国际竞争力。在全球化的情形下，文化的地位和作用在综合国力水平中显得更为重要，文化逐渐成为民族凝聚力和创造力的源泉、综合国力水平的要素、经济社会发展的支柱。对于中华民族的复兴，我们首先需要繁荣我们的文化，这样才能更好地保护国家文化安全。

旅游休闲产业对经济和社会就业都会产生带动作用，有助于人们提升幸福感。在资源丰富而市场不足的一些偏远地区，旅游休闲产业在消除贫困、平衡经济发展方面做出了积极贡献。旅游行业就业层次多、涉及面广、市场广阔，能够促进整个社会的就业，特别在解决少数民族地区居民、妇女、农民工、下岗职工、大学毕业生首次就业者等特定人群就业方面，发挥了重要作用。

家政服务产业不仅促进了市场经济的发展，也满足了家庭服务的消费需求。首先，它为很多家庭提供了保姆、护理、保洁等方面的服务；其次，它解决了很多人的再就业问题。据有关部门调查显示，家政服务产业在促进就业方面非常具有潜力，可为我国提供至少500多万个就业岗位。随着在城市生活居民的生活节奏的不断加快，家政服务产业的未来将更加广阔。随着经济社会的发展、人民物质生活水平的不断提高，人们对服务的要求也越来越高，行业培训成为了必不可少的一部分。基于此项服务，年迈的老人可以得到细心的照料和陪护，婴幼儿可以得到精心的看护，繁重的家务可以得到专业的服务，家政服务产业已经成为人们日常生活不可或缺的重要组成部分。

(三) 提升型产业

提升型产业为提升幸福提供源泉,主要包括全民健身产业和成人教育产业,与需求层次中的尊重需求和自我实现需求相对应。人们在满足了生理需求、安全需求和社交需求之后,便开始追求尊重需求和自我实现需求,这也说明,提升型产业是比基础型产业和保障型产业更高层次的产业。

全民健身产业作为国民经济的一个部门,与其他产业一样重视市场和经济效益,又与其他产业部门有些许不同。全民健身产业能够提高人民的身体素质、促进社会的生产,同时,对个人全面发展和社会文明进步发挥重要作用。全民健身产业是朝阳产业,发展较快,产业领域不断拓展,发展规模也不断扩大。发展全民健身产业能够适应市场经济体制的需要,也能够促进体育改革和自我能力的发展。

成人教育产业对提升幸福感来说具有重大意义。成人教育是一种与普通全日制教学形式不同的教育形式,这种教育不限年龄和性别。成人教育是一个以成人的方式指导教育的过程,社会性比较强,它深入社会发展的各个方面和领域,与社会生活的关系非常紧密。成人教育产业能够影响和参与社会,同时,促进社会的发展和改革。

二、生态系统视角下幸福产业相互关系与保障制度

生态系统理论认为,个体所处的环境系统是一个层层相扣的巢状结构,各系统间的问题相互掺杂、影响,牵一发而动全身,共同作用于个人或群体。在该理论视角下,幸福产业中的基础型产业、保障型产业、提升型产业相互影响,层层推进,缺一不可,幸福螺旋的正循环是幸福产业构成完整生态体系的内在要求。

(一) 幸福产业间的相互关系

虽然公共住房及物业服务产业,"米袋子""菜篮子""果盘子"产业,医养产业,公共卫生产业,大众餐饮服务业,文化产业,旅游休闲产业,家政服务产业,全民健身产业,成人教育产业各具不同的"幸福点",但都与我们的生活紧密相连,对于我们而言同等重要。

公共住房及物业服务产业,"米袋子""菜篮子""果盘子"产业和公共卫生产业是我们生活的基础,只有当住房、饮食和健康问题得到解决,人们才会有精力和余力追求其他增强幸福感的东西。随着我国居民生活水平日益提高,人口老龄化的趋势也逐渐增强,对于养老的消费需求呈现持续增长的态势,这就推动了

医养产业和公共卫生产业的发展，这些基础型产业是满足人们生存需要和安全需要的前提。当人们在基础型产业中感知到幸福时，就会继续追求更高层次的幸福，大众餐饮服务业、文化产业、旅游休闲产业、家政服务产业等保障型产业是在基础型产业之上发展而来的。旅游使人民享受了更高层次的服务体验，它与幸福紧密联系，经济的发展和人民收入水平的提高刺激了旅游消费需求的增长，而且随着交通出行便利程度的不断增加，越来越多的人将旅游列入生活必需消费品的行列，而餐饮、文化和旅游产业之间的联系日益紧密，"文化+旅游+餐饮"一体化服务成为吸引消费者的特色产业。当人们在保障型产业中提升了幸福后，就会产生尊重需要和自我提升需要，进而使得全民健身产业和成人教育产业被人们所重视。加快全民健身产业的发展有利于促进体育改革，满足人民群众不断增长的健身需求，同时，能够促进体育事业的发展，实现奥运争光计划。成人教育产业能够促进实现教育机会的均等、消除失业与贫困等社会问题的解决。成人教育产业拥有最广大的学习人群，能够最大限度地满足社会各个阶层、各个群体及个人的教育需求，同时，能够满足社会经济发展的需要。因此，基础型产业、保障型产业和提升型产业之间具有层层递进、相辅相成、密不可分的关系。

（二）生态系统视角下保障幸福产业发展的制度体系

在多层次、动态化的幸福感满足过程中，需要建设相应的保障制度以推动满足幸福需要的产品有效地分配到不同的社会阶层，以驱动幸福螺旋的良好运行，并在社会加总的层面上形成幸福正循环。借助生态系统视角，本节重点论述幸福产业的保障制度体系构成与运作机制。

生态系统理论认为，构成整体的不同部分即使存在竞争关系，也通过相互协调建立密不可分的内在联系，从而通过相互影响、相互制约达成动态平衡。从这一视角出发，幸福产业的多层次性决定了必须调和不同阶层的需求矛盾，在不同产业之间形成良好的联动关系，因此，同样需要建构有力的协调机制，以保证产业体系运行的可持续性。

具体而言，城乡一体化医疗保险制度的建设、普惠的失业保障制度和完善的社会救治制度能够满足基础型产业的发展对于稳定基本民生的要求。上述制度的建设通过保证基本生活需要稳定社会大众的现实需要，能够助力经济社会秩序的恢复，使得幸福感产生有根本性的保证，从而保证幸福正循环基础环节的稳健性，形成幸福产业体系这一生态系统的运作基础。

而城乡一体化的养老制度和退休金制度不仅是社会福利的重要体现，更是老有所养、老有所依的根本保障，是社会和谐的稳定器。这两项制度的完善与百姓的生活质量、幸福感息息相关，通过形成完备的社会转移机制来增进民生福祉和提升民众的生活质量。其一，养老制度通过转移支付将养老、健康等幸福产业产品配置到需要的人群中；其二，退休金制度通过形成退休人员的收入保障，将幸福生活所需要的产品和服务，如旅游、文化产业等在老年群体中进行分配，也为社会中的在职人员提供了未来生活的信心，推动其积极工作，追求更高层次的幸福感，有利于保障型产业和提升型产业所提供的产品与服务有较为稳定的受众。因此，城乡一体化的养老制度和退休金制度构成了幸福产业体系这一生态系统的稳定器。

　　归结起来，城乡一体化医疗保险制度、普惠的失业保障制度和完善的社会救治制度通过配置满足基本民生的幸福产业产品构成生态系统的运行基础，而城乡一体化的养老制度和退休金制度作为社会稳定器，能够防止保障型产业和提升型产业的产品受众的减少。社会保障能够维护社会公平，同时进一步促进社会的稳定发展。社会保障根据法律法规的规定，为人民提供救助和补贴来维持人民的基本生活权利，所以说，幸福产品的分配是社会保障制度构建的理论依据。社会保障促进了社会经济的发展，其由政府来主导，负责任进行分担，社会共同建设，不同制度共同作用和推动幸福产业体系的协调发展。

第 二 篇

产业篇

第 四 章

公共住房及物业服务产业发展研究

　　"民之为道也，有恒产者有恒心"，住房问题自古就是政府与人民重点关注的社会问题，但是随着经济高速发展过程中收入分配不公和贫富分化的加剧，公共住房及物业发展成为解决此问题的一个重大突破口，也成为中国特色社会主义进入新时代并处理"人民日益增长的美好生活需要和不平衡不充分的发展之间的矛盾"的一个重要举措。公共住房及物业服务产业是关系群众安家落户的重要产业，尤其是在当前各地落户政策出台、城镇化进程不断加深、新就业人数增多的背景下，对该产业发展模式的了解，并探索其中存在的问题和阻碍，成为关系整个社会幸福的重要问题。

第一节　公共住房及物业服务产业特征、性质与构成

一、产业特征

（一）社会公平性

　　发达国家的公共住房及物业服务产业发展的经验告诉我们，公共住房具有社会公平性。这种社会公平性表现在三个方面：第一，国家政策在住房供给中具有社会公平性，保障低收入人群的住房问题。社会公共住房按照收入和需求来提供给收入最低的家庭，体现出公共住房及物业服务的社会公平性。严格的分配制度让公共住房的供给和分配足够公平，让公共住房到最需要的人手里。第二，准入准出政策的公平性。在准入中实行申请限制，准出中实行奖惩并存，用经济方式和法律约束共同解决公共住房的准入准出问题，在公共住房上体现社会公平性。第三，公共住房制度作为社会保障制度的一种，是和谐社会下社会公平的重要体

现。社会保障施用对象的义务、权利不是对等的，而是对应的，所以，社会保障本身所体现的道义上的公平恰恰还赋予了它对社会效率的巨大的间接促进作用。

(二) 保障制度性

公共住房是保障性住房，属于政府福利政策，公共住房及物业服务产业具有保障制度性。公共住房由政府提供政策支持，在规划和建设上进行融资补贴、户型限定，在分配和管理的过程中对供应对象和租金做出限制，基本上需要全程的制度保障，而制度的选择也以受众群体的福利最大化为原则，不断进行政策改革，以完善公共住房的建设和管理制度。

(三) 非市场定价

由于经营目的的非营利性，公共住房出售或出租的价格低于一般的市场价，差价主要来源于政府在土地供应、房租和税收等方面的政策性补贴。例如，新加坡实行"居者有其屋"政策时，土地价格是倒过来算的，即先把老百姓能承受的价格算出来，扣除建筑成本、房地产商一定比例的利润（非暴利）后，剩下的就是土地价格，然后按照这个价格将土地卖给房地产商。

二、产业性质

公共住房在产业特征上具有公共物品的特征和房屋的特有特征。一方面，公共住房及物业服务产业是典型的公共物品，具有公共物品的特征。公共住房是由国家财政拨款建设的，中央财政是保障性住房的重要资金支撑。由于公共住房是政府以转移支付的方式进行社会收入再分配的重要方式之一，在公共住房的开发、建设、分配、消费和管理过程中，都有政府的参与，因此，造就了公共住房的公共物品属性。公共住房的物业服务也与一般商品房住宅小区的物业服务有所不同，由于公共住房是政府实施的保障性安居工程，其产权为政府所有，其物业管理实际上也是政府的管理行为。

另一方面，公共住房来源于政府推出的一系列住房保障政策，本质就是保障中低收入人群住房问题，公共住房具有房屋的特有特征。公共住房从本质上而言仍是房屋，具有房屋的特征，是用来满足各种低收入人群幸福感的物品，因此，在产权分配上各类公共住房都有明确分配产权。住房具有耐用性、锚定性、异质性、整体性和关联性，这些特有的根本属性决定了不仅是低收入居民，大多数居民都需要得到住房的援助之手。除居民收入或财产禀赋特别高的情况外（如住房来源于馈赠或遗产），要在城市购买一套舒适合意的住房都将花费家庭多年的积蓄，积蓄不足时还需要借款或得到其他形式的住房援助。

三、产业构成

(一) 公共住房的构成体系

公共住房由经济适用房、廉租房、限价房、公共租赁房、棚户区改造房构成。经济适用房是政府对于特定家庭出售的特定的保障性住房。经济适用房是商品房中为了平衡住房市场，向中低收入人群提供的公共住房，地方政府提供土地，中央进行财政支持，由地方和中央共同出资建设；廉租房是政府面向低收入住房困难家庭提供的，以出租或租金补贴方式进行的保障性住房；限价房是在保障性商品房、廉租房的基础上进行投资建设的公共住房，限价房有控制房价的作用，能够保障住房市场；公共租赁房是出于保障有部分需要住房但不符合廉租房的条件的"夹心层"人群而出台的住房政策，公共租赁房面向中等偏下收入住房困难家庭及新就业人群、外来务工人群，对于面向人群的规定，根据各地方的情况，因地制宜，其本质为保障不符合廉租房条件的人群但又无法购买住房的人群的住房问题；棚户区改造是面向棚户区进行的改造住房，改善住房困难居民的居住条件，进行周边环境改造，创造好的居住环境，在棚户区改造中政府财政投资偏向于财政困难的地区。以中国为例，公共住房体系包括以下部分，如表4-1所示。

表4-1 中国公共住房体系

类别	面向人群	租售方式	资金来源	套型	土地供应
经济适用房	低收入住房家庭	出售	集资合作	60 平方米左右	行政划拨
廉租房	低收入住房困难家庭	租金补贴或实物配租	土地出让净收益的10%、提取相关费用后的住房公积金增值收益	50 平方米以内	行政划拨
限价房	中低收入家庭	出售	开发建设单位	90 平方米以内	挂牌出让
公共租赁房	中等偏下收入住房困难家庭；新就业、外来务工人群	出租	政府及私人	60 平方米以内	行政划拨
棚户区改造房	棚户区居民	出售	政府及私人	无	行政划拨、挂牌出让

（二）公共住房物业管理的构成体系

公共住房的物业在工作内容上不仅有传统物业公司所需要做的工作，还要协助政府进行公共住房的物业管理工作。其中，运营管理单位业务内容包括代产权人与符合条件的保障对象签订公租房协议，公租房的租金收缴，公租房房屋的养护、大中修、室内附属设施及设备的管理及维护，小区物业管理，采暖费代缴等五大内容。物业管理的工作内容有以下几个方面：①治安。保护住户的人身财产安全，保护住宅的安全。②保洁。对住宅区内的卫生进行管理维护，包括绿化及垃圾清理。③设备设施维修。包括房屋维修、水电维修等关于住宅区内的设备设施维修问题。④路面管理。包括停车管理、消防通道管理等，保障住宅区内的通畅。⑤收费管理。对水、电、气费及物业费、取暖费等收取问题的管理。

第二节 公共住房及物业服务产业与幸福感的关系

一、理论分析

随着世界各国经济的发展，保障人民福祉成为各国政府的首要目标，人民的幸福感越来越成为众多学者和政策制定者关注的焦点，而居民幸福的重要衡量指标之一就是从住房当中获得的幸福感。长期以来，伴随着各国经济的增长，土地要素的价格不断攀升，住房市场化的过程也带来了房价的飙升。商品房价格的快速上涨导致现有的商品房市场无法满足中国一些低收入家庭的住房需求，因此，房价贵、住房难成为了困扰很多百姓的难题，也成为影响居民幸福感的隐患。为了解决住房难的问题，各国推出了不同的公共住房保障政策来提高居民的幸福感，如图4-1所示，公共住房及物业服务产业主要通过三个途径来影响居民的幸福感。

图4-1 公共住房影响居民幸福感的机制

第一，相对收入水平。良好的公共住房保障系统可以降低人们的住房成本，确保人们拥有较高的相对收入，提高居民的财富积累，进而提高其总效用水平。在居民面对流动性约束的情形下，住房可以通过缓解流动性约束提高居民的幸福感，住房缓解流动性约束的能力越强，居民的幸福感越高。公共住房的价格、物业费用、周边配套基础设施等因素都是通过影响居民的相对收入水平，从而影响居民的幸福感。

第二，社会参与。社会参与作为居民在社会交往中实现自身价值、发挥自身作用的行为方式，与居民的幸福感息息相关。社会参与有益于个人与社会融合，建立信任关系，进而提升幸福感。健全的物业管理系统能够促进居民的社会参与，提升其自我认同度，进而提高居民的幸福感。若公共住房的地理位置过于偏远，会影响居民的社会参与度，从而降低居民的幸福感。

第三，居民心理感知。心理感知是指居民内心的主观感受，和居民的幸福感有密切联系。拥有完整的住房将提高居民的心理感知，进而提升其幸福感。公共住房的居住条件、物业服务的服务质量、社区及周围的环境等都会影响居民内部的心理感知，进而影响居民的幸福感。

影响居民关于公共住房服务的幸福感的因素也有很多，一般分为政府政策、居住条件、规划建设三个维度。

政府政策维度主要指政府制定的公共住房的标准、准入和退出机制以及财政资金和土地的投入等因素。刘宁（2016）通过构建公租房居民入住满意度模型研究影响公租房居民入住满意度的因素，结果显示，政府政策对公共房满意度的效应系数比较小，表明政府政策对公租房满意度有较弱的正向影响。

居住条件维度主要指公共住房的内部户型、面积大小和物业服务水平等。规划建设对公共住房满意度有显著直接的正向影响，规划建设越合理，公共住房居民的满意度越高。

规划建设维度主要指公共住房的价格、地理位置、建筑质量以及周边的教育资源、交通设施、医疗保障等配套基础设施建设等。居住条件对公共住房满意度有正向影响，居住条件越好，越能提高居民的内心感知，公共住房居民的满意度越高。

此外，公共住房的物业服务也会对居民的幸福感造成一定的影响。公共住房的对象是中低收入的住房困难家庭、外来务工人员等，公共住房物业服务的费用、质量、基础设施、管理方式都会影响居民的幸福感。较低的物业服务费用会提高居民的相对收入水平，从而影响居民的幸福感。健全的物业管理系统和合理的管理方式能够提高居民的社区参与度，提升居民的自我认同度，进而提高居民的幸福感。

因此，从以上分析中可以得出，公共住房的价格越高，居民的幸福感越低；居住条件越差，居民的幸福感越低；公共住房的地理位置越偏远，其周边的配套基础设施越不完善，居民对公共住房的幸福感越低。

二、计量分析

本节将以中国公共住房及物业服务产业的数据为代表，对居民的幸福感进行实证分析，通常情况下，使用世界范围的截面或面板数据更能得到样本的无偏、有效及一致估计，但囿于全世界范围数据的可获得性，我们仅使用中国微观调查数据来考察公共住房及物业服务产业对幸福的感知的影响，原因在于：第一，中国人口规模较大，正在城市化进程中，拥有大部分公共住房保障的模式，中国的住房保障模式通常借鉴于其他国家的合理经验，但同时又符合自身国情，且中国经济发展和城市化发展也并不均衡，为我们观测差异化的公共住房和幸福感提供了良好的样本；第二，由于世界范围内的微观数据无法采集，故只用中国的公共住房及物业服务产业的微观调研数据进行计量分析。本节所采用的微观数据全部来自中国综合社会调查（CGSS）调查问卷数据，选择的是 2015 年调查数据中的住房保障数据。在所有样本中，有一部分样本关键变量存在缺失值，有些受访者的回答为"不知道""拒绝回答"，无法进行回归计算，将这些数据缺失的无效样本删除之后，最终整理得到了 5303 个有效样本观察值。变量的描述性统计见表 4-2。

表 4-2　变量的描述性统计

变量名称	均值	标准差	最大值	最小值	样本量	指标测度问题
居民幸福感	60.54	16.57	100	0	5303	您对于基本住房保障公共服务的总体满意度如何？
住房保障充足情况	2.82	0.88	5	1	5303	您觉得目前基本住房保障公共服务提供的服务资源是否充足？
住房保障均衡情况	2.55	0.84	5	1	5303	您觉得目前基本住房保障公共服务提供的服务资源在不同地域间的分配是否均衡？
住房保障市场化情况	2.51	0.87	5	1	5303	您觉得目前基本住房保障公共服务过于市场化而其公共性不足的情况严重不严重？
住房保障获取便利情况	2.79	0.89	5	1	5303	您觉得目前获得基本住房保障公共服务是否便利？

（一）计量模型设计

影响居民公共住房服务幸福感的因素有很多，本书选取住房保障服务是否充足、住房保障服务供给是否均衡、住房保障服务过于市场化而公共性不足是否严重、住房保障服务获取是否便利四个指标来度量。选取这四个指标的原因是，它们是居民能够切实感受到的，并且对居民公共住房服务的整体幸福感的影响最直接的因素。因此，以居民对公共住房服务的整体满意度为被解释变量，公共住房服务的资源充足情况、分配均衡情况、市场化情况以及获取的便利情况为解释变量，研究公共住房服务中这些变量与居民幸福感之间的关系，对居民幸福感产生的影响。构建公共住房及物业服务与居民幸福感之间关系的模型如下：

$$Y_i = \alpha_1 X_{1i} + \alpha_2 X_{2i} + \alpha_3 X_{3i+} \alpha_4 X_{4i+} \beta_j \sum_{j=1}^{n} Controls_j + \varepsilon_i \qquad (4\text{-}1)$$

其中，被解释变量 Y_i 表示居民对基本住房保障公共服务的整体满意度，在调查中，要求被访问者对基本住房保障公共服务的总体满意度打分，完全满意为100分，完全不满意为0分。解释变量 X_{1i} 表示公共资源充足情况，询问访问者觉得目前基本住房保障公共服务资源是否充足，并且要求被访问者在"非常充足""比较充足""一般""不太充足"和"非常不充足"答案中进行选择，其对应的赋值分别为5、4、3、2、1。解释变量 X_{2i} 表示住房保障资源均衡状况，询问访问者觉得目前基本住房保障公共服务资源在不同地区间的分配是否均衡，并且要求被访问者在"非常均衡""比较均衡""一般""不太均衡"和"非常不均衡"答案中进行选择，其对应的赋值分别为5、4、3、2、1。解释变量 X_{3i} 表示住房保障市场化情况，询问访问者觉得目前基本住房保障公共服务过于市场化而其公共性不足的情况严不严重，并且要求被访问者在"一点也不严重""不太严重""一般""比较严重"和"非常严重"答案中进行选择，其对应的赋值分别为5、4、3、2、1。解释变量 X_{4i} 表示住房保障公共服务的便利情况，询问访问者觉得目前获得基本住房保障公共服务是否方便，并且要求被访问者在"非常便利""比较便利""一般""不太便利"和"非常不便"答案中进行选择，其对应的赋值分别为5、4、3、2、1。$Controls_j$ 表示一组控制变量，包含受访者的年龄、收入、性别、身体健康状况等，ε_i 为随机扰动项。

（二）实证结果分析

利用 EViews 10.0 软件对该文所采用的数据进行描述性统计分析，其结果见表4-3。

表4-3 公共住房供给水平对居民幸福感的估计结果

	住房保障充足情况	住房保障均衡情况	住房保障市场化情况	住房保障获取便利情况	截距项	拟合优度	F检验
估计系数	3.03 ***	2.46 ***	3.17 ***	4.38 ***	25.56 ***	0.27	495.06
t值	10.80	8.35	12.73	16.16	31.40		

注：*** 表示在0.001水平上显著，** 表示在0.01水平上显著，* 表示在0.05水平上显著。

从数据处理结果可以得出，公共住房及物业服务与居民幸福感之间的关系为：

$$Y = 3.03X_1 + 2.46X_2 + 3.17X_3 + 4.38X_4 + 25.56 \qquad (4-2)$$

因此，可以得出以下结论。

第一，基本住房保障公共服务充足情况与居民幸福感之间呈正相关关系。住房保障的充足程度每增加1%，居民幸福感可增加3.03。基本住房保障公共服务资源越充足，居民的幸福感越高。居民认为目前住房保障公共服务资源一般充足，这说明，中国目前住房保障公共服务的资源不够充足，政府对住房保障的投入还是不够，无法满足所有低收入人群的住房需求。住房保障需要大量的资金，使得地方政府财政负担过重。为了经济增长的发展目标，地方政府对住房保障等民生福利问题有所忽视。

第二，基本住房保障公共服务均衡情况与居民幸福感之间呈正相关关系。住房保障的均衡程度每增加1%，居民幸福感可增加2.46。基本公共住房保障资源在地区间越均衡，居民对住房保障的满意度也随之越高。居民认为住房保障资源一般均衡，中国保障性住房在东部和中西部以及一线城市和三四线城市都存在不均衡。有的地区保障性住房充足，甚至存在空置，而有的地区保障性住房数量较少，无法满足当地的住房需求。

第三，基本住房保障公共服务市场化与居民的幸福感之间呈显著的负相关关系。住房保障的市场化程度减少1%，公共性每增加1%，居民幸福感可增加3.17。基本住房保障公共服务资源市场化越严重，公共性越不足，居民的幸福感也越低。从数据中发现，居民认为现在保障住房市场化现象比较严重，其公共性不足，且目前存在家庭经济状况超出保障性住房的申请条件的一些人采用虚假信息申请经济适用房的情况。还有一部分人申请到公共住房后，高价卖出、转让或出租，赚取之间的差价。这种行为严重违背了政府建设公共住房的初衷，也会对社会造成严重的负面影响，降低居民的幸福感，甚至影响政府的形象和公信力。

第四，基本公共住房保障公共服务的便利情况与居民幸福感之间呈正相关关系。获取住房保障的便利程度每增加1%，居民幸福感可增加4.38。获得基本住房保障越方便，居民的幸福感越高。居民认为获取住房保障公共服务一般便利。首先，申请保障性住房的条件多，审核也比较困难，容易出现一些弄虚作假的情况，导致很多真正的低收入群体享受不到保障性住房的权益。其次，保障性住房的选址一般都在城市边缘地区，周边的交通设施、医疗教育资源等公共服务配套设施不完善，为居住者的生活工作都带来很多不方便，大大降低了居民的幸福感。

第三节　公共住房及物业服务产业发展模式

根据公共住房提供主体的不同，可将公共住房及物业服务产业发展模式分为政府主导的普惠模式、政府主导的"政府—私人合作"模式与市场主导的剩余模式，其基本模式的运行如表4-4所示。

表4-4　公共住房及物业服务的发展模式

公共住房模式	主要特征	援助方式	政府职责	代表国家及地区
政府主导的普惠模式	为所有人提供充足的可支付公共住房，扩大非盈利租赁住房	大力兴建公共住房、租金补贴、房租管制，政府直接提供资金与土地支持	负责建造、管理与分配	新加坡
政府主导的"政府—私人合作"模式	政府发挥了调节住房资源的主要作用，社会住房提供给广大社会群体	政府与私人合作建房出售，政府提供资金补贴	政府负责规划和管理，建筑商负责承建	日本、德国和中国香港
市场主导的剩余模式	市场发挥了调节住房资源的主要作用，社会住房仅供给最贫穷阶层	市场购买为主导，中央政府提供住房基金，容忍非法居住形式	政府负责规划、建筑商负责承建	英国和美国

一、政府主导的普惠模式

这种模式以新加坡为代表，政府是调节住房资源的主导者，住房市场发展主要特征如下：①公共住房主要由政府提供，公共住房保障比率非常高，2014 年，新加坡的公共住房保障比率达到 80.4%，住房福利水平也达到较高水平。②保障与市场双轨制封闭式运作，严格依据收入水平实施的公共住房配售制度，辅之以不同层次水平的住房补贴和完善的抑制租屋炒卖的法律措施，确保了公共住房供应的公平与效率。③在土地国有化基础上，以政府合理规划为前提，中央公积金制度为依托，政府以福利价提供公共住房，私人住房市场以市场价格提供住宅，新加坡获得了"居者有其屋"的"花园城市"的美誉。

新加坡的公共住房政策保障值得借鉴，很好地解决了公共住房的准入问题。政府主导模式让新加坡的住房问题得到优先解决，形成良性的产业发展。而对于新加坡的出售制公共住房，将资金回收变得相对容易。相比中国的出租为主，租金收入使得公共住房的资金回收慢，导致公共住房的建设力度不足，资金投入不足。而出售制或成为解决融资问题的一种方法。新加坡对准入准出的法律约束避免了投机行为的存在，使得公共住房及物业服务产业更加规范。法律保障为产业发展保驾护航，为中国公共住房及物业服务产业发展提供了良好的政策借鉴。新加坡模式因新加坡的地域特征而受限，因此，新加坡模式更适合地理面积较小、经济较为发达的地区。

二、政府主导的"政府—私人合作"模式

这种模式以日本、德国和中国香港地区为代表，政府与市场的职能各占一半，住房发展主要特征如下：①住房私有率和公共住房率基本各占一半。2014 年底，日本的住房私有率约为 52.6%，中国香港地区的住房私有率约为 56.6%。中国香港政府一方面致力于公共住房的建设和改造，另一方面对市场化住房采取积极不干预政策，使得住房市场出现公共住房与市场化住房并行发展的局面。②住房社会机构成熟。中国香港公共住房的职能大部分由社会性的住房机构负责，代表性机构是房屋委员会和房屋协会。日本的住宅公团、住宅公社和住宅金融支持机构，都是具有社会性质的住房组织，在公共住宅方面发挥重要作用。

德国也是典型的"政府—私人合作"模式。德国的住房政策是由联邦政府提供资金补助，由地方政府对公共住房进行建设。在第二次世界大战的历史背景下，德国采取了福利制住房，由政府出资、非营利的社会团体建设。政府通过各种补贴政策如减收税费、低价出让土地等吸引社会资本进行住房建设，提供相应的补助，在还清住房贷款前房屋属于公共住房的管辖范畴，在贷款还清后属于社会商品房。对于自建房屋也提供相应的补助。这在某种程度上满足了当时德国的面向广大人群提供住房的政策目标。而在 20 世纪 70 年代住房优惠政策逐渐被取

消，公共住房逐渐被私有化。一方面，最初贷款的人群因为还清贷款而使得房屋属性发生改变，成为社会住房。另一方面，随着经济的发展，部分公共住房被出售转让给私人。在德国的公共住房建设上，集合社会力量值得中国的公共住房建设学习，在政策制定、税费减免、低价出让土地等方面，应学习德国的政策，为中国公共住房建设提供强有力的支持，充分发挥社会资源来解决建设问题。德国的"政府—私人合作"模式符合中国当下公共住房及物业服务产业的发展趋势。

三、市场主导的剩余模式

这种模式以英国和美国为代表，市场是调节住房资源的主要手段，公共住房走向剩余化之路，面向人群少，主要保障低收入人群，为无法在市场上获取住房的人提供保障。住房市场发展的主要特征如下：①大部分住房需求通过市场解决，住房私有化比率高。英国住房私有化率达到60%以上，但是与国家住房私有化率并行的是主要城市的住房私有化率较低。例如，伦敦和纽约的住房私有化率大致为30%，这是因为城市化率提高到一定水平后，人口流动性增大，房价偏高，住房需求从所有权转向使用权。②住房保障手段从实物补贴转向货币补贴。公共住房建设逐渐减少，对需求方的补贴力度加大，在英国体现为挖租政策，在美国体现为"住房选择租房券"。③成熟完善的房地产市场机制是市场主导模式顺利运作的关键。其中，在价格形成机制、供求机制、竞争机制和风险缓冲机制等方面，英国、美国两国都具备成熟完善的法律和制度，并有相应的机构监督和实施。

美国公共住房与市场联系密切，能够充分调动市场力量，在中国当前经济背景下，市场力量尚未完全调动，可借鉴美国的公共住房发展建设模式，调动市场力量，但在这里需要注意，避免受市场波动过大影响，从而导致市场完全主导，影响公共住房及物业服务产业发展。美国的"政府—私人"合作模式对开发商的激励使得私人愿意参与到公共住房及物业服务的建设上来。中国可参考美国的政府和社会资本合作（Public-Private-Partnership，PPP）模式，运用到政府与私人的合作上。对于低息贷款鼓励购买住房的政策，可使面向人群的公共住房减少，从根本上解决产业面向人群过广的问题。美国是地广人稀的国家，在公共住房的建设中可通过自建房屋解决，但中国的人口密度大，自建房屋并不适用。因此，美国模式适合土地面积广、人口少的经济较发达国家。

第四节 公共住房及物业服务产业发展方向与重点

一、发展方向

（一）从公共住房保障走向公共住房援助

"授人以鱼不如授人以渔"，伴随着公共政策的多种多样，在以政府为主导的情况下，通过各种政策鼓励市场参与住房保障，从而进入公共住房援助状态。从住房援助方式上看，除了经济援助以外，一些不属于传统社会保障范畴的政策工具和措施，如鼓励产出（建造）、限制投机、贷款优惠、减免税费、制定包容性规划、降低住房日常使用与维护费用等也经常在使用，并发挥着良好的援助效果。从广义上看，政府在制度层面的改革也都属于住房援助，如通过提高行政审批效率促进可支付住房的投资建设，通过放松管制使房地产市场更有效率和使应保对象得到实惠，城市规划部门通过突破法定图则、提高容积率等土地利用强度来增加保障性住房的用地指标，制定包容性的规划方案促进不同收入居民的融合。

（二）从"居者有其所"到"居者有其屋"

建立多层次、多渠道的住房保障体系是实现"居者有其屋"的主要途径。在住房保障体系建设中，发达国家和地区大多根据本国的经济发展水平、政府保障能力、低收入居民的阶段性需求以及市场资源等因素，通过保障水平的多层次和形式的多样化，来解决低收入家庭的住房问题。不同收入水平的居民享受不同程度的保障是一种经济、合理的保障制度，同时，也有利于节约财政支出，减轻政府住房保障负担或保障成本，从而使更多的居民按照其所应享受的待遇，享受到政府相应程度的保障。为保证这种层次性的实现，就必须建立严格的收入划分标准，规定不同收入标准所能享受到的保障待遇，严格划分高中低收入居民档次，进而"分而治之"。遵循市场经济规律，高收入阶层完全交给市场运作，从中可获得高额土地出让金和税收，成为政府财政收入的重要来源。基于"居者有其屋"的宗旨，为不同收入层次的居民分别提供不同的服务。

（三）从注重公共住房开工建设转向建管并重

公共住房的开工建设固然重要，但管理更加复杂。转变公共住房运营的重心由注重开工建设转向建管并重，公共住房已进入注重后期管理的精细化发展阶段，分配管理和准入退出机制有待进一步完善，只有进一步提升物业管理水平，才能更好地发挥公共住房对居民福利的保障作用。

二、发展重点

（一）加强公共住房的管理与运营

1. 向着覆盖面更广、保障力度更强、保障水平更高发展

在扩大住房保障覆盖面方面，第一，继续降低城镇低收入家庭标准，而住房保障要全面覆盖到所有低收入家庭；第二，进一步扩大特殊保障群体范围，将新市民群体纳入住房保障范围；第三，可效仿重庆市取消公租房户籍限制。在降低住房保障门槛方面，一是安置旧城改造拆迁的直管公房承租户；二是解决国企破产改制、重点工程建设项目拆迁以及土地储备整合中需要搬迁群众的住房问题，提供过渡性周转房源。

2. 切实推进公共住房及物业服务政策落实到位，保证方针政策、工作部署和措施要求不打折扣的实行

明确公共住房供应及后期管理过程中的职责范围，且畅通群众反映公共住房供应及后期管理过程中问题的通道，使公共住房及物业服务的全过程在准确、及时、有效的监督下有条不紊地进行。畅通信息反馈渠道，接受社会各界监督，开通多种形式的群众监督平台，广纳谏言，是抓好落实的一条重要途径。

3. 注重社会公平，完善廉租房、经济适用房的退出机制

城市低收入家庭并非是个固定不变的概念，因此，必须建立和完善廉租房、经济适用房的退出机制，并加强退出环节的动态管理，实行年度审核，对住房和收入状况发生变化的，及时调整或停止其所享受的租赁住房补贴。为解决实物配租存在的管理难和退出难的问题，政策允许租住房屋的低收入无房家庭在经济条件改善、基本具备购房能力的情况下，通过"租转售"，以当年同类经济适用房的价格取得租住房屋的产权，市住房保障中心将"租转售"资金用于收购市场上的小户型房屋，作为实物配租的储备性房源。

（二）合理规划公共住房产业

要根据当地的经济发展水平、人口规模及增长速度、居民收入水平、城市扩

建速度、建筑成本、户型结构供求关系等因素科学制定公共住房的建设、发展计划。

1. 健全廉租房的制度设计

确定合理的保障标准和严格的保障对象范围，对于最低生活保障家庭中的住房困难户实行政府兜底，实现应保尽保，提高保障质量；建立稳定的保障资金来源渠道；采取新建、收购、改建、配建以及社会捐赠等方式，多渠道增加廉租房房源；推进政策性租赁住房的建设。

2. 进一步规范经济适用房制度建设

遵循土地利用总体规划和城市总体规划，坚持"统一规划、提前登记、按照标准、按需建设"的原则；建立保障对象实名制档案，完善联动机制，实行经济适用房预售许可制度，遵循公开、公平、公正及困难优先的原则；明晰产权关系和收益分配，严格规范经济适用房上市交易管理；适当增加租赁型经济适用房供应量，"租售并举"，实行经济适用房产权多元化。

3. 推进公租房货币化

转变公租房保障方式，实物保障与租赁补贴并举。支持公租房保障对象通过市场租房，政府对符合条件的家庭给予租赁补贴。完善租赁补贴制度，结合市场租金水平和保障对象实际情况，合理确定租赁补贴标准；提高公租房运营保障能力，鼓励各地采取购买服务或 PPP 模式，将现有政府投资和管理的公租房交由专业化、社会化企业运营管理，不断提高管理和服务水平。在城镇稳定就业的外来务工人员、新就业大学生和青年医生、青年教师等专业技术人员，凡符合当地城镇居民公租房准入条件的，应纳入公租房保障范围。

(三) 加强公共住房及物业服务产业的运营与管理

由于物业服务产业的特殊性，因地制宜的发展共管模式是物业服务产业发展的重点。

1. 制定物业服务标准和内容

由于公共住房小区住户的特殊性，管委会和物业管理公司签订物业服务合同时，必须制定出一系列具有针对性的物业服务方案，依据住户的实际情况确定物业服务事项，选定相应的物业服务标准，以满足保障性住房小区特定住户群体的需要。一般物业管理可以分为以下三个层次的内容：必备型物业服务（常规性公共服务）、完备型服务和完善型服务。三类不同的物业管理提供不同层次的物业管理服务，第三类服务是这三个服务层次中最高的层次，服务内容可根据住户的需要灵活确定。

2. 吸纳住户参与物业管理工作

管委会指导和组织一些住户参与绿化、保洁等简单的管理和劳动工作，对于一些具备一定技能的人员，还可以组织维修队、安保队，参与本社区物业管理的基础管理工作，物业管理公司也应充分利用劳动力富余且相对廉价的优势，把社区现有劳动力资源作为培训重点，政府还可以以一定的税费优惠条件鼓励物业公司按一定比例聘用本小区内的失业人员和具有相应劳动技能的残疾人员为物业服务公司的员工，帮助这些人用劳动挣取生活费和物业服务费。

3. 引导社会力量参与小区物业管理工作

在保障性住房物业管理人、财、物均不足的情况下，管委会可以加强引入社会力量建设小区的途径，从而保证物业管理服务的充足。

第五节　中国公共住房及物业服务产业发展研究

一、发展现状

（一）住房保障投资规模不断扩大

通过对中国公共住房及物业服务产业的发展进行分析和对产业发展状况进行描述性统计，2010~2018 年中国地方公共财政住房保障支出如表 4-5 所示。可以看出，保障支出呈上升趋势。从 2010 年的 1990.40 亿元到 2018 年的 6299.92 亿元。产业发展向上向好，保障支出增加使得产业发展有支撑，公共住房的建设、物业管理的维护都需要资金，而公共住房中政府支出十分重要。在政府完全主导模式下，政府的财政支出是公共住房及物业服务产业发展的完全动力。在"政府—私人合作"模式中，政府的住房保障支出同样重要，保障支出多多益善。地方公共财政住房保障支出占 GDP 及住宅投资的比重都有所上升，公共住房伴随着经济增长增速更快。

表 4-5　2010~2018 年中国地方公共财政住房保障支出

年份	地方公共财政住房保障支出（亿元）	占当年 GDP 比重（‰）	占当年住宅投资比重（%）
2010	1990.40	4.8	5.8
2011	3491.87	7.2	7.9
2012	4068.71	7.6	8.2
2013	4075.82	6.9	6.9

续表

年份	地方公共财政住房保障支出（亿元）	占当年GDP比重（‰）	占当年住宅投资比重（%）
2014	4638.31	7.2	7.2
2015	5395.84	7.9	8.4
2016	6338.77	8.6	9.2
2017	6131.82	7.5	8.2
2018	6299.92	7.0	7.4

（二）地区间公共住房投资规模不平衡

对中国2010~2019年的住房保障支出进行分类统计，从东部、西部、中部、东北四个地区的地方公共财政支出进行分类汇总，折线图如图4-2至图4-6所示。从图中可以看出，总体的住房保障支出呈上升趋势。在各地区中，东部地区省份的地方公共财政住房保障支出平均水平更高，整体的支出在四个地区中最高，东北地区省份的地方公共财政住房保障支出平均水平较低，最高值在接近3亿元的位置，而东部地区最高值在接近8亿元的位置。财政支出差距较大，其背景在于改革开放后我国经济发展不均衡，出现了东部地区先富的现象，存在发展差距。从住房保障支出中，也存在经济发展快房价高、公共住房需求更大的现象。

在中国公共住房及物业服务产业的发展中，公共住房的地方财政住房保障支出存在区域发展差距大的问题。整体发展不均衡，分析区域发展差距的原因，在于经济发展水平不均衡而导致公共住房保障支出水平不均衡。区域住房保障支出根据其地方需求存在自己的特色，东部地区住房保障支出高的原因是东部地区财政支出大，城镇化、经济发展水平高，市场住房房价高，使得公共住房需求高，对住房保障的支出高。就各地区比较而言，应缩小区域差距，使得产业均衡化发展。经济发展水平、地方房价、城镇化程度都影响着公共住房的发展。

二、发展模式

（一）政府完全主导模式

政府完全主导模式是政府对公共住房及物业服务产业进行主导，从初期政策设置、资金融通到后期住房建设、物业服务都由政府进行。这种模式的特点是在政策上由中央和地方政府筹集资金，地方政府解决土地问题，从现有土地中让出部分用来建设公共住房，在此方式下完成初步设计。实施建设由地方政府进行，以满足中低收入人群的住房问题。这是中国公共住房及物业服务产业在初期的发

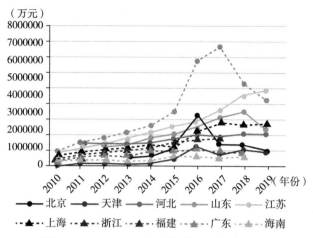

图 4-2 2010~2019 年东部地区住房保障支出

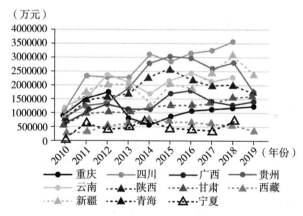

图 4-3 2010~2019 年西部地区住房保障支出

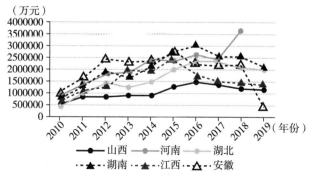

图 4-4 2010~2019 年中部地区住房保障支出

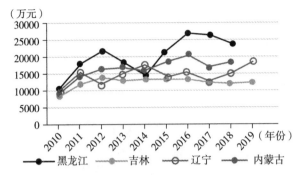

图 4-5　2010～2019 年东北地区住房保障支出

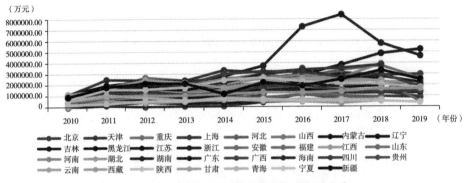

图 4-6　2010～2019 年部分省份住房保障支出

展中所体现出来的政府完全主导。后期随着商品化住房市场逐渐稳定，公共住房的新建数量减少，占全国新建住房的比例下降，而在住房市场上人们重视产权而对租赁显得热度不够。廉租房慢慢登上公共住房的舞台，多种形式的住房供给并存，是公共住房及物业服务产业发展的不断演变更新，让更多形式的住房满足人们的需求，平衡市场。

　　从政策设定到资金投入再到建设入住都由政府全权负责，地方政府自行解决所在区域的公共住房问题。这种完全的主导模式，其优势在于，住房商品化初期需要解决其他无法用商品房解决的住房问题，并且需要有一种住房模式和商品房平衡。公共住房应运而生，且面向大多数人群。很大程度上解决了当时人民的住房问题。初期公共住房属于经济适用房范畴，建设的公共住房可以向中低收入人群销售，面向的人群广。政府主导制让中国的住房市场有所稳固，让民生问题有所解决，为实现"人人有所居"贡献出极大的力量。但弊端在于，公共住房建设慢，管理不足。随着经济发展，政府将市场力量加入到公共住房中，使公共住房的政府完全主导模式渐渐成为过去式。

（二）政府主导下的"政府—私人合作"模式

在公共住房及物业服务产业的政府主导制下，产生了一系列问题，随着经济的发展，产业发展需要新的模式，由此诞生了"政府—私人合作"模式。这种模式将夹心层人群等加进来，即高校毕业大学生等。与过去的按收入人群来分配住房不同的是，高校毕业生这一群体的住房需求是短期的，且以租赁为主，这是"政府—私人合作"模式中面向人群的特征所在。在建设上，充分发挥市场力量，让私人参与进来，从建设到融资都改变了以往政府全揽的模式。保障性住房投资逐年上升（见图4-7）。开发商参与到公共住房建设上，政府出让土地，由开发商建设公共租赁住房，并在税收上给予一定优惠。在投融资上，有公积金、地方财政拨款、社会捐赠等。这一模式的诞生源于上一模式的不足，在建设速度慢、资金不足等。而政府私人合作模式中，政府为满足公共住房，企业为了自身发展，在共同的合作中追求自身所需。政府提供土地等，私人进行建设，做到后面有保障，前面有速度，让公共住房的建设能落实政策。"政府—私人合作"模式采用"同甘共苦"形式，利益与风险由政府和私人共同承担，在整个环节上，政府和私人共同参与。在物业服务上，由私人物业公司承包，政府进行政策制定、监督管理。

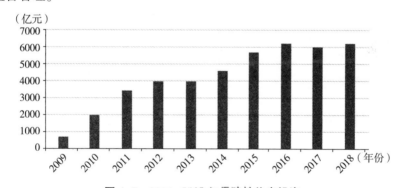

（亿元）

图4-7　2009~2018年保障性住房投资

资料来源：国家统计局网站。

"政府—私人合作"模式的优势在于使社会资本加入到公共住房建设中，为公共住房建设添砖加瓦。在整个环节上私人和政府合作，共同获得所需。对政府而言，公共住房建设的速度加快，对私人企业而言，得到经济利润。劣势在于公共住房建设的资金回收周期长，虽然融资渠道多，但效果不如人意。在私人与政府的合作中，私人企业的热情并不够高涨，因为公共住房相较商品房，获取利润低，投资收益时间长。政府倾向于在过程中限制企业获取超额利润，使私人企业获取相对合理的利益，但追求利益最大化是企业的一大特点，私人企业并非都热衷于参与到公共住房建设上来。

（三）中国公共住房的发展趋势：大数据下的政府主导+私人合作模式

基于海量数据监测可避免政府与私人供给公共住房方面的缺陷，进而产生新的住房模式。公共住房建设由政府监管、私人建设，多渠道解决建设发展困难，发挥社会资源力量。该模式在公共住房的制度建设上，由市区县有关部门进行政策的制定和监督，让公共住房有政策可依、有监督可束，各级住房保障部门以年为单位制定有关公共住房的相关政策，并对政策的实施进行全程监督，保障政策的制定和落实。制定和监督的一体化，由公共住房在实施过程的评估中有最具话语权的单位进行监督执行，保障人民群众的权益得到真正的落实，而不是在以往层层下达任务的过程中产生"省略"和"偏差"。在统筹建设管理上，全市标准统一。在人群入住后，也进行统一管理。避免了同地不同"法"的现象，减少了因不同规则而引发的群众矛盾。

在建设主体上，采取鼓励式全市建设模式，政府、企业、农村都发挥各自的土地优势。政府鼓励企业用厂房土地、农村用集体土地，共同发力建设公租房，让公租房有地可建，并以新建公共住房为主解决住房问题。住房建设需要资金，北京市在公共住房资金的来源上同样采取多渠道的方式，除了以往的公积金贷款，还鼓励用银行贷款及社保基金等方式进行融资。在后续管理中，采取"政府—私人合作"模式。政府回购的公租房归相应的保障部门负责后续运营，在物业上，外包给物业公司进行运营。

三、发展重点

（一）继续做好城镇中等偏下收入住房困难家庭的保障工作

持续做好城镇中等偏下收入住房困难家庭的保障工作，明确合理的轮候期，在轮候期内给予保障。对低保、低收入住房困难家庭和分散供养特困人员，可以实物配租为主、租赁补贴为辅；对中等偏下收入住房困难家庭，可以租赁补贴为主、实物配租为辅。具体保障方式可结合保障对象意愿和公租房供给因地制宜确定，严格保障标准，实物配租公租房单套建筑面积原则上控制在60平方米以内。合理确定租赁补贴标准，建立动态调整机制，并根据保障对象的收入水平实行分档补贴，支持保障对象租赁到适宜的住房。

(二) 加大对新就业无房职工、城镇稳定就业外来务工人员的保障力度

根据财政承受能力，重点保障环卫、公交等公共服务行业以及重点发展产业符合条件的青年职工和外来务工人员，具体准入条件由各级人民政府住房保障主管部门合理确定，报经本级人民政府批准后，向社会公布实施，并及时进行动态调整。实物保障以配租集体宿舍为主，以小户型住宅为辅。新就业无房职工和外来务工人员较为集中的开发区和产业园区可根据用工数量，在产业园区配套建设行政办公及生活服务设施的用地中，通过集中建设或长期租赁、配建等方式，增加集体宿舍形式公租房的供应，面向用工单位或园区就业人员出租。在按照国务院规定开展试点的城市，企业（单位）依法取得土地的使用权，在符合规划、权属不变的前提下，可建设公租房，面向本单位职工出租，促进职住平衡。

(三) 继续落实与探索公共住房租赁试点工程

2017 年 7 月和 8 月，住建部两次发文加快推进住房租赁市场发展，在全国选取成都、广州等 14 个城市作为首批住房租赁试点。住房租赁发展状况及主要做法有：一是住房租赁供应由政府保障、市场主导。针对低收入群体、新就业大学生及引进人才建公共租赁房和人才安居房，同时，专业化企业提供多层次住房租赁产品，以满足丰富多样的住房租赁市场需求。二是专业化、规模化的住房租赁企业初步形成，民营住房租赁企业和国有住房租赁企业积极发展租赁业务，产品覆盖了租赁市场里中低端、中端、中高端的需求，形成了多元化的市场结构，国有住房租赁企业在推动发展住房租赁市场方面取得一定成效，清理、出租闲置存量房源，搭建了国企和民企的合作平台，进一步简化出租流程，稳定租金。三是从管理体制和服务体制方面不断完善优化住房租赁体制，建立起市、区、街道和社区四级住房租赁管理体制、诚信机制和定期租赁市场专项检查机制，加大住房租赁补贴力度，完善落实提取住房公积金支付房租政策，争取金融支持，在各方面完善租赁市场服务体制，租赁补贴发放范围、补贴标准等由各地因地制宜确定。

四、发展对策

(一) 完善住房保障法规和制度的属性

要从根本上解决问题，需要完善公共住房立法，让人民群众有法律的保障，让法制化社会深入到人民群众的基本需求中来，让地方政法有法可依。中央立法

可以很大程度上解决各地方政府在公共住房及物业服务产业上存在的问题，对于各种存在的漏洞进行立法，彻底解决"钻空子"人群的存在。法律制度的确立可以让整个产业更加规范化，地方政法依法办事，人民群众遵纪守法，在公共住房上避免利益化存在，让公共住房更加公平公正，切实地解决真正需要公共住房的人的住房问题。在物业服务上，完善公共住房的相关立法，避免让新进入的市场中物业管理"狮子大开口"，控制物业费用问题，避免出现住得进去却交不起物业费的问题，也让物业在公共住房中发挥出物业服务所应有的作用。

（二）规范保障主体和准入标准

可将人群范围缩小，从而保障所包含的人群人人有房住，人人享政策。政策范围缩小并不代表保障的减少，而是为了真正实现政策的普遍性。对于如何划分人群范围，可以中央颁布的可纳入保障性住房的人群为标准，如享有低保户的人群等，让地方政府有可依据的具体方法。地方政府也可根据地方的人群收入，划分一定比例进行全面保障，从最困难的家庭开始逐层解决公众住房问题。公共住房有限，土地资源有限，要将有限的资源最大化，尽可能满足所需人群的需求。

目前对保障人群的划分可以本地和外地划分，而在本地人群中划分的衡量方式极为重要，是有住房需求换房还是无住房需求住房，对收入的衡量和人群的确定需要政策支持。而在外地的保障人群中，应全盘考虑，除了夹心层的人群，还应有外来务工人员的住房保障，外来务工人员停留时间短，2/3 外来务工人员停留时间不足五年，但也是需要保障住房的人群，在目前的廉租房的保障中，城中村起到了很大作用。外地人员中有一部分人群对租房的支付能力并不足，也需要纳入保障人群。因此，保障人群的明确极为重要。人群应明确分类，制定相应的制度，因人而制，来解决所有需要公共住房保障的人群的需求。

（三）拓宽筹资渠道

地方财政收入压力大，仅靠地方财政来满足地方的公共住房难度较高。"十四五"规划纲要提出，未来五年中国将全面建设小康社会，保障房建设时间紧任务重，仅依靠政府拨款无法填补巨大的资金缺口。因此，在政府与企业共同建设公共住房的过程中，可采用多种筹融资措施，增加商业银行的贷款，通过债券的方式来筹集资金用于公共住房建设。资金充足可以使公共住房建设加快，做到预期的建设都能顺利开展。车马未到，粮草先行，保障资金充足就是保障公共住房的建设问题。在物业服务上，可以将资金相应补贴给物业公司，让物业公司顺利运行，避免因政策限制让物业公司贴钱运营而导致的懈怠。当物业公司盈利为负时，物业公司或许难以真正落实对业主减少物业费用的政策要求，抑或出现降低服务质量的情况，导致物业成为只收钱不干活的吞金公司。资金保障对于公共住房及物业服务都有着至关重要的作用。

（四）加强我国公共住房物业管理

公共住房物业服务的目标是保障入住人群住得好，管理公共住房的物业需要在保障服务的基础上让人们负担得起物业服务费用。在公共住房的物业服务上，政府应选择有资质、有能力的企业进行物业管理、对企业进行一定的培训，让企业能在保障性住房中提供物业服务，让群众住得好。对于私人企业在物业服务上的管理，政府可以建立一定的监督管理机制，来约束和管理提供服务的企业，避免出现私人企业成为"刀俎"而住户成为"鱼肉"的情况。可建立三方机制，住户、企业、政府三方通过建立监督管理机制，在相互制约中保障公共住房的物业服务。对于企业来说，可以建立起相关的规章制度，避免在物业服务中成为舆论的弱势方而产生纠纷。私人企业在进行物业服务时可将文化融入服务，让整个住宅区产生凝聚力，建设美好的居住氛围。

第五章
"米袋子""菜篮子""果盘子"产业发展研究

百姓餐桌，民生大事。"菜篮子""米袋子""果盘子"并不是新名词，早在20世纪80年代就被各级政府提到民生的战略高度。国家一直高度重视"菜篮子""米袋子""果盘子"产业的发展，这不仅关系到人们的生活，也关系到农民的钱袋子，还关系到国家宏观调控目标的实现，是最实际的民生，民生无小事。习近平总书记强调，"保障和改善民生没有终点，只有连续不断的新起点"。抓好"菜篮子""米袋子""果盘子"，找准发展与改善民生的平衡点，让老百姓感受到实实在在的民生福祉，是凝聚社会合力、适应新发展的必然要求。

第一节　"米袋子""菜篮子""果盘子"产业特征、性质与构成

一、产业特征

随着农业的发展，农产品供给的品种多、数量大，成为人们必需的生活资料和轻工业原料。农产品产业具有以下特征：

（一）供求面：刚需特征明显，需求量大，产量稳定

每个人都需要有一定数量的农产品，天天需要，日日消费，整个社会对农产品的需求数量大，品种多。农产品供给是指农产品生产经营者在一定时期内能够提供给市场的农产品的数量。农产品随着工业的发展、科学技术的进步、农业投入的增加，产量在不断增长。1978年中国率先在农村实行经济体制改革后，我国粮、肉、蛋、奶、果、菜等主要农产品供给基本保持稳定，"米袋子""菜篮子""果盘子"供给总体充足（见表5-1），主要农产品的供给已基本摆脱了短缺状况。粮食产量由1978年的3亿吨增加到了2018年的6亿吨，已经实现了总量大体平

衡，丰年略有节余。随着人民生活质量的提高，对农产品的要求也不断变高，根据这一特点，农业生产就要努力提高各种农产品的产量，满足人们的不同需求。

表 5-1 我国主要农产品产量统计　　　　　　单位：万吨

年份		2010	2011	2012	2013	2014	2015	2016	2017	2018
"米袋子"	粮食	54648	57121	58958	63048	63965	66060	66044	66161	65789
"菜篮子"	肉类	7926	7965	8387	8633	8818	8750	8628	8654	8624
	奶类	3748	3811	3875	3119	3277	3296	3174	3149	3177
	蛋类	2763	2811	2861	2906	2930	3046	3161	3096	3128
	水产品	5373	5603	5908	5744	6002	6211	6380	6445	6458
"果盘子"	水果	21401	22768	24057	22748	23303	24525	24 405	25242	25688

（二）发展方式：小规模经营

我国人多地少是显而易见的基本国情，小规模家庭经营格局有继续长期存在的客观基础，农户的生产规模和土地经营规模过小，农户经营行为过于分散，从而极大地限制了各种技术手段的运用和农业生产水平的提高。大多数农产品仍停留在原料产品和初级产品加工水平上，农产品附加值低。目前，我国农业技术在整体上仍相当落后，大多数地区仍然沿用传统的精耕细作技术，机械化水平低，劳动生产率不高，化肥使用品种及数量不当，优良品种推广面积有限。

（三）存在形式

受小规模家庭经营格局的影响，农产品主要以"农户或专业化组织+消费者"形式流通，农产品生产出来没有经过高附加值的加工就直接转移到消费者手中的特征比较明显。随着市场的发展，农产品流通方式倾向"龙头企业+合作社（基地）+农户"的方式。

二、产业性质

农业为人类提供赖以生存的生活资料，是人类生存的先决条件，是社会生产的起点，所以把农业称为第一产业。农业是国民经济的基础，这是一个客观规律。农产品的生产过程属于第一产业，在产后加工、流通、销售的过程中融合了第二、第三产业。粮食好比基础能源，蔬菜好比加工配料，粮食（主食如大米，小麦等）的生产、供应和市场稳定对民生和抑制通货膨胀具有重要意义。粮食生产始终是治国安邦的大事，事关经济发展和宏观调控目标的实现，农业发展和农民增收是稳民心、安天下的战略产业，不管经济发展到什么程度，农业和粮食的基础地位都不会改变。

作为人口大国，吃饭问题始终是头等大事。特别是随着工业化、城镇化的加快，耕地面积减少、水资源短缺、干旱等对粮食生产的约束日益突出，但粮食需求的刚性增长、粮食供需紧平衡的状态不会改变。失去了粮食这个基础，工业化就失去了支撑，现代化进程就难以顺利推进。因此，抓紧"米袋子"，进一步稳定发展粮食生产，才能牢牢掌握谋划全局的主动权。而"菜篮子""果盘子"产业向纵深发展，能够增强抗御市场风险的能力。在不少地区，"菜篮子""果盘子"产业成为农村经济支柱产业和农民增收的主要来源。"菜篮子""果盘子"产品的收入在农民收入中的贡献份额占到1/3，很多农民靠发展"菜篮子""果盘子"产业脱贫致富。

目前，农产品供求基本平衡，但农业生产基础比较脆弱，一定程度上还是靠天吃饭，农产品供应的变化容易引起价格变动。近些年，我国几次幅度较大的物价上涨几乎都与农产品涨价有关，如2010年突出表现为蔬菜价格上涨，2019年猪肉价格上涨又推动物价达到新高。"米袋子""菜篮子""果盘子"的发展，一头连着市民的餐桌，一头连着农民的"钱袋子"，关系着城乡居民的生活质量，是百姓感受物价变化最直接的"晴雨表"。农业丰，百姓安；粮价稳，百价稳。"手中有粮，心中不慌"，在我们这样一个14亿多人口的大国，农业的发展是国民经济的基础，立足国内保障供应始终是头等大事。

三、产业构成

农产品产业由生产者、消费者和流通三部分构成，如图5-1所示。生产部分是产业发展的基础，农民通过生产把一部分农产品留作自用，剩下的卖给其他部门加工，农产品从生产者到消费者手中，又从农户到加工企业，由加工企业到销售企业，最后从销售企业流入消费者手中。这个过程就构成了一个农产品流通的产业链，如图5-2所示。

产品产业链的构成包括农产品从原料、加工、生产到销售等各个环节。主要是以农产品流通环节为主体，囊括了收购、运输、储存、加工、包装、配送、分销等环节，分别面向农贸市场、超市、餐饮企业等农产品销售商；上游是农产品的种植，包括产前的育种及肥料、机具等农资的流通，产中种植、养殖、采摘等；下游是终端消费者。从产业链的角度来看，农产品产业由生产体系、产后加工体系、农产品销售体系、农产品服务体系四部分构成。

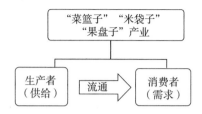

图 5-1 "米袋子""菜篮子""果盘子"产业的构成要素

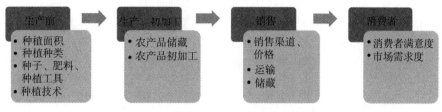

图 5-2 农产品流通过程产业链简图

第二节 "米袋子""菜篮子""果盘子"产业与幸福感的关系

一、理论分析

农产品产业的主要参与者为生产者和消费者,群体不一样,对幸福感的要求就不一样。调查发现,农民幸福感有所增强但仍偏低,其中,农业增收难,就业压力大,物价上涨,社会保障水平低,农村文化建设缺失等都是影响农民幸福感进一步提升的原因,我们要大力发展农业,改善农民经济状况,完善社会福利,重视农村精神文明建设,为农民谋求更幸福的生活。

一些研究指出,住房条件、农村道路、生活饮用水等基础设施建设对农民幸福感影响显著。对现有的研究分析发现,多个研究在幸福感影响要素中都提到了农民经济收入。随着经济的发展,我国城镇居民和农村居民的收入差距显著,2018 年农村居民的收入仅为城镇居民的 37%。在农民收入问题上,习近平总书记强调,增加农民收入是"三农"工作的中心任务,农民小康与否,关键看收入,高水平全面建成小康社会,农民最直观的感受就是收入水平有没有提高,这是农民提高获得感的重要基础。所以,提高农村居民的收入可以提高农民的获得感和幸福水平。

中国人民大学的调查显示，消费者最关心的问题中排在第一位的是食品安全。农产品生产过程复杂、周期漫长，更重要的是农产品销售渠道单一，由于我国传统农产品流通渠道不畅，中间环节较多，导致农产品销售价格较低，农民入不敷出，收入往往无法抵扣农资成本。我国农产品种植面积逐年减少，农民种植积极性受到打击，导致到达消费者的价格高出初始价格几倍，一些不健康、不安全的非法农产品流入市场，危及人们的身体健康。所以说，食品安全问题的根源还是在农民收入问题上。从幸福经济理论的角度来看，发展"米袋子""菜篮子""果盘子"产业不仅可以提高农民的收入效益，改善农民的生活水平，间接提高农民的非收入效益。因此，保证农民的幸福感，提高农民农耕的积极性，可以从根源上解决食品安全问题，从而提高消费者的幸福感。

二、计量分析

通过设计问卷、发放问卷、数据分析等形式对相关影响因素进行计量分析。问卷调查对象为农产品消费者，问卷设置的目的是调查农产品消费中影响消费者幸福感的因素。以消费者的感受为根本，进一步改善农产品消费过程中的问题，为消费者提供更加完善的农产品消费环境。研究的主要变量是农产品消费中影响消费者幸福感的因素，包括农产品的质量、价格、品种多样性、包装、品牌、购买的便利性等方面。

本书所涉及的分析数据都是通过问卷结果整理出的数据。为了保证研究数据的有效性和可靠性，问卷的发放与回收主要通过问卷星的方式进行。问卷的调研期为2020年7月1日到2020年8月15日，共发放问卷230份，收回185份，其中有效问卷157份，问卷回收率为80.4%，有效率为84.9%。问卷的来源渠道主要是通过手机微信及QQ提交。有效样本数157个，样本量足够。可信度系数值为0.890，大于0.8，因而说明研究数据可信度高。综上所述，研究数据可信度系数值高于0.8，综合说明数据可信度高，可用于进一步分析。

关于调查对象基本信息的统计结果如表5-2所示。

表5-2 调查对象基本信息

维度	类别	所占百分比（%）
性别	男	21.66
	女	78.34

维度	类别	所占百分比（%）
年龄段	30 岁及以下	52.87
	31~40 岁	34.39
	40 岁以上	12.47
职业	专职家庭主妇	64.97
	学生	6.37
	企业员工	8.92
	政府机关或事业单位职工	8.28
	自由职业	8.92
	其他	2.55
收入水平	2000 元以下	11.46
	2000~5000 元	8.92
	5000~10000 元	11.46
	10000 元以上	1.91
	无固定收入	66.24
一周内农产品（包括生活必需的米、面、油、蔬菜、禽蛋、肉、水果等，不包括外卖点餐）购买次数	1~3 次	17.20
	4~7 次	34.39
	7 次以上	45.86
每月购置农产品的金额	500 元以下	8.28
	500~1500 元	3.18
	1500~2500 元	46.50
	2500~3500 元	32.48
	3500~4500 元	9.55
获得农产品的主要渠道	自家种植	15.92
	农贸市场（包括地摊）	77.71
	超市	75.16
	直营店	38.05
	网购	26.11

关于影响消费者农产品满意度的因素，通过问卷数据分析收集汇总了相关评价信息的比例分布，如图 5-3 所示。通过统计结果可以看到，消费者在农产品的消费过程中最关心的是农产品的质量安全，占总体影响因素的 61.15%；其次是农产品的品牌，占总体影响因素的 49.04%；农产品购买的便利性为 44.95%；农

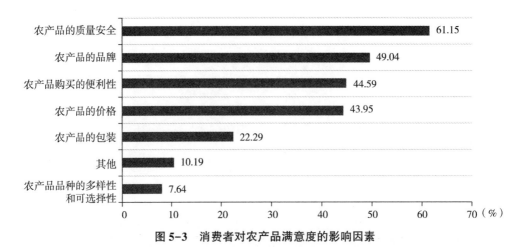

图5-3 消费者对农产品满意度的影响因素

产品的价格因素为43.95%。为了进一步明确个影响因素对消费者满意度的影响程度，进行计量经济分析。计量经济的理论模型为：

$$Y_{ij} = \beta_0 + \beta_1 X_{ij} + \gamma P_{ij} + \varphi S_{ij} + \varepsilon_{ij} \tag{5-1}$$

根据模型的分析结果见表5-3，农产品的质量、品牌、购买的便利性、价格、包装、品种多样性于消费者的幸福感呈正相关关系；农产品的质量、品牌、购买的便利性对消费者的幸福感影响显著；农产品的质量安全对消费者的影响最大，保证农产品的质量安全能够大幅度提高消费者的幸福感。

表5-3 关键变量的相关分析

	1	2	3	4	5	6	7
1. 消费者幸福感	1						
2. 农产品的质量安全	0.385 ***	1					
3. 农产品的品牌	0.239 ***	0.638 ***	1				
4. 农产品购买的便利性	0.206 **	0.310 ***	0.163 ***	1			
5. 农产品的价格	0.082 ***	-0.570	0.097 ***	0.059 ***	1		
6. 农产品的包装	0.049 ***	0.025 **	0.062 ***	-0.047	0.016 ***	1	
7. 农产品的多样性和可选择性	0.045 ***	-0.028	0.042 ***	0.042 ***	0.172 ***	0.121 **	1

注：*** 表示在0.001水平上显著，** 表示在0.01水平上显著，* 表示在0.05水平上显著。

第三节 "米袋子""菜篮子""果盘子"产业发展模式

一、"米袋子"产业发展模式

粮食作为国家的温饱保证，在我国的发展模式是政府主导型发展模式，其特征主要表现为政府规划种植面积和产量。我国现阶段粮食种植主要有两种模式：一是国有农场；二是建立在家庭承包责任制基础上的以农户为单位的种植。目前，建立在家庭承包责任制基础上的以农户为单位的种植是我国粮食生产的主要模式。2019年，农户种植粮食总产量占全国粮食产量比重高达约94%，粮食播种面积占比约为95%；但是，由于单个农户生产规模小，资金能力有限，很难实现规模化和机械化，我国粮食生产仍然处于粗放式的生产阶段。国有农场因其单个农场种植面积较大，故能较好地实现规模化和机械化作业，但受限于其在粮食产量中的比重小，并非我国的主要种植模式。

在日本，大米是主要食粮，也是最主要的农产品。日本政府于2003年分阶段废除已经实施30多年的"水稻栽培面积分配制度"，将原来由国家决定农户水稻种植面积的做法，改为由农户和农业团体根据市场需求自主决定大米生产计划，结束了"政府主导+农业团体+农户"的发展模式。从2004年度开始，逐步减少国家对水稻栽培面积的限制，扩大农户和农业团体的自主权。

美国是粮食生产大国，总产量和人均产量多年居世界前列，出口量在世界粮食出口总量中居主要地位。尽管如此，美国政府还一直采取各种措施保护和提高粮食综合生产能力，保障粮食的稳定供给，形成了确保国家粮食安全的有效机制。美国的粮食发展模式为"政府主导+农户"。

二 "菜篮子"产业发展模式

为缓解我国蔬菜、农副食品供应偏紧的矛盾，农业部于1988年提出建设"菜篮子工程"，从根本上扭转了我国副食品供应长期短缺的局面。随着人民生活水平的提高，绿色安全消费渐成时尚，"菜篮子"工作的重心适时从数量保障型向质量效益型转变。现阶段，"菜篮子"已经由"政府主导+农户"转变为"市场主导+企业+农户"的发展模式。

日本政府除对大米的生产和流通实行一定的干预外，对其余农产品一律放开，由农民根据农业协同组合（以下简称农协）提供的市场信息和良种自行选择栽培。"菜篮子"产业的发展模式为"主导＋农业团体＋农户"。日本农户的专业化生产格局更为明显，一般来说，日本的农民都是专业户，种草莓的都种草莓，种番茄的都种番茄，种鲜花的都种鲜花。一般农户全年只生产 1~2 个品种，最多不超过 3 个品种，而且生产的产品几乎全部为商品，农产品的商品率极高。

美国是家庭经营与规模经营相结合。美国农业普遍实行的是家庭农场制度，这种制度是以家庭为单位的，这样就使得农场主变成了一种职业，每一个农场主必须要经过专业知识的培训与学习，并且通过相关的资格考试，专业性极高，不同产品有不同产业化经营形式，发展模式为"市场主导＋农户"。例如，蔬菜农场一般都是一体化经营，而大型农场（如肉鸡、肉牛生产）则以专业化经营为主。

三、"果盘子"产业发展模式

在水果产业的发展过程中，美国、日本、中国三国的发展模式均为市场主导型发展模式。美国是以市场主导引领专业家庭农场进行规模种植，日本是由农民根据农协提供的市场信息和良种自行选择栽培，中国则以"公司＋基地＋农户"的生产发展模式为发展趋势。

第四节 "米袋子""菜篮子""果盘子"产业发展方向与重点

一、发展方向

现代农业将取代传统农业的发展趋势。传统农业向现代农业的转变过程就是将工业要素投入农业来替代传统要素的过程，主要表现为以机械作业替代畜力和手工作业，以有机肥投入要素替代化肥等工业投入要素，依靠科学知识和实验的农业替代依靠经验的农业，以专业化商品性农业替代产品自产自销为主的自给性农业。

发达国家的农业生产模式主要有三种：一是以美国、加拿大、澳大利亚等国为代表的农业机械化模式，首要目的是提高劳动生产率；二是以日本、荷兰、以色列等国为代表的生物技术化模式,首要目的是提高土地产出率;三是以法国、德国等国为代表的农业机械化和生物技术化兼顾模式。无论采取哪种农业模式,各国都进入了以机械化、良种化、化学化、电气化、信息化等为主要内容的全面农业现代化。

日本农户的生产规模都较大,一般农户全家只有 2~3 个劳动力,拥有土地 50~70 亩,个别农户达到 200 多亩,一个农户就是一个小型农业企业。在日本,农民种地比较轻松,原因是日本农业机械化水平较高,每个农户都拥有所需的农机具,如收割机、喷药施肥机、土地起垅机、产品清洗包装机等,而且档次都比较高,使用起来很方便。同时,日本农户一般还设有一个专门用于清洗、整理、加工农产品的车间。

美国是世界上的农业大国,农业发达,农产品种类多、产量大,是世界上输出农产品最多的国家。美国家庭大多实行规模经营,几乎每个家庭都有近 2000 亩的耕地,土地资源丰富,土地流转自由,为规模经营提供了充分的保障。这么多的耕地加上农业机械,效率高,又能做到科学种田,人工费用少,农作物的质量还高。美国农业的高机械化让它的劳动生产率非常高。目前,美国从事农业领域的人口只占就业人口的 2%,从近 800 万人下降到 240 多万人,但是美国农作物出口却是世界之首,这当然与它的机械化程度有关。而且在美国采用机械化生产有一个很大的好处就是土地面积大,能够使这些工具随意施展,也就没有像中国这样上山坡下山坡的状况。中国的土地地形起伏太大。美国的生产是一个集团化的生产,不像我国是一家一户的生产,在美国更多的是农场,因为在农村农场一望无际,土地面积特别大,他们在播种、收割的时候都是采用机械化的生产方式,既减轻了人们的生产压力,也提高了生产效率。从播种到收割,到后来的售卖都是一个体系化的过程,所以这些方面是值得我们借鉴的。

二、发展重点

(一) 产业链的完整是产业发展的重点

传统的农业生产方式受到土地类型、土地分配制度及人口分布等因素的影响,单个农户农产品种植面积较小且呈分散状态分布,难以利用规模经济促进农产品销售。目前,中国、印度、越南等发展中国家的农业还处在传统农业向现代农业转型的阶段。农产品的销售多以个体自行销售为主,产量较小、没有话语权现象、供大于求的买卖现象都给农民农产品的销售带来不利影响。农户对于农产品的储存、加工、物流等延伸性环节了解较少,也增加了农产品销售的局限性。

随着各国经济的发展，人们对于农产品的需求向高端化、安全化、多样化、快速化、便捷化等方向发展，这对农产品的销售提出了更高的要求，传统的销售方式已不能满足消费者的个性化需求。

农产品产业链是指农产品从原料、加工、生产到销售等各个环节的关联。上游是农产品的种植，包括产前的育种及肥料、机具等农资的流通，产中的种植、养殖、采摘等；下游是终端消费者（见图5-4）。

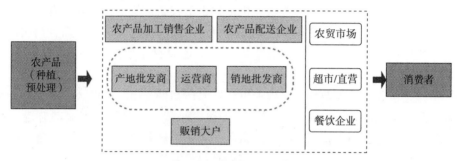

图5-4　农产品产业链

日本农业一直走在世界农业的前列，日本国土面积狭小，自然资源非常匮乏。因此，日本走出了优先改良品种和土地，然后进行机械化推广的农业现代化道路。再加上政府农业政策的保障，真正做到了"从田间到餐桌"全产业链，即生产→加工→流通→提供一体化。我国虽然国土面积大，但是人均耕地资源少，我国的小农经营特点与日本农业发展有很大的相似之处。日本农业的发展模式值得我们借鉴和学习。家庭经营与日本农业协同组合的社会化服务相结合，是日本农业生产的显著特征。日本农户因为有农协的存在，在生产流通的过程中根本不用担心农产品的贩卖问题（见图5-5）。日本农业的发展通过农协已经形成了一个农产品流通的完整产业链（见图5-6）。经过几十年的发展，日本农协已发展成为集经济职能和社会职能于一体的民间团体。日本农协以村委领办合作社为中心，引导分散的零散农户趋于组织化，开展标准化生产，不仅负责组织农业生产，购买生产、生活资料，出售农产品等经济活动，而且还负责将政府的各种补助金分发给农户或有关团体。同时，代表农民向政府行政部门反映意见，以保护农民的利益。日本农协的业务范围广阔，包含了农户从生产到生活的12个方面，如表5-4所示。日本农业因为农协周到的服务而得以迅速发展，日本农协也因其无可替代的作用而迅速壮大。

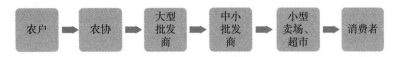

图 5-5 日本农产品流通图

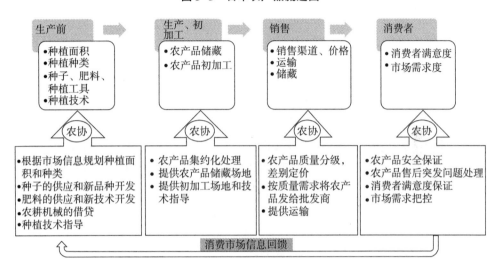

图 5-6 日本农产品产业链

表 5-4 日本农业协会的业务范围

业务种类	内容
1. 教育、农业活动、农业经营指导业务	农业技术,经营改善,农民文化生活改善指导
2. 农业生产关联业务	农用地改良,水利设施、农耕的共同化,农耕设施的设置
3. 代理经营业务	代理经营组合成员的农产
4. 农地信托业务	受理农地的信托
5. 贩卖业务	农产物的贩卖、储藏、搬运
6. 购买业务	农业生产材料、生活材料的供给
7. 借贷业务	农业生产、生活资金的借贷、储蓄的受理
8. 保险业务	生命、火灾、私家车、住宅保险
9. 利用、加工业务	农业生产、生活的共同利用设施的设置,农产物的加工
10. 医疗业务	医院、诊疗所设施的设置
11. 高龄者福利业务	高龄者的福利设施的设置
12. 宅地等供给业务	农地的转让和买卖

无独有偶,在发达国家中除日本以外,美国也拥有农业协会。美国农业协会

是一个农民自发组织，成立于 1919 年，至今已有 100 年的历史。现有 600 万名会员，主要是农民（全国有 80% 的个体农民参加协会）和与农业有关或对农业感兴趣的小型生产商或个人。农协的主要职责是通过遍及全国各州的协会收集会员意见、建议，每年 1 月召开年会，制定相应的、代表多数农户意愿的政策，如农业税收、环境保护、政府投入等，代表农户到国会游说，力争使农户的建议变为联邦政府的政策支持。协会是非政府组成部门，无政府经费资助，日常开销依靠会员缴纳的会费维持。

对比国外农业发达国家，要实现农业现代化，提高农产品的市场竞争力，就必须实现农业的规模化和产业化。构建农产品产业链，可以促进消费者与农户的良好互动，更快速、准确地传达消费者的需求，促使农户规模化、专业化种植，促进农业向绿色、有机、健康方向发展，加速农业现代化进程。未来完善产业链是该产业的发展关键和方向。美国和日本农民以其自身的实践证明，农业产业大有可为，大有潜力可挖，关键在于改变传统的农业生产方式，不断提高农民的素质，努力提高农业的科技化、现代化、规模化和集约化水平。我国在"菜篮子""米袋子""果盘子"产业发展中，如何做到提高农民积极性，保证生产，组织好农产品的销售，确保农民收入，让农民没有后顾之忧尤为重要。构建从田间、车间到餐桌的"全链条、全循环"的农产品产业链，是发展"米袋子""菜篮子""果盘子"产业的关键。

（二）强化产业发展机制

产业链的质量高低与功能发挥，取决于其内部机制的作用。一条完善的产业链一般包括生产、加工、销售多个环节，农、工、贸多个领域，企业、农户、基地多种经营主体，要保证充满活力的运行，需要建立和不断完善内部机制，即利益机制、协作机制、竞争机制和约束机制等。

1. 利益分配机制

产业链的实质是企业向上游的种植（养殖）与下游的营销不断延伸，将上下游形成一个利益共同体，通过了解下游市场和消费者的需求，进而影响上游种植（养殖）环节的组织内部行为，调整产业链上各个方面的利益关系。形成互利互惠、共兴共荣的关系是农业产业化持久发展的动力。因此，必须按经济规律妥善处理企业和农民的关系以及企业和其他服务组织的关系。在处理这些关系时，要遵循扶持生产、互相支持和自我保护的原则，凡涉及到经济利益的事情，都应在自愿、平等的前提下，签订合同或契约，明确各方的权利和义务。只有这样，才能把各方面的积极性充分调动起来。产业链的构建不仅仅是一种供需的推动，还加入了利益驱动的因素。中间加工企业和销售企业受利益驱动，对农产品进行一定程度的加工和包装,提高农产品的附加值,从而提高整个产业链的价值集成。

2. 协作机制

强化产业链意识,使产业链的物流、信息流、资金流等顺畅协调,降低交易费用,获得整条产业链效益,应以市场需求为导向,根据市场需要来整合和引导整个产业链的发展。积极推行订单农业,使农户与加工企业建立稳定的契约关系和利益共同体。尽量消除地方保护主义,避免人为割断产业链,将农产品生产流通纳入正规化、制度化和法制化轨道。美国的农协作为农业的最广泛组织,除了为农民提供各类信息服务外,还代表农民成为政府农业政策制定的重要力量之一,对促进美国农业经济发展、减少政府的社会管理成本发挥了很重要的作用。要探索适合我国农业和农村发展特点的农民合作组织形式,提高千家万户的小生产者在千变万化的大市场中的竞争能力和经济效益。另外,要特别重视发展为农民提供综合服务的社区性合作经济组织,只有这样才能促进现代农业的发展。同时,要大力支持农产品流通市场建设,建立农产品期货市场、专业市场及冷链物流配送等为主要内容的市场体系。

3. 竞争机制

现代农业竞争已由产品之间的竞争转为产业链之间的竞争。加快推进农业产业链整合能有效弥补中国传统农业经营方式竞争优势的不足,更好地参与全球竞争,能加快推进农业结构调整,促进农民增收,壮大农业产业链的规模。只有具有一定规模的产业链,才能产生一定的市场竞争力。产业链的流通以农产品为载体,产品质量要过关,更优质的产品才能在产业链中流通,只有通过竞争机制使生产者深刻认识到保证产品质量的重要性、必要性,才能使之成为自觉行动,才能使产业链具有生命力。这就要求各级政府和协作部门要时刻对生产者做深入细致的工作,多做正面引导和宣传,通过典型示范激发生产者的竞争意识和生产积极性,取得事半功倍的效果。

4. 约束机制

完善安全农产品"产出来""管出来"机制,加快全面构建"从田头到餐桌"全程可追溯的安全生产体系、监管体系和农产品安全惩戒体系建设。有效的市场监管是生产者和消费者的保护屏障。一方面,各地农业工作部门可以组织粮食、蔬果和农安等稳产保供小组,深入各地种植基地和市场,了解农产品生产和保供情况,加强农产品生产实地指导服务,压实农产品安全主体责任。另一方面,创新监管方法,可以活用"实地抽样、基地备样、市区送样"等多样化的抽检形式,加强对农产品的抽检。同时,开启"互联网+"监管模式,利用大数据、人工智能等核心技术加强对批发市场、农贸市场、大型超市等市场销售环节的监管。

第五节　"米袋子""菜篮子""果盘子"产业发展研究

一、发展现状

从过去的物资稀缺到今天的物产丰富，我们国家发生了翻天覆地的变化，人民生活连年改善。目前，我国粮食等重要农产品生产和粮、肉、蛋、奶、果、菜等主要农产品供给基本保持稳定，"米袋子""菜篮子""果盘子"供给总体充足。

1994年以来，我国实行粮食省长负责制，即所谓"米袋子"省长负责制，规定各省份的行政首长负责本地区粮食的供需平衡和粮价的相对稳定。实践证明，"米袋子"省长负责制是保障供应、稳定价格行之有效的做法。随着社会的进步，粮食产量连年增产，人们的温饱得到保障。成绩面前我们也清醒地看到我国粮食生产的基础还不牢固；粮食生产抗灾能力还不强，靠天吃饭的问题还没有得到很好的解决；农民种粮效益偏低，影响着农民种粮积极性；农业科技支撑力还不够强，粮食生产整体科技水平不高；种粮农民文化素质较低，接受新技术能力不强。

在初期，为缓解我国蔬菜、农副食品供应偏紧的矛盾，农业部于1988年提出建设"菜篮子工程"。一期工程建立了中央和地方的肉、蛋、奶、水产和蔬菜生产基地及良种繁育、饲料加工等服务体系，以保证居民一年四季都有新鲜蔬菜吃。20世纪90年代中期之前，"菜篮子工程"重点解决了市场供应短缺问题。"菜篮子"产品持续快速增长，从根本上扭转了我国副食品供应长期短缺的局面。在市场"无形之手"的调节下，蔬菜生产的投资主体、经营形式也由单一转向多元化，越来越多的生产者、经营者、企业集团甚至外资参与到"菜篮子"产销中来，使"菜篮子"日益成为一个重要的产业。中国蔬菜播种面积达到1334.7万公顷，总产量4.05亿吨，每年的蔬菜生产总值约2800亿元，在种植业中仅次于粮食，居第二位。随着人民生活水平的提高，绿色安全消费渐成时尚，"菜篮子"的发展重心，适时从数量保障型向质量效益型转变。

在市场需求的引导下老百姓对水果的消费持续攀升。最近几年，我国水果产业得到快速发展，区域布局更加优化，优势产业更加突出，产业效益更加明显，已成为推动农业结构调整、区域经济发展和农民脱贫增收的重要产业。目前，水果产业已成为继粮食、蔬菜之后的第三大农业种植产业,果园总面积和水果总产量常年稳居全球首位。根据国家统计局数据,2017年,全国果园面积1113.6万公顷,较上年减少14.22%;2018年,果园面积约为1116.8万公顷,同比增长0.29%。其中,瓜类播种面积约300.1万公顷,同比增长1.3%。随着居民收入水平的提高,消费升级的一个结果就是老百姓买水果更注重品质、品牌,进口水果消费持续暴增是不争的事实。由于生鲜水果属于高频消费、高损耗品,城市周边都发展了不少农庄、水果基地,真正做到了产地直供。

二、发展模式

"米袋子"产业实行"龙头企业+专业合作社+农户,订单+期货"的产业化经营模式,该模式主要包含涉农企业、合作社和订单农户三大主体,其中,涉农企业在合作中占据主导地位。涉农企业牵头成立专业合作社,通过合作社与农户签订订单,锁定资源,避免直接面对数量众多、情况不一的农户;同时,积极参与期货市场,利用期货市场的信息作为经营决策参考,并通过期货市场套期保值管理原料和产品价格风险。合作社作为连接企业和农户的桥梁,一方面,在播种前和农户签订订单,并通过盈余返还、股金分红等措施降低农户违约风险,为企业获得资源;另一方面,通过向入社农户提供信息指导和技术服务,促使农户标准化生产,提高农产品质量。农户则在种植前与合作社签订订单,确保了农产品的销路和最低销售价格,获得稳定的收入。目前,"龙头企业+专业合作社+农户,订单+期货"的产业化经营模式在河南省的粮食产业中推广较为成功。

"菜篮子"产业采用全产业链商业模式。全产业链商业模式是指,首先在了解客户群体需求的基础上,依据客户价值标准和客户获得成本,确定价值定位,进而寻求原料生产(供应)商和合作伙伴,通过与其进行产业链整合,为顾客提供产品和服务。同时,顾客群对价值定位以及原料生产(供应)商、合作伙伴等利益相关者均有反作用,这样便会使得企业重新设定价值定位,优化产业链,进而重置商业模式。全产业链商业模式包括顾客群、价值定位、原料生产/供应商、合作伙伴、产品或服务提供和收入模式六个要素,它们之间存在着一定的逻辑关系,其中,产品或服务提供是商业模式的核心,顾客群的需求是基础,由合作伙伴构成的网络关系则是执行的支撑。目前,国内蔬菜产业中的成功案例为中粮屯河。

"果盘子"产业采用"龙头企业+合作社+农户"模式。"龙头企业+合作社+农户"的模式是指,由一家或几家农业龙头企业通过订单农业、股份合作、全程(半程)服务等形式与合作社(基地)形成紧密合作关系,构建"市场牵龙头、龙头带基地、基地联农户"的农业产业链经营模式。三方各司其职，共同合作，企业负责提供果苗、跟进技术服务和果品销售；村里负责争取果树连片种植政策、协调企业与农户之间的沟通和合作，农户服从村里的安排，统一种植标准，统一服从指导。发愁销路是农户往年一直担心的问题，"企业+合作社+农户"合作模式可以完美解决这一问题。农户不愁销路，只要听从安排，结出好果，就能卖出好价钱，增加收入。目前，国内水果产业中的成功案例为新疆果业集团。

三、发展重点

（一）完善农业产业职能体系，建立完整产业链

农产品产业链包含了从原料生产到食品加工的所有环节，包括种植与采购、贸易/物流、食品原料/饲料原料及生化、养殖与屠宰、食品加工、分销/物流、品牌推广、食品销售等多个环节。

在流通环节，批发市场是传统农产品流通主渠道中的一个关键性环节，它将众多生产者的产品通过多种供应渠道汇集到一起，然后通过各种销售渠道送达消费者。在这一过程中，农产品需要经过从一级批发商到三级批发商甚至多级批发商的漫长流通过程，落后的运输条件加上农产品自身的特性，导致损耗严重；同时，流通中的物流成本、产品损失、层级利润等因素致使农产品不断加价，形成农产品"卖难、买难"问题，如图 5-7 所示。

图 5-7　传统农产品流通路线图

当前，我国农户农产品生产和销售的主要特点是农户的生产规模和土地经营规模过小，农户经营行为过于分散。以家庭为经营单位的农户不可能对市场信息进行广泛收集、及时处理，以及对经营活动进行有效决策，存在着搞不清市场到底需要什么，究竟种什么赚钱的问题，特别是农副产品也像工业品一样进入买方市场后很少出现哪一种农副产品紧俏的现象，再加上农副产品生产的周期比较长，价格指导具有滞后效应，这就有可能造成农副产品过剩和"卖难"的后果，使得农民利益受到损害。例如，20 世纪 80 年代种苎麻，先种的农户确实赚了钱，后来由于苎麻价格猛跌，后种的农户就没有什么效益，甚至亏损严重，这就是一个沉痛的教训。

目前，农民种什么、怎样种、怎样卖主要靠自己解决，龙头企业和中介服务组织尚无力为农民提供强有力的服务，即使近几年发展订单农业，由于市场行情变幻莫测，订单合同的履约率不高，政府缺乏必要的刚性调控手段，农民最希望有人（组织）解决的问题如生产资料供应、技术信息指导服务、资金供应、农产品销售、加工等得不到解决，乡村两级既无实力又无经验为农民提供系统的服务。所以，我们要发挥政府宏观调控的作用，以市场为导向，带领农民去闯市场，帮助农民开拓市场。为此，完善政府的职能体系，建立完整、产业链是关键。

农产品产业链的每个环节对于农民分享产业链利润都有着至关重要的作用。虽然价格调控仍在进行，但农产品价格依然居高不下，农民也未从中更多获益。所以，在未来要从我国农业小规模经营的实际情况出发，尽量采取简便易行的方法，充分利用各种组织资源，降低管理成本，建立具有可操作性的农业支持体系；从农业生产的各个方面我们要完善政府的职能体系、发挥政府宏观调控作用，以市场为导向，带领农民去闯市场，帮助农民开拓市场。

（二）产业结构的调整

当前农业和农村经济发展面临着一些突出矛盾，主要是农产品难卖、价格下降、农民收入上不去、增长缓慢，直接影响农村经济的快速发展，影响农民增收的因素很多，其中产业结构不合理是一个主要原因。农业产业结构是指农业中各产业的构成比例，它可以分为三个层次：一是生产结构，主要表现为不同生产部门之间的比例，如种植业、畜牧业、林业、渔业等生产部门之间的比例；二是产品结构，主要表现为同一生产部门中不同产品之间的结构，如种植业中粮食、蔬菜、水果等之间的比例；三是品种结构，主要表现为某一产品中不同品种之间的比例，如小麦当中硬质小麦与普通小麦的比例，大豆当中转基因品种与非转基因品种的比例等。农业结构调整既是农业自身发展的内在要求，更是适应农业发展新阶段的客观需要。

目前，影响结构调整的主要因素有市场因素、农民技术素质因素、资金缺乏因素、土地流转和规模的制约。

（1）市场因素。市场就如"春天孩儿面，一日变三变"，部分农民受文化技术素质、自然条件的限制，没有识别和捕捉信息的能力，农户的家庭种植安排多是跟着感觉走，往往得不偿失。

（2）农民技术素质因素。随着传统农业向现代农业的转化，对农民技术素质的要求越来越高，而恰恰农民文化程度偏低，技术素质不高，接受和适应农业新品种、新技术的能力不高。

（3）资金缺乏因素。传统农业是广种薄收，靠天吃饭，而现代农业除了高技术之外，还要高投入，投入的不足成为结构调整的制约因素之一。目前，农村信贷普遍存在贷富不贷贫的现象，再者贷款数额也有限制，使得大部分农户对农业的投入无法扩大。

（4）土地流转和规模的制约。只有规模种植，才有规模效益，由于流转机制不完善和农民恋土情结太重，自由分散的土地种植与管理给农业产业化、基地化种植带来困难，农业的比较效益得不到提高。

（三）扶持和组建龙头企业，树立企业品牌

龙头企业和协会上连市场（企业），下连农户，在带动基地、促进结构调整中具有十分重要的作用，要加强龙头企业、协会与农户的联系协作，积极引导农户（协会）与企业签订产销合同，使双方结成真正的利益共同体，进而调结构、签订单、建基地、打市场。

产业链本身也是一项系统工程，构成产业链的要素很多，其中，以龙头企业、主导产业、商品基地最为重要。如果把产业化看作一种"龙型经济"，则三者分别为龙头、龙身、龙尾，其特点是以龙身作基础，通过市场牵龙头，龙头带基地，基地连接农户的形式使产业链上各环节的功能充分发挥出来。过去由于商品经济不发达，市场作用不充分，农民一般把一部分农产品留作自用，剩下的卖给其他部门加工销售，大头利益在工商环节，农民得到的实惠少。而走产业化道路就是通过建立产业链，把加工、销售环节从生产环节中延伸出来，实现产加销、农工贸以及产前产后诸多环节按市场经济要求，一环扣一环，紧密连接，从而降低交易成本，加快农业生产从要素投入到产品价值实现的过程，实现社会利益的合理分配。

四、发展对策

（一）生产方面

品种优是质量优的先决条件，市场需要多少农产品，就生产多少农产品；需要什么样的农产品，就生产什么样农产品。保障农产品供给数量的安全和农产品产业的健康发展是农产品体系的两项重要任务。中国农产品生产已达到国际领先水平，在现有产量水平的基础上，需要更多关注农产品的质量。一方面，要紧扣农时季节，加快春耕备耕和生产进度。聚焦粮食、蔬菜、水果重点产业，抓好种子种苗、肥料农药、农膜农机等农资供应，保障春耕生产所需。另一方面，针对

当前农业生产实际，组织科技人员深入田间地头进行农业生产指导，送技术、送政策、送帮扶、解决农业生产的迫切难题，打牢全年农业生产丰收的基础。加强从品质、加工质量到营养质量的全产业链质量管理才能更好地服务于市场需求，促进农产品产业的健康发展。再者，结合农业发展需要，推进重点产业持续发展，针对龙头企业和合作社当前面临的困难，采取有效措施，确保农业生产正常运营。

（二）销售和流通方面

利用电子商务平台、物流、支付等电子商务基础服务企业，将产品从供应者到消费者过程中传统的市场调查、市场预测、实体交易、消费者投诉、广告宣传等信息传递环节，上升为大数据预测、在线支付、物流可追踪、在线售后处理、线上营销推广等方式。实现了供应商准确把握顾客需求，拓宽销售渠道、减少运营成本等目标，满足了消费者对产品多样化的需求，加快了交易速度，增强了消费者满意度，为消费者购买产品提供了便利。电子商务服务在服务业形式上，主要是以电子商务平台为核心，以硬件、软件和网络为基础，整合多种衍生服务。利用电子商务技术服务保障以电子方式存储和传输的数据信息的安全，实施全程信息传送及网络信息、金融安全的监控；利用电子商务衍生服务丰富和完善资金流、信息流、商流，并拓展新型业态的产业集群，提供更多的增值服务。通过分析传统农产品产业链在我国农业发展过程中所呈现出来的问题和电子销售产业链对我国生产流通业所呈现出来的一系列优势，分析构建农产品电子销售产业链，为解决我国农产品销售、消费者购买问题，发展我国农产品电子商务服务企业提供了有力的支撑。

（三）提高农业的组织化程度，建立社会化的农业服务体系

通过借鉴发达国家的成功经验可以发现，美国和日本的农协作为农业的最广泛组织，除了为农民提供各类信息服务外，还代表农民成为政府农业政策制定的重要力量之一，对促进美国农业经济发展、减少政府的社会管理成本发挥了很重要的作用。要探索适合我国农业和农村发展特点的农民合作组织形式，提高千家万户的小生产者在千变万化的大市场中的竞争能力和经济效益，也要特别重视发展为农民提供综合服务的社区性合作经济组织，只有这样才能促进现代农业的发展。同时，要大力支持农产品流通市场的建设，建立以农产品期货市场、专业市场及冷链物流配送等为主要内容的市场体系。

（四）提高农民的科技素质

文化技术素质低是制约农业发展的重要因素之一，政府各级农业科技推广部

门、民办中介服务组织、基层党校、农民夜校都要担负起对农民进行科技文化培训的重任，依各自业务工作特点，多形式、多渠道对农民进行宣传、教育、培训，促使农民转变观念，提高文化技术素质。要通过联合办学、委托培养、定向培养等形式，为农村培养高层次专业技术人才，要大力兴办农村职业学校，培养当地技术适用人才，要发展农村科技学校，全面提高农民的科技素质，增强他们对新技术、新成果的吸收、应用和传播能力。加强农民教育培训，提高现代农民的素质。适应市场竞争需要，加快培育有较强市场意识、有较高生产技能、有一定管理能力的现代农业经营者。加快发展农村职业技术教育和农村成人教育，组织动员社会力量广泛参与农民就业培训，增强农村劳动力的就业能力。

(五) 产业链节点间的协同

提升产业链节点间的协调能力，全产业链模式的运行对产业的协调能力有较高的要求，整个产业链涉及范围广、管理跨度较大，既要强调统一化管理又要有专业化的管理方式，如果协调能力不到位，很容易弱化全产业链的作用，也容易阻碍产业链节点之间信息传递的速度，最终影响供需平衡。由于我国各地的农业产业链组织的形成条件、市场发育程度、地域经济发展水平间存在着较大差异，农业产业链的协调组织形式必将以多种组织模式和发展类型同时并存。因此，构建农业产业链要因地制宜，因部门（行业）、产品而异，寻求最适合的组织形式。

第六章
医养产业发展研究

随着全球经济的不断发展，各国综合实力不断增强，人口作为推动经济高速发展的主要动力，"老龄化"成为了不可忽视的重要问题，与老龄市场相关的"银色产业"也受到全球社会的关注。全球各国日渐重视医疗和养老产业的发展，不断增长的养老需求在客观上推动了医疗和养老产业的结合，发展以"医养结合""智慧医养"为重心的医养产业成为时代所需。

第一节　医养产业概念、特征与构成

一、产业概念

医养产业是根据老年人群体需求，以养老服务为基础，以医疗服务为重点，消除医养分离状态，囊括日常照料、心理健康、价值体现等方面，为老年人提供生活服务、医疗监护、长期护理、康复锻炼及临终关怀服务等一站式服务的产业。"医"解决老年人健康保障问题，"养"解决中老年人生活起居问题，通过机构内设、签约合作等方式实现医疗和养老资源的结合，旨在使"医"和"养"有机结合在一起，提升养老机构的医疗水平，增进中老年人的健康水准，提高养老机构中老年人的健康、参与、保障水平。

二、产业特征

（一）鲜明的时代性

医疗卫生与养老服务融合是时代所需，医养结合具有鲜明的时代性，在充分利用现有医疗、养老等信息平台的基础上，形成覆盖家庭、社区和机构的医养服务网络，实现中老年人医疗养老信息共享和有效使用。随着全球老龄人口的增加，健康养老具有鲜明的时代性，主要体现在养老产品和养老服务的科技含量越来越高，日益注重满足中老年人心理健康需求等方面。

(二) 服务的智慧性

当前信息通信、人工智能等新兴技术为医养产业的智能化发展提供了技术条件，可以有效实现医养服务和产品供给的智能化。实施智慧健康医养产业，支持研发智慧养老产品，通过发展健康持续监测、医养服务、智能医疗用具等智慧健康医养产品和服务，推进面向医养结合的远程医疗。

(三) 市场的导向性

以往的养老政策主要适用于养老事业，其导向更多为社会政策。20 世纪中后期开始，世界各国对医疗养老的需求增大，养老事业开始倾向市场，以扶持产业转型为主要内容。进入 21 世纪后，各国提出将医疗养老与大数据结合的目标任务，并且将提高养老服务业质量、全面放开养老服务业市场等问题都提升到国家政策层面，政策支持和市场需求使得医养产业的发展未来可期。

(四) 部门的协作性

医养产业是一个跨行业的综合性产业体系。如今，仅仅依靠单个机构自身资源难以应对复杂的公共问题，部门间协作成为一种新的选择。医养产业的发展和内容构成也体现了这一特点。为了促进医养产业的发展，政府往往采取政策支持、土地资产入股、政府补贴和生活补贴等方式参与到养老机构的经营活动中，致使政府与医院等多部门相互协调，促进医养产业发展，改善医疗养老环境设施。

三、产业构成

医养产业属于大医疗、大养生的范畴，医疗的目的是治愈疾病，而要治愈疾病又不能光靠"医"，很多时候还得靠"养"。因此，医养产业是集医疗、康复、养生、养老等为一体，为社会提供医养结合产品和服务的产业总和，如表 6-1 所示。

表 6-1 医养产业构成

本位产业	养老服务机构、老年护理、老年医药与健康、医院、老年服饰、老年食品
相关产业	专业养老医疗设施、专业易耗品、老年护理智慧专业用品、康复器械与装备、老年护理服务、心理咨询、娱乐、颐养旅游、营养保健
衍生产业	老年金融、老年保险

从服务内容上看，医养产业不仅为中老年人提供日常起居、文化娱乐、精神心理等养老服务，更强调为老年人提供医疗保健、健康检查、疾病诊治、大病康复、临终关怀等医疗卫生服务。在服务对象上，传统养老服务多针对身体健康、具备自理能力的中老年人，而医养产业能够在为身体健康中老年人提供养老服务的同时，也能为失能、半失能老人提供有针对性的服务。

第二节 医养产业与幸福感的关系

一、理论分析

作为养老服务产业的升级，医养产业主要从以下三个方面来提高居民幸福感。

（一）满足新型养老需求

随着中老年人除疾病治疗以外的健康维护和健康促进需求迅速增长，单纯以疾病治疗为中心的医院已无法有效满足老年人不断增长的、多样化的健康服务需求，这势必制约中老年人养老幸福感水平的提升。医养结合社会养老服务就是在老年人群体日常照料与医疗护理的双重需求日益旺盛的背景下，提出的一种有利于老年群体健康养老的探索模式。因此，大力发展医养产业，可以有效地满足社会养老健康需求，提升中老年人幸福感。

（二）提高养老生活质量

中老年人面临着"三下降"的社会危机，即经济活动能力下降，收入急剧减少甚至中断；身体机能下降，慢性病高发，尤其是高龄老人，他们中有很大一部分在丧失自理能力，半失能甚至失能；精神需求满意度下降，中老年人逐渐退出社会生活，而仅靠忙碌的子女陪伴大多无法满足精神需求，中老年人普遍会产生孤独感。基于此，医养产业顺应了中老年人的现实需要，以健康维护和健康促进为中心，依托社区，兼顾中老年人生理、心理、社会适应三方面提高健康养老质量，提高社会福祉，增强人民幸福感、获得感，发展医疗养老结合产业成为了必然选择。

(三) 减轻家庭养老负担

如今家庭人口日趋小型化，养老压力越来越集中，一对夫妻对于如何分配有限的工作外时间既照料抚养双方父母又培育后代的考验越来越严峻，并且医疗与养老双系统各自独立，日常生活照料与医疗监护服务相对分散，无形中又给赡养人和中老年人造成了奔波于家庭与医院之间的负担。医养结合建立了医疗机构与养老机构间的绿色通道，能够缓解仅仅依靠个人和家庭的力量承担养老和医疗护理责任的重担。这种"减负"不仅使家庭中的年轻劳动力可以全身心投入到工作中去，增加家庭收入，提高生活质量，而且还为社会提供了更多的工作岗位，有利于维护社会稳定，提高社会幸福感、获得感。

二、计量分析

(一) 中老年人幸福感基本情况

由于医养产业的主要服务群体为中老年人，因此，本节采用中国健康与养老追踪调查（China Health and Retirement Langitudinal Survey，CHARLS）发布的2018 年数据进行分析，随机抽取了 603 个样本，在所选取的样本数据中，45 周岁及以上的受访者需要回答他们对自己的生活是否感到满意，取值从 1 到 5。其中，1 代表一点不满意，2 代表不太满意，3 代表比较满意，4 代表非常满意，5 代表极其满意。表 6-2 展示了总样本生活满意度的分布特征。

表 6-2　中老年受访者生活满意度分析

生活满意度分布			观测量	平均生活满意度	生活满意度标准差
比较满意（%）	非常满意（%）	极其满意（%）			
93.53	0.50	5.97	603	3.12	0.48

从总体样本综合来看，有 93.53%的受访者对自己的生活总体上感到比较满意。而非常满意和极其满意的受访者比例则约为 6.47%。这说明总体来看，中老

年人对目前的生活还是比较满意的。

（二）模型构建

虽然幸福感是一种较为主观的个人感受且不能直接用数值进行衡量，但通过询问与之相关的问题能获得受访者部分方面或者整体的幸福感。因此，在本节中，我们以受访者的自我评价来衡量受访者整体生活满意度，将部分方面的感受作为体现幸福感的主要指标。

个人的幸福感受到众多因素的影响，因此，它是一个综合性的评价指标。基于已有的文献资料，如图6-1所示，本节模型主要包含个人层面、家庭层面以及社会层面有关医疗养老方面的自变量，具体描述见表6-3。

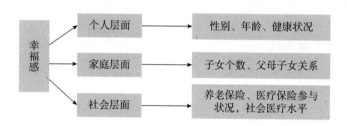

图6-1　中老年人医养幸福感评价模型

表6-3　变量赋值

变量	平均值	最小值	最大值
性别	64.63	1	2
年龄	1.69	46	91
子女个数	2.65	0	4
联系频率	11.69	3	10
身体状况	3.01	2	5
养老保险	0.61	0	1
医疗保险	0.92	0	1
本地医疗满意程度	3.23	2	5

个人层面的幸福感影响因素是受访者个人特征方面的自变量，包括年龄、性别以及受访者的健康状况。在家庭层面中，家庭生活质量、与子女的关系是否和谐对健康幸福的老年生活有重要影响。受访者是否参与社会医疗和养老保险也会在一定程度上影响幸福感。

(三) 实证分析

由于因变量幸福感是有序多分类变量，所以本节采用 Kendall's tau-b（肯德尔）等级相关系数对随机抽取的 603 个样本进行相关系数测量。

表6-4　Kendall's tau-b 相关系数结果

变量	与幸福感的相关性（R，P）
性别	0.175（P<0.001）
年龄	−0.001（P=0.969）
子女个数	0.173（P<0.001）
联系频率	0.029（P=0.437）
身体状况	0.271（P<0.001）
养老保险	0.183（P<0.001）
医疗保险	0.074（P=0.070）
本地医疗满意程度	0.640（P<0.001）

由表6-4可以看出，除年龄外，其余所选变量与幸福感指数呈正相关，即变量数值越高，人的幸福感越强。因此，可以得出结论：

第一，家庭人文关怀可以显著正向影响中老年人的幸福感。家中健在子女个数能非常显著地增强中老年人的幸福感，而子女对父母的交流陪伴对提高城乡中老年人的生活满意度的影响虽然不高，但依旧还是呈正相关。除此之外，随着经济社会的发展和人们养老观念的转变，以及家庭结构小型化、人员流动性增大等因素的影响，中老年人的精神慰藉更需要得到重视。缺少家庭成员关怀和情感交流的中老年人在情感、心理健康方面比较脆弱，医养产业链不仅可以涵盖中老年人日常基础的健康照料，还能够提供个性化的精神关怀服务，避免中老年人产生孤独、寂寞、伤感等不良心理，提升幸福指数。

第二，国家提供的基本福利政策及社会医疗水平显著正向影响中老年人的幸福感。在社会基本养老保险和医疗保险的参与方面，参与社会基本养老保险和医疗保险都能够提高城乡中老年人的幸福感，养老保险的作用显著但医疗保险的作用并不显著。一般来说，身体健康状况对于中老年人是至关重要的幸福感影响因素，大多数中老年人都十分担心自己因为身体原因日后无法生活自理，这会直接影响中老年人的就业、生活以及精神状况，而医养结合可以更好地整合政府和市场资源。一方面，提高社会基本养老保险和基本医疗保险的参与率，缓解部分经济负担；另一方面，不断优化社会资源以及着力发展商业医疗和养老，努力使全社会的福利体系更加完善。只有有效地满足老人及其家庭的多元化养老需求，才能使人民更加幸福。

第三节　医养产业发展模式

一、其他国家医养产业发展模式

从全球人口老龄化增速的形势来看，养老需求在不断增加。2018 年，全球 65 岁以上人口占全球人口比例高达 9%，85 岁以上的人口总量增长最快。逐渐庞大的老年群体规模带动了相关养老产品和养老服务产业的扩充。根据养老模式侧重点的不同，可将医养产业发展模式分为老人全包服务模式、长期照护保险机制模式、过渡性住宿服务模式、全科医生私人服务模式。

（一）老人全包服务模式

这种模式以美国为代表，1997 年美国政府出台了《平衡预算法案》，提出了著名的综合性老人健康护理计划（Pragram of All - indus Care for The Elderlg，PACE）。该计划主要围绕老年人全面医疗服务，是美国政府为体弱多病的老人提供的一个长期照拂项目。老人全包服务模式为居住在 PACE 服务区的半失能、失能老人提供全方位的医疗和照护服务，从健康评估到疾病预防，从基础医疗到住院治疗，包括术后康复护理。其主要的资金来源是医疗救助、医疗保险和社会资金。PACE 将筹集来的资金人均分配给受托机构，由机构自行负责运营管理并承担相应财务风险。服务主体有政府机构、非营利性机构和营利性机构。政府机构协调各机构之间的合作，社会营利性机构通过为患病老人提供医疗服务从而获利，非营利性机构免费提供一些产品和服务。PACE 模式的特色是个性化护理方案，根据患者自身的健康问题提供专门的护理团队，负责患者的治疗、护理、康复和娱乐，并为患者提供出行、看病陪护等一系列适宜的护理服务。

（二）长期照护保险机制模式

这种模式以日本、德国为代表，日本作为全球老龄化最严重的国家之一，1997 年 12 月通过了《护理保险法》，规定采用强制的方式，将居住在本国的 40

岁以上者（包括外国人）纳入到长期护理保险中，65 岁后开始享受保险提供的服务。在参保对象上，德国在全国范围内推行全民长期照护保险，并区分法律硬性规定和个人自愿投保两种方式；日本同德国非常相似，但覆盖对象仅为 65 岁及以上所有个体与 40～64 岁的医疗保险参保者。在资金来源上，德国采取现收现付制财务模式，基金主要来源于被保险者的缴费，国家、企业、个人分别按照 7：2：1 的比例支付；日本长期照护保险基金同样采取现收现付制，由政府与被保险者各自分担 50%，其后用于老年照护的资金大多来源于政府和企业，老人自身只需要支付 10%左右。

(三) 过渡性住宿服务模式

该模式主要从"医"到"养"两者结合，顺利过渡，对失能老人提供链条式长期照护。该模式以新加坡为代表，主要包括四类：第一类是社区医养结合式，即社区型医院会为从急症医院出院的老人提供持续性的医养结合式服务，它是一种急症医院和社区服务之间的过渡性服务，可帮助失能老人进行自理能力的恢复，并提供相应的养护服务及康复性治疗；第二类是医养结合养老院式，新加坡的养老院也同样是由四种类型区分的，这四种类型分别是由政府资助的志愿福利机构、非政府资助型的志愿福利机构、商业运行式私营养老院和疗养院；第三类是临终关怀机构，当失能老人已被专业诊疗机构确诊身患绝症后，临终关怀机构主要为失能老人提供心理上的支持，临终关怀服务可以大致分为三种，即早期鼓励服务、入户关怀服务以及临终关怀的机构服务；第四类是老年庇护所，老年庇护所为众多无亲属或因某种原因不能和亲人一起居住的老人提供帮助，此类老人需具有一定的行动能力，老年庇护所为这部分老人提供居住安排。

(四) 全科医生私人服务模式

全科医生是由丹麦提出的医疗保障服务，作为医疗保障的守口人，全科医生负责丹麦国民初级卫生保健工作，一般情况下，常见疾病都是由全科医生负责，在经全科医生同意的情况下，患者才可以去医院或找专科医生治疗。居民可在住所 10 公里范围内选择自己需要的全科医生，6 个月后如对医生不满，可自由更换，以此增加竞争性，提高服务质量。作为国民和医疗服务接触的第一道程序，全科医生在国民享受医疗保障以及护理保险方面起着至关重要的作用，是老年人接受护理服务的关键环节。同时，全科医生的判断可尽量规避服务和药品的滥用现象，提高医疗资源的使用效率，有效遏制医疗费用的不合理增长。再有，整合资源，提高效率。近年来，丹麦致力于改革小型医院，将其改造为全科医生服务的诊所，负责为社区居民提供基本医疗保健和预防服务，做到小病不出门，大病不担忧。

二、其他国家医养产业发展模式对我国的启示

1. 法律法规的完善

通过美国、新加坡和德国对于老人医养结合机构养老的运用，我们可知，将医养结合模式法制化、制度化是其得以健康发展的基础，一切应坚持立法先行的基本原则。在市场经济占主导地位的当今社会，各国均在不断修改既定法案以使得医养结合的模式在制度上有章可循，在评定上有法可依，为医养结合机构式养老提供规范化、实效性强的法律基础及适当的政策支持。

2. 政府资金支持

从发达国家的实践经验中可知，医养结合机构养老模式的主要政策支持来源于政府，主要资金支持来源于国家的财政税收。例如，新加坡政府在养老设施的基础建设上提供近90%的建设资金；在德国的医疗资金的主要来源中，小部分源于个人积攒，大部分源于社会保险。政府的政策支持和资金支持为医养产业提供了坚强的后盾，是医养产业大力发展的重要因素之一。

3. 服务内容多样化

发达国家多是根据失能老人的失能程度及实际需求进行服务内容上的界定的，同时，不同的功能型医养模式也为失能老人提供了不同的养护服务。在服务的内容上，日常生活照护是基础，还包括失能老人的家庭协助、医疗康复、精神慰藉、情感依托、心理安慰和临终关怀等。这些多样化的服务内容是使失能老人度过一个愉快的晚年生活的保障。

4. 人才的引进和培养

养老人才是支持产业发展的重要基础和保障。首先，应强化养老人才梯度化培养。一方面，丰富养老康复、护理的教材，使教学内容更具有时代性、适用性；另一方面，针对不同资质的人群，根据不同的教育背景，设立针对性培训课程和培养目的，全方面支撑养老产业发展，强化职业保护。其次，要改变社会对养老护理人员的关注和看法，提高其社会地位。国家宏观层面要进一步切实转变对社会组织参与养老服务的认知、判断和态度，正确认识和高度重视社会组织的养老服务功能，提供促进养老服务类社会组织发展的国家顶层制度、政策规划以及相关法律制度建设，释放更为"开放鼓励"的制度信号。

第四节 医养产业发展方向与重点

一、发展方向

（一）推进政社合作参与

基于资源依赖理论，政府和社会组织因掌握彼此所需的资源而易于形成一种相互依赖的合作关系。政府应通过综合不同区域、不同需求个体、已有特殊人群救助政策等多方面的因素，统筹安排"医养一体化"服务的发展规划、财政补贴、设施建设等；同时，国家宏观层面要进一步切实转变对社会组织参与养老服务的认知、判断和态度，正确认识和高度重视社会组织的医疗养老服务功能，鼓励、支持、资助、引导、培育社会组织参与医疗养老服务。创新政社合作参与提供医疗养老服务，关键在于明确两者职责分工，激发社会组织参与活力。政府应着重为社会组织参与养老服务提供制度化保障，加大财政支持；社会组织则应充分发挥专业服务优势和资源动员优势，提供多元性、差异化的养老服务。

（二）提供多元化的产品服务

老年群体作为一个多层次、多特征的群体，其需求既有共性又有个性，是建立在共性基础之上的个性需求。因此，深入分析不同的老年群体，以此发展相关产业，满足其多元化需求尤为重要。新一代信息技术的快速发展是医疗养老产品革新的原生动力，未来医疗养老产品要向低功耗、微型化、智能传感、室外精准定位等方向不断完善，满足老年人的个性化需求。同时，实施"养老+"战略，促进养老和教育培训、健康、体育、文化、旅游等幸福产业融合发展，完善老年产品流通体系，形成覆盖领域广、经济社会效益显著的老龄产业集群。

（三）布局"新基建+医养"

新基建可以对全产业链上的各要素进行有效整合，为医养领域提供了新机遇和新方向。健康大数据、云计算、智慧养老服务等信息技术的应用极大地促进了医养产业技术的进步、效率的提升及商业模式的变革，让医养服务更加高效、便捷、优质。具体来说，大数据为医生提供了每位患者的个性化诊治数据，配合云计算，则能架构起更加全面与完整的智能养老社区系统，移动互联则实现了随时随地的健康咨询与机能监控，而将尖端医疗设备"武装"上人工智能后，除了大大增强疾病的治愈率，还将提早发现病灶，达到"上医治未病"的终极养生目标。"新基建+医养"的布局使低功耗的智能健康养老终端、人性化交互的简洁应用平台以及高效的信息架构变成现实，而这正是未来医养产业发展的方向之所在。

（四）由治病吃药转向预防医学

医养结合模式的发展势必会带来健康产业的新的变革，也会在一定程度上改变人们对健康观念的误区，由传统简单的治病看病吃药转而将目光投向预防医学。发达国家的经验和教训充分阐明了，要想以最少的投入换取最大的人群健康，只有预防能做到。根据世界卫生组织的统计估算，尤其是对于罹患慢性病的人群，只要在日常生活中摒弃不健康的生活方式，就可以有效避免40%的发病和60%的死亡。倘若在此基础上对患病个体采取有针对性预防措施，那么，发病和死亡的比例还会大大降低。目前，全球都面临着人口老龄化的挑战，采取切实的措施来控制慢性病的发生刻不容缓，由治病吃药转向预防医学便是聪明和有效的战略。

二、发展重点

（一）促进健康医药全球共享

1. 供应链创新促进医药流通升级

推动流通创新转型、推进流通与生产深度融合和提升供应链服务水平是促进医养产业快速发展和提高药品流通效率的关键举措。药品流通企业利用物联网、区块链等技术，建设供应链一体化管理平台，打通物流、资金流和信息流的隔阂，向供应链上下游提供市场开发、价格谈判、在线支付、金融支持等增值服务及综合解决方案，借助云计算、大数据等技术挖掘数据的价值，辅助企业及终端客户的经营决策，从根本上解决"信息孤岛"问题。

2. 积极推进新药审批制度改革

随着药品研发、生产、流通的全球化进程加快，药品审批资源的全球共享正在成为趋势。新药审批制度改革的首要问题是加快新药的审批速度，由此一来，不仅可以更好地实现药品的可及性，鼓励药物研发创新，还可以推动药品供给侧结构性改革，为全球各个国家的医疗机构和患者带去福音。因此，各个国家都应当积极对新药审批制度进行改革，完善与简化临床急需药品的审批流程。当然在鼓励创新药上市的同时，职业化的监督必不可少，应在降低风险、净化环境的前提下，让更多的国际医药创新成果尽快惠及所有患者。

3. "中医+西医"健康养老

现代医学以疾病为中心，强调靶向性治疗，疗效确切显著，优势明显，但对于临床上病理化检测未见明显异常的"未病"人群却束手无策。不同于现代医学，中医强调以人为本和整体观念，对于亚健康和慢性疾病的调理有着独特的疗效，弥补了现代医学手段的不足。各国应积极推进"中医+西医"健康养老服务模式，充分发挥中医药的特色优势，融入"治未病"理念，推动医疗机构应用中医药适宜技术与养老机构开展深层次合作，鼓励建立中医药医养融合养老服务实训基地，加强养老护理人员医疗保健、中医药技能培训，加快推进中医体质辨识、四诊合参等相关技术和服务的发展。

(二) 统筹医养产业布局

1. 建设创新工程

大力建设医养产业关键技术创新工程，聚焦于医养产业发展需求，实施"重大慢性非传染性疾病防控"科技创新工程，促进医学模式从"以疾病为中心"向"以健康为中心"转变。围绕临床医药创制、精密医疗器械、基因检测和靶向治疗等领域，组建临床应用为指导、协同网络为支撑的省级临床医学研究中心。大力实施医养产业产学研用协同创新工程，鼓励医院，大型企业和科研院所之间就医养领域方面展开深度合作，以组建实验室和创新基地为载体，实现各方之间的互联互通，形成合力，共同促进科研成果高效转化。

2. 开展深度合作

扩大发展医疗和健康服务贸易，贯彻落实"一带一路"倡议，加强医养产业国际合作与宣传推介，支持包括社会办医疗机构在内的各类经营主体开展面向国际市场和高收入人群的医疗和健康服务贸易。大力实施医养产业特色专业孵化器建设工程和知识产权战略推进工程。支持国家自主创新示范区、国家级高新区（产业园区）和行业龙头企业围绕医养产业共性需求和技术难点，建设一批特色专业孵化器，推动重大关键核心技术突破，推出创新产品和新型健康服务模式，加快形成一批行业关键技术、标准、专利等知识产权，培育形成医养产业自主创新和产业竞争新优势。

3. 扶持龙头企业，集聚高层次人才

加大对医养产业领军企业的培育扶持力度，在医疗服务、生物医药、医疗器械等领域，培育一批知名龙头企业，带动当地其他相关产业的发展。支持企业跨

领域、跨行业发展，由传统的医药、医疗领域向养生、养老、康体等领域延伸发展，加快形成覆盖医养产业链条的大型企业集团。积极推进人才引进，依托各级人才建设平台，吸引、集聚和柔性引进医养产业领域紧缺型人才和团队。加快人才发展治理体系建设，不仅要把重点放在医养领域顶尖人才的引进与培育上，更要营造良好氛围，树立长远观念，强化激励留住人才。

（三）完善医养服务体系

1. 不断完善疾控体系，加强疾病预防

完善疾控体系要明确卫生行政管理部门和疾控机构的权责边界，实现错位发展，提高决策效率；优化疾控职能，横向厘清卫生监督所和市场监督管理局等部门的关系，纵向梳理上下级疾控中心的功能定位，实现资源的优化配置，保障关键职能的发挥；调整疾控体系人力资源结构，加强工作人员的综合能力培训，提高专业技术人才总量，实施绩效考核等综合措施；充分运用科技手段，加强与人社、公安、医疗机构等单位的信息交流，通过大数据和人工智能实施检测与分析，达到早期、科学、高效的干预效果。

2. 严格监管服务过程，提高医养结合服务质量

推动加强养老服务体系的评估与监督。一是财政部门要将养老服务体系的财政投入资金纳入财政绩效评价范围，并根据地方实际设计指标体系。二是采取招标、邀标、委托等方式引入资质较强的第三方评估机构，对养老服务的供需双方开展专业、全面的评估，可根据评估结果决定后续的财政支持方向、标准、力度，有助于提升养老服务资源使用效率、投入效益和服务质量。与此同时，相关部门应制定和颁布相关的法律法规来引导并监督医疗与养老服务的发展。

3. 丰富专业化人力资源储备

医养机构在招聘时要加大对应聘者基本专业知识的考核，使其能够胜任日常工作，并在以后的工作过程中加强对其专业知识的培养，提升基本养护技能与专业性。同时，制定激励机制，创新人才队伍培养模式，建立稳定的护养人才梯队，进行管理理念和实践的创新，兼顾培训内容的全面性与针对性，灵活运用新型护养人才管理方法做好护养人员人力资源配置，积极引进外部优秀护养人才，完善人才吸引制度。管理层要做好人力资源战略规划，从员工招聘、员工培训、绩效管理、薪酬福利管理、职业生涯管理等方面做好统筹规划。

（四）重视健康医疗大数据发展

1. 政府主导做好大数据顶层设计

首先，加强大数据战略规划和政策扶持。从国家宏观层面，制定大数据技术

研究机制，推进相关基础数据库和数据中心的建设，完善大数据人才的培养和引进的配套机制。其次，统一健康医疗大数据标准。通过标准化数据建立不同维度、不同主题的综合查询，实现时间维度上的统计分析、空间维度的精细化管理和价值维度上的智能判断。最后，推动不同部门和领域间的数据交会流通，深度挖掘大数据的价值，更好的发挥精准定位、辅助判断、智慧决策的积极作用。

2. 全面深化健康医疗大数据应用

一是借助互联网等信息技术手段，为以老年人为主体的人群建立电子健康档案。就医养结合机构而言，一方面，机构内部可以充分掌握和了解老年人的养老和医疗需求，帮助医养结合机构有效实现功能定位；另一方面，不同机构之间可以实现医疗诊断、延续照料、双向诊治等信息共享，加强机构间的信息传递和联合服务能力。二是发展远程医疗。远程医疗拉近了医疗机构和患病人群的距离，实现了广大患者及时诊断、就近治疗，降低成本，小病不拖、大病不扛的目标。基层医院、养老机构、病人都可通过远程医疗，用视频、图片、语音等网络沟通方式，让医生完成对病人的远程会诊、影像会诊等基本诊断，为养老人群提供医疗服务。

3. 构建医养信息化平台

统一搭建医养信息化平台，统筹养老机构和医疗机构的资源分布。整合平台内药品、诊治、支付、保险等医疗产业资源，探索养老服务机构和医疗救治机构的全面一体化建设。各医院之间实现部分数据共享、诊疗服务协同、共享业务流程，推动医疗精准化、智能化发展。将老人信息系统与医疗系统的预约诊疗系统、远程会诊、健康档案相整合，逐步实现电子信息的调阅与共享，节约时间，高效利用资源。通过医养信息化平台整合资源、转变用途、增设服务等方式，促进现有医疗、养老机构的有机融合，让老年人在家能及时享受到全方位的预防保健、基本医疗、卫生监督、健康康复等服务。

第五节　中国医养产业发展研究

一、发展现状

发达国家在老年人的养老、健康权益等方面都制定了非常明确的法律保障，德国通过国会组建了社会福利部、六大社会福利组织；日本开设了老年公寓，对不同需求的老年人设置针对性的养老模式，在保险费用方面，日本的护理保险费用由使用者承担 10%，其余部分由公费和保险费各负担 50%；美国采用老年人全包服务项目以及居家养老的模式，确保老年人的晚年生活质量；瑞典的护理保障涉及全体国民，这样的高福利大大减轻了老年人及其家人的经济负担。

（一）政府政策支持力度较大

医养结合养老模式的业务发展是在政府的直接政策推动下进行的，政策的制定实施过程也清楚地反映了我国医养结合养老市场的发展路径。表 6-5 列出了2013 年后政府主管部门相继制定印发的相关政策文件。

表 6-5 2013~2019 年中央政府部门发布的医养相关文件

序号	文件标题	发文时间	发文部门
1	《关于深入推进医养结合发展的若干意见》	2019 年	卫健委、民政部等
2	《关于进一步改革完善医疗机构、医师审批工作的通知》	2018 年	卫健委、中医药管理局
3	《"十三五"健康老龄化规划重点任务分工》	2017 年	卫计委
4	《康复医疗中心基本标准（试行）〈护理中心基本标准〉及管理规范》	2017 年	卫计委
5	《关于深化"放管服"改革激发医疗领域投资活力的通知》	2017 年	卫计委
6	《民政事业发展第十三个五年规划》	2016 年	民政部、发改委
7	《关于开展长期护理保险制度试点的指导意见》	2016 年	人社部
8	《关于做好医养结合服务机构许可工作的通知》	2016 年	民政部、卫计委
9	《关于推进医疗卫生与养老服务结合的指导意见》	2015 年	卫计委等
10	《关于印发全国医疗卫生服务体系规划纲要（2015~2020 年）的通知》	2015 年	国办
11	《关于促进健康服务业发展的若干意见》	2013 年	国务院
12	《关于加快发展养老服务业的若干意见》	2013 年	国务院

表 6-5 中是 2013~2019 年中央政府部门发布的部分文件，从中可以看出，政府推动医养结合制度实施的力度是比较大的，涉及了与养老有关的各个领域。从另一个角度，也说明了医养结合的必要性、重要性和复杂性，只有政府强有力的推动，特别是初期推动，才能促使各方面力量积极参与，形成合力，才能使多种社会资源有机结合，发挥最大市场效用。

（二）医养产业发展正处于起步阶段

如表 6-6 所示，我国 60 岁以上老年人在 2030 年预计达到 3.48 亿人，而 80

岁以上老年人则将达到 0.39 亿人，老年人口会占到总人口的 43.1%，中国人口老龄化问题不容小觑。

表 6-6　2000~2050 年中国老年人口数量及老龄人口占比预测

年份	人数（亿人）				比例（%）			
	60 岁以上	65 岁以上	80 岁以上	总人口	60 岁以上	65 岁以上	80 岁以上	老人整体
2000	1.30	0.88	0.11	12.64	10.33	6.96	0.87	18.12
2005	1.45	1.01	0.16	13.18	11.00	11.69	1.21	19.90
2010	1.80	1.21	0.21	13.61	13.26	12.87	1.54	23.67
2015	2.12	1.37	0.25	13.68	15.50	10.10	1.83	27.34
2020	2.43	1.71	0.28	14.33	16.96	11.93	1.95	30.84
2030	3.48	2.36	0.39	14.44	24.10	16.30	2.70	43.14
2040	3.98	3.14	0.59	14.29	27.85	21.90	4.13	53.83
2050	4.30	3.18	0.90	13.73	31.30	23.20	6.55	61.05

　　如表 6-7 所示，预计 2050 年，中国的失能老人数量将突破 9700 万人，失独老人数也会达到 656 万人。在这么大量的老年人无人照顾的社会环境下，我国医养产业发展还处于初步阶段，无法满足绝大部分老年人的需求，也达不到这么大的规模。正因如此，我国需要大力推进医养产业的建设，为人口老龄化做好准备。

表 6-7　2012~2050 年中国失能老人、慢性病老人、失独老人、空巢老人数量预测

单位：万人

年份	失能老人	慢性病老人	失独老人	空巢老人
2012	3600	9700	200	9900
2013	3750	10000	215	10000
2020	4600	—	320	—
2050	9700	—	656	—

（三）智慧医养产业在我国未来市场需求量大

　　造成我国养老院床位空置率高的主要原因之一是这些养老院未能提供相关的医疗服务，因此，医养结合更有利于老年人生病之后的康复治疗，也可以解决我国养老院入住率低的问题。有研究表明，我国 80% 的老年人易患疾病不必去医院

就诊，这也表明养老机构需要承担患病老年人的疾病预防和病后康复护理工作。

中国老龄科学研究中心课题组数据指出，目前，中国民办养老机构中有近50%未设有医务室，而公办养老机构中设有医务室的数量甚至低于民办养老机构，养老机构中设有康复治疗室的更不足20%，也缺少专业的医疗人员。因此，很大一部分老年人是在一些没有能力为老年患者提供诊断、护理、康复等方面医养服务的养老院。随着我国人口老龄化、空巢化等趋势越来越严重，积极发展医养结合型的养老机构和医疗机构成为首要的任务。

（四）服务机构不断增多，服务形式不断扩展

医疗资源和养老资源的广泛性和综合性使医养结合的实施主体及资金来源具有多样性，服务主体大致为医疗机构、养老机构和社区。因此，可以将医养结合分为居家养老型和机构养老型的医养结合。

目前，我国医养结合的发展主要集中在机构养老，表现为在养老机构中提供常见疾病的基本诊断与治疗、建立健康档案、提供健康检查与健康咨询、康复保健及临终关怀服务，或者在医疗机构中增加生活照料、精神心理辅导、老年文化等服务，以及将医院转型为护理院等。这种医院与养老机构的合作有利于医院和养老机构资源的整合和服务效率的提高，也适应了日益丰富的养老需求。近年来，在居家养老服务中增加医疗卫生服务的社区越来越多，党和政府以及社会对医养结合养老服务的探究越来越深入和广阔，医养结合的服务形式逐渐扩展。

二、发展模式

（一）医疗机构开展养老服务

主要有两种基本情况，一是部分公立医院根据自身医疗资源情况增设养老看护病房，若老人出现病症，则转诊至医疗病房，康复后再返回养老服务区。在医疗服务和养老服务转换的过程中，建立医疗费用与社保及养老费用的对接，便于结算；二是对于一些原先经营效益不好的二级、三级专职医疗机构，进行资源整合和机制整改，转型为医养结合专职机构，既解决了闲置医疗资源的利用率问题，也满足了社会养老市场服务需求。由于我国优质医疗资源分布不均匀，为尽快突破现有的医疗服务障碍，迫切需要政府行业主管部门"以国家治理层面的政治站位和领导力决心"在服务区内精准划分不同级别、不同医疗机构的主要诊疗方向和治愈目标，逐步压缩优质医疗资源集中地上级医院基本医疗服务内容和门急诊范围。同时，加大对社区医院诊疗设备数量与质量的投入，切实将上级医院优质医疗资源的品牌、质量与服务延伸到社区医院。

（二）养老机构增加医疗服务

目前，部分医疗设施优良、专业人员充足、宣传运营情况良好、能提供高效医疗服务的养老机构开设了医务室、康复治疗室等，为病残老人解决了就医难的问题。与此同时，也有一部分养老机构和外部专职医疗机构达成合作，从外部医疗机构中邀请专业医务人员来提供医疗服务，或者帮助病残老人转诊、提供间接医疗服务。2011年，海南省海口市恭和苑就确立了海南省试点养老机构，其较早的试点经验为现在的医疗养老改革提供了宝贵的建议。在海口市恭和苑中，医养机构整合了包括中国康复研究中心、北京协和医院、北京体育大学及海口市医院四家机构的设备、服务、人员，推出了健康档案、康复治疗等疗养服务。恭和苑的专业能力、个性化服务获得了老年人的认可，凭借优质、专业的健康管理服务能力以及充满爱心和亲情的个性化服务为入住的老年人提供全方位服务。

（三）养老机构进驻医疗机构

对于人员规模不大的养老机构，可经与医疗机构商务协商，直接入驻医疗机构，双方开展一体化合作经营。养老机构内设医疗机构的，要及时纳入本区域医疗卫生服务体系建设总体规划布局。积极鼓励合格医生到老年机构设立的医疗机构坐诊，并支持具有相关专业知识的医生、老年护理机构的专业人员进行定期的学习和培训，使其更好地通过"治未病"、中医调理与康复等非住院治疗行为为老年人提供日常健康服务。

（四）商业化养老社区模式

非传统养老或医疗机构以特定老年人客户群为服务对象，在政策允许的范围内，利用社会资本投资建设商业化养老社区，提供医养结合的养老服务。其养老服务较传统养老机构的更为全面、细致，其医疗服务的提供利用当前"互联网+"的发展，结合各地实际探索"医养+"模式，如开展"医养+旅游"、"医养+中医药"等各种模式，实现养老与养生的有机统一。另外，以往物业针对的都是公共区域设备、设施的维护、维修、巡查等，如果真的开展涉及护理的居家养老项目，员工肯定要先行接受相关指导和培训。

（五）家庭购买简单医疗服务模式

我国老龄化人口数量多，分布广，各类养老机构数量有限，加上自身经济条件原因，绝大多数老年人还是以居家养老为主，民政部门和卫生部门可结合实际，为一定范围内的老年人购买简单医疗服务，老年人有医疗需求时，医疗服务人员到老年人家中诊治，视情况安排后续服务。对于医疗资源相对薄弱的广大农村地区，以居家养老为主，依托家庭医生签约进行服务。根据服务项目和个人需求，设立不同价位的服务包，服务费用由基本公共卫生服务经费、医保报销、个人自付和社会公益金等组成，由家庭医生按照签约服务项目明细开展医护服务。

三、发展重点

（一）构建智慧医疗服务体系

大数据支持下的智慧医疗服务体系需要高性能的信息基础设施，包括：数据生成，即在大数据智慧医疗服务体系下，以各类设备、平台为支撑的软件产品，智慧医疗的实现需要对各类人群、队列数据进行分析、比较，根据患者药物数据、个体数据来进行匹配，生成电子病历系统、智能监控监测设备等；数据存储，即为了确保智慧医疗的顺利开展，通过各类途径来收集、存储数据，以供进一步分析。在智慧医疗服务体系中，数据的隐私保护也极为重要。以基因数据为例，相较于监测数据与临床数据，其中蕴含大量的疾病信息，也涉及伦理问题，需要利用大数据分析技术提出主动式隐私管理框架，针对不同层级、个人，采用相应的数据保护方式，设置好访问权限，对患者数据进行分层整理，通过该种方式，可以有效降低数据泄露的风险。

（二）发挥中医的独特优势

在这次全世界人民与新冠病毒的抗战中，中医药大放异彩，分秒必争地抢救患者，不仅赢得了更多的时间，同时也降低了治疗的成本，让更多的医疗资金可以用在预防传播方面，缓解了当时紧张的社会恐慌情绪。中医药一直都是中国千百年来积累的宝藏，在这千百年间它抵御过无数的瘟疫、疾病。但是目前我国中医药的传承和研究日益衰弱，学者开始着手研究中医现代化、西医管理中医等方向，这应该引起我们的重视，中医药在这次疫情中的表现值得被重视并进一步的研究发现。

（三）优化医疗设备及其管理

2020 年初，国务院各部委就医疗器械行业的发展态势及未来的走向等问题密集召开了相关会议，重点提出医疗设备将在国家政策的扶持下以及不断扩大的市场需求、精准检测疾病手段的需求下不断实现创新发展及高速增长的态势。医疗器械为高科技产业，涵盖材料、电子、通信、机械、软件、人工智能以及工业设计等诸多领域。在医院医疗设备精密度和数量提升的同时，要通过采用科学合理的方法对各类医疗设备进行科学管理，满足临床科室的需求，使得各类医疗设备发挥作用，有效控制设备配置成本，提升医院的综合竞争力。针对医院医疗设备调配中心的建立进行研究探索，以使备用医疗设备得到集中管理，进一步优化资源的合理利用。

四、发展对策

医疗、养老保险是保险中的一项重要项目，也是城乡居民非常重视的保险，对大部分的城乡居民来说或是在居民的心中，医疗及养老保险可以说是一种生活保障。面对医养产业存在的问题，国家及相关部门还需制定合理的对策。

（一）增强医养理念宣传

1. 拓宽参保医疗保险认知渠道

政府的医疗卫生部门要正确认识到对医疗保健中大病医疗保险制度进行宣传的重要性，要加大宣传和引导的力度。医疗保险属于一种准公共物品，在全面小康的背景下，医疗保险制度的宣传工作有待完善。各个相关部门要积极为医疗保险制度的宣传开展各种活动，为其健康发展助力，特别是在基层的宣传力度，除了可以借助新闻媒体、广播进行宣传，政府部门还可以安排医疗人员定期以村为单位进行医疗咨询类活动，使群众更多地了解我国的医疗保险制度，同时，也可以提高群众的医疗保健意识，提高群众对医疗保险的认识水平。对于部分生病的人特意骗保的情况，承办机构可以大力宣传惩罚规定，加大打击力度。对于参保人非主观意愿而导致的不规范行为，保险机构可以主动引导或者通过广告和标语的形式对其进行引导和提醒，从而保障医疗保险稳定有序的发展。

2. 积极转变传统养老观念

在推进医养结合的过程中，有关部门要加大宣传力度、增加对企业、职工的相关知识培训。通过对养老保险协理员的培训，让他们正确的将缴纳养老保险的流程、意义传达给外界，从而达到让参保居民准确解读养老保险政策的目的。与此同时，还应该落实好城乡居民养老工作的宣传，让农村居民也能更方便地进行缴费、更好地享受国家的政策。采用广播、电视、网络平台来对居民进行养老保险政策宣传也非常必要，以鼓励居民积极续保、积极缴费，保障自己的权益。

（二）加强财政资金保障

1. 完善养老保险机制

在实际管理工作中，首先，要确保登记人员的信息及时补充、更正，尽可能保证当地人员应保尽保。为了完善和加强养老基金财务工作，可以通过监管员将城乡居民养老保险基金收归财政社会保障基金专户，实现专款专用、单独核算、双线管理。其次，养老基金当月收入户存款应全数转进基金财政专户，月末整合管理，确保支付表数据明确，再向财政申请划拨发放资金，绝不延迟发放，绝不缺数少额。与此同时，还应该将个人账户养老金由个人账户储存额支付，这样更易于基础养老金的单独管理，并且按档案管理条例，完善会计管理体系立卷、归档。

2. 健全医疗保险机制

现阶段我国医保体系的运行主要是依靠相关规定、指导意见、规章制度进行约束，其强制力度不够，立法的层次还比较低，所以，需要有关于医疗保险的专门性法规的出台，这部法律要规定我国医疗保险的主要内容与法律地位。法律中要明确规定各个参与主体的权利与义务，责任分工明确，权责均衡，还要规范各个参与主体的行为。此外，还应在法律中对医疗保险基金的使用范围、使用规范、出现违反这些法律规定的行为应受到何种处罚等问题做出明确的规定，运用法律的形式约束各个参与主体的行为，为我国大病医疗保险的顺利发展提供一个稳定的外部环境。

（三）完善医养服务体系

1. 建立医疗服务信息平台

现今的医疗机构要建立统一的信息系统，就需要用到信息技术、大数据，开发信息平台系统，方便查阅、管理参保人的信息，更可以避免异地参保为了报销来回奔波，提高效率的同时也更易被参保人接受。目前，我国可以使用计算机大数据为所有居民设置网上医疗账户，方便管理的同时也可以提高效率，统一的电子账户能让参保人自由选择支付方式，这也顺应了当今现金使用越来越少的趋势。再者，异地医保的申报也更加方便，参保人可以在任何地方进行网络填报，能给参保人带来极大的便捷。此外，平台系统还可以退出套餐服务，参保人可以根据各种不同的情况自行选择最合适的一种，避免出现医疗保险有效期短的状况。

2. 完善社区养老服务网络

在现有的养老服务体系中，人社部门主要负责养老保障体系，卫健委主要负责健康养老，发改委负责项目建设、补贴等，职能较为分散，政策也没有统筹起来。例如，前两年大力推行的家庭医生签约制度就没有很好地跟社区养老结合起来。如果能以社区卫生服务中心为平台，为老年人提供家庭医生上门等便民服务，既能有效解决社区养老中医疗力量缺乏的问题，又避免了家庭医生的政策流于形式。

依托社会力量办社区养老有诸多优势。一是有质量标准来规范服务，对于提供什么服务、如何提供都有标准可依；二是可满足一些个性化需求，可满足不同家庭的不同需求；三是能减轻政府和社区压力，专业的事交由专业的人做，社区做好联络员、监管员即可，政府则依据机构提供的服务内容和标准购买服务，并做好监管。

（四）积极促进医养有效融合

强化政府的主导和引领作用，在完善医养服务制度、加大医养公共服务基础设施供给的基础上，鼓励社会力量进入医养服务领域，如兴办医养服务机构等，积极构建养老、医护、康复、临终关怀相衔接的一体化服务，实现养老机构和医疗机构之间卫生健康服务的有机对接。

第七章

公共卫生产业发展研究

公共卫生关乎每一位公民的身心健康，是影响国家总体安全及社会稳定的重要组成。因此，健全与完善公共卫生产业具有重要的政治、社会和经济意义。

第一节　公共卫生产业特征、性质与构成

公共卫生旨在为公民提供基本卫生服务，通常由政府主导，多个部门、机构、团体等共同协作，法律、组织、保障等多个体系相互配合。现阶段，公共卫生在防控常见病（如流感等）、慢性病（如高血压等）及传染病（如肺结核等）的基础上，还包含妇幼保健、职业健康与安全控制、非健康生活方式干预、心理健康问题与精神疾病、环境危险因素控制、食品和药品安全控制、突发公共卫生事件应急响应等内容。未来随着环境的变化及社会的发展，公共卫生还将不断产生新的问题，如肥胖、因病致贫或返贫以及全球性卫生问题等。

综上所述，公共卫生虽涉及内容众多，但整体上可分为已知疾病预防与控制和未知疾病预警与响应。目前，人类对于公共卫生中的部分疾病已有一定了解，已掌握其防控途径，甚至可进行干预及治疗。然而，人类对疾病尤其是病毒的认知仍较为有限，未来公共卫生更需做好突发公共卫生事件的预警与响应。

一、产业特征

（一）任务多样性

公共卫生任务种类多样、特性各异，涉及医学、社会学、心理学、环境科学等。既包含疾病防控，如传染病防控等，又涵盖健康促进，如营养促进等。

（二）影响广泛性

公共卫生事件因与公民健康息息相关且涉及面广、累计人多，易引发民众及媒体关注，不利于社会安全及稳定。此外，伴随全球化发展，公共卫生事件可产生跨地区、跨国界的传播，引发国际舆论热议，影响国家形象及对外贸易。

（三）危害严重性

公共卫生事件易对公民身心健康、社会安定、经济发展等造成严重危害或从发展趋势上带来严重危害。因此，需要及时采取有效应对措施，最大限度地减少或避免公共卫生事件的危害。

（四）治理综合性

公共卫生事件的应对需要依据实际情况，在政府的领导和指挥下，联合多部门及医疗卫生机构，甚至动员全体社会成员参与，故公共卫生的治理结构较为复杂，并随社会发展而不断完善。

二、产业性质

（一）公益性

公益性旨在为全体公民提供无差别、质优价廉的公共卫生服务，尽可能满足群众的公共卫生需求，维护并提升其健康水平与生命质量。

（二）公平性

公平性指公民获得的公共卫生服务不因社会地位而异。①健康公平性，指不同人群的健康状况分布均衡；②公共卫生服务利用公平性，指具有同样需求的公民可获得相同的公共卫生服务，需求多的公民可获得更多的公共卫生服务；③公共卫生服务筹资公平性，指公民按照支付能力支付公共卫生服务费用；④公共卫生资源分布公平性，指卫生资源分布兼顾人口与地理公平。

（三）可及性

可及性指公民能及时、有效地获取在个人接受范围内的公共卫生服务。①资源可及，指公共卫生资源与公民需求匹配；②地理可及，指公民可方便、快捷地到达公共卫生服务机构；③经济可及，指公民能承担公共卫生服务费用；④心理可及，指公民能接受公共卫生服务的内容及形式；⑤文化可及，指公共卫生服务适应文化环境、风俗习惯及社会发展。

（四）均等化

均等化指全体公民获得的基本公共卫生服务虽因阶段不同而具有不同标准，但在机会和结果上大致均等。①机会均等，指公民能享有同等机会的公共卫生服务；②结果均等，指公民在数量和质量上享有的公共卫生服务大致均等。

三、产业构成

（一）公共卫生救治体系

公共卫生救治体系旨在通过医疗商品和服务提高或改善公民健康水平，是公共卫生的基础，是突发公共卫生事件防控的"排头兵"。该体系主要依托医院、基层卫生机构和专业公共卫生机构等。不仅在平时为公民提供包含公共卫生在内的基础医疗服务，开展健康教育与宣传活动，而且承担突发公共卫生事件的疾病监测、报告、救治等重要工作。

（二）公共卫生防疫体系

公共卫生防疫体系旨在开展业务管理及科学研究，发挥"中枢神经"的作用。该体系具体表现为疾病防控及监测预警。前者包括疾病研究、科学决策、紧急救援、事件综合处置等；后者包括监测控制、信息收集与处理、预测预警等。

（三）公共卫生应急保障体系

公共卫生应急保障体系旨在为救治体系和防疫体系提供应对突发公共卫生事件的基本保证，涵盖制度、人力、财力、物力四个方面。制度保障包含与公共卫生相关的法律法规、规范性文件及修改和补充文件等。人员保障涉及医疗防疫监督人员，公共卫生领域的科研与管理人员，突发公共卫生事件调动的医护救治人员及军队、武警、消防等协助人员，甚至还应纳入全体公民。资金保障涉及中央与地方财政投入、应急专项资金及社会援助资金等。物资保障除基本生活保障物资外，还包括药品、诊断试剂、疫苗、医疗设备等应急卫生用品。

第二节 公共卫生产业与幸福感的关系

一、理论分析

现有研究认为，政府在卫生领域的公共支出通过为居民提供更优质的健康服务，提升居民健康水平与生命质量，增加居民幸福感。①公共卫生支出影响居民幸福感。郭靓（2015）、何凌云（2014）均发现，医疗卫生支出对居民幸福感具有积极影响。②老年人健康状况影响其幸福感。亓寿伟和周少甫（2010）、胡宏伟等（2013）以及张瑞玲（2016）均表明，身体健康可提升老年人幸福感。王时雨（2018）指出，政府通过帮助维持并提高老年人健康状况，可增加其幸福感。

二、计量分析

尽管公共卫生对居民幸福感的影响得到了理论支持，但仍存在以下局限：①尚未直接检验公共卫生产业特征对居民幸福感的影响。②现有研究验证了公共卫生支出对居民幸福感的影响，其基本假设是公共卫生支出越多，公共卫生服务越好。然而，居民对公共卫生服务的总体满意度与幸福感的关系有待检验。③现有研究检验了老年人健康对幸福感的影响，然而，公共卫生关系着全体公民的身心健康，在全年龄段下两者关系仍待检验。基于此，本书结合 2013 年中国综合社会调查的微观数据，检验公共卫生产业特征、居民对公共卫生服务的总体满意度及个人健康与幸福感的关系。

（一）样本来源

2013 年中国综合社会调查不仅覆盖面广，而且其中与公共卫生相关的题目为本书提供了有益依据。剔除关键变量缺失、异常的数据，得到 5135 个有效样本。男性占有效样本数的 50.7%，女性占有效样本数的 49.3%。

（二）变量选择

1. 因变量：居民幸福感

在该数据库中，测量了"总的来说，您认为自己的生活是否幸福"，从 1 到

5 分别为从"非常不幸福"到"非常幸福"。

2. 自变量

（1）公共卫生服务特征。该数据库测量了公共卫生服务资源充足性、分配均衡性、公共性、便利性，分别反映出公共卫生产业的四个主要特性。统一测量尺度方向后，资源充足性的题目为"您觉得目前医疗卫生公共服务提供的服务资源是否充足"，从 1 到 5 分别表示从"非常不充足"到"非常充足"；分配均衡性的题目为"您觉得目前医疗卫生公共服务提供的服务资源在不同地域间的分配是否均衡"，从 1 到 5 分别表示从"非常不均衡"到"非常均衡"；公共性的题目为"您觉得目前医疗卫生公共服务过于市场化而其公共性不足的情况严重不严重"，从 1 到 5 分别表示从"非常严重"到"一点也不严重"；便利性的题目为"您觉得目前获得医疗卫生公共服务是否方便"，从 1 到 5 分别表示从"非常不方便"到"非常方便"。

（2）个人健康。该数据库测量了"您觉得您目前的身体健康状况如何"，从 1 到 5 分别表示从"很不健康"到"很健康"。

（3）公共卫生服务总体满意度。该数据库测量了居民对医疗卫生服务的总体满意度，从 0 到 100 分别表示从"完全不满意"到"完全满意"。

（4）控制变量。鉴于性别、年龄、受教育程度、家庭经济状况对居民幸福感存在潜在影响，故选择上述变量作为控制变量。

（三）数据分析

1. 描述性统计分析

居民幸福感、公共卫生服务特征、个人健康、公共卫生服务总体满意度及控制变量的描述性统计分析如表 7-1 所示，各项指标正常。

表 7-1 描述性统计

变量名称	均值	标准差	最小值	最大值
性别	0.49	0.50	0	1
年龄	48.33	16.38	17	97
受教育程度	1.27	0.64	1	4
家庭经济状况	2.70	0.68	1	5
居民幸福感	3.77	0.83	1	5
资源充足性	3.12	0.88	1	5
分配均衡性	2.68	0.90	1	5
公共性	2.60	0.86	1	5

续表

变量名称	均值	标准差	最小值	最大值
便利性	3.31	0.91	1	5
个人健康	3.75	1.06	1	5
公共卫生服务总体满意度	65.81	15.44	0	100

2. 相关分析

居民幸福感、公共卫生服务特征、个人健康、公共卫生服务总体满意度的相关分析结果如表7-2所示。初步支持了公共卫生服务特征（资源充足性、分配均衡性、公共性及便利性）、个人健康及公共卫生服务总体满意度对居民幸福感的积极影响。

表7-2 关键变量间的相关系数

	1	2	3	4	5	6	7
1. 居民幸福感	1						
2. 资源充足性	0.103 ***	1					
3. 分配均衡性	0.067 ***	0.520 ***	1				
4. 公共性	0.042 **	0.290 ***	0.396 ***	1			
5. 便利性	0.140 ***	0.489 ***	0.337 ***	0.188 ***	1		
6. 个人健康	0.215 ***	0.039 **	0.057 ***	−0.003	0.074 ***	1	
7. 公共卫生服务总体满意度	0.129 ***	0.437 ***	0.356 ***	0.319 ***	0.401 ***	0.050 ***	1

注：*** 表示在 0.001 水平上显著，** 表示在 0.01 水平上显著，* 表示在 0.05 水平上显著。

3. 回归分析

检验公共卫生服务资源充足性、分配均衡性、公共性、便利性、个人健康、公共卫生服务总体满意度对居民幸福感的直接影响，分层回归模型结果如表7-3所示。可知，资源充足性与便利性直接影响居民幸福感；个人健康正向影响居民幸福感；公共卫生服务总体满意度正向影响居民幸福感。

表7-3 回归模型的数据分析结果（直接效应）

变量	居民幸福感			
	模型 1	模型 2	模型 3	模型 4
性别	0.046 **	0.044 **	0.057 ***	0.046 **
年龄	0.019	0.011	0.093 ***	0.012
受教育程度	0.007	0.012	0.005	0.012

续表

变量	居民幸福感			
	模型 1	模型 2	模型 3	模型 4
家庭经济状况	0.274 ***	0.262 ***	0.237 ***	0.263 ***
资源充足性		**0.034** *		
分配均衡性		**−0.003**		
公共性		**0.013**		
便利性		**0.098** ***		
个人健康			0.201 ***	
公共卫生服务总体满意度				**0.106** ***
R^2	0.077	0.091	0.109	0.088
ΔR^2	0.077	0.014	0.033	0.011
ΔF	106.472 ***	20.333 ***	188.539 ***	61.847 ***

注：N = 5315；ΔR^2 和 ΔF 均为与模型 1 比较的结果；*** 表示在 0.001 水平上显著，** 表示在 0.01 水平上显著，* 表示在 0.05 水平上显著。

进一步检验公共卫生服务资源充足性、分配均衡性、公共性、便利性通过个人健康、公共卫生服务总体满意度影响居民幸福感的间接效应。由表 7-4 可知，分配均衡性、便利性通过正向影响个人健康提升居民幸福感，且个人健康完全中介分配均衡性对居民幸福感的正向影响，部分中介便利性对居民幸福感的正向影响。资源充足性、分配均衡性、公共性、便利性均通过正向影响公共卫生服务总体满意度提升居民幸福感，且公共卫生服务总体满意度完全中介资源充足性、分配均衡性、公共性对居民幸福感的正向影响，部分中介便利性对居民幸福感的正向影响。

表 7-4　回归模型的数据分析结果（间接效应）

变量	个人健康		公共卫生服务总体满意度		居民幸福感	
	模型 5	模型 6	模型 7	模型 8	模型 9	模型 10
性别	−0.056 ***	−0.058 ***	0.001	−0.010	0.055 ***	0.045 **
年龄	−0.369 ***	−0.373 ***	0.064 ***	0.034 **	0.083 ***	0.009
受教育程度	0.009	0.013	−0.051 ***	−0.013	0.009	0.013
家庭经济状况	0.183 ***	0.173 ***	0.102 ***	0.051 ***	0.228 ***	0.258 ***
资源充足性		**0.012**		**0.222** ***	**0.032**	**0.019**
分配均衡性		**0.045** **		**0.093** ***	**−0.012**	**−0.009**

变量	个人健康		公共卫生服务总体满意度		居民幸福感	
	模型 5	模型 6	模型 7	模型 8	模型 9	模型 10
公共性		−0.023		0.174 ***	0.018	0.001
便利性		0.061 ***		0.223 ***	0.086 ***	0.083 ***
个人健康					0.191 ***	
公共卫生服务总体满意度						0.068 ***
R^2	0.190	0.198	0.016	0.282	0.120	0.094
ΔR^2	0.190	0.008	0.016	0.267	0.044	0.018
ΔF	300.778 ***	12.553 ***	20.622 ***	475.943 ***	51.030 ***	20.034 ***

注：N=5315； *** 表示在 0.001 水平上显著， ** 表示在 0.01 水平上显著， * 表示在 0.05 水平上显著。

综上所述，得到如下结论：首先，公共卫生服务越便利、资源越充足，居民幸福感越高。其次，公共卫生资源分配越均衡、越便利，居民越健康，幸福感越高。最后，公共卫生资源越充足、分配越均衡、越便利、公共性越高，居民对公共卫生服务的总体满意度越高，幸福感越高。

第三节　公共卫生产业发展模式

一、"政府刚性治理" + "地方柔性自治" 模式

"政府刚性治理" + "地方柔性自治" 的复合模式指国家层面的政府机构仅制定基本法律法规并提供应对公共卫生事件的基本方案，在具体应对措施上赋予地方政府高度自主权，美国为该模式的代表。在公共卫生事件发生后，联邦政府仅提供基本方案，各州机构作为核心的执行力量，上承联邦、下接地方，可实现信息与资源的双向互动；地方机构则依据实际情况，各自决定如何进行防控。

(一) 美国公共卫生救治体系

美国公共卫生的救治体系依托于各种医院、诊所、康复医院等，并从整体上分为"由私人医生负责的初级治疗"以及"由医院负责的基础治疗与高级治

疗"。依据分级诊疗制度，病人先联系私人医生，如需进一步诊断或住院治疗，再上转到医院。

（二）美国公共卫生防疫体系

1. 疾病防控

美国公共卫生的疾病防控体系包含联邦、州、地方三级，如图7-1所示。（联邦）疾病预防控制中心及下属国家传染病中心主要负责制定疾病防控战略、公共卫生监测预警、突发公共卫生事件处置、卫生资源调配等，是公共卫生事件应对及危机管理的协调中心与决策机构。（州）医院应急准备系统包括基本卫生保健、妇幼保健、培训等部门，通过网络与其平行的（联邦）疾病预防控制中心保持实时联系，传输具体疾病信息，提升医疗卫生机构的应急响应能力。（地方）城市医疗应对系统建立了地方医疗卫生机构与警察、消防等的沟通渠道，实现机构间的协调配合，确保能够及时采取有效的应对措施，控制并减少公共卫生事件的危害。此外，为保证指挥效率，不仅联邦政府的相关部门将共同参与公共卫生事件应急响应体系的建设，而且各州同样设立了相应的应急委员会。

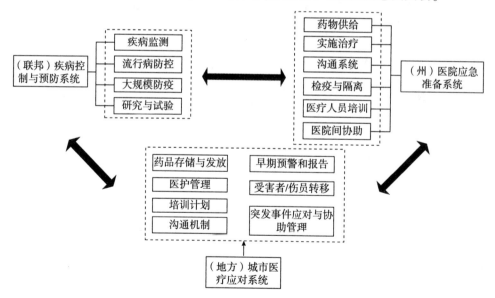

图7-1 美国疾病防控体系

2. 监测预警

在国家突发事件管理系统框架下，各州建立起各自的突发事件管理系统。该系统包含联合信息系统，可连接联邦政府不同部门及部门内不同单位，不仅保证了高层管理者对综合信息的获取，也为医务人员及民众了解突发公共卫生事件提供了信息渠道。在此基础上，美国建立起疾病监测预警系统、症状监测系统和临床公共卫生协作系统等，以尽快识别并及时响应。

此外，美国建立了公共卫生信息系统、公共卫生实验室快速诊断系统及现场流行病学调查系统。①公共卫生信息系统负责对疾病症状、药品销售、动物死亡等情况进行监测，以获取及时有效的信息。②公共卫生实验室快速诊断系统依托各级实验室，进行突发公共卫生事件的快速诊断。③现场流行病学调查系统负责流行病学资料的收集、整理、分析、处理，明确其传播途径及规律，以制定有效的防控策略。

(三) 美国公共卫生应急保障体系

1. 制度保障

美国在公共卫生领域形成了较完善的法制体系。不仅颁布了《国会法》《联邦民防法》《灾害救济法》《斯坦福法》《国土安全法》《公共卫生服务法》等法律法规，以及《国家灾难医疗反应系统》《公共卫生服务突发事件反应指南》等纲领；而且各州同样出台了相关地方性法律法规。

2. 人员保障

为有效应对突发公共卫生事件，美国建立了大都市医学应急网络系统，以保证签约的传染病医院或综合医院的传染病科在发生突发公共卫生事件时可迅速转为应急医院。此外，美国红十字会作为重要的非营利组织，下辖区级和市级红十字会以及社区办事处可辅助政府开展防疫救援。

为有效预防公共卫生事件的发生，美国不仅建立了全国健康教育网络，利用各类信息技术进行宣传教育，而且通过社区应急反应小组积极开展社区培训、志愿服务等活动。

3. 资金保障

为应对突发公共卫生事件，美国不仅进行了国家财政预算，而且通过联邦财政对地方财政的支持、专门的公共卫生应急基金、公私合作等途径保障应急资金来源。①在财政支持方面，美国疾控中心推出"公共卫生应急准备合作协议"，并建立"事先紧急管理程序"，保证符合条件的卫生部门在紧急情况下可快速获取资金支持。②在应急基金方面，美国设立了"公共卫生和社会服务应急基金""传染病快速反应储备基金"等。③在公私合作方面，美国通过 PPP 模式开展重大公共卫生课题，并建立平台鼓励企业及非营利组织的加入。

4. 物资保障

美国建立了医药器械应急物品救援快速反应系统。以疾控中心管理的药品储备为重点，设置专门存放地储备多种药品，以确保美国任何地方在公共卫生事件发生的 12 小时内可获取相应药品。此外，联邦政府还资助了以增强美国主要城市备灾能力的"城市就绪计划"，由国家战略储备提供抗生素、抗体、疫苗、输液设备等应急卫生物资。该计划自 2004 年实施以来，已扩展到 72 个城市和大都市统计区，并保证每个州至少有一个"就绪"城市。

二、"政府主导"+"强化预防"模式

"政府主导"+"强化预防"的复合模式指政府负责协调、管理及应对公共卫生事件，并加强基层卫生机构对公共卫生事件的预防能力，日本为该模式的代表。保健所作为地方应对公共卫生事件的主体，承担"日常防备"和"危机应对"两种职能，并形成了"属地为主、以点带面、覆盖全国"的布局，从而将危机应对纳入日常预防中。保健所由日本中央直接领导，其所长作为突发公共卫生事件响应的第一责任人，拥有知晓信息、判断是否进入危机状态、指挥和调动人员物资等权力。

（一）日本公共卫生救治体系

日本公共卫生的救治体系依托于由综合医院和社区诊所构成的医疗体系，并逐步建立起"覆盖全国、设施完备、层次分明"的初、中、高三级急救医疗体系。日本在公共卫生救治中实行分诊制，民众可就近接受专业的医疗卫生服务。

（二）日本公共卫生防疫体系

1. 疾病防控

（1）日常管理。日本疾病防控体系包含厚生劳动省、都道府县、市町村三级，如图 7-2 所示。在厚生劳动省层面，包含国立医院、国立疗养院、国立研究所和检疫所等，负责信息收集、疾病监测、技术支撑、制定并实施应对方案等。在都道府县层面，包含卫生研究所、保健所和县立医院等。其中，保健所不仅承担健康教育、疾病防控等日常防备职能，还负责辖区内的危机应对。在市町村层面，主要由保健中心组成。

（2）应急响应。日本在国家危机管理体系框架下，建立了应急响应体系，如图 7-2 所示。该体系包含国家突发公共卫生事件应急系统和地方卫生应急系统。相关系统通过有效衔接纵向系统管理及分地区管理，与警察、消防及相关社会团体建立合作关系，可保障多系统、多层次与多部门的高效协同。

2. 监测预警

日本建立了应急信息化体系，并通过大数据和人工智能等数字技术，及时、

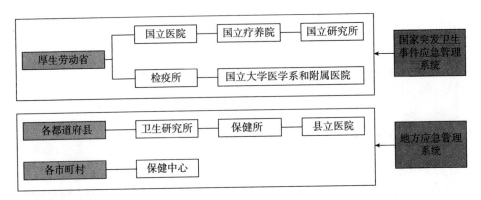

图 7-2　日本疾病防控体系

准确地获取并分析信息。在国立传染病研究所中设立了感染信息中心，调查、追踪并定期报告法定传染病的有关情况。建立了覆盖各区域的紧急医学救援信息系统，有助于政府快速决策并合理分配医疗救援力量。日本不断在疾病暴发监测及信息共享中进行技术创新，通过先进的科学技术监测、分析突发公共卫生事件的潜在风险，并在事件发生后快速评估潜在后果。

(三) 日本公共卫生应急保障体系

1. 制度保障

日本先后颁布《灾害救助法》《灾害对策基本法》《传染病预防与传染病患者的医疗法》《新型流感等对策特别措施法》《厚生劳动省健康危机管理基本方针》《关于传染病的健康事件实施要领》等法律规章，为公共卫生领域的日常管理及应急响应提供了行动指导。

2. 人员保障

为有效应对突发公共卫生事件，日本建立了包含专业医护人员和志愿者在内的应急救援队伍。公民可自愿加入志愿者队伍，并在专业培训后获得应急救援资质证，有效缓解了暂无突发应急事件时大量专职人员闲置的问题。此外，保健所在公共卫生事件发生之后，可利用广域性灾害急救医疗信息系统确认本地区的医疗资源，并向医师协会和医疗机构寻求帮助。

为有效预防公共卫生事件的发生，日本政府不仅严格落实各项规章制度，而且联合相关社会团体通过多种形式（如多媒体、宣传手册等）对民众进行健康教育。

3. 资金保障

为应对突发公共卫生事件，日本在国家预算之外，还通过灾害救助基金、专门预备费等途径保障应急资金来源。①在灾害救助基金方面，其源自地方政府前三年普通税收额的 0.5% 且不低于 500 万日元。②日本设有专门的预备费。以此次新冠肺炎疫情为例，为加强口罩生产及边境监测，日本从中拨款 103 亿日元。

4. 物资保障

针对公共卫生事件发生后的医疗储备、物流运输等问题，日本做出了相应的政策指导：①在卫生应急物资方面，一旦疫苗、抗流感病毒药物、口罩、消毒药品等储备不足，市町村长可向所在都道府县知事提出物资请求，都道府县知事可向指定行政机构提出物资请求。②在物流运输方面，日本政府与指定物流机构间形成了三阶段的配送模式，以保证相关物资及时送达指定地点。

三、弹性公共卫生系统模式

弹性公共卫生系统指卫生系统、卫生人员与广大群众通过日常准备而具备抵御危机的能力，并且当突发公共卫生事件发生后，在保持公共卫生系统核心职能的基础上，可不断吸取经验进行改进，该模式的典型代表为新加坡。

（一）新加坡公共卫生救治体系

新加坡公共卫生救治体系依托于各类诊所及医院，实行双向转诊。其中，私人诊所分布在小区周围的商业中心，以方便病人进行初诊。当病人需要进一步治疗时可上转医院，病情稳定后再回到社区进行康复治疗。

（二）新加坡公共卫生防疫体系

1. 疾病防控

新加坡没有设立单独的疾病防控系统，取而代之的是一套有效适应环境变化的组织结构和指挥系统，可依据公共卫生事件的具体情况，灵活变动、快速组织。

在应对非典型性肺炎期间，新加坡建立了包括部际委员会、核心执行小组及部际行动委员会的三级管理结构。①部际委员会在民政事务总署署长的领导下，包含九名内阁成员，主要负责制定防治计划、批准主要决定、实施应对措施、协调有关机构、监督其他各部及附属机构等。②核心执行小组涉及卫生部、国防部和外交部等，负责协调信息、人力、物资等资源。③部际行动委员会负责落实部际委员会发布的各项防控措施，联络卫生部及各卫生保健机构。

在应对甲型 H1N1 流感期间，新加坡不仅建立了流感危机部长委员会以及危机管理工作组，主要负责处理危机期间的医疗问题、提供应急医疗卫生服务并建立疾病暴发反应系统等，而且卫生部还建立了特别小组，由卫生部常任秘书长负责，包含关键决策者、传染病专家、公共卫生人员和高级临床医生等，负责执行公共卫生管制措施。

2. 监测预警

在非典型性肺炎疫情后，新加坡建立了疾病暴发应对系统，就特定情况下的防范措施、跨部门协调、出入境管控、公众沟通等做出了详细的规定，对疫情出现时的隔离、治疗、探访等做出了行动指导。此外，新加坡在城市治理中引入了大数据技术，通过收集、处理与分析卫生健康数据，对突发公共卫生事件进行监测预警并及时上报有关机构。

(三) 新加坡公共卫生应急保障体系

1. 制度保障

新加坡颁布了《民防法案》《传染病法案》等法律法规，为快速应对传染病疫情提供指导，并且通过不断完善相关法律法规，确保各部门与民间合作伙伴、利益相关者在应对突发公共卫生事件中的密切合作。

2. 人员保障

新加坡将重点放在全民健康教育之上，开展了广泛的宣传教育活动，培养公民养成洗手、打喷嚏时遮住口鼻以及正确处理家庭垃圾等良好卫生习惯，并且鼓励公民健康生活。以此次新冠肺炎疫情为例，新加坡为倡导商家主动维持各自营业场所的清洁卫生，开展了"新加坡保洁运动"。

3. 资金保障

在应对突发公共卫生事件方面，政府财政拨款是新加坡应急资金的主要来源。在新冠肺炎疫情期间，新加坡政府共拨款64亿新元，其中8亿新元用于支持一线机构的疫情防控。此外，新加坡政府特别推出两项"一揽子"计划，总预算56亿新元，以缓解疫情对企业和就业的影响。

4. 物资保障

针对此次新冠肺炎疫情，新加坡采取了加强平日物质储备、加强国内物资生产、构建多元供应网络、维护双边和多边贸易与供应链互通等一系列措施，以保障物资的有效供应。

四、"高度行政化" + "动员式治理" 模式

"高度行政化" + "动员式治理"的复合模式指通过行政手段加强对公共卫生

的管理，并在面对突发公共卫生事件时调动一切可利用的资源，形成全民参与、系统协作的共同应对机制，中国为该模式的代表。面对此次新冠肺炎疫情，中国快速调动全国资源和力量，构筑起"同心战疫""全民抗疫"的坚固防线。

（一）中国公共卫生救治体系

中国公共卫生救治体系依托于由医院、基层卫生机构、专业公共卫生机构等组成的医疗体系。在突发公共卫生事件发生后，中国往往指定特定医疗卫生机构承担主要救治工作，必要时其他医疗卫生机构也会派出医护人员进行援助。在新冠肺炎疫情中，武汉市指定了金银潭医院、市肺科医院、汉口医院等医疗卫生机构进行集中收治，迅速建成雷神山和火神山医院两个临时医院，改造并启用多个方舱医院。

（二）中国公共卫生防疫体系

1. 疾病防控

（1）日常管理。在国家层面，成立中国疾病预防控制中心，包含多个与流行病、传染病、职业卫生、环境卫生、食品卫生等相关的研究机构。在地方层面，形成覆盖省、市、县的防疫体系，开展公共卫生相关的研究、管理及宣传教育工作。

（2）应急响应。中国公共卫生的应急响应体系如图7-3所示，包括国家、省、市、县四级。2018年，国务院成立了应急管理部，负责编制国家总体应急预案，指导包括突发公共卫生事件在内的各项应急救援工作。

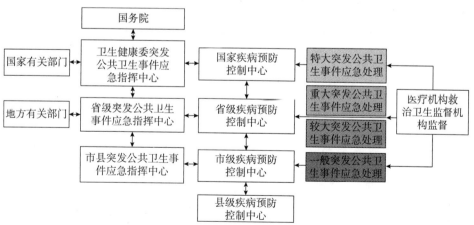

图7-3 中国公共卫生事件的应急响应体系

依据突发公共卫生事件的类型及严重程度，国家卫健委同中国疾控中心等部门决定是否成立国家突发公共卫生事件应急指挥部；在省、自治区、直辖市政府的领导下，其卫生健康部门决定是否成立应急指挥部及工作组，负责突发公共卫生事件的救治、科研及保障等工作；在市、县政府的领导下，其卫生健康部门决定是否成立应急指挥部，负责辖区内突发公共卫生事件的应急处置。

2. 监测预警

中国部分地区已建立起监测预警系统及日常监测小组，以科学预测突发公共卫生事件的发生概率。此外，中国积极推进大数据、云计算、人工智能等数字技术在公共卫生监测预警方面的应用，拟建成联通各级人口健康数据的信息平台，实现相关业务系统的信息共享。

（三）中国公共卫生应急保障体系

1. 制度保障

中国颁布了《中华人民共和国传染病防治法》《突发公共卫生事件应急条例》《国家突发公共事件总体应急预案》《关于疾病预防控制体系建设的若干规定》《关于加强基层应急队伍建设的意见》《关于加强卫生应急工作规范化建设的指导意见》《全国医疗机构卫生应急工作规范（试行）》《全国疾病预防控制机构卫生应急工作规范（试行）》《全国流行性感冒防控方案（试行）》等法律规章，不断建立健全公共卫生领域的法制体系。

2. 人员保障

为有效应对突发公共卫生事件，中国积极动员拥有参与意愿、技术能力、空余时间的社会成员，协助开展体温测量、人员排查、物资运输等基层防疫工作。此外，中国组织并发动全体公民广泛参与到突发公共卫生事件的应急处置中。

为有效预防公共卫生事件的发生，中国积极利用知识社群，更快捷地推广与传播健康知识和理念，引导公民树立正确的、科学的健康认知及养成良好的行为习惯。

3 资金保障

为保障应对突发公共卫生事件的资金来源，中国主要以政府投入为主，慈善捐款为辅。为应对此次新冠肺炎疫情，截至 2020 年 2 月底，各级财政共下达1008.7 亿元，中国慈善联合会共收到捐赠约 257 亿元。

4. 物资保障

中国的物资储备主体包含政府、企业、市场（流通）、非政府组织及家庭等。其中，政府储备的物资数量大、品种多，并且初步形成了全国应急物资储备网络，成为物资保障的核心。依据行政层级，政府物资储备又分为中央、省、县三级。此外，应急物资采用科学应对、统一调配的方式，通过开通绿色通道，整合各方力量，提高应急物资装运效率。

第四节　公共卫生产业发展方向与重点

一、发展方向

（一）系统化

未来公共卫生将走向系统化的发展道路。不仅"公共健康3.0"概念的提出要求公共卫生机构通过社会动员及数据资源，解决影响健康的社会、经济和环境因素，而且近年来随着新型流行性传染病的增加，"大健康"理念受到关注，要求公共卫生领域不断加强医疗卫生与生物、环境等相关学科的交流合作。

（二）现代化

随着公共卫生领域逐步走向信息化、数字化与智能化，数字技术不仅提高了防疫效率及效果，而且为公共卫生领域的发展带来了新动能，有助于完善公共卫生体系及应急响应机制建设。

（三）全球化

在经济全球化高度发展的今天，公共卫生事件易产生跨地区、跨国界传播并造成全球性的公共卫生问题，各国必须加强合作以共同防控公共卫生事件的发生。此次新冠肺炎疫情已在多个国家和地区扩散蔓延，迫切需要开展国家间的联防联控。世界卫生组织不仅坚持更新疫情信息和预警，警示各国加强防控，而且积极推动国际范围内的病毒特性研究，鼓励各国共享临床治疗方案，发动国际卫生力量，协调检测试剂和防护设备，组织医疗培训。

二、发展重点

（一）加大公共卫生投入

据世界卫生组织统计，未来十年全球仍难以实现基本卫生服务的全人口覆盖。为减少并规避因此带来的人口健康、全球安全及经济发展等问题，世界卫生组织总干事谭德塞呼吁各国"加大公共卫生投入，为下一场大流行做好准备"。

（二） 推进大健康管理发展

大健康管理以"健康"为中心，为不同人群提供多样化的健康管理服务，通过对生活方式、就医需求、慢性疾病等进行主动管理和提前干预，维持并促进人类健康。大健康管理不仅可以提升公民的健康水平与生命质量，节约医疗资源，还可以提升健康服务产业的经济效益。

（三） 加强公共卫生信息化建设

物联网、区块链与人工智能等数字技术将显著提升公共卫生领域信息收集、处理、分析的效率效果。物联网可支持大规模群体数据的采集；区块链可解决大规模群体协作的数据安全与信用问题；人工智能可帮助决策者进行数据分析。因此，公共卫生领域需重视新技术的应用，加强数据实时监测，保障信息共享，提高工作效率。

（四） 推进医疗数据流通与治理变革

公共卫生可利用区块链技术完善医疗数据信用及监管模式，提升对医疗数据的知识产权保护，形成个人及社会共同受益的数据治理模式。该模式通过加强数据保护提升社会整体福利，有助于打造"共建、共治、共享"的公共卫生体系。

（五） 深化全球公共卫生安全合作

全球性突发公共卫生事件频发将促进全球性合作。各国需增进防疫信息、经验的共享与互通，加强科学研究合作，互学互鉴。面对此次新冠肺炎疫情，中国不仅采取有效措施控制疫情蔓延，而且呼吁打造"人类卫生健康共同体"，加强国际合作及互帮互助。

（六） 完善全球公共卫生联控机制

为避免人员跨国流动加剧突发公共卫生事件的全球化蔓延，各国需加强沟通交流，实现国家间联防联控。不仅要加强疫情防控、口岸管理、物资调配等方面的深度合作，实现联网联动，而且需重视国际组织及个人在全球公共卫生治理方面的重要作用，实现多元主体协同并进。

第五节　中国公共卫生产业发展研究

一、发展现状

现阶段，中国公共卫生管理体系已确立并制度化，其服务从单一的免疫接种、地方病、传染病等项目，扩展到妇幼保健、食品卫生、环境卫生、职业卫生等综合服务体系，技术水平得到显著提升。

（一）形成较为完善的组织架构

中国建立起覆盖城乡的公共卫生体系。明确了基层卫生机构负责为居民提供基本公共卫生服务，医疗机构负责监测、报告和救治重大疾病及突发公共卫生事件。以各级疾控中心为核心，设立专业公共卫生机构，负责组织实施国家重大公共卫生服务项目。在非典型性肺炎疫情后，中国逐步建立了以"一案三制"为核心的应急保障体系。

（二）公共卫生管理水平不断提高

中国不断完善公共卫生管理模式及体系，提升其规范化、科学化水平。近年来，国家明确了公共卫生管理模式改革创新的制度要求，并给予相应社会资源支持。相比以往，中国公共卫生管理水平显著提升，与人民群众的距离越来越近。

（三）应对突发传染病的能力不断增强

中国吸取非典型性肺炎疫情的经验教训，切实提升应对新发传染病的能力。在此次新冠肺炎疫情中，中国快速研制诊断试剂，尝试多种治疗方法，有效控制了疫情的传播，为各国应对新冠肺炎疫情树立了榜样。

（四）公共卫生立法初具规模

中国陆续颁布了《传染病防治法》《母婴保健法》《食品卫生法》《红十字会法》等法律；发布或批准了《公共场所卫生管理条例》《血液制品管理条例》《传染病防治法实施办法》《突发公共卫生事件处理条例》《学校卫生工作条例》等法规；出台了与食品、食物中毒、灾害医疗救援、职业危害事故预防等相关的规章及卫生标准。

（五）公共卫生筹资保障逐步完善

政府对基本公共卫生服务项目和重大公共卫生服务项目的经费进行预算，不仅有明确的补助标准，而且该标准随社会经济发展不断提高。2018 年，全国卫生总费用合计 59121.9 亿元，占 GDP 比重的 6.57%。其中，政府卫生支出 16399.13 亿元，占卫生总费用的 27.74%。此外，随着《关于购买服务管理办法（暂行）的通知》《关于开展政府购买公共服务试点工作的通知》的发布，各级政府针对购买基本公共卫生服务展开了相关试点工作。

二、发展方向

2016 年 8 月，在全国卫生与健康大会上，习近平总书记指出，要坚持"以基层为重点，以改革创新为动力，预防为主，中西医并重，将健康融入所有政策，人民共建共享"的卫生健康工作方针。2017 年 10 月，党的十九大报告明确提出，"实施健康中国战略，要完善国民健康政策，为人民群众提供全方位、全周期的健康服务"。2020 年，在参加十三届全国人大三次会议湖北代表团审议时，习近平总书记对未来如何"织牢织密公共卫生防护网"提出了"整体谋划、系统重塑、全面提升"的改革方向。

三、发展重点

（一）统筹医疗卫生机构的应急响应

重大疫情和突发公共卫生事件一旦出现，救治任务大量增加，如何有效应对成为公共卫生体系建设的关键环节。习近平总书记指出："健全重大疫情应急响应机制，建立集中统一高效的领导指挥体系"，"推动公共卫生服务与医疗服务高效协同、无缝衔接"。因此，未来需要改革完善重大疫情防控救治体系，实现医疗系统、疾控系统及各级卫生行政部门的互联互通，统筹医疗卫生机构在区域联动、人员物资调动等方面的应急响应。

（二）贯彻"预防为主"的工作方针

尽管突发公共卫生事件难以预防，但只有做到部署在前、未雨绸缪，才能最大限度地减少突发公共卫生事件给人民群众及社会经济带来的负面影响。习近平总书记指出："坚决贯彻预防为主的卫生与健康工作方针"，"健全公共卫生服务体系，优化医疗卫生资源投入结构，加强农村、社区等基层防控能力建设"；"优化完善疾病预防控制机构职能设置，创新医防协同机制，强化各级医疗机构疾病预防控制职责"。因此，未来需要在常态化防控下，统筹推进疫情防控和社会经济发展工作，做好精准防控，不断提升公共卫生的"免疫力"及抵御未知疾病的"战斗力"。

（三）加强疫情的监测预警

疫情监测预警是应对突发公共卫生事件的关键环节和重要措施，是实现"预防为主"的基础和前提。习近平总书记指出："改进不明原因疾病和异常健康事件监测机制，提高评估监测敏感性和准确性"，"鼓励运用大数据、人工智能、云计算等数字技术，在疫情监测分析、病毒溯源、防控救治、资源调配等方面更好发挥支撑作用"。

（四）健全公共卫生法律法规体系

做好顶层设计与整体谋划是"织牢织密公共卫生防护网"的必然要求。习近平总书记指出："全面加强和完善公共卫生领域相关法律法规建设，认真评估传染病防治法、野生动物保护法等法律法规的修改完善"，"系统规划国家生物安全风险防控和治理体系建设"，"加快构建国家生物安全法律法规体系、制度保障体系"。因此，未来需在依法防控下，不断提升公共卫生应急管理能力，并且把生物安全纳入国家安全体系。

（五）开展新时代爱国卫生运动

未来需着力提升公民的风险防控意识，树立健康的生活习惯及良好的社会风气。习近平总书记指出："推进城乡环境整治，完善公共卫生设施，大力开展健康知识普及，倡导文明健康、绿色环保的生活方式"，"把全生命周期管理理念贯穿于城市规划、建设、管理全过程各环节，加快建设适应城镇化快速发展、城市人口密集集中特点的公共卫生体系"。

（六）完善重大疾病医疗保险及救助制度

重大疾病保险和救助制度是提升突发公共卫生事件应急响应能力的必要保障，是重大疫情防控及处置的重要支撑。习近平总书记指出："健全应急医疗救助机制"，"探索建立特殊群体、特定疾病医药费豁免制度"，"统筹基本医疗保险基金和公共卫生服务资金使用，提高对基层医疗机构的支付比例"。

（七）优化应急物资保障体系

应急物资保障体系关乎国计民生及社会长治久安，是突发公共卫生事件应急响应的基础与关键，是提升国家应急管理能力的重要内容与支撑。习近平总书记指出："把应急物资保障作为国家应急管理体系建设的重要内容"，"优化重要应急物资产能保障和区域布局"，"健全国家储备体系"，"建立国家统一的应急物资采购供应体系"。

四、发展对策

（一）公共卫生救治体系发展对策

第一，建立公共卫生救治内容的科学决策机制。可联合财政、卫生计生等部门，在监测、分析、预测公共卫生发展趋势的基础上，考虑财政承受能力及卫生机构服务能力，合理调整需优先解决的公共卫生问题及纳入国家基本公共卫生服务项目的救治内容。第二，健全较高可及性的公共卫生救治体系。随着公共卫生救治项目的增加，可建立以基层为重点的公共服务网络，加强医疗设施的标准化建设并完善转诊服务机制，最大限度保障公民公平、便捷地获得规范化、专业化、信息化的公共卫生服务。第三，提升基层卫生机构的疾病防控能力。可在村（社区）卫生站（室）设置疫情监测点，将危机管理纳入日常防控中。

（二）公共卫生防疫体系发展对策

1. 疾病防控体系发展对策

第一，提高公共卫生应急管理协同治理能力。不仅需明确各级政府部门、疾病防控部门、医院、基层卫生机构等在应对公共卫生事件中的角色及功能，而且需加强疾病防控机构与医疗卫生机构等在重大公共卫生事件处置中的对接与协同，建立集预警、诊断、治疗、康复、防控及健康教育等职能于一体的区域公共医疗卫生中心。第二，健全公共卫生突发事件应急响应体系。不仅应强化"平战结合"的联防联控机制，不断提升应对突发公共卫生事件尤其是重大疫情的响应能力，而且需重视预案、预演等机制建设，保障突发公共卫生事件的及时预警、评估和报告，并快速启动应急响应及指挥处置工作。

2. 监测预警系统发展对策

第一，通过建立区域公共卫生防控大数据平台，将分散在不同机构中的健康数据变为具有完整功能及价值的信息整体，实现信息高效统一、互联互通，提高预测预警、分析报告、健康教育、应急管理能力。第二，加强疫情监测预测及风险预判的精度及智能化水平。通过大数据、云计算、人工智能等数字技术，关联卫生、公安、交通、住建等相关数据，明确影响疫情传播的关键，为疫情风险监测奠定信息基础，提高疾病防控精度及筛查效率。

（三）公共卫生应急保障体系发展对策

1. 制度保障发展对策

第一，联合多部门共同推动突发公共卫生事件的法治建设。公共卫生具有专业性和时效性，需要各部门快速反应、迅速处理。因此，应加强公共卫生机构、行政部门及司法机关等的合作交流，共同推动突发公共卫生事件的法治建设。第二，健全疫情防控法律法规体系。完善公共卫生尤其是重大疫情防控的法律规章，突出其在疫情防控中的保障作用。第三，完善地方公共卫生制度体系建设。地方政府应在国家法律规章的指导下，结合自身实际情况，制定有关公共卫生尤其是疫情防控的地方性法律、规章及规范性文件。

2. 人员保障发展对策

第一，加强公共卫生人才队伍建设。鼓励员工学习并提升应急管理能力，促进医疗卫生机构与疾病防控机构人员的双向流动，储备专业化、高素质的公共卫生管理人员，组建业务能力强、素质高的疾控队伍。第二，推动各部门"联防联控"及全社会"群防群治"。明确政府各部门的管理职责并加强部门间合作；动员高校、企业及社会组织积极参与，形成"聚合效应"；鼓励人民群众广泛参与，汇聚群防群治力量。第三，着力提高公民健康素养。积极开展健康知识的宣传教育工作，帮助公民树立良好的健康意识，促使公民学习并掌握疾病防控的基本知识及技能，养成科学、健康的生活习惯。

3. 资金保障发展对策

第一，通过建立国家基本公共卫生服务基金、推行个人适当缴费、鼓励社会捐赠或资助等途径，完善公共卫生多渠道投资机制。第二，发挥金融支持的保障作用。全国人大代表郭新明建议，通过完善并丰富保险产品体系及 PPP 模式，加强金融支持公共卫生发展的产品及服务创新。

4. 物资保障发展对策

第一，完善国家应急物资保障体系。全国人大代表刘艳及王伟建议，区分并明确国家储备与民间储备的形式及功能定位。第二，建立多元化科学应急物资储备管理模式。全国人大代表于清明建议，围绕生产、资金、技术、信息等拓展储备模式，有效防范未知风险。第三，加强应急物流信息平台建设，保障应急物流信息传递。全国人大代表于清明建议，不仅可通过应急物资供应链平台实现应急卫生物资在平战结合间的动态调整，还需通过应急通信保障系统保证卫生应急物资科学精准投放。第四，建立应急物流指定机构和专业队伍，整合各方力量，切实保障应急物资供应及时、准确。第五，加强针对卫生应急物资的监管力度。全国人大代表林永忠建议，调查监督卫生物资生产情况，加大抽查力度；保障防护用品、生活用品及防控物资生产链条的价格稳定；对医疗物资调拨、派发情况进行及时溯源；规范和监管医院防护物资的分配和使用。

第八章
大众餐饮服务产业发展研究

　　大众餐饮服务产业因其在改善民生、增加就业等方面的重要作用，备受各级政府部门的重视。早在 2007 年出台的《关于加快发展大众化餐饮工作的指导意见》中，就制定了包括把大众餐饮服务纳入服务业发展重点、加强部门协作、制定和落实有关优惠政策等在内的加快发展大众化餐饮的 8 项重点工作。

　　大众餐饮服务产业已占餐饮市场的 80%。随着城乡居民收入水平的提高、生活节奏的加快以及消费观念的改变，大众餐饮服务产业呈现出巨大的发展潜力和市场空间。加快发展大众餐饮服务产业是勤俭节约、反对铺张浪费、推动餐饮业回归理性消费的客观要求，是优化餐饮业发展结构、引导高端餐饮转型、提升餐饮业发展水平的有效途径，是保障和改善人民生活、扩大内需、促进就业的现实需要。

第一节　大众餐饮服务产业特征、性质与构成

一、产业特征

　　大众餐饮服务产业兴起的重要表现是进入门槛低、刚需特征明显的品类（如小吃、简快餐、面包甜点）进入者多，店铺密度高。不仅如此，具备一定社交属性的甜品店、烧烤店的数量也较多，从供给端反映了休闲场景的需求较大。大众餐饮服务产业的另一个重要特征就是产品标准化、口味接受度和普及度高、目标市场年轻化，因此，甜品、火锅、川菜、烧烤的店铺数量都较为可观。大众餐饮服务产业的产业特征如图 8-1 所示。

　　目前来看，大众餐饮服务产业表现出以下几个方面的经营管理特点：

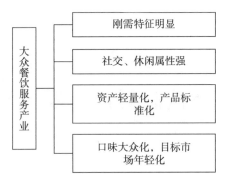

图 8-1 大众餐饮服务产业特征

（一） 经营大众化

随着科学技术和文化生活水平的快速发展，餐饮企业越来越向大众化发展，在开拓新兴餐饮消费市场方面，也取得了一定的成效。面向广大消费者的大众宴席、早点夜宵、快餐、风味小吃和家常菜肴等餐饮市场持续红火。相应的餐饮连锁网、配送中心、中心厨房等也很好地满足了广大消费者的需求，有力地推动了餐饮行业的快速发展。

（二） 消费多样化

随着经济社会的快速发展和百姓生活水平的不断提高，人民的消费方式、消费习惯等也在发生翻天覆地的变化。很多老百姓已经改变了自己买菜做饭的日常习惯，而选择到菜馆就餐或者买半成品的餐点，这样就可以减少厨房劳作的麻烦，又可以增加自我充实或者自我休闲的时间。

（三） 投资多元化

对于餐饮行业来说，其技术含量比较低，相应的投资周期也比较短，而资金的回收速度比较快，这就使得很多资金不断涌入餐饮行业，大部分投资属于股份制、民营、私营、个体或外资形式。

（四） 市场细分化

现代餐饮消费主要有儿童消费、家庭消费、大众消费、商务消费、旅游消费、白领消费、休闲消费等多种不同的消费形式，使餐饮市场呈现差异化的发展趋势。这一局面的出现也为餐饮业的发展提供了更多可选择的机遇和空间，企业可以结合自身的经营特长和技术优势，进行特色化经营，构建丰富多彩的餐饮文化，从多方面满足消费者的饮食需求。

二、产业性质

大众餐饮服务产业是指面向广大普通消费者，以消费便利快捷、营养卫生安全、价格经济实惠等为主要特点的现代餐饮服务形式。

大众餐饮服务产业的界定标准如下：

（一）便利快捷

制售快捷，食用便利，服务简便、迅速、高效，满足客户的基本需要并节省时间，服务方式遵循便利顾客的原则。

（二）经济实惠

提供配套、合理、适中的菜品及服务，经营价位低廉，物有所值，与顾客的消费水平相适应，满足其精打细算的节俭心理。

（三）卫生安全

餐饮单位持合法有效的卫生许可证，食品卫生状况较好，从业人员身体健康，满足大众基本的食品安全和清洁的要求，提供无公害的就餐食品。

三、产业构成

大众餐饮服务产业是满足群众日常生活必需餐饮服务的重要服务业态，主要包括早餐、快餐、团餐、特色正餐、地方小吃、社区餐饮、外卖送餐、美食广场、食街排档、农家乐、地摊经济餐饮、小店经济餐饮以及相配套的中央厨房、配送、网络订餐等服务形式。

大数据下的大众连锁餐饮如图8-2所示。

在图8-2中，字号越大，意味着它的分店数量越多。可以非常直观地看到，三大洋快餐占据着不可撼动的霸主地位。剩下的就是一些有实力开遍全国的小吃，如重庆小面、兰州拉面等。

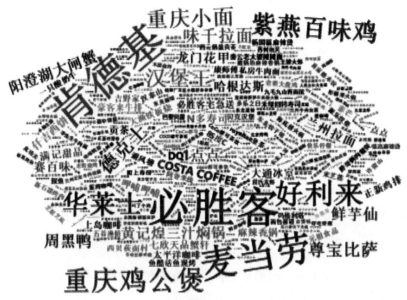

图 8-2　大数据下的大众连锁餐饮

第二节　大众餐饮服务产业与幸福感的关系

一、理论分析

大众餐饮服务产业作为国民经济中增长速度最快的行业之一，是服务业中的支柱产业，成为拉动内需、繁荣市场、安排就业、提升人民幸福感的重要生力军。

幸福感是指人类基于自身的满足感与安全感而主观产生的一系列欣喜与愉悦的情绪。幸福感也叫作满意度，是指顾客的实际感受与其期望值比较的程度。

随着人民群众物质和文化需求的日益增长，人们对餐饮业也有了更高的要求和期待。如何通过高品质的餐饮服务增加大众的幸福感、获得感，是政府主管部门、行业协会、餐饮相关企业面临的大课题，任重而道远。

目前，行业正处在一个变革时期，有内容、有品质、有新意的餐饮业态将是2020 年行业突围的热点。

关于餐饮服务产业消费者的幸福感，美团大众点评数据研究院曾于 2015 年选取经济总量排名靠前的 100 个城市作为研究对象，提出了吃货幸福指数模型，根据口碑指数、需求指数、等待指数、饕餮指数、便捷指数、覆盖指数、亲民指数七大细分指标进行加权获得，如图 8-3 所示。

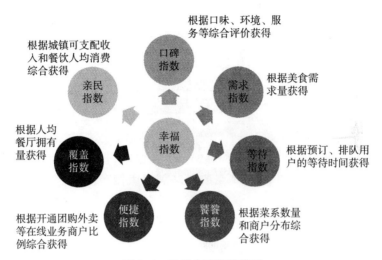

根据口味、环境、服务等综合评价获得

根据城镇可支配收入和餐饮人均消费综合获得

口碑指数

需求指数

根据美食需求量获得

亲民指数

幸福指数

等待指数

根据预订、排队用户的等待时间获得

根据人均餐厅拥有量获得

覆盖指数

便捷指数

饕餮指数

根据菜系数量和商户分布综合获得

根据开通团购外卖等在线业务商户比例综合获得

图 8-3　吃货幸福指数模型

在当今这个温饱不再是主流问题的时代，餐饮店越来越难以用菜品味道来给予顾客幸福感，因为顾客的味蕾早已变得更加挑剔，他们不会被产品轻易地满足。

相反，餐饮店拥有更多其他的有利条件来打造幸福感，比如更好的空间环境、更具创意的菜品样式。也就是说，当今是一个幸福感难打造而打造面却更宽广的时代。

当今顾客用餐除了为了满足果腹问题，更多是为了从中获取一种幸福感。这种幸福感主要来源于三点：菜品的味道、用餐时的意外收获、愉悦的社交体验。

前面提到，因为物质生活水平的提升，当今顾客对菜品越来越挑剔，餐饮店其实难以用菜品味道来感动顾客，除非餐饮企业把菜品做到极致，并且对口味进行颠覆式创新。

用餐时的意外收获，简单来说就是产品或体验超乎顾客的预期，这一点对于提高消费者的满意度或者幸福感非常有效。最为明显的例子就是海底捞的增值服务，如擦鞋、美甲等，这些原本顾客没有计划在内，然而却意外体验到了，会感觉幸福感满满，这种超乎预期的惊喜会让顾客感觉到很幸福。

至于愉悦的社交体验，虽然菜品的味道很难让顾客感动，但顾客用餐时与恋人或好友的回忆却很难忘。而且一旦在社交方面得到了满足，他们就很容易感觉幸福。所以，餐饮店可以通过独特的空间环境、参与感强的营销活动、专为社交打造的产品等来提升顾客的社交体验，以此打造幸福感。

关于大众餐饮服务中消费者满意度，则通过评价数据来分析收集汇总了相关评价信息的比例分布。研究发现，"菜品口味好""性价比高"和"食材新鲜"是导致食客满意的三大因素，如图 8-4 所示；"环境嘈杂""没有包厢/包厢太少"和"等位时间长"则是导致食客不满意的三大因素，如图 8-5 所示。

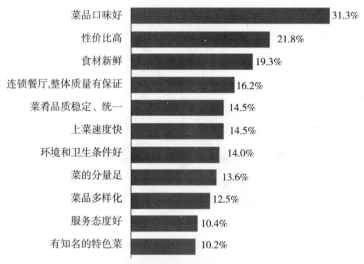

图 8-4 大众餐饮消费者整体评价满意因素

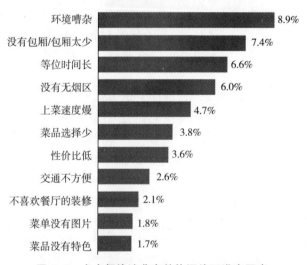

图 8-5 大众餐饮消费者整体评价不满意因素

二、计量分析

（一）研究对象和研究变量

本章的研究对象是大众餐饮服务业消费者。研究变量为大众餐饮服务产业中影响消费者幸福感的因素，涉及餐饮环境、服务人员、餐饮质量、卫生安全等方面。

（二）问卷设计

在大众餐饮服务产业消费者幸福感相关理论和文献研究的基础上，结合相关网络评价信息数据挖掘和访谈内容，编制《大众餐饮服务产业中消费者幸福感影响因素调查问卷》，问卷采用7分量表（见表8-1）。本问卷的题项选择借鉴国内外研究成果中关于餐饮消费者幸福感的影响因素特征项，同时，结合相关实践影响因素，并向具有相关餐饮管理工作经验的专业人员征求意见后自行设计，从而得到符合本书需要的测量题项。

表 8-1　问卷框架

编号	维度	特征项个数
1	接受餐饮服务过程中的整体幸福感受	4
2	餐饮本身质量	6
3	餐饮环境方面	8
4	餐饮服务方面	10
5	餐饮成本方面	5
6	卫生安全方面	3
7	O2O线上线下感知	5
8	心理文化娱乐体验方面	5

本次问卷的调研日期为2020年1月15日到2020年4月23日。本次调研共发放问卷200份，收回130份，其中有效问卷116份。问卷回收率为65.0%，有效率为89.2%。问卷来源渠道如图8-6所示。

另外，统计后发现，受访者基本信息的统计情况如表8-2所示。

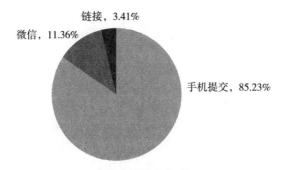

图 8-6 来源渠道

表 8-2 样本基本情况描述表

维度	类别	所占百分比（%）
性别	男	48.86
	女	51.14
年龄	30 岁及以下	59.09
	31~40 岁	36.36
	40 岁以上	4.55
职业	政府机关或事业单位职工	22.73
	企业员工	53.41
	学生	15.91
	自由职业	6.82
	其他	1.14
收入水平	2000 元以下	12.50
	2000~5000 元	31.82
	5000~8000 元	34.09
	8000 元以上	19.32
	无固定收入	2.27
一周接受餐饮服务的次数 （包括餐厅、外卖等形式）	1~3 次	55.68
	4~7 次	37.50
	7 次以上	6.82

（三）数据分析——探索性因子分析

1. 大众餐饮服务中消费者幸福感影响因素的因子分析步骤

（1）计算幸福感影响因素问卷量表各个题项间的相关矩阵。Mary C. Gilly 和

Mary Wolfinbarger 等研究表明，取舍项目的因子负荷量的标准应为 0.5。因此，本书以因子负荷量 0.5 为标准进行题项的取舍，大于等于 0.5 则保留题项，删除小于 0.5 的题项，然后继续下一轮的因子分析。

（2）分析因子分析的可行性。Kaiser（1974）认为，取样适当性数值（Kaiser-Meyer-Olkin measure of sampling adequacy，KMO）的大小可以用于判断题项是否适合进行因子分析，当 KMO 值越接近于 1，越适合进行因子分析。

（3）提取幸福感影响因素因子。运用主成分分析法（Principal Components Analysis）对收集处理的幸福感影响因素数据作因子提取。基于凯塞准则，确定因子的数目，保留特征值高于 1 的因子。

（4）因子旋转。进行因子分析时需要对因子载荷矩阵进行旋转以改变题项每个因子负荷量的大小，从而达到简化结构、方便解释因子的目的。

（5）幸福感影响因素因子提取与命名。因子旋转结果决定了因子数目，尽量选取较少的因子层面来获得较大的解释量。

2. 大众餐饮服务中消费者幸福感影响因素因子分析

将问卷所得的各项数据输入 SPSS 软件进行因子分析，在分析时用相关系数矩阵进行因子分析。根据以上的步骤与标准，先对大众餐饮服务中消费者幸福感影响因素进行因子分析。

具体影响因子及影响程度平均值见图 8-7 所示。

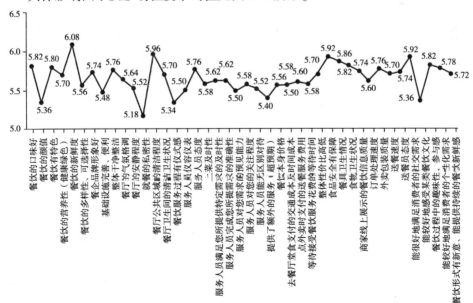

图 8-7　对餐饮幸福感的影响程度平均值

通过进一步分析，删除了"服务人员对您的关注程度"等指标项。可以看出，提取因子过多，由于此因子分析的主要目的是为了简化大众餐饮服务中消费者幸福感影响因素体系的指标项构成，因此，此处结合相关研究基础和实践经验，对部分因子进行了合并，与问卷中设计的维度分类基本吻合。通过载荷矩阵，我们可以看出消费者幸福感影响因素体系的各个因子所包括的特征项。通过整理我们得到，该消费者幸福感影响因素体系的第一部分包括等待服务时间、O2O送餐速度、菜肴的新鲜度、菜肴的美味程度、服务人员满足您所提需求的及时性、O2O线上订单处理速度、服务人员无差别对待，这一因子对总方差的解释率达到了12.19%；该影响因素体系的第二部分包括上菜及时性、安全保障、餐具卫生情况、食物卫生状况，这一因子对总方差的解释率达到了8.49%；该影响因素体系的第三部分包括餐饮有仪式感、服务人员仪容仪表、餐厅公共区域的清洁程度、较好的社交属性、满足个性化需求，这一因子对总方差的解释率达到了14.06%；该影响因素体系的第五部分包括花费的时间、支付的货币数量、O2O线下感知—外卖包装，这一因子对总方差的解释率达到了6.09%；该影响因素体系的第六部分包括餐厅的风格氛围、餐厅的安静程度、就餐的私密性、菜肴的新鲜度、菜肴的外观呈现、持续的新鲜感、餐厅卫生间的清洁卫生状况，这部分因子对总方差的解释率达到了11.00%；该影响因素体系的第七部分包括服务人员态度、服务人员对顾客需求的预见能力、服务人员满足顾客需求的准确性、达到预期或超预期，这部分因子对总方差的解释率达到了9.60%；基础设施完善便利、较好的文化属性、菜式的可选择性，这部分因子对总方差的解释率达到了8.8%。

结合大数据分析和实证研究以及我们生活中的就餐经验和感知，将相关因子合并并命名为餐饮质量、就餐环境及便利性、卫生安全、餐饮成本及时效（包括货币和时间）、餐饮服务、餐饮的社交文化娱乐等心理属性。

分析研究发现，就大众餐饮服务产业来说，餐饮的美味可口、食材新鲜、就餐环境干净整洁是该领域消费者关注的重点。此外，随着大众餐饮服务中消费者餐饮属性的变化以及消费服务需求的升级，餐饮服务附带的良好的社交属性、公众的参与感、餐饮仪式感、餐饮的趣味性等心理需求正在变得越来越重要。

第三节　大众餐饮服务产业发展模式

一、经营模式类型

综合来看，大众餐饮服务产业成为主流也解释了当前餐饮业最为典型的两大经营模式：一是以简快餐、外卖业务为核心的产品模式；二是主打环境和调性，以社交、休闲为核心的体验模式。前者解决了大众生理上的饮食刚需，后者则对应大众心理上的社交刚需。此外，在"互联网+"的时代背景下，互联网技术不断与移动终端设备进行紧密结合，传统餐饮企业、传统快餐企业将借助 O2O 平台构建新的产品销售渠道，开辟新市场。

二、经营模式内涵

近年来，大众餐饮服务产业发展模式主要体现在以下几点。

（一）"小店经济"餐饮模式

在 2020 年新冠肺炎疫情的影响下，经济下行明显，就业和消费的压力巨大。为扩内需、稳就业、惠民生，增强消费对经济发展的基础性作用，驱动经济多元化创新发展，今年很多地区拟开展小店经济推进行动，促进小店经济健康繁荣发展，助力小店经济恢复元气，既是市民日常生活的迫切需要，也是保就业的重要途径。

实体商业中的门店经济在疫情、中美贸易摩擦的影响下，在电子商务的飞速发展倒逼下，小店经济已成为今后实体经济发展的一个重要方向。

（二）地摊经济餐饮

新冠肺炎疫情之后，一大批中小企业倒下，失业人数增加，需要新的就业机会来增加就业岗位。这些小吃小喝的地摊餐饮点提供着煎饼、凉皮、烧烤等各色各样的小吃，绵延在各个城市的小吃街或者夜市里，给人们带来烟火气息和每个城市独有的味道。

(三) 农家乐餐饮

农家乐是新兴的旅游休闲餐饮形式，是农村居民向城市居民提供的一种通过回归自然而获得身心放松、愉悦精神的休闲旅游方式。一般来说，农家乐的业主利用当地的农产品，进行加工，满足客人的需要，成本较低，因此，消费不高。而且农家乐周围一般都是美丽的自然或田园风光，空气清新，环境放松，可以舒缓现代人的精神压力，受到很多城市人群的喜爱。

(四) 餐饮O2O——消费与服务在线化让吃货更幸福

餐饮O2O是指利用互联网的方式把线上的用户引流到线下，为餐饮商家带去客源，增加收入；或者把线下的顾客引流到线上进行维护或客户关系管理，以延长顾客的消费周期，提高顾客的消费次数。其有两个层面的含义：一是互联网餐饮，指的是互联网企业为餐饮企业提供互联网化的应用，主要是营销层面的应用；二是指餐饮企业主动拥抱互联网，发展出互联网化的应用，指的是餐饮企业主动应用互联网产品。

餐饮O2O的发展模式涉及餐厅信息点评、餐饮团购、餐饮外卖、餐饮预订、美食交友、私人定制。

如今，餐饮O2O已经是大势所趋，线上线下也在加速融合。无论O2O将要走向何方，线下永远是根本，产品与服务体验才是用户最看重的地方，是真正凝聚用户、实现落地的地方。而线上的发展则能帮助产品和服务获得更大范围的传播，影响更多的用户。

当前餐饮O2O行业，谁能真正实现商户、平台、用户的三方共赢，谁就能有真正的未来。谁能更好地满足用户对于产品和服务的需求，谁就能在用户争夺战中取得胜利。

(五) 新兴餐饮——网红餐厅

当互联网科技飞速发展，顾客的消费场景扩大延伸至线上，唯有前厅与后厨的餐厅已经不足以吸引消费者的目光。餐企需要一些更新奇、更能引起共鸣的方式方法来刺激消费者在同质化严重的餐饮市场中关注并记住自己，于是，新兴餐饮应运而生。

主流消费人群转向"80后""90后"，沟通渠道由线下转往线上，营销开始借势新媒体，特色消费比大众消费更受欢迎的"长尾效应"真实发生，更注重面子工程的"口红效应"成为现实。

（六）大众餐饮服务升级——从菜品到服务体验再到发展模式全面升级

消费者需求的升级，要求传统餐饮业从菜品到服务体验再到发展模式做出全面升级。包括菜品品质升级、服务体验升级、发展模式升级。

（七）大众餐饮服务"仪式感"转型

"仪式感"转型是指从"吃口味"变成"吃氛围、吃调性"。

餐厅的用餐体验更需要仪式感。在顾客的用餐体验中，适当设计颇具"小心机"的仪式感，更是引爆顾客口碑的关键密码之一。增加仪式的目的是把体验的过程升级，变得更加复杂。关键不在于做了什么动作，而在于更复杂的过程提高了体验感受到的价值，增加了顾客的幸福感和满足感。

服务中的仪式感可以通过简单易懂的仪式，把原本直接的过程变得更复杂，让原本平淡无奇的用餐体验变得更有乐趣、更有参与感，从而让顾客记住。

（八）小而美、少而精成常态，单品爆款受欢迎

小而美的店面，与之衔接的是少而精的菜单，这种极致单品打造爆款的模式已成为新常态。在购物中心追求绩效和餐企运营压力下，小而美的小餐饮以及单品的餐饮模式将越来越受到餐饮人的青睐。单品店在精力的投入与产品的打造中主要有以下优势：菜肴制作更专业；备料过程更简单；菜肴复制更方便；厨房人效更高；企业扩张更便捷。

（九）透明开放厨房成为标配

透明厨房之前还可以成为餐厅宣传的噱头与话题，现在透明开放式厨房已成标配。干净明亮带有暖意的厨房，让顾客看得见厨师烹饪食物的每一步过程。在人力成本高涨的当今社会，前厅接入手机预定、排队、点单、移动支付等智能化系统，尽可能让顾客自助服务，更能有一种参与感，当然，最主要的是减少人力开支，提高效率。

（十）三大创新商业模式发酵：社群经济、颜值经济、共享经济

餐饮的本质是社交，无粉丝不餐饮，社群是粉丝的聚集区，而非简单的微信群。社群因粉丝的共同喜好与价值观沉淀而形成一种独特的气质，进而形成亚文化，有的亚文化反过来为社群和企业产生内容和黏性，自主自发为餐厅分享传播。

颜值经济是注意力时代的最简单、最有效的连接，用颜值来打造消费场景和体验。高颜值不仅是指服务人员，广义上是指装修、装饰、氛围、出品、摆盘，

即情怀的整体呈现。

共享经济不要所有权而是共享使用权，以 UBER 为代表的共享经济已全面进入百姓生活，餐饮业也不例外。餐厅已经成为线下的社交场、聚会场所。未来，厨师共享可以让厨师带食材上门服务，越分享越有价值。

第四节　大众餐饮服务产业发展方向与重点

一、发展方向

现在的顾客越来越挑剔，越来越难被取悦，因为他们见多识广，具有更多的价格意识、需求，更追求购物的心理感受，而且竞争者也在提供类似的产品和类似的服务，甚至类似的口号，餐企面临的最大挑战就是怎样培养忠诚的顾客。

今天的餐饮业面临着更加激烈的竞争，如何赢得顾客、战胜竞争者都是不变的难题，仅仅满足顾客需要是远远不够的，还要让顾客舒适，这还不够，更重要的是差异化，做到这些才能给客户一个选择的理由，才能有机会让顾客可以体验和感受你的差异化，从而让顾客满意忠诚，为餐企创造源源不断的财富，如图8-8所示。

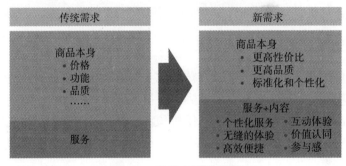

图 8-8　消费者需求升级

资料来源：阿里研究院网站。

中国连锁经营协会的调研数据显示，消费者对餐饮本身的需求也正在从过去的金字塔结构演变成梯形的结构，在安全、好吃和新鲜的基础上，特色化、颜值、多样化选择等因素的影响力均出现上升，消费者需求结构也因此变得更加均衡，如图 8-9 所示。

为了及时捕捉消费者需求的变化，并不断提供满足消费者需求的服务，在这

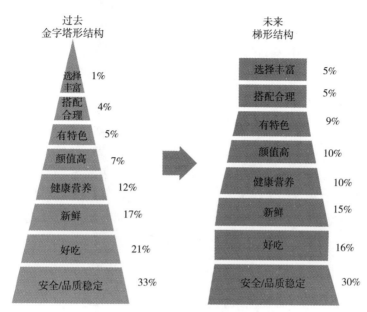

过去
金字塔形结构

未来
梯形结构

	过去	未来
选择丰富	1%	5%
搭配合理	4%	5%
有特色	5%	9%
颜值高	7%	10%
健康营养	12%	10%
新鲜	17%	15%
好吃	21%	16%
安全/品质稳定	33%	30%

图 8-9　消费者对餐饮的需求结构变化

个数据为王的时代，大数据有望为企业提供有力的解决方案。大数据技术可以帮助企业快速整合宏观经济数据、商圈数据、消费者数据等多维度数据信息，以更加全面、客观、及时的数据分析来为企业提供从选址、营销到菜品设计改良等多个经营环节的支持。

二、发展重点

当前大众餐饮服务产业的发展重心应在以下几方面。

（一）"小店经济" 餐饮模式

2020 年疫情发生以后，经济下行明显。为扩内需、稳就业、惠民生，增强消费对经济发展的基础性作用，驱动经济多元化创新发展，从 2021 年起开展小店经济推进行动，促进小店经济健康繁荣发展。

（二）地摊经济餐饮

疫情之后一大批中小企业倒下，失业人数增加，为了增加新的就业机会。小吃小喝的地摊餐饮点提供煎饼、凉皮、烧烤等各色各样的小吃，给人们带来着烟火气息和每个城市独有的味道。

（三）农家乐餐饮

农家乐的业主利用当地的农产品进行加工，满足客人的需要，成本较低，因此消费就不高，而且农家乐周围的环境可以舒缓现代人的精神压力，因此受到很多城市人群的喜爱。

（四）新技术赋能餐饮行业

从单一的门店营销、菜单点餐、现金结账，到如今的外卖平台盛行，在线支付成为餐饮支付的主要手段。近年来，"互联网＋"在餐饮的半成品、准成品、食材采购、系统管理、线上线下营销、交易以及预订、点菜、排队、支付、点评等方面全面渗透和深度扩展。当前大众餐饮服务业应发展自己在该方面的技术能力，以实现科学发展和管理。

（五）打造餐饮店幸福感

当今是一个幸福感难打造而打造面却更宽广的时代，温饱不再是主流问题，餐饮店越来越难以利用菜品味道来给予顾客幸福感，因为顾客的味蕾早已变得更加挑剔，他们不会被产品轻易地满足。相反，餐饮店拥有更多其他的有利条件来打造幸福感，如更好的空间环境、更具创意的菜品样式。

当今顾客用餐，除了为了解决果腹问题，更多是为了从中获取一种幸福感。这种幸福感主要来源于三点：①菜品的味道；②用餐时的意外收获；③愉悦的社交体验。

用餐时的意外收获，说白了就是产品或体验超乎顾客的预期，这一点很好用。最为明显的例子，就是海底捞的增值服务，如擦鞋、美甲等，这些原本顾客没有计划在内，然而却意外体验到了，以此会感觉幸福感满满。

至于愉悦的社交体验，虽然菜品的味道很难让顾客感动，但顾客用餐时与恋人或好友的回忆却很难忘。并且一旦在社交方面得到了满足，他们就很容易感觉幸福。

所以，餐饮店可以通过独特的空间环境、参与感强的营销活动、专为社交打造的产品等，来提升顾客的社交体验，以此打造幸福感。

目前，行业正处在一个变革时期，有内容、有品质、有新意的餐饮业态，将是行业突围的热点。

第五节　中国大众餐饮服务产业发展研究

一、发展现状

中国大众餐饮服务产业具有规模大、分布范围广等特征，通过大数据看中国餐饮现状如下（数据来自《2019 中国餐饮大数据白皮书》）。

（一）中国餐饮市场规模已超 4 万亿

中国餐饮业自 2012 年遭遇寒冬，经过 3 年的转型调整，逐步回归大众市场，2015 年收入增速有所回升，甚至赶超社会消费品零售总额增长率。近几年，餐饮业增速放缓，餐饮业迈入拐点期。

（二）中小企业贡献餐饮收入的近 80%

在我国餐饮市场规模稳步升高的大环境下，大型餐饮企业却深陷泥潭，企业数与在餐饮总收入中的占比都不增反降。可见我国餐饮发展主要是由中小企业拉动的，中小餐饮企业贡献了餐饮收入的近 80%。

（三）4.2 亿人带来近 3000 亿外卖收入

近几年，我国外卖业发展迅速，2020 年预计我国外卖用户规模将超 4 亿人，市场规模将超 2800 亿元。外卖业的蓬勃发展，不仅改变了餐饮消费的习惯，而且也改变着餐饮店的盈利模式与运营流程。

（四）近 700 万家餐饮门店遍布全国

虽然 2017 年城市拆迁潮使得餐饮门店数出现负增长，但总体来看我国餐饮门店在稳步增多，2019 年已达到近 700 万家，主要分布在广东、江浙、山东等沿海经济发达区域。

（五）华东仍是最大的餐饮区域市场

从门店数量来看，华东区域以 30.9% 的占比远远领先于其他区域。但与华南、西南和华北相比，门店增长速度较慢。

（六）中式快餐是第一品类

近五年，大众餐饮的蓬勃发展带动了快餐类餐饮的快速发展，尤其是中式快餐，2017年已赶超中式正餐成为门店数量最多的品类。然而，中式正餐经升级后，近三年正重新焕发生机。同时，轻餐饮与火锅品类也呈现涨势。

（七）餐饮连锁率大于50%

随着品牌门店的快速扩张，我国餐饮品牌连锁率近五年呈现稳步升高态势，预计2019年连锁率将提升至55%。据预测，未来5年餐饮门店品牌连锁化将继续成为餐饮业未来发展的主旋律。

（八）"80后""90后"食客贡献了餐饮消费的74%

整个餐饮消费群中，"80后""90后"已成为餐饮市场的中坚力量，他们的消费特征与诉求将会成为未来餐饮业发展的风向标。

（九）"一人食"单身经济崛起

随着经济开放带来的家庭婚姻观念的转变，我国单身人口数迎来新一轮高潮。据统计，2018年我国单身成年人口规模已达2.4亿，"80后""90后"成为主力军，单身经济大爆发，单人餐饮模式将会越加流行。

（十）菜品口味是食客的第一需求

无论是选择餐厅还是选择菜品，菜品口味好永远是食客的第一诉求，也是餐饮从业者的立足根本。营销、服务、环境等都必须建立在好吃的基础上。

总的来说，中国餐饮业的现状概括如下：第一，需求量很大；第二，市场增长速度很快；第三，市场进入门槛越来越低；第四，分布愈加广泛。

二、存在问题

（一）餐饮业面临高成本、低利润等现实压力

高成本、低利润是目前餐饮行业面临的主要困境，即房租、人工、原材料、水电成本高；食品安全、消费投诉、媒体曝光风险高；门店销售难增长，利润水平持续低。

（二）政策因素对餐饮行业发展的影响不容忽视

餐饮业进入微利期，倒闭的中小餐饮企业一家接一家。八项规定出台后，加速了餐饮业转型的到来。在反对浪费之风的影响下，众多餐饮企业大量政务酒宴订单流失，成为影响高端餐饮业的因素，这部分餐饮收入的消失将直接导致酒店或餐饮店经营利润的急速下跌。未来大众化餐饮服务将是发展主流。

（三）安全、卫生等隐患较多，食品安全问题将继续影响餐饮行业

鉴于大众化餐饮企业规模不等，食品、服务质量参差不齐，流动性相对较强，卫生部门的监管难以到位等原因，其卫生、消防安全方面存在很多的问题。

（四）菜品质量不稳定

中国餐饮业一向采用经验型、手工操作为主导的方式，烹调过程中个人的随意性和模糊性较强，科学化、定量化和标准化程度较低。面向中低端市场的餐饮原材料货源质量和价格不稳定，加之餐饮业从业人员的流动性非常大，导致菜品的质量良莠不齐，稳定性较差，这也是中餐发展的重要制约因素之一。

（五）人员整体素质不高

由于餐饮行业进入的门槛低，对投资者资金、技术等要求都不高，政府对餐饮行业的进入限制很少，加上巨大的市场潜在需求，大量的下岗工人或外来的务工人员涌入其中，这些小摊贩充当了市场的补缺者。但随之而来的是从业人员整体素质相对落后，文化程度不高，没有过硬的专业技术，系统接受专业知识、技能和职业道德培训的很少，从而影响了整个行业的服务水平和发展。

（六）发展风险加大

餐饮业的十大风险是警惕餐饮整体开店风险、区域餐饮发展不均衡风险、不同级别城市餐饮饱和风险、细分品类开关店率、市场进驻壁垒、大型餐企发展风险、单店经营风险、行业利润跌落、食品安全问题、餐饮进入门槛。

大数据指数显示，2019 年中国餐饮市场竞争趋于激烈，餐饮饱和度接近70%，处于中等风险阶段，闭店率明显升高，新店存活率下降，投资开店风险整体上升，餐饮开店需谨慎选址，借助第三方数据平台智能选址，实行数字化运营，才能规避风险，智慧经营。

三、发展趋势与机会

(一) 大众餐饮服务产业发展新趋势

1. 主力消费人群的消费趋势

主力消费人群的消费呈现以下趋势个性化消费：①从买大众的到买小众的，从买商品到买服务。②注重品质：线上消费中端及以上价格产品的人群，占整体七成且增速快。③享受即时服务：希望需求能够随时得到快速的响应，不希望等待和浪费时间。④社交、娱乐化：晒图成为社交网络的重要势力，网红店扛起了积攒的大旗。⑤时间碎片化：需求多元化以后，其工作生活所呈现出的零碎时间段增多。⑥重体验：产品使用、表演性消费以及情绪和感觉三个因素对整个消费体验的影响增大。⑦移动网络购物：移动端随时随地、碎片化、高互动等特征使购物受时间空间限制更小。⑧品牌忠实度低：品牌标签正在被弱化，更注重产品品质本身。

面临主力消费人群消费趋势的变化，餐饮业催生出一些新的发展趋势，主要包括混合业态、外卖和网红店。

2. 大众餐饮服务产业整体发展趋势

(1) 超市+餐饮。随着新技术、新业态不断出现，餐饮业正在发生深刻变化。超市+餐饮、在线餐饮、外卖外送、无人餐厅等，餐饮业已经发展到了一个经营多元化、收入多元化的阶段，推动了消费的升级，给消费者带来全新体验。线上线下一体化、供应链垂直整合以及餐饮零售化成为发展的三大趋势。

(2) 新餐饮悄然崛起。目前，餐饮业已经发展到了一个经营多元化、收入多元化的阶段。借助互联网和大数据提升运营效率和营销转化率，餐饮企业已开始呈现出全零售属性，即堂食+外卖+外送+流通食品多核驱动，通过新技术、新工具探索盈利新模式。

(3) 智能科技逐渐渗透。随着信息技术在餐饮业应用的逐步深入，借助移动互联网发展，外卖外送已成为消费者自己做饭和在外堂食以外的第三种常规用餐模式。

餐饮业未来的发展趋势可以概括为线上线下一体化、供应链垂直整合以及餐饮零售化三大趋势。通过线上线下一体化、数据化、科技化，未来餐厅可以把每一位顾客变成用户，把每一个用户变成会员，店长可以通过大数据了解每个顾客，提供千人千面的服务，这是餐饮业必将面临的一次革新。

目前，中国餐饮业经营业态多元化、个性化和细分化的趋势增强。未来消费升级趋势进一步加强，餐饮企业要主动调整业态结构，深入探索差异化服务，创新业态形式，避免业态同质化，在个性化、智能化、体验化等方面进一步精耕细作。

3. 大数据视角下餐饮业发展趋势

（1）健康养生类烹饪方式成主流。随着健康和养生的观念不断被追捧，菜品烹饪方式发生了很大变化，出于消费者对健康要求的加大，近几年对烩、烧、炖、焖、煨、煮等烹饪方式的要求处于稳定上升的水平，健康饮食越发受重视。

（2）外卖包装需升级换代。据统计，超70%的用户订过外卖，外卖已成为继外出就餐与在家吃饭之后的第三种就餐常态。受国家推行垃圾分类政策的影响，一线城市食客更加注重环保，外卖包装材质偏向于可降解材质，外卖包装处理严格按照垃圾分类执行，随着政策和行为习惯的进一步加强，食客对外卖环保包装的要求将会愈加强烈。

（二）机会

1. 餐饮供应链成投资洼地

总结近几年的餐饮投资情况发现，约50%的资金进入了餐饮供应链及服务商领域。其中，食品安全领域需求巨大，有望成为新的投资价值洼地。

2. 新零售助力餐饮模式升维

新零售企业利用新技术，融合线上线下，不断突破餐饮与零售的边界。通过升级食客体验，开发出更多样化的新餐饮模式，不断焕发餐饮业新的生命力。

3. 数字化成为餐饮新动能

数字化技术让餐饮消费行为的数据收集成为可能，线上线下全渠道的食客大数据汇总分析形成食客画像。商家可以一目了然地知道食客的消费频次、场景、习惯与偏好，实现精准营销，为餐饮业发展赋予新的动能。

4. 混搭、融合勾起食客尝鲜欲望

"80后""90后"作为当前主力食客，相比"80前"人群更爱尝试新菜品与新口味，也更崇尚个性与特色。餐饮企业通过混搭与融合创造更加多样化的运营模式与菜品，提升服务体验，以达到引流目的。

5. 小吃快餐仍是餐饮品类投资首选

近五年来，小吃快餐是餐饮品类投资的首选，占到了餐饮品牌投资的一半以上。纵观这些年餐饮创业的案例也发现，从小吃、单品、轻食着手能更快打开市场。未来几年餐饮业也会向着门店小型化、品类细分化、价格亲民化方向发展。

6. 四五线餐饮市场可待发展

四五线城市餐饮饱和度非常低，加之开店率远高于关店率，可待发展的餐饮空间大。然而，这并不代表只要开店就能成功，四五线城市新店存活率并不高，开餐饮店还需要科学的选址与用心的经营。

7. 新媒体带来餐饮品牌影响力

"80后""90后"作为当前主力食客，对网络有更强的依赖性，这也预示着新媒体营销对餐饮业引流的重要性将会日益增强。

8. "一人食"催生餐饮新模式

单身经济崛起，"一人食"催生餐饮新模式。"一人食"更加追求快捷、方便，但同时也不委屈自己，他们喜欢选择有品质保障的连锁餐厅。"小菜""小店铺"服务细分的"小部分人"可以为餐企节省成本，更利于开拓门店和提高坪效。

9. 消费升级引爆餐饮个性化发展

食客正在变得越来越挑剔，对就餐的菜品、食材、服务、体验、环境与价位都提出了更多的要求，从而催生出更多新的餐饮模式与品类，引爆餐饮业向更细分、更个性的方向发展。

10. 团餐外卖或许是外卖的下一个机会点

目前，餐饮外卖竞争格局已经基本稳定，美团外卖与饿了么两雄争霸，行业正迈入低利润的成熟期。而团餐作为尚在开发中的餐饮市场，其巨大的市场空间对于外卖领域甚至餐饮领域都是巨大蓝海。

四、发展对策

（一）构建大众化餐饮服务体系

1. 健全大众化网络

鼓励高端餐饮企业发展大众餐饮网点，推动餐饮业转型发展。引导餐饮企业在社区、学校、医院、办公集聚区、商圈建设餐饮网点，推动餐饮服务便利化发展。支持机关事业单位食堂和宾馆饭店的餐厅向社会开放，推动餐饮服务的社会化发展。鼓励有条件的城市根据消费需求建设美食街、特色食品街等，推动餐饮业的集聚式发展。

2. 发展大众化消费

引导餐饮企业根据不同群体的消费需求，合理搭配食材。加快发展面向老年人、中小学生、病人等特定消费群体的餐饮服务。大力发展社区餐饮、外卖送餐服务，满足社区居民、办公集聚区工薪阶层的餐饮需求。规范食街排档，满足进城务工人员餐饮需求。引导餐饮企业发展与商务餐饮、婚寿宴、家庭聚餐、旅游团餐等细分市场相适应的业态，满足不同层次的大众化餐饮需求。

3. 提高大众化供应能力

鼓励餐饮企业建设中央厨房，完善统一采购、统一加工、统一配送体系。支持企业建立原材料生产基地和采购基地，做好农餐对接。支持企业建设、改造食品加工车间和流水生产线，实现餐饮加工工业化和产品生产标准化。

4. 创新大众化服务模式

鼓励餐饮企业创新服务模式，开展线上线下融合，实现实体店与互联网、移动通信以及微博、微信等社交媒体的合作，发展线上预订、营销、团购、外卖、餐厅索引和评价服务，开发移动支付功能，线下与快递公司合作，及时提供送餐上门服务，完善售后服务的在线服务模式，实现企业经营的网络化。鼓励餐饮企业发展外卖成品和半成品餐等服务，改造传统生产工艺，改进烹饪技艺。

（二）提升大众化餐饮发展水平

1. 提高管理水平

鼓励餐饮企业建立信息化管理系统，完善管理流程，增强管理能力，实现管理信息化。建立餐饮业职业经理人制度，鼓励专业人才参与餐饮企业管理。支持行业组织和餐饮企业加强人才培训，提高行业从业人员的管理能力和服务水平。加强校企合作，建立各层次的餐饮人才保障机制。

2. 加强诚信建设

推进餐饮企业信用制度建设，建立服务质量考核和服务满意评价体系，完善企业信用记录，鼓励符合条件的第三方信用评估服务机构建设数据库，规范开展企业信用评价。加强信用监督和管理，建立黑名单发布制度，建立健全守信激励和失信惩戒机制。推进诚信经营示范建设，树立诚信经营典型，弘扬诚信文化，努力营造良好的社会消费环境。

3. 强化餐饮服务安全

结合行业管理职能，配合相关监管部门做好餐饮食品安全工作。引导餐饮企业认真贯彻执行有关食品安全的法律法规，做好餐饮食品安全宣传教育。配合卫生监督管理部门加强对餐饮服务场所的卫生监管，建立健全餐饮经营卫生规范。鼓励餐饮企业进行厨房卫生系统改造。

4. 发展健康餐饮

加强餐饮业从业人员营养搭配和膳食平衡知识的普及和培训，推广膳食结构多样化的健康消费模式，全面提高行业营养知识水平。加强营养早餐和快餐食品集中生产、配送、销售体系建设，推动健康餐饮科学发展。鼓励健康营养型餐厅发展，通过宣传健康饮食知识、合理搭配营养菜肴赢得市场。

（三）完善制度和理念

1. 建立长效机制

贯彻落实中央八项规定和《关于厉行节约反对食品浪费的意见》精神，加强组织保障，明确分管领导，完善工作制度。强化厉行节约的监督和约束机制，推进厉行节约各项措施制度化、规范化、长效化。加强督促检查，层层落实，推动厉行节约工作的常态化管理。

2. 完善工作制度

会同有关部门研究建立餐饮企业反对食品浪费的奖惩制度，鼓励企业对消费者在餐饮消费中注重节约、减少浪费的行为给予奖励。规范餐饮企业促销活动，鼓励企业在确保食品安全和市场经营秩序的前提下，打折销售临近保质期的食品。

3. 树立节约理念

引导餐饮企业切实做好国内公务接待、会议、培训等公务活动的用餐服务，按照快捷、健康、节约的要求提供简餐和标准化饮食，主要提供家常菜和不同地域通用食品，科学合理安排菜饭数量。鼓励餐后主动帮助打包，不设置最低消费，对节约用餐的消费者给予表扬和鼓励。

4. 建设节约型餐饮

鼓励餐饮企业在食品生产、流通、消费的各个环节自觉节能、节水、节材、节地，加强资源综合利用。推广使用节能型设备，采用环保技术，减少使用一次性餐具和用具。餐饮企业不得随意处置餐厨废弃物，应按规定由具备条件的企业进行资源化利用。

（四）措施保障

1. 加强组织领导

商务主管部门要将发展大众化餐饮服务产业作为落实中央精神、推动餐饮行业转型发展的一项重要任务，长期坚持不懈抓紧抓好。要加强组织领导，结合实际情况，提出本地区加快发展大众化餐饮服务产业的目标任务和工作方案。推动把发展大众化餐饮服务产业作为本地服务业发展规划的重点，认真研究推动大众化餐饮服务产业发展的政策措施，统筹做好对餐饮业的宏观指导，为大众化餐饮服务产业创造良好的法制环境、政策环境和舆论环境。

2. 健全法规标准体系

商务主管部门要结合本地区大众餐饮服务产业发展的实际情况出台有关实施办法。健全大众化餐饮服务产业标准体系，加大标准的实施力度。有条件的地区要建立餐饮业标准化培训、推广示范中心。

3. 完善促进政策

商务主管部门要在认真落实《关于深化流通体制改革加快流通产业发展的意见》的基础上，结合实际，创新改革措施，支持大众化餐饮服务产业发展。要将大众化餐饮服务产业网点纳入社区商业网点配置的内容，健全大众化餐饮服务网络。要会同有关部门，加快制定支持大众化餐饮服务产业发展的财政、税收、金融政策，清理不合理收费，减轻企业负担，营造良好发展环境。

4. 发挥行业协会作用

商务主管部门要支持行业协会在加强行业自律、维护企业利益、加强业务交流、倡导餐饮节约、推广先进技术以及人员培训等方面开展工作。行业协会要深入研究市场，加强统计分析工作，积极用好统计数据，及时掌握大众化餐饮服务产业发展动态，总结大众化餐饮服务产业发展情况和出现的问题，帮助企业解决困难，协力推动大众化餐饮服务产业的健康发展。

5. 做好宣传推广

商务主管部门要不断总结发展大众化餐饮服务产业的成功经验和做法，借助新闻媒体，推广先进经验，加强典型引导，在全社会营造支持大众化餐饮服务产业发展的良好氛围。

第九章
文化产业发展研究

疫情中的居家生活方式让全球人都静了下来，更多的人开始读书学习，开始更多的文化类消费。而大难不死的心态也让更多人放下奔波，更多关注文化带给心灵的满足感。所以，文化产业的发展会在以往的基础上，有一个全新的高度和开拓，文化消费将在更深层次上被刺激与发展，也会带来一次惨烈的消费方式及消费质量的洗牌。作为文化与经济的结合物，文化产业直指人的精神需求，它与个人快乐或幸福之间存在着一种必然的联系，其发展方向直接关系到文化乃至人类的未来。关注和提升民众的幸福是文化产业不可推卸的责任和使命。

第一节　文化产业特征、性质与构成

一、产业特征

作为知识经济战略性产业的文化产业，大类上属于第三产业。它与第一产业、第二产业乃至第三产业中的其他产业相比较，有如下特征：

1. 对文化产品需求的非饱和性

作为用来满足人们精神需要的文化产品，从需求上看，不像吃、穿、住、用的生活消费品需求那样，有个基本数量上的大体限度。对文化产品或服务的需求近于无限，即人们对某种文化产品的需求具有非饱和性。

2. 文化产品供给的近于无限性

任何物质产品的生产和供给都离不开资本、土地、自然资源等物质生产要素，而这些物质生产要素又都是稀缺的。即使是过去人们认为并不稀缺的许多自然资源，随着工业化大生产的日益发展，也变得日渐稀缺，成为制约经济增长和发展的瓶颈。但文化产品和服务的供给则不然，它的生产或提供主要靠投入人的思想、智慧、精神、技艺，很少需要物质资料。而人们的思想、智慧、精神、技艺随着大千世界的演化潜力无限，可以提供无穷无尽的精神产品、艺术成果。正是由于非物质资源的潜力，确保了文化产品和服务的供给近于无限。

3. 文化产业发展上的创意性

文化创意产业不仅使文化产业自身向高端推进，而且必然惠及到第一产业和第二产业及文化产业以外的其他第三产业，为其带来更高的附加价值。

4. 文化产业的价值共享性

文化产业的价值共享性是指文化产品所蕴含的文化内容在较大程度上能够满足消费者共同的情感需要、精神需要和休闲娱乐需要等。文化产业的价值共享性来自文化产品的共享性。

5. 文化产业的心灵服务专业性

文化产业是精神产品的创造、生产和精神消费的专门服务行业。除了文化产品创造和生产以外，文化产业还有大量服务行业为消费者提供心灵服务，在某种程度上满足消费者悦智乐神与悦情的心灵需要。消费者在这些场所散步、休闲、娱乐，不知不觉娱乐了身心，解放和休憩了心灵。

二、产业性质

从广义上说，文化是一个国家或民族的历史、地理、风土民情、传统习俗、生活方式、文学艺术、行为规范、思维方式、价值观念等的统称；从狭义上讲，主要指文学艺术、影视动漫、书刊出版、广播电视、会展等。联合国教科文组织的定义为：文化产业以满足人民的精神文化需要为主要目的，按照工业标准生产、再生产、储存以及分配文化产品和文化服务的生产，它是知识经济的战略性产业，属于当代国家经济社会发展的重要组成部分。

一方面，文化产业具有经济属性和社会属性。只有通过消费者的积极参与，文化产品丰富多彩、蕴藉深厚的内容才能转化为具体的社会效益。

另一方面，文化产业经济属性是指文化产业作为经济形态所具有经济方面的性质和特点。文化产业既要遵循经济活动的一般规律和特殊规律，又要遵循文化发展的一般规律和特殊规律；既要遵守经济活动的相关法律法规，又要遵守文化活动的相关法律法规。

文化产业经济属性与社会属性相互依存与相辅相成。文化产业经济属性为文化产业社会属性转化为社会效益提供经济基础，文化产业社会属性是文化产业经济属性的前提和灵魂。把握文化产品的艺术性、审美性、文化性、直观性、想象性、情感性和精神性特征，把文化产业视为通过创造文化、传播文化与消费文化有机统一的经济形态，正确认识文化产业的经济属性和社会属性，能够促进文化产业的和谐与快速发展。

三、产业构成

不同国家、地区、国际组织对文化产业的分类是不同的（见表9-1），而且不同时期会出现一些变化。根据国家统计局2012年发布的《文化及相关产业分类》，我国文化及相关产业的范围包括：①以文化为核心内容，为直接满足人们的精神需要而进行的创作、制造、传播展示等文化产品（包括货物和服务）的生产活动；②为实现文化产品生产所必需的辅助生产活动；③作为文化产品实物载体或制作（使用、传播、展示）工具的文化用品的生产活动（包括制造和销售）；④为实现文化产品生产所需专用设备的生产活动（包括制造和销售）。

表9-1　不同国家、地区与组织的文化产业分类

国家、地区、组织	分类
英国（13类）	广告、建筑、艺术品与古董交易市场、手工艺品、工业与时装设计、电影与录像、互动性娱乐软件、音乐、表演艺术、出版、电脑软件、电脑游戏、广播电视
新西兰（10类）	广告、软件与资讯服务业、出版、广播电视、建筑、设计、时尚设计、音乐与表演艺术、视觉艺术、电影与录像制作
中国香港（11类）	广告、建筑、设计、出版、数码娱乐、电影、古董与艺术品、音乐、表演艺术、软件与资讯服务业、电视与电台
澳大利亚（13类）	制造（出版、印刷等）、批发与销售（音乐或书籍销售）、财务资产与商务（建筑、广告及其商务）、公共管理与国防、社区服务、休闲服务、其他产业
新加坡（3类）	文化艺术、设计、媒体
韩国（17类）	影视、广播、音像、游戏、动画、卡通形象、演出、文物市场、美术、广告、出版印刷、创意性设计、传统工艺品、传统复制、传统食品、多媒体影像软件、网络
芬兰（9类）	文学、雕塑、建筑、戏剧、舞蹈、影像、电影、工业设计、媒体
联合国教科文组织（6类）	印刷、出版、多媒体、视听产品、影视产品、工艺设计
中国台湾（13类）	视觉艺术、音乐与表演艺术、文化展演设施、工艺、电影、广播电视、出版、广告、设计、品牌时尚设计、建筑设计、创意生活、数字休闲娱乐
美国（4类）	核心版权产业、交叉产业、部分版权产业、边缘支撑产业
日本（3类）	内容产业、休闲产业、时尚产业

第二节 文化产业与幸福感的关系

一、理论分析

文化产业影响居民幸福感的主要机制（见图9-1）主要有：第一，推动文化与经济的结合，是人民实现物质幸福的重要途径。第二，低投入、高回报，有利于促进人与自然的和谐。第三，它可以丰富人们的文化活动形式，加强人际理解和调适大众心理。

图9-1 文化产业影响居民幸福感的机制

二、计量分析

本节将以中国文化消费的数据为代表对居民的幸福感进行实证分析，原因在于：第一，中国文化产业分类较细，无法获取全部的文化产业微观数据；第二，由于世界范围内的微观数据无法采集，故只用中国文化产业的文化消费微观调研数据进行计量分析。中国综合社会调查是我国最早的全国性、综合性、持续性学术调查项目，由中国人民大学中国调查与数据中心负责执行，为学术研究提供了数据资料，具有权威性和代表性。为了更好地分析文化产业与幸福感之间的关系，采用中国综合社会调查的数据进行相关研究，并用Stata12.0软件进行数据分析。

（一）数据来源与计量模型设计

中国综合社会调查项目共收集问卷10968份，经过数据筛选和处理，剔除异常值和缺省值，最终得到有效样本8362个。核心自变量是文化消费。文化消费的方式多种多样，在问卷中，测量文化消费的题目为 A30，即"过去一年，您是否经常在空闲时间从事以下活动"，选项共列出 12 项活动，并将从事活动的频率细分为"每天""一周数次""一月数次""一年数次或更少""从不"。由于本书的因变量幸福感为有序的多变量数值。当幸福感＝1 时，居民的幸福感水平最低，随着赋值指数的增加，幸福感水平也逐渐提升，当幸福感＝5 时，居民的幸福感水平最高。因此，为了获得更精确的估计结果，我们采用逐步回归的方法来研究文化消费对居民幸福感的影响。

选取日常生活工作中部分对幸福感有明显影响的因素作为自变量，构建模型，模型设定基于这样的假设，幸福感水平取决于核心自变量和其他人口统计变量这一系列变量，且变量之间呈线性关系。最后，设定的逐步回归数学模型为：

$$Y^* = \alpha + \sum_{i-1}^{n} \beta_i X_i + \varepsilon \qquad (9-1)$$

其中，Y^* 表示居民的幸福感；X_i 表示模型中的核心自变量及其他可能影响幸福感水平的控制变量，选入的控制变量有收入、受教育程度、婚姻状况；截距 α 表示自变量和控制变量均为 0 时，因变量 Y^* 的平均取值；回归系数 β_i 表示在控制了其他变量的情况下，自变量 X_i 每变化一个单位，Y^* 的变化情况。为了避免自变量之间存在多重共线性进而影响分析结果，本小节通过多重共线性检验，最终将收入、受教育程度和婚姻状况这三项作为控制变量。

（二）文化消费与幸福感的相关分析

如表 9-2 所示，得到的回归系数均为正值，分别为 0.072、0.016、0.041、0.010、0.039，这说明 5 项文化消费活动的频率对居民的幸福感均有正向影响，从事文化消费活动的频率越高，幸福感也越高，所以文化消费的频率与居民幸福感之间确实存在正相关关系。而且对居民来说，通过增加"看电视或看碟""读书/报纸/杂志""在家听音乐"这 3 种文化消费方式的频率，所获得的幸福感要强于增加"外出看电影"和"参加文化活动"的频率。模型 2 加入控制变量之后，R^2 上升至 0.035，这说明，即使加入了 3 项控制变量，文化消费的频率总体上依然对居民的幸福感水平有着正向影响，文化消费的频率越高，幸福感越高。

表 9-2　文化消费对居民幸福感的估计结果

变量		模型 1		模型 2	
		β	Si.	β	Sig.
文化消费	看电视或看碟	0.072	0.000	0.065	0.000
	外出看电影	0.016	0.028	0.005	0.036

续表

变量		模型 1		模型 2	
		β	Si.	β	Sig.
文化消费	读书/报纸/杂志	0.041	0.000	0.029	0.000
	参加文化活动	0.010	0.015	0.006	0.039
	在家听音乐	0.039	0.000	-0.03	0.000
控制变量	收入			0.045	0.000
	受教育程度			0.026	0.048
	婚姻状况			0.062	0.048
R^2		0.025		0.035	
F		43.87		25.35	
Prob.>F		0.000		0.0000	
N		8362		8362	

注：双尾检验统计显著度均为 $p<0.05$。

因此，可以得出结论：

第一，文化消费的频率对居民幸福感的影响显著为正，越热衷于文化消费，文化消费的频率越高。无论是喜欢看电视或看碟片、阅读，还是听音乐，都可以显著提升居民的幸福感。

第二，"看电视或看碟""参加文化活动""在家听音乐"三项，对幸福感水平的影响程度也不甚相同。这可能是因为看电视或看碟对居民来说是更容易进行的文化消费，受众就更多。阅读和听音乐也比其他文化消费给居民带来的满足感更高。

第三，作为文化与经济的结合物，文化产业直指人的精神需求，它与个人快乐或幸福之间存在着一种必然的联系。其发展方向直接关系到文化乃至人类的未来，关注和提升民众的幸福是文化产业发展不可推卸的责任和使命。可见，文化产业不仅是国家经济发展的重要载体，更是提高人民幸福感、体现国家文化独特性的重要载体。

第三节　文化产业发展模式

文化产业发展模式实质上就是文化产业从自身条件出发所选择的文化产业发

展道路和战略选择。目前，国外文化产业发展模式较为典型的有政策驱动模式、完全市场化产业运作模式和资源依托市场化运作模式，其基本模式的运行如表9-3所示。

表 9-3　文化产业的发展模式

文化产业模式	主要特征	实施措施	代表国家
政策驱动模式	政府全面参与文化规划，制定宏观文化发展战略和产业政策，以市场为基础来配置资源	由政府组织、发动和协调各种社会主体的力量，加快文化产业增长速度。鼓励大企业集团积极开拓市场，在市场中进一步增强竞争力	韩国、日本
完全市场化产业运作模式	以市场为导向，在市场经济自由竞争的基础上配置资源	在遵循创意文化产业自身发展规律、考虑文化产业特点的基础上，给予开放、优惠的扶植政策	美国
资源依托市场化运作模式	依托一定的人文历史资源和公共基础设施	将发展文化创意经济纳入国家创新战略，推动传统产业升级改造，调结构、转方式，提升经济竞争力	德国、法国、英国

一、政策驱动模式

这种模式以日本、韩国为代表，政府政策的推动作用在文化产业的发展过程中起到了极其重要的作用，主要特征如下：①立法施政，为文化产业的顺利发展提供法律依据和保证。日本尤为重视通过健全和完善法律法规体系为文化产业的发展保驾护航。一直不断完备法律法规，每个领域均有相应的法律法规进行规范。如1970年颁布的《著作权法》（2001年更名为《著作权管理法》）、2000年的《形成高度情报通讯网络社会基本法》、2001年的《文化艺术振兴基本法》、2002年的《知识产权基本法》等均在相关领域作出详细规范。②通过"行政指导"的方式来引导文化产业的发展。为了贯彻"文化立国"的国策，日本人调动了独特的"行政指导体制"。"行政指导"是日本政府为实现特定目的，不直接运用法律手段，仅以相关法令为依据，通过向产业部门的行政主管机构提出劝告、指导、指示、期望、要求、建议、警告、命令等行政裁决方式，促使企业接受政府的意图并付诸实现，从而控制特定对象的行为。③还设立了许多机构推广韩国文化，从组织上保证"韩流、日流"的影响力。韩国制定的文化立国战略和一系列文化政策，带动了韩国各行业的发展，为其带来了很多实实在在的收益。

韩国企业十分注重对文化产品的综合开发，尤其是在动画、电影、电视剧等领域，一旦某种文化产品在市场上取得成功，只需追加少量的费用即可生成多种收入模式，创造出高效益的产业附加值。如韩国的《来自星星的你》《蓝色大海的传说》等韩剧被民众广泛接受后，立即作为品牌，被长期应用于日后的产品开发中，如改编成动画片、游戏、电影、多种卡通形象等，展现出"一种资源，多种使用"的经营模式。

二、完全市场化产业运作模式

这种模式的代表国家为美国，最大的特点是以市场为导向，在市场经济自由竞争的基础上，按照产业规律经营文化产业。主要特征有：①遵循市场规律，追求高额利润。美国的文化产业深知市场的重要性，他们严格按市场规律办事，通过产品开发、建立全球销售网络、宣传促销和捆绑销售等多种手段和方法，以实现利润最大化。迪士尼可以说是这方面的"标杆企业"，通过电影、电视媒体、主题公园与品牌销售分块布局盈利。②合理调控，引领产业健康发展。虽然美国政府鼓励文化产业积极发展，但还是会采取各种手段，对文化市场进行合理调控，以保证产业健康发展。为了扶持文化企业的扩张，促进媒体行业竞争，提高它们的国际竞争力，适应经济全球化和传媒革命的新形势，美国政府逐步放宽对媒体的管制。③注重文化创新，开拓产业资源。《花木兰》《功夫熊猫》等由外国传统文化改编的好莱坞电影在全球热卖，跨国公司制作的流行音乐大行其道，由国外"进口"的百老汇音乐剧，一年四季热闹非凡，长盛不衰。凡此种种，无不凸显美国文化产业巨大的汲取能力。

三、资源依托市场化运作模式

这种模式的代表国家有德国、英国、法国等国，特点是依托一定的人文历史资源和公共基础设施建设发展文化产业，主要特征如下：①挖掘传统文化资源，打造文化之都。苏格兰最大的城市格拉斯哥通过文化引导的旧城改造，更新提升城市形象，使其成为更加吸引人们居住、工作和游乐的地方。如今，格拉斯哥成功地重建了城市的新形象，拥有英国诸多著名的艺术馆和美术馆及知名的艺术团体，如皇家苏格兰国家交响乐团、苏格兰歌剧院、苏格兰芭蕾舞团以及 BBC 苏格兰交响乐团等，都成为提升城市形象的重要新元素，成功地将格拉斯哥推介给全世界。② 营造浓郁的艺术氛围，为创意阶层提供"土壤"。在欧洲，法国是一个拥有悠久文化传统的国家，艺术和文化的财富超越于政治制度，法国人对其文化有种强烈的自豪感和保护欲。文化活动带动文化繁荣，著名的"巴黎左岸"通过公共艺术展示、夜间游乐场等丰富的文化活动，让人们徜徉在巴黎夜色与文艺飨宴中。③注重创意文化产业人力资源的培养。风靡世界的科幻小说《哈利·波特》《星际大战》等均出自英国。可以看出，英国在文化创意方面的成就比较可观，进而成为世界上仅次于美国的第二大创意产品生产国。

英国、法国文化产业模式对于中国的启示在于：以人力资本为核心，培养创意人才。目前，我国创意产业最缺乏的就是人才。统计资料显示，纽约文化创意产业人才占所有工作人口总数的 12%，伦敦是 14%，东京是 15%。而目前上海创意产业从业人员占总就业人口的比例还不到 0.1%。发展文化产业，必须做到人才先行。政府应积极对传统的管理模式和管理机制进行改革，建立健全文化人才培养、引进、使用等方面的制度，为加强文化人才队伍建设提供制度保障。尤其对于各种文化产业经营管理人才、文化艺术专门人才，要大力发展培养，在业务上给予各种培训和指导。同时，也要加强对其行业从业资质的认证管理，制定好各项人才上岗规范，使各类文化人才能够真正各得其所，各尽其用。

第四节　文化产业发展方向与重点

一、发展方向

一个国家的文化传播能力直接关系到全民文化共享水平和文化产业的发展效益，科技的推动力和后劲是文化发展的核心，也是文化产业的主要创新方向。

(一) 创意产业特别是数字型"内容文化产业"引领文化产业升级改造

创意产业特别是内容产业，适应了知识经济时代对文化产业的创新要求和科技要求，不断增强内生发展动力，从而成为现代意义上的文化产业，领航世界文化产业升级改造。近年来，发达国家的创意产业增长速度快于国民经济整体增速，就业增长率不断提高。依照英国政府给出的定义，创意产业主要指那些源于个人创意、技巧和才华，通过开发和利用知识产权，提供就业并创造财富的行业。

新冠肺炎疫情期间，全国居民都成了"宅男/宅女"，各种带有"宅经济"属性的线上消费行为呈现爆发式增长，成为疫情期间消费领域最为显著的变化。最能够体现这一变化趋势的数据是：1~2月，移动互联网累计流量达到235亿GB，同比增长44.2%。线上新兴消费热度猛增，虽然是特殊时期的特殊现象，但社会各界均意识到这样一个问题——数字化转型和数字化消费的潜力还远未被充分挖掘，消费升级的空间仍然大有余地。各地景点基于VR和全景视觉技术开发线上游览平台并向社会投放，消费者居家期间的文化需求在网络得到一定填补。如故宫博物院推出了"VR故宫""全景故宫""云观展"游故宫，敦煌研究院也利用数字资源推出了"数字敦煌"精品线路游、"云游敦煌"小程序等一系列线上产品。此外，移动游戏、短视频平台、社交网络等媒介在全民居家时期的全线爆发，使得线上文化产业表现抢眼。阿里巴巴的钉钉、华为云的WeLink、腾讯的腾讯会议、字节跳动的飞书、国外远程办公及会议软件zoom等，都为文化产业的远程办公与云协作提供了可能。不少艺术设计、网络文学、游戏设计等对计算机技术具有较高依赖性的行业通过云办公的方式实现了复工。

（二）全球文化产业向高科技化、垄断化方向发展

世界文化产业在结构升级和全球化过程中，科技化、垄断化特征日益凸显。发达国家在拥有资金实力的基础上借助科技优势及文化产业规则的制定权和话语权，在整合世界文化资源的过程中，不断打造并强化其垄断地位。当今世界文化产业为几大巨头所把持，分别是时代华纳、迪士尼、维康、TCL、通用电器、贝塔斯曼、新闻集团、索尼、西格拉姆，这九大集团的实力均名列全球500强。其次是国家级或地区级的文化产业巨头，它们中有一半来自北美，其余的来自欧洲和日本，年收入均超过10亿美元。发达国家所掌控的大型跨国公司日渐主导世界文化市场，这些跨国公司不断向全球扩张以实现经济效益最大化并规避投资风险，发展中国家文化产业的发展空间备受挤压。以图书市场为例，1999年全球图书市场1/3的份额被世界１人出版商中排名前两位的德国贝塔斯曼集团和法国拉加德尔集团所垄断。近年来，发达国家及其跨国公司的文化垄断地位进一步加强。全球50家媒体娱乐大公司拥有世界95%的文化市场份额，世界音乐出口的90%由发达国家大集团所操控。

（三）南北文化产业呈非均衡模式

世界文化产业发展迅猛、全球化势不可当，但同时也日益呈现出南北非均衡发展的态势，南北文化"鸿沟"凸显、贫富差距进一步拉大。在世界文化产业大发展过程中，发达国家和发展中国家"经济鸿沟"之外又增添了"文化鸿

沟"。未来如何在全球范围内推动文化产品及其服务贸易的多样性，帮助发展中国家发展文化产业，使各国人民共享人类文化繁荣所带来的福祉，是各国政府亟待解决的重要问题。

南北文化产业非均衡发展是多重因素共同作用的结果。一是南北国家在文化产业研发投入上存在差距。联合国教科文组织的数据显示，在 2011 年文化企业研发支出指数方面，日本、瑞典、瑞士、德国、美国分别为 5.9、5.8、5.8、5.5、5.5；在发展中国家里，中国支出指数较高，为 4.2。二是发展中国家尚未形成完善的有助于文化产业升级改造的产业链条。发展中国家文化产业中的旅游、教育、培训和体育产业等传统延伸产业相对成熟，但在动漫、绘画、音乐、视听、数字出版、网络游戏、创意设计等高层次文化产业方向上延伸不够，其根本原因在于发展中国家创新能力弱且与市场化的商业运作尚未形成有效结合，生产、营销和传播的产业链条不完整。三是发展中国家尚未形成有利于文化产业大发展的经济与社会环境。文化产业的发展需要人文精神的支撑，需要城市化作为其发展基础，同时，还需要通过网络信息技术在各国之间搭建起有助于文化商品流通的广阔平台。数据显示，发达国家在人文精神程度、城市化水平以及信息化水平等方面均高于发展中国家。

二、发展重点

（一）创作繁荣，丰富精神文化产品

1. 文化产品向着覆盖面更广、创新力度更强、精神价值更高方向发展

提供优质的精神食粮，满足人民过上美好生活的新期待，是骨干文化企业的立身之本；把社会效益放在首位，实现社会效益和经济效益相统一。精美的图书、正能量的影视、激情四射的舞台艺术、快捷便利的互联网文化源源不断地充盈群众的精神世界，凸显着文化产业的精神价值——用文化精品讴歌伟大时代，用优秀传统文化滋养人的精气神，用优质文化产品和服务增强世界人民的文化获得感和幸福感。

2. 以文化创意和科技创新耦合促进文化产业发展

文化的核心是创意，科技的核心是创新。文化创意与科技创新之耦合是知识与文化创意的经济化过程，也是文化生产力与科技生产力"双引擎"驱动的实质所在。在文化产业发展过程中，文化创意与科技创新的耦合与文化产业发展方式转型升级间存在如下密切关联：文化创意与科技创新之耦合→文化资源要素与科技资源要素的融合→文化生产力与科技生产力的融合→文化产业发展方式的转

型升级。因此，文化创意与科技创新的耦合成为驱动文化产业发展方式向深层次转变的重要驱动力。

3. 繁荣小微业态，繁荣文化产业市场

指导小微文化企业应以满足人民多层次、多样化文化需求为导向，以创意创新为驱动，走"专、精、特、新"和与大企业协作配套发展的道路，在开展特色经营、创新产品特色和服务、提升科技含量和原创水平等方面形成竞争优势。制定贯彻落实国家关于推进文化创意和设计服务与相关产业融合发展政策的配套措施，支持小微文化企业拓展与装备制造业、消费品工业、建筑业、信息业、旅游业、体育和特色农业等产业的融合发展空间。

（二）业态创新，文化创造活力迸发

1. 加快人才培育步伐，将文化企业培训工作纳入各国文化产业政策扶持范围

加强对文化企业经营管理能力的培养，鼓励高等院校、职业院校、行业协会、文化企业等创业载体和社会教育服务机构对文化企业经营者和创业者开展有针对性的知识教育和技能培训。推进网络课堂建设，创新人才培养模式，不断扩大小微文化企业培训工作覆盖范围。打破文化人才职称评定的体制壁垒，逐步建立面向社会文化艺术人才开放的职称评定制度。实施"文化产业创业创意人才扶持计划"，适应创业创意人才成果转化、市场推广的需要，运用市场化办法，体现普惠性原则，通过合适的平台，加大资金投入、提供展示机会、扩大品牌影响，促进创意成果转化和创业团队孵化。

2. 推进创业载体，引导现有文化产业园区、基地创新运营管理模式

支持合理利用闲置厂房、场地和废弃工业设施等，将其改造建设成为具有较强创业辅导服务功能、运作规范、业绩突出的小微文化企业创业基地。对文化企业自发集聚形成的特色文化产业集群，要加强规范和引导，完善基础设施建设，提供相应配套服务，改善企业集聚发展环境。鼓励互联网创业平台、交易平台等新兴创业载体的发展，拓宽文化企业的互联网创业发展渠道。实施"成长型文化企业扶持计划"，培育一批具有发展潜力的文化企业和孵化效果显著的文化企业创业发展载体。

3. 创新金融服务方式，巩固和深化各国文化行政部门、中小企业主管部门与金融机构的合作

鼓励银行业、金融机构加大对文化企业的信贷投放力度，开展文化企业财务咨询、项目对接、贷前辅导等服务，支持保险机构开发适合文化企业特点的保险险种，探索开展保证保险、信用保险等业务。引导金融机构不断提升文化企业金

融服务的便捷化、规模化、个性化水平。鼓励各级政府搭建的中小融资担保平台为文化企业提供担保。实施"文化金融扶持计划",提升面向文化企业的金融服务规模与水平。

(三) 培育国民经济新增长点,拥抱5G数字化经济时代

1. 加快数字化、网络化、智能化转型,形成发展新动能

随着5G时代的到来,线上文化消费的需求潜力还将进一步释放。因此,在常态化疫情防控下,一方面,文化产业即使面对新冠肺炎疫情这样的外部冲击,也能保证生存发展的稳定性;另一方面,更有助于化危为机,适应未来发展的变局。未来10年,无论从信息技术的发展,还是用户消费习惯的转变来看,都将为文化产业打开新空间。与其等、靠、要,不如比拼赶超。文化产业不妨借力疫情期间掀起的线上消费热潮,进一步加快对数字化产品、服务的转型和布局,在供给端提质、扩容,产出更多优质内容,并借力新技术,切实提高文娱产品消费的便利性和体验感,在人们完成消费升级的同时实现产业模式的华丽转身。

2. 完善财政、税收、金融优惠政策,助力数字影视等产业发展

制定积极的文化产业科技税收政策,强化国家对数字影视、动漫产业等新兴文化产业及非营利性文化组织的税收优惠政策,对参与公益性文化产业的社会力量给予税收优惠政策。大力支持项目品牌建设。创新政策举措,扶持重大文化产业数字化项目。管好、用好文化产业发展引导专项资金和股权投资基金,加大对重点文化产业项目和精品工程的支持力度。推动形成竞相发展格局,加强文化产业孵化基地、文化产业创意园区建设,搭建市场、资金、人才、技术等共享平台,鼓励各类市场主体公平竞争、共同发展、相互促进。

3. 制定新商业环境营销策略,审时度势调整数字空间产品服务

数字化是抵抗产业脆弱性的关键一招。对于文化产业而言,疫情中涌现出的新业态越多,则说明原本的数字化程度越低,遭受到的冲击也就越大。随着5G时代的到来,消费者一定会向数字空间索取更多的产品和服务。文化产品和服务生产者需要提升开展线上业务的能力,制定适应新商业环境的营销策略,调整旧的营销策略。文化产业站在了发展变革的十字路口,公共部门与市场能否真正拥抱数字化转型,为更广泛的数字化文化产品、文化服务和文化体验付费、埋单,将在很大程度上决定疫情缓和后文化产业的发展走向。

第五节　中国文化产业发展研究

一、发展现状

（一）中国文化产业发展特点

1. 文化产品供给质量和数量大幅提升

文化精品特别是主旋律作品日益丰富，《习近平新时代中国特色社会主义思想三十讲》《平"语"近人——习近平总书记用典》《梁家河》等政治类读物，以及《改革开放全景录》《红海行动》《流浪地球》《换了人间》和"庆祝改革开放40周年文艺晚会"等一批讴歌党、讴歌祖国、讴歌人民、讴歌英雄的精品力作引起了强烈的反响。2015~2017年，舞台艺术创作共推出原创首演剧目4499部，全国艺术表演团体演出场次从210.8万场增加到293.6万场。2012~2018年，图书出版从41.4万种增至51.9万种，期刊出版总品种数由9867种增长到10139种，故事影片创作生产平均每年超过700部。2018年，电影产量超过1000部，票房达609亿元，制作完成并获得发行许可的电视剧共323部13726集、电视动画片共241部12.6万分钟。我国已成为世界图书出版、电视剧制播、电影银幕数第一大国，电影市场规模稳居全球第二。文化企业数量不断增长，供给能力迅速提升，截至2018年底，全国文化企业共309.28万户，占全部企业数量的12.9%，2018年，全国新登记文化企业52.21万户，同比增长6.9%。

2. 文化产业向国民经济支柱性产业目标迈进

2017年，全国文化产业增加值为34722亿元，占GDP的比重为4.23%，比上年增长12.8%（按现价计算）；增加值过千亿元的省份已有13个，其中，广东、江苏、浙江、山东等省份超过3000亿元；文化产业增加值占GDP的比重超过5%的省份有4个，分别是北京（9.64%）、上海（6.79%）、浙江（6.19%）和广东（5.37%）。文化产业已经成为调整优化产业结构、推动新旧动能转换的一支重要力量。

3. 文化产业服务民生的作用日益凸显

2017年，全国文化产业从业人员达到2138万人，较2004年的873.26万人增加了1.45倍。文化和旅游部门鼓励贫困地区依托特色文化资源发展特色文化产业，支持建设了一批具有富民效应和示范效应的文化产业集聚区和特色文化产业项目。例如，贵州实施文化产业扶贫"千村计划"，鼓励建设一批非遗保护性生产基地和体验展示街区，推动传统手工艺标准化、规模化和市场化。

4. 文化"走出去"取得积极进展

《习近平谈治国理政》第一卷以 24 个语种、28 个版本在全球 160 多个国家发行 660 万册，中国理念、中国制度、中国方案得到越来越多国家和地区的理解和认可。2018 年，我国文化产品和服务进出口总额达 1370.1 亿美元，同比增长 12.3%。2012~2017 年，全国版权输出从 9365 项增长到 13816 项，增长 47.5%，版权输出与引进的比例从 1∶1.9 提高到 1∶1.3。2018 年，中国自主研发网络游戏海外市场销售 95.9 亿美元，同比增长 15.8%。

（二）中国文化产业发展存在的问题

尽管近年来我国文化产业发展取得了显著成绩，但是也要看到，我国文化产业仍然处于起步阶段，无论是规模总量还是质量效益，无论是对内满足人民需求还是对外扩大文化影响力，都还有很长的路要走。

1. 高质量文化供给不足

习近平总书记指出，我国文化供给已经不是缺不缺、够不够的问题，而是好不好、精不精的问题。目前，文化产业生产结构与市场需求结构不适应，低端供给过剩与中高端供给不足并存，文化产品有数量缺质量、有"高原"缺"高峰"，传播当代中国价值观念、体现中华文化精神、反映中国人审美追求的精品力作还比较少，还不能满足广大人民群众多样化、多层次、多方面的精神文化需求，抑制了文化消费。有文化特色的现代企业制度尚未完全建立，社会效益和经济效益平衡难度较大，有的企业甚至一味迎合市场，制造文化垃圾，急需从法律法规和政策上为高质量文化供给主体提供坚定支持，不断优化供给结构。

2. 产业发展不平衡

与美国、韩国等文化产业发达国家相比，我国文化产业对国民经济的贡献及影响还存在差距。区域发展不平衡问题仍然突出，西部省份文化产业增加值占 GDP 的比重均低于全国平均水平。我国文化产业还是新兴产业，发展时间较短，基础还较为薄弱，正处于从政策推动到市场驱动的动力转换过程中，市场机制在资源配置中的积极作用还没有得到充分发挥。

3. 文化企业实力偏弱

我国文化企业数量增长较快，但绝大多数是从业人员 50 人以下或营业收入 500 万元以下的小微企业，甚至是个人工作室、个体工商户，"小"和"散"的局面还没有彻底改观。与一般行业相比，文化企业在追求社会效益、承担社会责任方面的要求更高、担子更重。文化企业大多是轻资产企业，高度依赖创新创意，普遍面临盈利模式不稳定、生命周期短、可持续发展难度大等突出问题。

4. 创新驱动能力不足

在内容、技术、业态等方面的自主创新能力不足的问题较为突出，原创能力不强，内涵深刻、富有创意、形式新颖、技术先进的知名文化品牌较少。随着文化和科技的深度融合，部分传统文化业态、服务形态以及文化企业还不能适应科技发展和时代要求，转型比较缓慢，生存面临严峻挑战。

5. 国际市场竞争力不强

相比于发达国家，我国出口文化产品和服务技术含量较低、创意能力不强，能充分体现中华优秀传统文化精髓、适应国外受众习惯的文化产品偏少，国际传播力、影响力还不够大，对外文化贸易在整体对外贸易中所占比重偏低，核心文化产品和服务的贸易逆差仍然存在，文化企业参与国际竞争的能力还较弱。

（三）中国文化产业效率测算

本书在文化产业效率评价指标的选择上，参考马萱（2010）、蒋萍（2011）、何里文（2012）多位学者的文化产业效率研究文献后发现，投入指标可分为劳动力资源、资本资源以及文化资源三部分，产出指标则由价值型指标和非价值型指标两部分组成。考虑到指标的客观性和可得性，所选指标均来自各类统计年鉴。

1. 指标选取

在已有的文化产业评价指标体系大框架的指引下，结合影响文化产业发展的主要因素，选择指标如下：

（1）劳动力资源。涉及劳动力投入与科研人才储备两大因素，分别从量和质两方面，以从业人员数、文化（文物）艺术科研机构高级职称人数指标加以衡量。

（2）资本资源。主要涵盖社会投资、政府支持、技术创新三方面的资本资源，分别以固定资产投资额，文化、体育与传媒支出，国家级文化产业示范基地数，企业 R&D 研发支出，移动电话普及率，互联网普及率六大指标量化评价。

（3）文化资源。这一类别的资源既包括地区的固有资源，主要是自然类资源，又包括地区的公益文化资源储备与设施建设，即带有文化事业性质的资源。主要由公共图书馆藏量、文物藏品数两个指标评价。

（4）价值型产出。这一类型的指标是基于文化产业发展给企业、社会所创造的经济效益而提出的。文化企业的综合经济效益以主营总收入为评价指标，以应付职工薪酬和企业纳税额衡量文化产业发展对社会环境的经济回馈。

（5）非价值型产出。文化产业是知识密集型产业，内容创意是产业的核心。在创造经济效益的同时，也在促进新知识的传播与生产。由公共图书馆总流通人次、艺术表演场馆演出场次、专利授权数、图书出版总印数、期刊出版总印数等五个指标予以评价。初步建立的文化产业发展水平初选评价指标体系如表9-4所示。

表9-4　文化产业发展水平初选评价指标体系

投入与产出	二级指标	三级指标	参考来源
文化产业投入指标	劳动力资源 X_1	从业人员数量 X_{11}	徐文燕、肖雁飞等
		文化文物艺术科研机构高级职称人数 X_{12}	
	资本资源 X_2	固定资产投资额 X_{21}	鲁小伟、张连龙、张波、李忠斌、张惠丽等
		文化、体育与传媒支出 X_{22}	
		R&D 研发支出 X_{23}	
		移动电话普及率 X_{24}	
		互联网普及率 X_{25}	
		国家级文化产业示范基地数量 X_{26}	
	文化资源 X_3	公共图书馆藏量 X_{31}	梁琳娜、王凡一等
		文物藏品数量 X_{32}	
文化产业产出指标	价值型产出 Y_1	主营总收入 Y_{11}	王学军等
		应付职工薪酬 Y_{12}	
		企业纳税额 Y_{13}	
	非价值型产出 Y_2	专利授权数 Y_{21}	蒋萍、梁琳娜等
		公共图书馆总流通人次 Y_{22}	
		艺术表演场馆演出场次 Y_{23}	
		图书出版总印数 Y_{24}	
		期刊出版总印数 Y_{25}	

2. 测算结果

根据各个因子的得分系数矩阵，就可以计算每个公共因子的得分，进而计算文化产业投入指标和产出指标的主成分得分系数矩阵。以各主因子的方差贡献率作为权重进行加权平均，从而得到文化产业投入的综合计算公式：$F = 0.376F_1 + 0.304F_2 + 0.177F_3$。产出指标主因子得分的计算原理同上，此处不再赘述。全国文化产业投入产出主因子得分情况如表9-5所示。

表 9-5 31 个省份文化产业投入产出主因子得分表

省份	投入					产出			
	基本投入	服务设施投入	重要资源投入	综合得分	排名	效益产出	公共产出	综合得分	排名
北京	-1.002	3.297	0.358	0.69	5	1.250	-0.585	0.57	6
天津	-0.369	0.177	-0.777	-0.22	18	0.054	-0.867	-0.20	14
河北	0.613	-0.604	0.043	0.05	10	-0.331	-0.076	-0.21	16
山西	-0.572	-0.071	0.284	-0.19	17	-0.362	-0.583	-0.37	23
内蒙古	-0.593	-0.091	-0.066	-0.26	20	-0.401	-0.864	-0.47	27
辽宁	-0.150	0.387	-0.204	0.03	12	-0.449	0.189	-0.21	15
吉林	-0.500	-0.110	-0.071	-0.23	19	-0.905	0.625	-0.36	21
黑龙江	-0.614	-0.443	0.398	-0.29	23	-0.508	-0.559	-0.45	25
上海	-0.745	2.140	1.265	0.59	6	0.592	1.074	0.64	5
江苏	2.634	0.102	0.489	1.11	2	2.575	1.361	1.87	1
浙江	1.044	1.139	0.722	0.87	3	2.097	-0.055	1.21	3
安徽	0.324	-0.893	-0.190	-0.18	15	-0.218	0.157	-0.08	12
福建	0.244	0.710	-0.887	0.15	8	0.452	-0.859	0.03	9
江西	0.444	-0.963	-0.342	-0.19	16	-0.420	0.242	-0.18	13
山东	2.342	-0.708	0.772	0.80	4	0.300	1.739	0.64	4
河南	0.743	-1.013	0.546	0.07	9	-0.112	0.408	0.04	8
湖北	0.024	-0.793	0.916	-0.07	14	-1.369	2.909	-0.01	10
湖南	1.056	-0.748	-0.742	0.04	11	-0.459	2.202	0.33	7
广东	2.386	2.300	-1.062	1.41	1	3.215	-0.221	1.82	2
广西	-0.087	-0.568	-0.428	-0.28	21	-0.475	0.197	-0.22	17
海南	-0.870	0.051	-1.257	-0.53	29	-0.336	-1.067	-0.48	28
重庆	-0.179	-0.422	-0.543	-0.29	22	-0.346	-0.278	-0.28	19
四川	-0.472	-0.375	2.882	0.22	7	-0.140	0.042	-0.07	11
贵州	-0.355	-0.589	-0.950	-0.48	28	-0.364	-0.864	-0.45	24
云南	-0.656	-0.711	0.578	-0.36	24	-0.472	-0.250	-0.34	20
西藏	-0.810	-0.499	-1.161	-0.66	31	-0.406	-1.265	-0.58	31
陕西	-0.966	-0.207	2.525	0.02	13	-0.313	-0.231	-0.25	18

续表

省份	投入					产出			
	基本投入	服务设施投入	重要资源投入	综合得分	排名	效益产出	公共产出	综合得分	排名
甘肃	-0.556	-0.645	-0.158	-0.43	26	-0.895	0.210	-0.47	26
青海	-0.857	0.146	-1.010	-0.46	27	-0.364	-1.272	-0.56	30
宁夏	-0.863	-0.093	-1.092	-0.55	30	-0.432	-1.085	-0.55	29
新疆	-0.641	0.095	-0.837	-0.36	25	-0.457	-0.371	-0.37	22

从文化产业发展态势来看，陕西的文化产业投入水平处于中等偏上，排第13位，但产出水平却排第18位，在第二梯队中名次偏后。在西部地区之中，陕西文化产业投入力度与产出水平均在四川之后。在产业投入方面，陕西凭借丰富的文物资源与文化艺术资源取得了较高的重要资源投入得分，但在直接促进文化产业成长的基本要素投入上却显得无力，基本投入和服务设施投入两项得分分别排名第29位和第15位，由此造成文化产业综合投入得分虚高。如何强化资源配置，高效提升陕西文化产业产出水平需要从改进投入产出效率的角度建言献策。

通过排名对比纵向评价文化产业的综合投入与产出状态，分别计算文化产业综合得分，结果显示，广东、江苏、山东、上海、浙江、北京、福建、河南、湖北、湖南综合投入稳居前十名。

四川、重庆、广西、陕西四个省份的综合产出居于中间梯队，云南则比较接近末位梯队。对于陕西而言，难以像东部、中部省份借助地区红利提升自身的文化产业发展水平。经计算，陕西近三年年综合投入排名分别为第8、第11、第13、第13名，综合产出位次从前两年的19名下降至后两年的18名。陕西文化产业综合投入位次上升5名，综合产出上升1个位次。

二、发展模式

我国文化产业发展模式总体是以政府主导模式为主，文化产业发展的历程是一段从自发发展到政府主导，再逐步走向自觉发展的过程，我国文化产业模式的选择与国内文化产业发展的历程紧密相关，可概括为三个阶段。

(一) 初期模式：政府主导模式

政府从政策、资金、组织机构、人才等方面直接对文化产业进行干预、扶植、引导。1998年，文化部增设文化产业司，协调文化产业运行中的重大问题，将发展文化产业纳入政府管理范畴。2001 年，"文化产业"概念正式写入国家"十五"计划纲要，党的十六大把发展文化产业提到了新的高度，随后党和国家出台了一系列鼓励发展文化产业的政策措施。此外，政府还从资金、人才等方面对文化产业进行干预扶持。实践证明，在文化产业发展初期，政府主导模式是非常有效的模式。

政府主导模式是指文化产业园区的软件与硬件，从规划、设计到使用、管理、维护等，都由政府主导执行完成。这种模式具有充足的资金来源及相关政策的支持。例如，西安"曲江模式"的开创就属于此种类型，良好的政府背景以及长期的政府支持，能够保证在开发过程中购地的完整性，进而保证文物资源带来的增值效益内部化，也能让各主管部门在开发过程中高效运作。"曲江模式"是一种市场经济相对落后地区的文化开发模式，在缺乏庞大的中小文化企业的基础上，利用大集团的模式发展文化产业，在这种模式中行政的力量行之有效，能够利用行政的力量对文化产业所在区域的外部社区与相关利益者进行协调，保证文化产业企业的发展与壮大。

（二）文化产业园模式：政府主导+产业运作模式

大多数市场主体主要由原来的文化事业单位转制而成。在计划经济体制下，由于文化是意识形态领域斗争里的最重要的"战线""阵地"和"工具"，于是整个文化生产和服务产业都不加区分地统统被列为事业部门或事业单位。20 世纪 80 年代，受社会办文化的冲击，一些文化事业单位开始尝试"事业单位企业化经营"，随着文化市场需求的扩大，经济体制改革进一步催生文化事业单位改革，中央和地方各级政府开始引导文化事业逐步向文化产业转变。因此，大多数市场主体主要由原来的文化事业单位转制而成。

我国文化产业园区借助国家政策发展迅猛，文化产业园区作为文化企业积聚力量的领军者，需要承担的使命更为艰巨。尽管目前在运营模式和盈利模式上具有较大的差别，但我国文化产业发展总体处于上升趋势，现存问题必将在市场经济背景下得到解决。合理的产业定位有助于增强文化产业园区的市场竞争力，开放的园区格局则有助于集聚文化产业园区的人气，开拓文化产业园区的新业态，科学的物业经营有助于保障文化产业园区稳定的资金来源。三力合一，最终将促成文化产业园区的全面升级和良性运转。目前，我国文化产业园区的运营模式主要有三种。

1. 建设—经营—转让模式

建设—经营—转让模式是政府将园区交由民间团体投资兴建和经营，等营运期满后，再将所有权移转给政府。一般程序为政府先进行前期研究，然后以公开发包方式，将园区公共建设的规划或设计、建造均交由民间企业办理，并由政府以授权方式交予民间企业运营，承包商在特许期内负责设计、筹措经费、兴建、运营与管理，在兴建完成后，可以营运并回收成本，约期结束后将所有权再移交政府。这种模式具有先期投资成本高、回收期长、相关风险高、政府与民间团体需长期广泛合作及采用专案融资等特点。

2. 经营—转让模式

经营—转让模式是由政府对文化产业园区进行重大基础设施投资建设，并拟订园区的发展方向，而园区的其他配套建设及经营和管理则完全委托给民间企业来完成，企业提出整体的软、硬件规划构想，并经政府审议通过。

3. 租赁—开发—经营模式

租赁—开发—经营模式是政府将土地或现有设施、设备以租赁或出让的形式给企业或企业联合体，而后由主导企业或者企业联合体进行文化产业园区的开发建设，再由主导企业或者企业联合体进行文化产业园区的管理组织。

(三) 中国文化产业的发展趋势：数字化背景下的政府+市场引领模式

当下文化产业发展迅猛，我国的文化体制改革迈入新阶段，面对国际文化市场竞争日趋激烈的格局，随着文化产业的强劲增长，政府与市场的关系也随之发生重大改变，现阶段支撑政府主导型发展模式的一些现实依据也将随之减弱或消失。因此，有必要探索新形势下的文化产业发展模式。文化产业属于人力密集型产业和创意产业，中小微文化企业占据文化企业总数的80%以上，因此，诸多学者都认为，对一些抗风险能力较弱的小规模文化企业，在政策上可相对给予倾斜。

三、发展重点

(一) 完善文化产业政策法规体系，发展壮大文化市场主体

加快制定出台文化产业促进法，编制出台文化部"十四五"规划时期文化产业发展规划。将文化产业发展与"大众创业、万众创新"紧密结合，加强文化企业孵化器、众创空间、公共服务平台建设，支持"专、精、特、新"小微文化企业发展。2015年以来，文化和旅游部牵头开展文化产业促进法起草工作，已经形成了各方基本认可、比较成熟的草案，争取尽快按程序提请全国人大常委会审议。发展壮大文化市场主体，从政府层面来讲，一是源头上把握好正确导向，始终把社会效益放在首位，实现社会效益和经济效益相统一；二是着力转变职能，正确把握和处理政府与市场、政府与社会的关系，做好简政放权、放管结合、优化服务等相关工作，构建健康、清廉、公开、透明的新型政商关系，进一

步提振投资者和企业发展信心；三是加强统筹协调，更加积极主动地与综合经济管理部门沟通协调，争取各项政策和资金向文化产业倾斜，推动文化产业与文化事业、文化遗产保护传承相协调；四是积极主动作为，自觉主动地适应文化产业发展的要求，加强自身学习和对具体问题的研究，站在经济社会发展全局的高度思考谋划文化产业发展。

（二）推动文化产业结构转型升级，扩大与引导文化消费

围绕"互联网+"加快发展动漫游戏、移动多媒体等新兴文化产业，大力培育基于高新技术应用的新型文化业态。运用大数据等手段，及时捕捉人们文化消费的心理、习惯等，推动文化产品从单一向多元、从传统向现代转型升级，提高文化产品的附加值与竞争力。积极整合文化、创意、科技、资本和管理等要素，推动文化领域在商业模式、产品形态、载体工具、组织形态等方面大胆创新，探索文化创意内容与传播渠道的整合再造，打造出贯通区域全产业链的现代文化产业体系。积极布局文化新业态，应用数字化高新技术推动传统文化创意产业向高端变革，依托云计算、VR、AI 等新技术对文化市场进行细化，满足个性化消费人群的需求，加强对互联网平台的运用，使其成为文化企业发展的基础设施，对占据技术前沿并拥有自主知识产权的文化新业态进行战略孵化和产业重组，打造一批特色鲜明、创新能力强的文化科技企业。

（三）鼓励与引导社会资本进入文化领域，加快对外文化贸易发展

加快完善文化产业投融资体系建设，为文化产业创新发展持续提供资金支持，从改善发展环境、强化公共服务、提升规模效益这三方面入手，不断夯实对外文化贸易持续快速发展的基础。加快推进符合文化产业发展需求和文化企业特点的金融产品与服务创新，积极探索文化资产管理、文化产业融资租赁、文化保险担保等金融业务创新，运用好产业投资基金、风险投资基金等金融工具，提升金融服务文化产业发展水平。加快设立文化 PPP 投资基金，鼓励地方政府引导基金规范参与文化 PPP 项目，带动更多金融机构加大对文化 PPP 项目的融资支持。鼓励符合条件的文化 PPP 项目灵活运用债券和资产证券化等融资方式，拓宽融资渠道，盘活存量资产，探索建立多元化、规范化和市场化的资产流转和退出渠道。引导各地文化金融服务中心积极支持文化 PPP 项目。大力推动文化贸易，认定首批 13 家国家文化出口基地，推动国产优秀文化产品进入海外主流市场，影响主流人群，有力展示中国国家形象。开展文化产业领域国际交流合作，搭建文化产品和服务"走出去"平台，扩大中华文化影响力。努力消除地区分割和行业壁垒，培育和发展各类文化产品和要素市场，建设传输便捷、互联互

通、城乡贯通、安全可控的文化传播体系，促进文化产品和人才、产权、技术、信息等文化生产要素的合理流动。

(四) 优化文化市场环境，强化人才培养与扶持

着力完善多层次的产品市场和要素市场，加快构建统一开放、竞争有序、诚信守法、监管有力的现代文化市场体系。以高端创意设计、经营管理人才为重点，加强对文化产业人才的培育和扶持。统筹国际和国内两个市场、两种资源，培育具有国际影响力的外向型文化企业、文化品牌，扩大市场份额和国际影响力。创作是文化产业发展的源泉，人才是文化产业发展的高地。宣传文化等部门将以文化产业发展需求为导向，培养和扶持内容创作生产高端人才及相关技术人才。积极推动文化产业及相关学科专业建设，鼓励社会力量参与文化产业人才培养。健全符合文化产业人才特点的发现、使用、评价、流动、激励和储备机制，鼓励采取签约、项目合作、知识产权入股等多种方式集聚文化产业人才，以及多渠道引进海外优秀文化人才。进一步深化文化市场综合执法改革，提升文化市场技术监管水平，鼓励和保护公平竞争，制止垄断和不正当竞争的行为，纠正扰乱市场的行为，净化文化市场环境，维护文化市场秩序。建立文化市场诚信体系，构建守信激励和失信惩戒机制。扩大对外文化贸易，推动优秀文化产品和服务拓展国际市场。

四、发展对策

(一) 深化文化管理体制创新——制度保障

创新文化产业生态系统，加强文化产业与旅游、农业和日常生活消费品制造业等相关产业的深度融合，创新文化内容的管理手段，规范内容管理的标准和流程，利用高科技加大文化市场的动态监管，营造风清气正的文化产业发展氛围，积极发展新业态、新模式、新服务、新消费，创造内涵丰富、形式多样和生产具有幸福感和满足感的文化产品。优化制度供给，营造良好的政策环境，形成文化产业高质量发展的新格局。

(二) 促进文化与科技和制造业融合创新——核心动能

按照《"十三五"国家战略性新兴产业发展规划》的要求，加快推动数字创意产业成为新支柱产业之一，推动"文化+"全方位、多角度、深层次地与产业发展和社会生活相融合，为乡村振兴、全域旅游等战略部署增添文化新动力。同

时，数字文化产品深受"90后""00后"消费者喜爱，与人们的日常生活的关系愈加密切，随着5G应用技术广泛融入社会，文化产品的内容、形式、种类将不断丰富，可视化、交互性、沉浸式的数字文化产品和服务将不断涌现，影视、动漫、游戏、音乐、演艺、旅游等业态的数字化程度将不断加深。文化产业领域的管理者和从业者要共同探索文化与科技融合的多样化方式，做好文化与科技融合创新的顶层设计和落地实施，搭建创新平台，整合创新资源，提升创新能力，把最新的科技成果融入文化产品创作、生产、传播、消费和服务的每一个环节，优化文化内容生产和传播流程及载体建设，促进生产要素与产品的高效流通，进一步提升文化产业发展的效率与质量。

（三）推动传统文化创造性转化和创新性发展——文化支撑

贯彻执行《关于推动文化文物单位文化创意产品开发若干意见的通知》等文件精神，推动传统文化主动融合文化创意，让文物活起来。博物馆、文化馆、非遗传承中心等部门主动与文化创意企业交流合作，运用联合开发、政府购买、艺术授权等多种手段，推动文化资源转化为文化产品。可参照"秦淮礼物""深圳礼物"等成功案例，地方政府联合专业文创公司，开发系列非遗文创品牌和新零售平台，盘活整合地方精品非遗文创资源，推出高质量的文创产品，以整体形象参与市场竞争。

（四）培育新的消费模式和业态——消费保障

生产是为了消费，高质量发展需要增强文化消费对产业发展的牵引作用。因此，扩大文化消费规模，提高文化消费质量，成为文化产业高质量发展的重要内容。高度重视消费对文化产业发展的牵引作用，个性化、定制化的文化产品和服务成为新时代文化消费的发展方向，这就需要以市场为导向，注重以文化产业新业态、新形式催生文化消费新模式和新业态。要不断培育文化消费的新增长点，促进产业结构升级，为市场提供丰富和优质产品，创新消费供给，释放潜在消费需求。同时，挖掘消费结构升级带来的新需求，引导文化生产企业按需生产，扩大有效供给。

尤其要关注"90后""00后"消费群体的新变化，培育新型文化消费模式，创新和发展消费新业态，实现线上线下消费融合发展，提供更多的优质文化消费体验。文化消费不同于一般的物质消费，具有贴近日常、潜力巨大、辐射作用强的特点，全国已经有45个文化消费试点城市，从丰富产品供给、创新文化业态和消费模式等多方面探索扩大和引导居民文化消费的跨界融合，发展"文化+"农业、工业、服务业，激发文化消费潜能，且目前已经产生了良好的效果。

（五）全面深化文化改革创新——动力支撑

推动文化产业高质量发展，全面深化改革，就要推动体制机制的改革创新，特别是要重点推动文旅深度融合发展。创新各类资本的运营方式，鼓励文化企业与金融资本、社会资本的有效融合，积极拓展投融资渠道，增强民营文化企业的竞争实力。深化经营性文化单位改革，加快发展混合所有制文化企业。鼓励国有文化企业和民营文化企业在符合政策的前提下，加强资本合作、实现优势互补、互利共赢，实现跨所有制文化企业的强强联手、并购重组，打造具有国际竞争实力的文化企业航空母舰。长三角一体化、京津冀一体化、粤港澳大湾区等国家战略打破行政区划束缚，为实现文化融合创新发展搭建广阔的平台。

第十章
旅游产业发展研究

近几十年，随着我国旅游业的持续快速发展，其已成为我国战略性支柱产业，同时，旅游活动的参与普遍化也在不断加深其所带来的社会影响。《国民旅游休闲纲要（2013~2020）》和《国务院关于促进旅游业改革发展的若干意见》均明确提出要通过发展旅游业来提升国民生活水平和质量。随着旅游业社会功能和影响的进一步扩大，探讨旅游与幸福之间的关系成为当前旅游研究的重点。

第一节 旅游产业概念、特征与构成

一、产业概念

根据《中国百科大辞典》对旅游概念的界定，旅游是人们观赏自然风景和人文景观的旅行游览活动，包含人们旅行观览、观赏风物、增长知识、体育锻炼、度假疗养、消遣娱乐、探险猎奇、考察研究、宗教朝觐、购物留念、品尝佳肴以及探亲访友等暂时性移居活动。根据三大产业的划分，旅游产业属于第三产业，主要功能是市场中的综合性经济主体为旅游消费者提供有形和无形的旅游产品或服务。

本书借用张梦对于旅游产业的定义，以满足旅游者"食、住、行、游、娱、购"需求属性来划分旅游业，即"凡是提供满足旅游消费者在旅游过程中食、住、行、游、娱、购等方面需求的综合产品和服务的部门或企业的集合就是旅游产业，包括旅行社、旅游住宿设施、旅游景区、旅游车船公司等多个行业"。

二、产业特征

现代旅游经过不断的发展，形式越来越多样化，范围也逐渐拓宽，在特征上表现出与其他产业的不同之处。第一，旅游涵盖范围比较宽广，旅游不是一个单独的支撑体，其中包含第一产业、第二产业、第三产业，范围较为广泛；第二，纵向结构的层次性，旅游的纵向发展出一些新产业，同旅游行业息息相关；第三，与其他产业的关联性，游客在进入旅游区域后产生的生活活动已经不仅仅只关系着旅游产业，还与其他产业有着深刻的联系。

（一）旅游产业涵盖范围的宽泛性

旅游业不是一个孤立的产业，它涵盖着许多方面，共同构成旅游的整体，横向包括第一产业、第二产业与第三产业，范围具有明显的宽泛性。

现代旅游产业所涵盖的范围表现出较强的宽泛性。旅游产业不仅包括旅游景区、旅游娱乐场所、旅行社、旅游饭店、旅游商品经营等直接为旅游者服务的旅游企业，也包括旅游交通、商品零售、餐饮、公共服务、娱乐休闲、金融保险、信息咨询、食品加工等部分为旅游者提供产品或服务的旅游相关企业。

（二）旅游产业纵向结构的层次性

旅游业在纵向上有着明显的层次性，大致由核心旅游产品行业散发至娱乐交通等相关行业。

首先是以提供景观观赏与娱乐为基本产业职能的旅游景区，娱乐经营场所在整个旅游产业中具有优先发展的核心地位。其次才是为旅游者提供便捷服务的由旅行社、旅游饭店、旅游交通、旅游商品等组成的旅游中介机构。

（三）与其他产业的关联性

旅游业的发展与其他产业息息相关，是一个相互联系的有机体，主要由要素关联、产业关联、系统关联三部分构成。

作为一个综合性的产业，旅游产业与众多的要素、产业、系统发生关联。一是要素关联，旅游活动的食、住、行、游、购、娱"六要素"之间彼此关联互动，形成一个完整的要素体系。二是产业关联，提供旅游产品与旅游服务的相关部门和行业的发展又为旅游产业的发展提供了强大的物质基础。三是系统关联，旅游产业的功能结构主要由旅游吸引力、服务系统、交通运输系统、市场营销和信息提供组成。各个部分之间有机整合、协调互动。

三、产业构成

由于旅游行业涵盖范围较广,层次较多,产业构成较为复杂,本书将旅游产业的构成划分为三个层次进行讨论。第一层次为旅游行业的核心,即与旅游活动直接相关的行业;第二层次为与旅游活动有较大关联的行业;第三层次为与旅游行业有间接关系,间接影响着旅游活动的行业,如表 10-1 所示。

表 10-1　旅游产业的构成

层次	行业
第一层次	旅游业,包括旅行社、旅游公司等 旅馆业,包括宾馆、旅馆及招待所等 公共设施服务业,包括市内公共交通、园林绿化、风景名胜区、环境卫生、市政工程管理等
第二层次	铁路运输业 公路运输业 水上运输业 航空运输业 其他交通运输业 零售业 餐饮业 娱乐服务业,包括游乐园、海洋馆、电子游戏厅等
第三层次	农业 林业 畜牧业 渔业 邮电通信业 装饰装修业 食品加工业、食品制造业 纺织业、服饰及纤维制造品制造业、印刷业 金融业、保险业、信息咨询服务业 文化艺术业、工程设计业 汽车制造业、其他制造业、土木工程制造业、环境保护 国家机关、社会团体 食品饮料烟草和家庭用品批发业 线路、管道和设备安装业 木材加工及其制造业

第二节　旅游产业与幸福感的关系

旅游产业的发展与人民生活幸福感之间的联系主要从两方面来展开，一是旅游休闲活动所带给旅游目的地人民的幸福感；二是旅游休闲产业可以提高游客的幸福感，获得更多的幸福体验。

一、理论分析

（一）提高旅游目的地人民的幸福感

开展旅游活动可以提高旅游目的地人民的幸福感，主要是因为：第一，旅游带来了产值的增加，可以直观地看到旅游收入的增加；第二，旅游的发展提高了当地人民的生活质量，提高了各类设施建设和娱乐活动的数量；第三，提升了就业率，旅游业的发展使得更多的岗位得以产生，提供了人民的就业新方向。

1. 旅游产值的增加

旅游业的发展是否对国内经济具有影响力，直观来说可以通过旅游行业的产值来判断。近年来，通过发展旅游行业，不论是国内的旅游花销还是国际上的旅游外汇收入都呈明显的上升态势。由图 10-1 可知，2010~2019 年国际旅游的外汇收入始终呈逐步增长的态势，2014~2015 年完成了跳跃式的发展，增长至近乎2014 年的两倍左右，2015 年开始正式迈入了 1000 亿美元的时代，2019 年更是达到了 131300 百万美元的创举，中国的境外旅游收入已经成为中国一大收入来源，国内旅游同国际旅游相似，2010 年至今同样呈较为稳定的增长态势，2017~2018年突破了 50000 亿元，2019 年达到了 57251 亿元的成绩，占 2019 年全国 GDP 的5.78%，通过旅游收入可以非常直观地看到旅游收入在中国的重大贡献，同时表明旅游业收入提高了旅游地的收入，进而提高了旅游地居民的幸福感。

2. 提升生活质量

旅游行业的发展离不开其他行业的支持，在大力发展旅游行业的同时，各类建筑设施、交通建设等行业也会被带动起来，不论是基础设施建设，如道路修缮、机场高铁修建，还是博物馆、休闲场所的新增，都对居民的生活条件进行了一定程度的改善，提升了人民的幸福感。

3. 扩大就业方向

旅游业的发展与壮大提供了众多相关岗位，不论是直接岗位还是间接岗位都

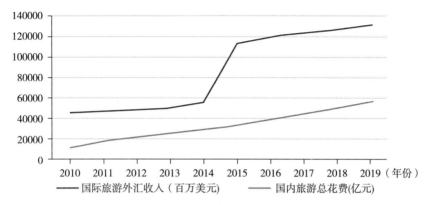

图 10-1　国内外旅游收入

资料来源：国家统计局网站。

一定程度上缓解了就业问题，扩大了就业方向。

根据中国旅游研究院 2020 年 3 月发布的统计公报，2019 年旅游直接就业 2825 万人，间接就业 5162 万人，占全国就业总人口的 10.31%。近几年的报告显示，连续几年来旅游业都提供给较为稳定的就业岗位，提供给人们更多的就业可能性。

在旅游业发展的同时，各类较大的旅游集团企业也纷纷壮大，其中包括中国旅游集团、华侨城集团、首都旅游集团、中青旅控股、美团点评等大型全国知名旅游性企业。这类大型企业每年都稳定地吸收各类高校及社会培养的旅游业专业化人才，为相关毕业生提供稳定的就业方向。

（二）提高游客的幸福感

游客通过旅游活动也可以获得幸福感，主要从三个方面：第一，个人身心，即在旅行中可以获得健康体验、新奇体验、学习体验与逃避困扰体验，让身心在旅行中得到放松；第二，人际交往，即在旅行中获得更宽广的交往体验，增进感情并结交更广的交际圈；第三，价值实现，即通过旅行激发工作上的创意，实现自己对美好生活的向往。

1. 个人身心方面

游客幸福感最直观的感受来源于旅游带来的个人身心的放松体验，通过这类休闲体验在旅游中放松下来，不仅有益于身心健康，更获得了愉悦感，从而更加感觉到生活中的幸福。

休闲旅游是健康很重要的组成部分，它能满足你的需要、梦想和渴望。研究发现，感觉满足的人不仅更快乐，而且更长寿。旅游在个人身心方面的作用大致可以分为健康、新奇、学习和逃避这四个方面。首先是健康体验，在旅游中可以躲避严寒或者酷暑，可以强健体魄、磨炼意志，同时也可以远离环境污染，多多接触大自然和空气清新的地方。其次也可以在旅游过程中品尝到旅游地的特色美食，体验当地的人文特色，感受不一样的文化体验，欣赏旅游地的美丽风景，体验当地的特色旅游活动，放松身心。

2. 人际交往方面

根据旅游的性质可以发现，旅游是一种异地的生活体验，通过旅游可以离开熟悉的常居地，进而带来了新的交际圈，可以结识更多新的朋友，分享新的见闻，拓展自己的朋友圈，获得更高层次的体验。

旅游活动使人们跳出原本的生活空间，新的环境刺激以及新的人际关系都会产生新鲜感，进而提升人们的幸福感。

3. 价值实现方面

旅游中不仅可以猎奇到新的体验，也可以学习到更多的新的知识，在旅游中进修也是现代人较多选择的一种方式，更有在旅游中发现新的工作机会的可能性，进而感受到生活中的幸福感。

通过旅游去到不同的地方可以拓展社会关系网络，结交不同的朋友，同时，旅游也可以发散一些新思路，在远离日常打扰的情况下真正地去思考一些关于自己的规划，从而在自己的职业发展或者人生价值观方面都会有不同的发现，实现了人们对美好生活的追求与愿景。

二、计量分析

（一）数据来源和变量选取

本书研究旅游活动、幸福感、个体特征变量和社会特征变量的数据来自中国综合社会调查数据库，该数据库由中国人民大学联合全国各地的学术机构共同抽样调查形成，共提供了 10968 个样本，删除在选取指标上存在缺失和不确定回答的样本后共有 9871 个样本纳入分析。

因变量为"幸福感"，其测度方式为直接询问调查对象对自己目前生活状况的评价，即"总的来说，您觉得您的生活是否幸福"，包括"非常不幸福""比较不幸福""说不上幸福不幸福""比较幸福"和"非常幸福"5 个选项，可以充分反映被调查者的整体幸福感。

自变量为"旅游活动"，其测度方式是通过询问调查对象"在过去一年中，有多少个晚上是因为出去度假或者探亲访友而没有在家过夜"进行测度。

由于因变量"幸福感"受个人生活经历和社会宏观环境的影响，为了剥离出其他因素的影响进而准确识别旅游活动对幸福感的作用，设置两个控制变量，具体包括"个体"和"社会"两个层面。其中，个体层面的控制变量包括性别、年龄、婚姻状况等统计指标；社会层面的控制变量包括社会阶层、社会公平、社会经济地位等统计指标。各变量界定及描述性统计结果如表 10-2 所示。

表 10-2　变量界定与数据描述性统计

变量名称	变量描述	均值	标准差
幸福感	非常不幸福=1，比较不幸福=2，说不上幸福不幸福=3，比较幸福=4，非常幸福=5	3.85	0.930
旅游活动	从未=1，1~5 个晚上=2，6~10 个晚上=3，11~20 个晚上=4，21~30 个晚上=5，超过 30 个晚上=6	1.81	1.566
性别	男=1，女=0	1.53	0.499
年龄	周岁年龄	55.40	16.898
婚姻状况	已婚=1，未婚=0	0.87	0.490
受教育程度	没有受过任何教育=1，私塾、扫盲班、小学、初中=2，职业高中、普通高中、中专技校=3，大学专、本科=4，研究生及以上=5	2.38	0.890
政治面貌	中共党员=1，其他=0	0.10	0.310
个人收入	个人全年总收入	30995.67	200222.508
就业状况	非农=1，务农=2，其他=3	2.06	0.890
住房条件	现在住的住房的套内建筑面积（单位：平方米）	115.98	90.880
健康状况	很不健康=1，比较不健康=2，一般=3，比较健康=4，很健康=5	3.60	1.114
社会阶层	根据"自己目前在哪个阶级上"的回答，最底层=1，…，最顶层=10	4.20	2.027
社会公平	完全不公平=1，比较不公平=2，说不上公平但也不能说不公平=3，比较公平=4，完全公平=5	3.13	1.316
社交娱乐	根据"与其他朋友进行社交娱乐活动的频繁程度"的回答，几乎每天=1，一周 1~2 次=2，一个月几次=3，大约一个月 1 次=4，一年几次=5，一年 1 次或更少=6，从来不=7	3.61	2.005
社会经济地位	根据"与同龄人相比，本人的经济地位"的回答，较高=1，差不多=2，较低=3	2.23	0.961
公共服务	根据"获取公共服务的便利程度"的回答，非常不满意=1，不太满意=2，说不清满意不满意=3，比较满意=4，非常满意=5	2.75	2.280

资料来源：中国综合社会调查（2015）。

（二）模型构建

因变量"主观幸福感"为虚拟变量，因此，选取 Probit 模型进行参数估计，并计算各变量的边际效应。设定模型如下：

$$Y_{ij} = \beta_0 + \beta_1 X_{ij} + \gamma P_{ij} + \varphi S_{ij} + \varepsilon_{ij} \tag{10-1}$$

其中，Y_{ij} 表示被访者幸福感状况，X_{ij} 表示被访者的旅游活动，P_{ij} 和 S_{ij} 表示模型的控制变量，β_1、γ、φ 表示各变量待估计参数，ε_{ij} 表示随机误差项。

（三）实证结果

旅游活动对个人主观幸福感影响的回归结果如表 10-3 所示。有序 Probit 模型和 OLS 模型并不会对变量系数和显著性产生明显差异，因此，同时进行了有序 Probit 模型和 OLS 分析。

表 10-3　旅游活动对个人主观幸福感的回归结果

	OLS（Ⅰ）	OLS（Ⅱ）	有序 Probit
旅游活动	0.055 (9.817)	0.028 (5.171)	0.032
性别		−0.091 (−5.140)	−0.135
年龄		0.006 (8.267)	0.005
婚姻状况		−0.021 (−3.032)	−0.50
受教育程度		0.012 (3.700)	0.020
政治面貌		0.037 (4.526)	0.016
个人收入		0.001 (2.680)	0.001
就业状况		0.009 (1.761)	0.027
住房条件		0.001 (2.680)	0.002

续表

	OLS（Ⅰ）	OLS（Ⅱ）	有序 Probit
健康状况		0.182 （21.217）	0.021
社会阶层		0.073 （16.440）	0.010
社会公平		0.135 （20.055）	0.008
社交娱乐		-0.009 （-2.088）	-0.003
社会经济地位		-0.051 （-5.540）	0.007
公共服务		0.024 （6.167）	0.004
调整后 R^2	0.009	0.168	0.155

在不考虑任何控制变量时，表 10-3 中 OLS（Ⅰ）模型估计结果显示 X_1 = 0.093，表明旅游活动对个人幸福感的影响为正；OLS（Ⅱ）模型增加了个人层面和社会层面的控制变量后，旅游活动对人们幸福感影响仍为正，同时，调整后的 R^2 由 0.009 增加到 0.168，模型解释力较 OLS（Ⅰ）有了明显提升；在有序 Probit 模型估计结果中上述结论还能得到支持，即旅游活动有助于提升人们的幸福感。

第三节　旅游产业发展模式

随着现代经济的不断发展以及科学技术的深入探索，旅游模式也在不断发展升级，如表 10-4 所示。首先，应用范围较为广泛的是文化旅游模式，列举了美国、英国、韩国三国的文化旅游模式；其次，是农业旅游模式，列举了日本、法国、澳大利亚、德国这四个国家对于农业旅游的发展模式；最后，是智慧旅游，由于信息化的发展和全球的互联网的进步，智慧旅游的模式应运而生。

表 10-4　国际旅游模式

旅游模式	代表国家或形式
文化旅游模式	美国迪士尼创意型文化旅游模式
	英国博物馆开发型文化旅游模式
	韩国的 OSMU 重组型文化旅游模式
农业旅游模式	政府支持型观光农业旅游模式
	行业协会组织型农业旅游模式
	产业融合型农业旅游模式
	生态风情型农业旅游模式
智慧旅游模式	中国

一、文化旅游模式

（一）美国迪士尼创意型文化旅游模式

美国迪士尼的文化旅游是文化输出的一个成功案例模式，其模式主要包括以下三个方面：第一，构建以文化 IP 为核心的全产业链模式。迪士尼形成了包括电影、动画、主题公园、传媒网络以及文旅产品等全产业链模式。迪士尼盈利模式主要有电影播放权等版权盈利模式、媒体产品销售等传媒盈利模式、主题公园及度假村盈利模式、舞台剧收入等互动媒体盈利模式以及周边产品收入等文化消费品盈利模式。围绕经典形象开展的电影周边、动漫周边等系列衍生产品成为创收主要来源。第二，发展以主题公园为依托的体验式旅游模式。迪士尼主题公园以游乐体验为核心，围绕动漫形象开展系列创意开发，通过高科技手段打造现实版迪士尼世界，使游客享受到童话帝国奇幻又真实的双重体验。第三，文化植入带动消费的市场化模式。迪士尼在动漫、电影等文化产品中融入美国价值观，独特的文化创意和丰富的文化内涵推动了迪士尼文化产品输出，实现全球市场文化植入，成功塑造了美国文化形象。

（二）英国博物馆开发型文化旅游模式

英国博物馆开发型文化旅游模式主要包括以下两点：一是政府引导，实行博物馆免费参观。2001 年，英国政府颁布政策鼓励民众免费参观公益性博物馆，对提高民众博物馆游览意愿起到关键性的推动作用。博物馆的公益性开放举措提升了英国民众对文博旅游的关注度，培育了博物馆旅游消费需求，对英国文化旅游产业起到了重要拉动作用。免费时限过后，博物馆旅游收入增长值占到英国经济增长财富的 0.1%。二是利用博物馆资源，打造盈利模式。英国有 2500 余家博物馆，80% 以上旅游景点都设有博物馆。英国重视博物馆旅游文化、衍生产品的开发，促进了博物馆旅游盈利及文化旅游业的发展。

英国博物馆盈利模式主要分为两种：一是传统盈利模式，即博物馆画廊和门票收入。2016 年该收入达到了 3910.62 万英镑，是 2010 年的 170%。二是开发文化创意产品，将馆内珍藏品的历史文化元素与现代文化元素相融合，依托文物复制品和文物元素开发的文具、配饰、钥匙圈等纪念品带来的高额经济效益，成为博物馆第一创收来源。例如，大英博物馆以馆藏中国明清茶具为原型，设计开发了中西结合、别具风格的茶具工艺品。

（三）韩国的 OSMU 重组型文化旅游模式

韩国较成功的文化旅游模式是 OSMU（One Source Multi-Use），即"一元多用"模式，针对某一文化资源开发多元衍生产品，推进产业升级和规模扩张。以"影视+旅游"的旅游与影视等文化资源重组为例，韩国影视相关产业分工明确，影视公司和电视台承担制作任务，国家旅游局负责拍摄地的宣传包装，企业负责周边产品的生产销售，形成了完整的产业链。影视作品是韩国文化产业的核心产品，利用影视元素开发带动文化旅游产品开发，如影视基地体验旅游。人文风情和自然风光等文化旅游资源通过影视作品传播，引发国内外观众的关注，拍摄地逐渐成为旅游目的地，带动旅游产业发展。根据韩国政府数据，韩剧对产品和品牌推广的影响力达到 73%，成为韩国文化的重要宣传媒介。例如，《冬季恋歌》的拍摄地在剧目播出后迅速受到关注，成为旅游热门目的地，创造了约 3 亿美元的直接经济收入。

二、农业旅游模式

（一）政府支持型观光农业旅游模式

政府支持型观光农业旅游模式是按照政府安排从事农业观光，通过税收、补贴、奖励、公共物品等一系列优惠措施对农业进行宏观调控和管理。采用这种发展模式的代表国家有日本。日本土地资源紧缺，导致土地价格较高。此外，日本劳动力价格昂贵，土地资源与劳动力资源的双重困境，导致日本农业生产存在严重的先天不足。为了提高农业生产效益，促进农业发展，日本政府出台了强有力的政策措施来加快农业发展，强化日本农业的观光旅游发展，将农业休闲活动与农业健康发展相结合，通过发展农业旅游来提高农业生产效率。政府支持型观光农业旅游模式依托国家及地方政府对农业发展的统筹管理及科学指导，从国家制度层面为农业旅游发展提供要素保障，以带动农业发展和完善农业旅游环境为基础，协调农业旅游及相关产业，促进农业旅游绿色、健康、高效、可持续发展。

（二）行业协会组织型农业旅游模式

行业协会组织型农业旅游模式是通过农业行业协会、旅游行业协会、社团组织以及商会联盟等非政府机构对农业旅游发展进行管理与指导。采用该模式的代表国家是法国。政府与行业协会相互合作，推动法国乡村农业旅游的发展。政府部门通过行业协会来管理与规范农业旅游发展，通过行业自律来实现农业旅游可持续发展。随着行业协会服务功能的不断扩大，政府部门的管理职能逐渐向监督职能转变，行业协会的自律作用日益显著，在农业旅游发展中的作用举足轻重。与日本农业旅游发展不同，法国的农业旅游是多元化机构主导，农户、企业等各类主体参与，构建网络信息平台，合理配置整合各类农业资源、旅游资源，通过自然景观与人文历史相结合的整合思路，探索农业与旅游业的产业集群效应，成功实现农业与旅游业的双赢。

（三）产业融合型农业旅游模式

产业融合型农业旅游模式是指以优势农业产业为依托，通过农业产业链拓展开发农业休闲、观光、度假等功能，带动农业与旅游业的融合发展，促使农业向第二、第三产业融合。典型的代表国家是澳大利亚。早在1788年，澳大利亚就开始大量种植葡萄。二十余年后，澳大利亚葡萄园区开始酿造和销售葡萄酒。澳大利亚以葡萄庄园为依托产业，凭借优美的田园风光、特色餐饮、葡萄酒酿造工艺、葡萄酒历史文化，开发体验式旅游与多元化文化旅游的组合型农业旅游。此外，为了促进澳大利亚葡萄酒产业与其他产业的融合发展，维多利亚葡萄酒业旅游委员会大力推进葡萄酒产业与旅游产业的融合发展，吸纳农村剩余劳动力，发展葡萄酒旅游，创造农业旅游产业经济的乘数效应。澳大利亚葡萄旅游业的发展特征是以农业促进旅游业，以旅游业带动农业。产业融合型农业旅游模式适用于具有特色农业发展地区，该特色农业具备的规模经济效益越小，越有利于产业融合，进而延伸农业旅游产业链，促使特色农业的规模经济效益越来越大。

（四）生态风情型农业旅游模式

生态风情型农业旅游模式是指以满足乡村农业需求为中心，大力发展农业旅游生态、生活风情相协调的旅游模式。典型的代表国家是德国。1919 年，德国最早制定了市民农园的相关法律制度，政府部门为市民提供小块公共土地或市民租用土地，用于种植蔬菜、瓜果、花草等，促进市民走进农园，体验农园耕地及生态风情，让市民享受大自然的无限乐趣。市民农园是一种生态风情型农业旅游发展模式，与工业化与城市化息息相关，有助于政府部门对城市进行农业规划和管理。随着农耕时代的不断发展，德国的市民农园已具备五大特色功能，包括农耕体验、休闲社交、健康饮食、美化环境以及生态疗养。一方面，生态风情型农业旅游模式有助于提高市民的生态环境意识，改善城市中的空气、水及噪声污染问题；另一方面，生态风情型农业旅游模式有助于提高市民的农耕热情，通过农业旅游让市民享受农家生活乐趣和休闲娱乐观光。因此，生态风情型农业旅游模式发挥了农业的生态旅游功能，让市民回归自然，享受生态风情。

三、智慧旅游模式

随着现代网络技术的不断完善与发展，人类已经迈入信息化的时代，加之中国开发的 5G 技术，更是让中国在通信网络中拥有更大的便捷。至此，智慧旅游的模式应运而生，智慧旅游解决了传统旅游方式的诸多缺陷，如不够方便快捷、信息不够透明等方面的问题，智慧旅游是现代的一个主要旅游模式。

智慧旅游将现代网络通信技术应用到旅游行业，使消费者通过手机等便携网络终端设备，方便、快捷、随心所欲地规划和设计自己的旅游行程，这在较高层次上满足了消费者的各种旅游需求，并对传统的旅游模式产生了极大的影响。智慧旅游源自 2008 年 IBM 公司在世界上首先提出的"智慧地球"一词，是"智慧地球"这一概念在旅游行业的充分应用与实践，它的核心理念是基于新一代信息技术，为满足游客个性化需求，提供高品质、高满意度的服务，以期实现旅游资源及社会资源的共享与有效利用。近年来，随着移动互联网、物联网、大数据、云计算等技术在旅游行业的深入应用，新的旅游出行方式、服务方式和体验方式不断出现，从根本上改变了消费者旅游出行的模式，也给传统旅游业带来了巨大的变革。

在智慧旅游的背景下，旅游消费者不再单纯地比较现有旅游产品，而是在相关网络信息技术的支持下，利用现有的模块化的旅游信息，为自己量身定制能充分满足个人需求的个性化十足的旅游产品。智慧旅游中的模块化数据使抱有不同出行目的的旅游消费者需求的满足变得简单可行，为旅游消费者对旅游产品的自主化设计与个性化开发提供了极大的发挥空间。在智慧旅游模式中，游客可以通过智能手机等终端设备借助互联网、物联网，结合智慧旅游平台为游客提供的大数据、云计算、模糊识别等各种智能计算技术，随时感知与整合各类综合旅游相关信息，根据个人需要调整旅游行程，实现旅游智能化的决策与控制。此外，旅游产品消费后的收获分享、满意与否的评价将在更广的范围内产生深远影响，这一信息本身将作为模块化的数据被融入智慧旅游的框架。智慧旅游背景下的出游新特点有以下几点：

第一，随心所欲游。智慧旅游在技术上打通了"线上线下"的时空阻隔，为旅游消费者随心所欲的旅游提供了强有力的技术保障和平台支持。大数据在智慧旅游平台背景的整合也给旅游消费者提供了取之不尽的信息，充分满足了消费者想怎么游玩就怎么游玩的需求，这尤其对新一代中青年旅游市场有着极大的吸引力。

第二，深度游。赶场式的粗略观光游不仅让旅游消费者对景点印象不深，也容易让人身心疲惫，这与旅游的本质是背道而驰的。深度游更强调整个旅游过程的闲适和心灵的真实体验，游客可以不用为车次或行程匆匆赶路，而是可以随心所欲地细细品味旅游地的各种历史景观、人文景观及自然风情，可以有更为充足的时间和清闲的心态去体会当地的风土人情与人文生活习俗。智慧旅游为旅游消费者在目的地的深度游提供了空前的支持。

第三，多样性。在智慧旅游条件下，一方面，只要保证手机和网络畅通，游客可以随时随地检索到适合自己当前旅游需要的相关旅游信息，信息的通畅消除了旅游消费者在吃、住、行、游、娱、购等诸多方面的后顾之忧。另一方面，旅游目的地、旅游活动方式、活动项目呈现多样化、个性化的发展趋势。这使得即使同一个旅游目的地也可以分门别类、有重点地满足旅游消费者的不同需求，使旅游消费活动更具有多样性。

第四，体验性。旅游是一种体验活动，游客需要的不是旅游产品本身，而是一种伴随旅游产品的消费所带来的难忘而且独具回味的经历或感受。旅游产品的体验性主要表现在旅游活动的参与性、互动性、情感上的依赖性和结果的不易模仿性上。智慧旅游不仅为游客积极主动地参与旅游产品的设计提供了可能，也通过游客融入旅游目的地当地居民的衣食起居生活而增加了旅游体验的真实性。虽然游客不同，即使同一旅游产品在旅游产品消费过程中因情境而产生的个人情感反应也因人而异，但是智慧旅游为游客交流旅游感受提供了可靠的平台，使得这些旅游相关信息可以在更为广泛的范围内传播，进一步增加了体验旅游的可能性。

第四节　旅游产业发展方向与重点

通过上述对于旅游模式的探索，针对各类模式提出不同的发展重点。第一，创新文化旅游体验，主要包括培育文化旅游 IP、创新文化旅游体验模式；第二，农业旅游与科技结合，在信息技术日益发展的当下，科技与农业结合是大势所趋，也是未来农业旅游的发展方向；第三，智慧旅游则是要加大科技产品在旅游行业的投入以及相应的开发创新。

一、创新文化旅游体验

（一）培育文化旅游 IP

文化旅游产业可持续发展的根基在于文化内涵与创意，因此，必须打造富有竞争力的文化 IP。我国文化资源丰富，世界级文化遗产、国家级文化遗产数量多，特色鲜明。如何挖掘民族文化资源，如历史文化资源、影视文化资源、博物馆文化资源、民俗文化资源、景观文化资源，是我国文化旅游产业发展的关键。通过旅游+影视 IP、旅游+综艺 IP、旅游+漫画 IP 开发形式的创新，文化旅游必将迸发出新的生命力。

（二）创新文化旅游体验模式

现代旅游业升级的关键在于文化内涵，文化旅游产业满意度评价的关键在于顾客体验。美国迪士尼主题公园的参与式游玩、英国博物馆及韩国影视基地的情景参与，都是基于旅游体验模式的业态创新。我国的文化旅游项目开发应更加关注游客参与度和满意度。银川、横店等影视文化基地应该围绕影视文化开设体验式旅游项目，将旅游模式从传统的参观游览拓展为游客定制模式的体验式小剧场。还可以借鉴少数民族婚俗开发情侣和夫妻游客的古风婚俗体验、婚姻纪念日庆典等特色项目。北方地区冬季冰雪旅游可以开设极地户外拓展旅游模式。

二、农业旅游与科技结合

科技支撑型农业旅游模式是指利用科研优势来促进农业旅游发展。在信息技术日益发展的当下，科技与农业结合是大势所趋，也是未来农业旅游的发展方向。

打造农业科技园是发展农业旅游的方向之一，农业旅游模式以新加坡为代表，新加坡已经建成了集农业生产、销售、观赏于一体的综合性农业旅游公园，将国内外先进的科技成果引入园区，将农业与高新科技结合在一起。不仅如此，农业休闲观光也同样是农业旅游的发展方向之一。观光、垂钓、游玩、农家乐以及休闲度假等项目，在满足游客旅游需求的情况下，还将农产品的销售与采摘结合起来，更大程度上开发了农业的旅游层次，也满足了游客的多样化需求。

三、利用信息化提升旅游质量

智慧旅游的拓展离不开科技产品的投入，加大科技在旅游中的发展是必要的，科技产品的投入是智慧旅游得以顺利发展的背后支撑，应构建信息化平台，做到真正的网络化便捷发展。

旅游业属于综合性产业，并不是一个单一的产业，利用各类设施以及各种资源为游客提供游玩、出行、购物、食宿等一系列的服务，以及相关服务的其他各种产品。一是利用大数据实现智慧营销，提高营销在智慧旅游中的地位，可以有效解决旅游作为服务业的营销推广问题，将旅游作为一种服务产品，注重顾客满意营销。通过对经济层次、年龄层次、地理位置和群体偏好进行分类，设计出有针对性的营销方案。二是利用信息化渠道拓宽宣传。可以从主流媒体出发，再通过微博官博、微信公众号传播旅游特色景点，提升景区的知名度。三是增加景区的信息化设备，如 AR 仿真体验、智能机器导航讲解、人工智能售卖等，提升景区的信息化水平，提高游客的便利程度，有针对性地开发如 App、微信公众号等平台，方便游客了解、预定景区的各类服务。同时，提高旅游部门的信息共享能力，利用大数据更好地分析出游客的偏好以及不满意所在，更有针对性地提出对策建议。四是增强线上直播、线上售卖与旅游业相关产品的关联程度，随着线上直播售卖逐渐成为当代销售的主流方式，加大线上销售的比重是形势所趋，可以开展一定程度的线上观景体验，使得游客在足不出户的情况下也可以游览景区。同时，增加农产品、文化产品、衍生产品等的线上售卖，可以在人流量有所限制的时刻发挥关键作用。

第五节 中国旅游产业发展研究

一、发展现状

表 10-5 国内、国际旅游收入

年份	国际旅游外汇收入（百万美元）	国内旅游总收入（亿元）
2009	39675	10183.7
2010	45814	12579.8
2011	48464	19305.4
2012	50028	22706.2
2013	51664	26276.1
2014	56913	30311.9
2015	113650	34195.1
2016	120000	39390.0
2017	123417	45660.7
2018	127103	51278.3
2019	131300	57300.0

由表 10-5 的趋势可以直观看到，国际旅游与国内旅游都呈增长的趋势，其中，2015 年国际旅游实现了飞跃式增长，增长率接近一倍之多，2019 年，旅游经济继续保持高于 GDP 增速的较快增长，国内旅游市场和出境旅游市场稳步增长。另外，有数据显示，2019 年，国内旅游人数 60.06 亿人次，同比增长 8.4%；出入境旅游总人数 3.0 亿人次，同比增长 3.1%；全年实现旅游总收入 6.63 万亿元，同比增长 11%。旅游业对 GDP 的综合贡献为 10.94 万亿元，占 GDP 总量的 11.05%。旅游直接就业 2825 万人，旅游直接和间接就业 7987 万人，占全国就业总人口的 10.31%。

二、存在问题

在旅游休闲行业飞速发展的今天，同时也暴露出很多问题。首先，景区在基础建设和服务中的不足，设施不完善、不健全，安全性问题较多；其次，旅游服务队伍中存在很多的不规范行为，员工的工作意识不到位，出现了在旅游中强迫或者变相强迫游客进行消费的现象，暴露出我国对于人才培训以及到岗后的监督规范中的问题；最后，对于科技型产品的投入不足，与真正实现智能化还有较长的距离。

(一) 部分景区基础设施不健全

景区是旅游的核心所在，而景区的设施则是根基，完善景区的设施是当前旅游改善的重中之重。在我国当前现状中，部分非省会城市在基础设施的建设中仍存在不健全的问题。在收集的各类旅游投诉中，景区的设施不完善是问题之首。

景区的设施水平是景区的硬件基础，仍存在诸多景区设施水平较低、设施不足的情况。首先，基础性设施的问题，普遍存在景区信号差、车位少、垃圾处理不及时的情况；其次，智能化应用水平较低，在互联网应用中仍普遍停留在订票水平上，没有将吃、住、行、游、娱、购结合起来；再次，景区的规划管理不充分，景区在餐饮卫生情况、人流管控、应急疏散、路线导引等方面有待完善，景区在节假日人流量较大时刻以及公共危机时刻，如何合理规划每日的景区接待量以及预约方式则是景区的管理重点，应提前预案在突发情况下如何快速地疏散群众；最后，景区内部的服务管理也需要加强，如景区内的餐饮是否符合较为合理的物价水平，景区内的线路规划以及休息场地是否合理等，做好景区内的管理是提升游客体验的重点。

(二) 存在强迫或者变相强迫消费的行为

很大一部分游客选择旅行社跟团游，但在近年来，导游以低价旅游吸引顾客而后至景区强迫消费的行为屡见不鲜，这类行为是旅游行业的一大毒瘤，必须督促旅行社等旅行集团彻底整改。

由于旅游市场中仍存在大量的非自由行的情况，主要集中在中老年群体以及首次出国游的群体，这类群体需要借助旅行社、旅游集团等的带领开展旅游活动，但是此举对旅行社或是旅游集的依赖性过高，导致频频出现旅行社强迫或者变相强迫游客消费的情况，甚至出现旅行社与当地的商业街合作坑消费者的情况，虽然已有多部法律法规相继出台维护消费者的权益，但市场仍存在大量不合规现象急需整改。

(三) 科技型产品的投入不足

信息化的趋势已势不可当，发展智慧旅游的第一步便是将科技类产品投入到旅游行业中，发展自己的旅游平台，方便游客了解游览地以及周边地区，促进旅游行业的发展。

当前随着科技技术水平的不断提高，互联网的应用也越来越普遍，在景区服务上，科技产品的投入可以大大提高消费群体的消费观感，提高便民服务水平，减少因购票等产生的拥堵状况，也可以更好地控制人流量，便于对景区的管理。同时，监控等科技产品的投入也可以更好地控制和防范景区各类状况的发生，做好预防，总之，科技产品的投入对景区的发展起着重要的作用，在当前状况下，发展较快的城市在科技产品以及智能 AI 上的投入较多，如网上购票、景区活动预约等都做到了真正的互联化，但是在一些较不发达城市的景区，仍使用着传统的服务方式，即全部由人为服务，对于互联网仍不重视，对消费者的服务不到位，在科技产品方面的投入较少甚至没有，这类现象在一些小景点尤为突出。

（四）旅游人才队伍不成熟

旅游业的人力资源仍达不到专业化水平，服务水平与素质仍较低。众多的旅游从业者并未接受专业训练，他们自身的知识储备以及专业素质较为缺失，导致整个旅游行业缺乏专业的标准化。服务人员的队伍满足不了消费者的需求，导致供求双方产生矛盾。

三、发展模式

在当前社会发展环境下，旅游产业作为一门新兴的经济发展产业，在我国得到了飞速发展。随着人们可支配收入的逐渐提升和经济的快速发展，旅游业已经由以往奢侈的社会活动转变为常态化的社会活动，旅游形式和目的也逐渐趋于多元化。而我国的旅游产业的发展模式则结合我国当前的经济形势不断地变化和发展，在全域旅游发展的基础上继续推进智慧旅游模式是中国目前旅游模式的新突破和新改变。

"十三五"期间，我国旅游产业开始推广全域旅游模式，相继已有众多省份开展了相关的活动来响应中央的号召，"十三五"期间旅游行业迈向全域旅游模式已初见成效。具体来说，消费大众化、需求品质化、竞争国际化、发展全域化是"十三五"期间的发展导向。以抓点为特征的景点旅游发展模式向区域资源整合、产业融合、共建共享的全域旅游发展模式加速转变，旅游业与其他产业逐步深度融合。"十四五"期间，我们在全域旅游的基础上加快智慧旅游的开发建设，其中，科学技术、云计算、大数据等现代信息技术在旅游业的作用逐渐显现，加上我国 5G 技术的领先，技术的支持必将为旅游行业的发展提供充实的动力。

以后我国旅游产业的发展模式在将"十三五"的基础上继续推进，强调信息化对于旅游产业的推动作用。在全域旅游成就的基础上推动智慧旅游在当前旅游产业中的作用。而智慧旅游是一种基于云计算、"互联网+"等大数据技术支持下，围绕如何提升游客的旅游体验和满足游客的个性化服务需求，从而实现旅游资源与社会资源有机统一、协同发展的一种新兴旅游方式。全域旅游形势下，通过智慧旅游的发展以及大数据平台和互联网的无缝对接，不仅可以快速实现地区其他相关产业的转型升级，更能打造出本地的特色旅游名片，最大限度地释放旅游业的巨大潜力。

与传统的旅游信息化相比，智慧旅游从如何提升服务质量、如何改善游客旅游体验、如何实现创新性旅游管理、如何有效整合旅游资源等方面入手。通过发展智慧旅游，不仅可以增强当地旅游企业的竞争力，还能有效提升地方政府对旅游业的管理水平。智慧旅游的核心，是以服务游客为中心，围绕旅游服务、景区管理、旅游营销，以创新融合的通信与信息技术为基础，直接在云计算平台上进行构建。智慧旅游的引入不仅可以提高旅游业办事效率，并且在游客精准营销、游客需求及时响应、提升游客体验满意度、降低运营成本等方面都表现出明显的优势。从游客的需求角度看，基于大数据分析技术支持的智慧旅游，可以完全满足游客对个性化的旅游服务新体验的需求。例如，游客想去一个完全陌生的城市自驾游，他可以提前通过当地的智慧服务平台定制个性化旅游路线。智慧旅游的优势在于，不仅能给游客提供旅游体验过程中所需的配套服务，还可以让游客通过提前规划好的行程享受到城市的优质公共服务。而作为服务提供方的旅游企业，则可以通过智慧旅游平台，实现与游客需求的信息无缝对接，尽可能地满足游客旅行前信息精准送达、旅行中实时信息推送和旅行后意见信息反馈的需求。由此可见，全域旅游背景下智慧旅游的引入，无论对旅游企业还是对游客，都是十分有利的。智慧化旅游发展可以说是旅游业转型发展的必然方向。

四、发展重点

在当前我国旅游产业的发展模式下，产业发展重点主要在于三个方面：第一，经营管理升级，实现"旅游+"的产业融合；第二，利用信息化平台，提高旅游产业的服务水平，加深消费者的体验；第三，充分利用大数据的优势打造旅游产业的营销模式，提高产业发展水平。

(一) 实现"旅游+"的产业融合

经营管理升级要打破产业边界，利用旅游业串联其他产业发展，促进我国旅游产业的高质量发展。一是推进"旅游+农业"。推广旅游业的同时，不忘发展农业周边产品，实现线上售卖，海南的椰子、新疆的葡萄、广西的百香果等都是我国各省的农业特产，可以利用当下信息化的发展，借助旅游业发展农业，促进我国农产品的销售，打出自己的特色招牌，提高对应旅游景区农产品的知名度。

二是推进"旅游+文化"。中国作为文化底蕴深厚的大国，文化资源非常丰厚，不论是长城、故宫还是兵马俑，都是优秀历史文化的沉淀，另外还有昆曲、苏绣、蒙古族长调民歌等数百种非物质文化遗产等待挖掘与发展。影视旅游是指旅游者通过影视作品获得对旅游目的地的认知，最终被吸引到影视作品拍摄地旅游的一种专项旅游形式。影视旅游从性质上讲是一种专项旅游产品，其本质是"文化+旅游"，是文旅融合的一种具体表现形式。影视旅游的基础是旅游资源，只不过是利用影视作品进行宣传，以影视作品或者透过影视作品表现的旅游资源IP 为核心，从而对旅游者形成一种独特的吸引力。

三是推进"旅游+扶贫"。旅游与扶贫的结合可以通过探索"景区景点+农家乐"的形式来实现，带动贫困地区的经济发展。通过开办农家乐、客栈，加上农产品的销售带动贫困户融入乡村旅游产业链，利用旅游的发展推动我国农村地区的发展。数据显示，2019 年云南省实施文化旅游扶贫项目超过 5700 个，完成乡村旅游投资超 1000 亿元，全省有规模游客接待的贫困村超 1000 个，全省乡村旅游接待旅游者超过 9.25 亿人次，实现乡村旅游总收入 7000 亿元，文化旅游累计带动贫困人口增收脱贫达到 75 万人，我国诸多省份都走出了一条旅游脱贫、旅游富民、旅游强县的新路子。

（二）提升全程服务体验

针对旅行社服务不规范、不透明、不诚信等重点问题，不断提高服务水平。完善旅行社退出机制，依法依规清理一批不缴纳旅行社质量保证金、长期未经营业务和违法违规的旅行社。全面开展旅行社等级评定和复核行动，提高旅行社管理水平和综合竞争力；规范旅行社经营活动，推动服务信息透明化，防范旅行社领域系统性经营风险；建立完善旅行社优质旅游服务品牌培育、评价和推广机制，持续开展优秀旅行社评选；通过开展旅游线路创意设计大赛、旅行社服务技能大赛等方式，增强旅行社新产品研发能力，提升旅游综合服务技能，严厉打击不合理低价游和"零负团费"的违规行为。

（三）宣传营销升级

一是利用大数据实现智慧营销，提高营销在智慧旅游中的地位，可以有效解决旅游作为服务业的营销推广问题，将旅游作为一种服务产品，注重顾客满意营销。通过对经济层次、年龄层次、地理位置和群体偏好进行分类，设计出有针对性的营销方案，以最快的速度将乡村旅游经营者的产品销售出去。二是利用信息资源推广，突出旅游产品的文化特色。三是建立景区和周边省市县区营销联盟，互利合作共赢。依托景区知名度，巩固电视、报纸等传统媒体，开展户外广告、节会宣传、区域合作等宣传营销活动，用好微信、微博等新兴媒体，广泛宣传。加大各景区、景点的资源整合、包装力度，统一对外宣传，实现一体化营销。四是利用网络多渠道宣传。可以从主流媒体出发，利用新兴的抖音、快手等短视频软件注册官方账号，或者请一些粉丝上万的抖音网红进行宣传。最重要的是发挥群众的力量，将每一处都建设并且维护为旅游景点，使居民都加入旅游业中，实现全域旅游。

五、发展对策

针对旅游休闲行业中发现的问题，提出以下对策建议：第一，全方位完善景区的设施建设；第二，完善管理机制，提高服务水平；第三，推进科技创新；第四，培养专业化的人才。

（一）全方位完善景区的设施建设

完善景区的设施建设首先要政府领导层引起重视，由政府主导制定相关政策法规，把景区的建设纳入省市发展的重要范畴，提高对旅游业发展的重视程度。城市旅游公共服务设施建设，对于提升城市旅游目的地形象、增强旅游产业整体素质、把旅游业培育为人民群众更加满意的现代服务业具有重要意义。

旅游业的开发与管理需要科学的规划，不能过度开发也不能不开发，应把握好开发的"度"，合理改善旅游业的布局。根据《中国旅游公共服务"十二五"专项规划》，编制本地旅游公共服务设施发展规划，统筹城乡旅游公共服务设施建设，旅游集散中心、旅游咨询中心、旅游指示标识等要辐射到乡村旅游连片发展的地区和重点乡村旅游点。在全市构建以旅游集散中心、旅游咨询中心、旅游标识系统、自驾车游营地、景区服务设施为主的旅游公共服务设施体系。

城市旅游基础设施与文化、教育、卫生事业一样，是公共服务设施，是公共财政支出的重要组成部分。建议政府给予政策扶持，同时积极引入市场机制，广纳社会资金参与建设和经营，提高旅游公共服务设施建设投资多元化、经营市场化和管理社会化水平，对旅游公共服务设施项目分类施策，扶持推进。

（二）完善管理机制，提高服务水平

针对旅游行业中存在的强迫或变相强迫消费等行为，要做到加强管理机制建设，责任到人，健全法律法规，保护游客的合法权益，另外，提高工作人员的服务意识与水平，带给游客真正的放松体验，做到专业化。

旅游业的管理机制处在不断完善的过程中，在以往的旅游业管理中，由于对人员结构以及传统管理制度的沿用等问题，整体的管理过程中缺乏灵活性，旅游业的业绩也缺乏稳定性，为了解决这一问题，实现我国旅游业的品牌化。一是要在一定程度上解放行业人员的积极性和主动性，通过对相关人员能力的培养和挖掘，实现"人尽其用"的目标。在管理过程中更进一步提升管理的公平性和公正性，以此为核心建立相应的激励机制，对从业人员实行相应的考核和激励，从而不断激发从业人员的热情和积极性，提升相关单位和相关企业的活力。二是旅游行业的竞争日益激烈，提升从业人员整体素质是实现品牌化建设的关键。

（三）大力推进科技创新

1. 提高旅游信息化水平

旅游行业的信息化应用水平仍有待提高，游客在开展旅游活动时对于信息的获取仍存在诸多壁垒，这就说明，旅游中科技产品和信息化产品的投入仍不够，需要进一步提升信息化产品的创新水平，使其适合旅游业。

在传统旅游行业中，旅游行业的信息是缺乏时效性的，这也让广大旅游爱好者没有办法及时得到准确、最新的旅游信息，从事旅游行业的工作者也不能及时地把最新的旅游信息发布出去，很大程度上浪费了旅游资源。通过技术创新，开发出新的旅游电子商务系统，可以及时有效地把旅游信息发布在互联网上，而互联网信息经过不断更新，使游客能够及时了解目的地的动态，同时也能够通过电子商务系统推荐旅游场所，为游客提供选择的范围。针对不同的对象，对对象的特征进行一定的分析，从而有针对性地推荐路线及场所。互联网的创新还能够加强旅游产业的管理，不断完善网站的维护管理，收集民意民策，了解广大旅游爱好者的需求，拉近旅游管理者与旅客之间的距离，开发更受游客喜爱的旅游产品。

2. 完善旅游的目的地营销系统

旅游业的营销系统较为传统，随着时代的发展、旅游行业的营销模式也应该做到有效转换，达到完善旅游地营销系统的目的。

随着旅游业的发展，已经逐步成为当代社会的热门行业，但现代旅游业的发展却太过于零散，而造成这个现象的原因是市场的争夺。现在我国已经逐步建立起了全国旅游部门的国家—省级重点旅游城市的三级计算机网络。但目前有些地方只局限于旅游信息电话咨询—信息的发布等等。科技创新可以加强旅游终端的营销服务，也就是说将"拉动式"的营销模式向"推动式"的营销模式进行转换，使得其能够进行全方位的营销，采用一体化战略，与运营商、开发商等进行合作，从而提供旅游手机短信提醒、手机导游、手机导购、自驾车导航等等便利。

3. 促进个性化旅游产品的开发

个性化是当代服务型行业发展的重点，在旅游业的发展中要提高服务水平就必然要一对一解决游客的需求，所以说，个性化旅游产品的开发已是大势所趋。

随着现在社会生活水平的提升，对于旅游者群体来说，从年龄层偏大、男性游客多于女性游客，逐渐扩大到各个年龄层均衡分布，男女比例并没有太大的差异。这种现象对于旅游业来说是一个挑战，也是一个机遇，这需要我们做出一定的创新，而科技创新作为现代社会发展的一个不可阻挡的热潮，势必要与旅游业结合起来。在进行消费之前，需要对消费者进行综合的分析，通过问卷调查法、实验法，利用 VR 眼镜等科技产品，对于消费者的需求进行分析研究，针对不同的时间、不用的地方、不同的人群、不同的特点进行一定的创新，加大科技含量，针对不同旅游人群的不同需求，设计独特的旅游产品，形成个性化旅游方案，旅游行业从业人员只有从消费者的角度出发，设身处地为旅游者着想，才能设计出个性化的旅游产品，促进旅游业的发展。

(四) 注重人才培养

任何行业都需要专业化的人才，旅游业作为近代飞速发展的行业，对于行业人才的培养更是旅游业的重中之重，专业的人才是旅游业得以长远发展的基础之一，所以说，旅游业的发展要注重人才的培养。

随着旅游全面大众化，成为人们日常生活的刚需，人们对旅游的要求也越来越高。高质量、个性化的专业服务才能获得游客的青睐，赢得市场，游客的需求也倒逼行业转型升级。旅游业正在逐渐摆脱门槛低、市场混乱、竞争无序、经营粗放的状况。中国旅游向高质量迈进的过程中，人才是其成功转型升级的首要因素。旅游行业需要更多受过专业化、职业化训练的人才。我国的旅游业已经逐渐走向全球化和开放式的发展道路，所以企业员工只有不断学习专业知识，了解旅游业中涉及到的科学技术知识，才能够灵活地处理旅游业的各项业务，提高员工的整体素质。在旅游业中，服务始终是第一要义，对于旅游者的需求要进行深度解读，从而有针对性地进行服务，从容应对旅游者的提问，员工只有不断努力学习，提高自身的素质，才能更好地进行服务。随着科学技术的发展，旅游业要对员工提出更加严格的要求，才能够培养出更多的出色人才。

第十一章
家政服务产业发展研究

家政服务产业作为第三产业的重要组成部分，堪称 21 世纪朝阳产业。家政服务产业的发展有利于创造新的就业岗位，充分满足当前社会老龄化与"二胎"政策的现实需求，提高人们的生活质量，培养新的经济增长点。

第一节　家政服务产业性质、特征与构成

一、产业性质

家政服务指家庭中的成员将家庭事务中一部分琐碎、繁杂或带有一定技术性的工作指派给专业人士的家务工作外包服务，具有无形性、差异性、即时性等特点。

（一）无形性

从事家政服务业的企业与其他生产公司的不同之处在于其提供的产品具有无形性。一方面，在许多情况下，家政服务是无形无质的，消费者难以感觉到它的存在。另一方面，消费者难以在享受某些服务后感受到其给自身带来的利益。

（二）差异性

家政服务具有高度的差异性，它受提供服务的时间、地点及人员等因素的影响较大。因此，家政服务行业存在多样性，这对家政企业在实际的经营过程中的标准化和品质管理也提出了挑战。

（三）即时性

即时性主要表现在不可分离性和不可存储性，由于其不存在流通环节，且生

产和消费处于同一过程当中，家政企业必须随时满足消费者的服务需求。

二、产业特征

(一) 产品具有较强的经验品和信任品特征

与其他的商品相比，家政服务具有很强的经验品属性，消费者对于家政服务的质量评价很大程度上取决于其消费经验。此外，由于家政服务的生产过程与消费过程不可分割，需要服务人员和消费者共同参与其中，家政服务的质量不仅仅取决于服务人员的综合素质，还取决于消费者对服务人员以及服务过程的评价。因此，在家政服务产品产生的过程中，消费者对家政服务供给者的信任将在很大程度上影响家政服务的质量。

(二) 劳动密集型程度高，吸纳就业能力强，进入壁垒低

大多数的家政服务业具有劳动密集程度高、吸纳就业能力强的特点。随着经济的发展、社会分工的深化以及家庭小型化、人口老龄化的发展，社会对家政服务的需求迅速膨胀，并表现出较强的抗周期波动特征。除少数中高端的家政服务业外，大多数家政服务业由于对从业人员技能需求较低而造成进入壁垒低。大多数家政服务业呈现从业人员文化素质低、就业竞争力较弱、工资水平低等特点。

(三) 从业人员流动性大、职业过渡性强

大多数家政服务业进入壁垒相对于其他行业而言较低，从业人员工资水平低且未处于社会保障制度的保护下，此外，从业人员社会地位较低，易遭受到歧视。因此，许多从业人员并未将家政服务视为一份正式的职业，而是作为在无其他选择之下的被迫选择，家政服务业仅仅代表着一种过渡性的生存方式，大多数家政服务业存在从业人员的流动性较大、职业过渡性强的特点。

三、产业构成

家政服务产业作为一个新兴的服务行业，随着人们对生活质量要求的不断提高和生活方式的改变，进一步拓展到生活的方方面面。近年来，家政服务业的发展引起部分地方政府和中央政府有关部门的重视，然而迄今为止对于家政服务产业的构成仍存在较大的认识分歧。在许多国家或地区的国民经济行业分类中，家政服务业都有相应的门类或大类。

2009 年联合国统计委员会第三十三届会议审议并批准了《所有经济活动的国际标准行业分类》（修订本第 4 版），其中，第 20 个门类是"家庭作为雇主的活动；家庭自用、为加区分的物品生产和服务活动"两类，如表 11-1 所示。第 17 行业门类"人体健康和社会工作活动"中的"留宿护理活动"也属于家政服务业。此外，"其他个人和家政服务活动"作为"人体健康和社会工作活动"门类下"其他不配备食宿的社会服务"大组的一个组，也应属于家政服务业。

表 11-1　《所有经济活动的国际标准行业分类》中的家政服务业

大类	小类	描述
97	9700	家庭作为家政人员雇主的活动 包括：雇用家政服务人员的家庭的活动，诸如保姆、厨师、侍者、随从、管家、洗衣工、园丁、门卫、马夫、驾驶员、看护、家庭女教师、照看孩子者、私人教师、秘书等 不包括：由独立服务提供者（公司或个人）提供的厨师、园艺等服务
98	9810	未加区分的私人家庭自用物品生产活动 包括：未加区分的家庭自给性物品生产活动，为维持自身生活而进行的各种物品生产活动，如狩猎和采集、种地、盖房、制作服装和生产其他家庭自用物品
	9820	未加区分的私人家庭自我服务提供活动 包括：未加区分的家庭自我服务提供活动，例如，家庭为维持自身生活而进行的自我服务活动。这些活动包括烹饪、教学、照料家庭成员和其他由家庭提供的维持自身生活的服务

我国《国民经济行业分类》（GB/T 4754—2002）中共有 20 个行业门类，家政服务业在第 15 个行业门类"居民服务和其他服务业"中，属于居民服务业大类中的一个小类，如表 11-2 所示。

表 11-2　我国《国民经济行业分类》（GB/T 4754—2002）中的家政服务业

大类	小类	描述
821	8210	家政服务指为居民家庭提供的各种家政服务活动 包括：保姆、家庭护理、厨师、洗衣工、园丁、门卫、司机、教师、私人秘书等；病床临时护理和陪诊服务 不包括：介绍劳务人员的劳务服务公司、三八服务社等，列入 7460（职业中介服务）；专为老人、五保户、残疾人员、残疾儿童等提供的看护、帮助活动，列入 8720（不提供住宿的社会福利）

参考联合国《所有经济活动的国际标准行业分类》与我国《国民经济行业分类》，结合国内外家政服务业的发展现状与趋势，由于家外病患陪护服务与养老助残服务已在医养产业涉及，本章家政服务业的外延定义见表11-3。

表11-3 家政服务业构成

门类	岗位举例
家政服务	住家保姆、家庭管理、家庭保育、家庭烹饪、家庭服饰打理、家庭园艺、家庭秘书、家庭护理、家庭宠物饲养、管家等家庭事务管理活动，包括钟点工等
家庭外派委托服务	搬家服务、庆典服务、接送服务、家庭装饰装修服务、家庭开荒保洁服务
家庭专业服务	运用专业知识、技能或专业化的实践经验，根据家庭需求向其提供在某一领域内的特殊服务，知识含量、技术含量和智力密集型程度较高。例如，月嫂、育婴员、家庭教师、家庭医师、专业陪聊等

第二节 家政服务产业与幸福感的关系

一、理论分析

幸福感是人们对于生活的主观意义和满足程度的一种价值判断，表现为在生活满意度基础上产生的一种积极心理体验。渴望幸福，感受快乐，是每个人对于生活的追求。在现实生活中，因为时间的有限性和收入的约束性，人们需要对各项时间及支出进行合理配置，实现家庭效用最大化，才能获得更高的幸福感。

（一）满足社会老龄化和独生子女家庭的生活需求

家庭是社会的细胞，社会的稳定和发展很大程度上取决于家庭的稳定。此前我国的独生子女政策促使家庭趋于小型化，老龄化也是我国当前不得不面对的问题。据国家统计局统计年鉴数据显示，我国2000年后65岁以上人口占比6%以上，并且逐年上升，截至2018年已达到11.9%。与此同时，我国老年人口中的高龄化趋势日益明显，按照我国当前的平均寿命，到 2040 年 80 岁以上人口将达到 0.56 亿。独生子女家庭的责任和义务越来越大，对于小家庭而言，两个子女要赡养四个老人。与此同时，城市的生活节奏不断加快，给予人们家务劳动的时间越来越少，在这个趋势下，发展家政服务业将有利于解决人口老龄化带来的问题，满足独生子女家庭的需求，提高其幸福感。

（二）显著提高人们生活质量

随着我国经济的不断发展和人们生活水平的提升，生活方式也逐渐发生转变。Whillans 等（2017）通过研究发现，进行了节省时间消费后（对比物质性购买），人们有更多的积极情绪与更少的消极情绪，有更好的生活状态。对于城市居民而言，简单的生存性生活模式已无法满足大众要求，在此基础上人们必然要追求高质量的生活，以期改善生活状态，追求丰富多彩的生活方式。但是城市生活所带来的生存与发展的巨大压力迫使其不能将过多的精力投放在家庭生活方面，渴望高质量的家庭生活与有限的空闲生活产生冲突，而家政服务业则有利于解决该矛盾，其有效服务于居民的日常生活，使人们在不需要花费过多时间在家庭生活上的同时享受高质量的家庭生活，不断提高的生活质量与生活品质则促使人们的幸福水平不断提升。

（三）节省时间使人们可更专注于工作或和家人的相处

现代社会双职工家庭逐渐增多，人们为了追求事业上的发展，家庭生活时间越来越少。家务劳动时间会降低人们的主观幸福感，尤其是人们在面临较大工作压力的情况下，从事家务劳动很明显会加重其面临的压力，从而降低幸福感。女性在家务劳动和照料上的负担较多，这对女性的精神健康和主观幸福都产生了不利的影响。一方面，为了满足生活的物质需求，必须要投入一定的精力在工作之上，保障工作顺利完成。另一方面，为了满足生活上的精神需求，需要与家人相互沟通，促进家庭生活的幸福美满，有限的时间使人们在寻求工作与家庭之间平衡的过程中疲惫不堪。因此，家政服务业的发展有利于促进家庭功能向社会转移，将人们原本用于家务劳动的时间节约出来，使其可以更专注于工作或是与家人的相处，从而提高其幸福感。

二、计量分析

本次问卷通过问卷星的方式进行发放，合计收回问卷 115 份。问卷内容主要包括两部分，第一部分为针对被调研对象的基本情况调查（见表 11-4），第二部分针对家政服务业与幸福感关系进行调研。

(一) 被调研对象基本情况

表 11-4 被调研者基本信息情况

名称	选项	频数	百分比（%）
性别	男	66	57.39
	女	49	42.61
年龄	18~25 岁	23	20.00
	26~35 岁	45	39.13
	36~45 岁	37	32.17
	46~55 岁	7	6.09
	56~65 岁	2	1.74
	65 岁以上	1	0.87
职业	学生	14	12.17
	工人	3	2.61
	公务员	2	1.74
	事业单位职工	34	29.57
	公司职员	45	39.13
	个体经营者	7	6.09
	其他	10	8.70
家庭成员数	1	7	6.09
	2	5	4.35
	3	41	35.65
	4~6 人	57	49.57
	6 人以上	5	4.35
年收入水平	（用户未填写）	1	0.87
	5000 元以下	6	5.22
	5000~2 万元	11	9.57
	2 万~5 万元	3	2.61
	5 万~10 万元	23	20.00
	10 万~20 万元	43	37.39
	20 万~50 万元	19	16.52

续表

名称	选项	频数	百分比（%）
年收入水平	50万~100万元	6	5.22
	100万元以上	3	2.61
有没有使用过家政服务	（用户未填写）	4	3.48
	有	43	37.39
	没有	68	59.13
合计		115	100

（二）家政服务业各因素对于幸福感的影响分析

依据被调研对象的家政服务体验的主观感受、对家政服务人员的客观评价以及对家政服务机构的客观评价共设计 3 个一级指标、25 个二级指标，如图 11-1 所示，采用李克特量表对各指标进行打分，最后，通过优序图法进行权重分析，从而得出各因素对于幸福感的影响程度。

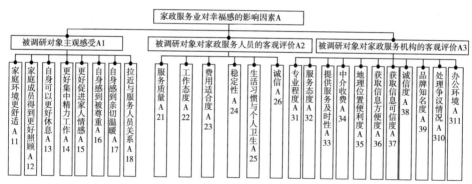

图 11-1　家政服务业与幸福感评价指标体系

采用优序图法计算权重时，首先需要构建优序图权重表，计算出各分析项的平均值，接着利用平均值大小进行两两对比。平均值相对更大时计为 1 分，相对更小时计为 0 分，平均值完全相等时计为 0.5 分。平均值越大意味着重要性越高，权重也会越高。

表 11-5　A_1 优序图权重计算结果

项	平均值	TTL	权重值（%）
A11	-0.496	6.5	20.31

项	平均值	TTL	权重值（%）
A12	-0.617	4.5	14.06
A13	-0.470	7.5	23.44
A14	-0.583	5.5	17.19
A15	-0.704	2.5	7.81
A16	-0.678	3.5	10.94
A17	-0.739	0.5	1.56
A18	-0.730	1.5	4.69

  表 11-5 为被调研对象主观感受的优序图权重计算结果，该一级指标分为 8 个二级指标，其权重越高表明该指标对被调研对象幸福感的重要性越高。如表 11-5 所示，权重占比最高的 4 项指标分别为：自身可以更好休息（A_{13}），占比 23.44%；家庭环境更加舒适（A_{11}）占比 20.31%；更好的集中精力工作（A_{14}），占比 17.19%；家庭成员得到更好照顾（A_{12}），占比 14.06%。由此可见，随着人们的城市生活节奏逐渐加快，一方面，家政服务可以帮助人们更好地利用有限的时间，使其更为专注地投入工作之中并且在工作之余可以得到更好的放松休息；另一方面，将家政服务工作交由更专业的家政服务人员完成，可以得到更高质量的家务劳动结果，从而使人们享受更高质量的生活，提高其幸福感。

表 11-6　A_2 优序图权重计算结果

项	平均值	TTL	权重值（%）
A_{21}	-0.539	4.5	25.00
A_{22}	-0.487	5.5	30.56
A_{23}	-0.591	3.5	19.44
A_{24}	-0.722	1.0	5.56
A_{25}	-0.722	1.0	5.56
A_{26}	-0.617	2.5	13.89

  表 11-6 为被调研对象对家政服务人员客观评价的优序图权重计算结果，该一级指标分为 6 个二级指标。由表 11-6 所示，权重占比最高的 2 项分别为：家政服务人员工作态度（A_{22}），占比 30.56%；家政服务人员服务质量（A_{21}），占

比为25.00%。对被调研对象幸福感影响相对重要的另外两项指标分别是：家政服务人费用合适度（A_{23}），占比19.44%；家政服务人员诚信（A_{26}），占比13.89%。而被调研对象对于家政服务人员的稳定性（A_{24}）以及生活习惯与个人卫生（A_{25}）并没有非常重视。由此可见，家政服务人员具备良好的工作态度并能够提供高服务质量对于人们幸福感的提升最为重要，合适的服务费用以及良好的诚信同样可以促使其感到幸福。

表11-7　A_3优序图权重计算结果

项	平均值	TTL	权重值（%）
A_{31}	-0.635	5.5	9.09
A_{32}	-0.539	10.5	17.36
A_{33}	-0.591	8.5	14.05
A_{34}	-0.739	0.5	0.83
A_{35}	-0.583	9.5	15.70
A_{36}	-0.600	7.5	12.40
A_{37}	-0.643	4.0	6.61
A_{38}	-0.617	6.5	10.74
A_{39}	-0.643	4.0	6.61
A_{310}	-0.704	1.5	2.48
A_{311}	-0.696	2.5	4.13

表11-7为被调研对象对家政机构客观评价的优序图权重计算结果，该一级指标分为11个二级指标。如表11-7所示，权重占比相对较高的5项指标分别为：家政机构服务态度（A_{32}），占比17.36%；家政机构地理位置便利度（A_{35}），占比15.70%；家政机构提供服务及时性（A_{33}），占比14.05%；家政机构获取信息方便度（A_{36}），占比12.40%；家政机构诚信度（A_{38}），占比10.74%。由此可见，家政机构的良好服务态度、服务及时性、便利的地理位置、获取信息方便程度以及良好的诚信度可以促使人们感到幸福。

随着人民收入水平的不断提高，其对于生活的追求由解决生存问题转变为追求生活品质，但渴望高质量的家庭生活与有限的空闲生活之间会产生冲突。通过上述分析可知，家政服务业对幸福感的影响主要体现在三方面，即人们对家政服务的主观感受、人们对家政服务人员的客观评价以及人们对家政服务机构的客观评价。

从人们主观感受分析家政服务业，将家务劳动外包一方面可将原本用于处理家务劳动的时间用于自身休息或完成工作；另一方面将家务劳动交由更专业的服务人员完成，能使家人得到更好的照顾和使家庭环境更舒适，从而享受更高品质的生活，提升人们幸福感。

在家政服务业影响幸福感的因素中，家政服务人员的工作态度、服务质量对于幸福感的提升最为重要；服务费用以及诚信同样对幸福感有一定程度的影响。此外，家政机构的良好的服务态度、提供服务的及时性、便利的地理位置、获取信息方便度以及良好的诚信度也可以在一定程度上使人们感到幸福。

第三节　家政服务产业发展模式

一、国外家政服务产业典型模式

(一) 市场化模式

市场经济高度发达的国家和地区多采用政府仅承担少部分照料服务责任的市场化模式，其将家政服务区分为照料服务和一般家政服务，国家仅承担非常有限的照料需求责任，而一般家政服务需求则采用市场化的方式。市场化模式下，家政服务业可能不受惠于照料制度，而是以相对独立的状态发展，在这个过程中，政府出台相关的法律法规政策，明确划分雇主责任，详尽规定家政服务从业人员的工作时间、工作条件与工作报酬，从而保障从业人员的基本权益。

(二) 社会保险模式

在社会保险模式下，国家在社会保险制度设计的基础上进行了一些调整，使家政服务业纳入已有的保障模式中，从劳动关系、劳动权益的角度规定了雇佣双方的权利和义务，使其更合适家政服务业的发展。

(三) 公共服务模式

在公共服务模式下，强调以政府为主导向社会提供公共服务和就业，社会健康与照料服务主要由政府承担，从事家政服务业的从业人员就成为稳定的政府服务系统中的一员。这种高政府参与的福利化的模式多出现在高社会福利的北欧国家，其实行普惠优厚的社会福利政策，强调普遍主义和平等理念。

二、我国家政服务产业发展模式

（一）"中介制"向"员工制"转型

作为目前我国家政行业的主要形式，"中介制"显现出许多问题，其家政人员专业水平良莠不齐，家政人员和家庭间的联系是通过第三方中介机构介绍的，有家政需求的家庭难以做到自主选择，家政服务人员也难以对家庭及工作做出评估，这些都依赖于第三方机构，家政服务中雇主和服务人员的满意度低，缺乏信任，且出现问题没有完善的保障机制。此外，家政服务也类似于短期雇佣关系，家政服务人员的社会保障和福利也难以落实。目前，许多城市开始将家政服务业模式由"中介制"向"员工制"转型。在"员工制"模式下，对于家政服务人员的身份和来源有充分的了解和审查，家政服务企业根据其技能、专业不同进行分类，更好地适应客户需求。在这种模式下，家政服务人员的工作更为稳定，更受客户信赖，出现问题的责任划分也有了依据和保障，家政服务人员自身的社会保障和福利也能得到落实。

（二）家政服务业企业化

家政服务业由于进入门槛较低，其市场存在提供家政服务的供给者诚信不足、技能较低等情况。因此，改变家政服务业的就业方式，规范市场有利于促进家政服务产业的规范化、标准化发展。若要通过家政服务业企业化这一模式完善家政服务市场，一是加快对家政服务业的宣传力度，在家政服务的领域中，严格执行家庭服务员服务等级划分的职业化标准，按服务人员的实际技能分为初、中、高三个等级，完善和践行其职业化标准体系和行业化运行规则，科学宣传家政服务业评价标准。二是着力提高家政服务人员的整体素质，由政府规范行业准入条件，对意愿从业人员进行身体检查，合格后组织培训，在培训期间对其进行家庭生活的模拟环境训练和基本技能训练，使其能够符合标准而胜任工作岗位需求，实行组织培训、求职登记、持证上岗的工作程序，形成培训与就业工作相符的工作机制。

第四节　家政服务产业发展方向与重点

一、发展方向

（一）专业化

现今在家政服务业发展方面进入成熟期的国家和地区，对于家政服务的研究与教育涉及多方面。早在 130 年前，美国的大学就已经开设了家政学的专业课程，如今美国 3800 余所大学中有 780 所大学设有家政学学科。日本家政教育作为一项必修课程，贯穿国民的中小学阶段。菲律宾从事家政服务的人员需要经过义务制教育并且在专门的家政班培训两年。与"菲佣"齐名的英式管家同样也都经过极为严格与全面的培训，掌握的技能几乎涵盖了生活的各个方面。由此可见，随着家政服务产业的发展，其必然呈现出专业化的发展趋势。

（二）产业化

大多数发达国家的家政服务已经形成产业，无论是就业前培训还是就业后监督、管理以及各种问题的协调都已经形成了相对完善的产业链条。家政服务业向着产业化方向发展，一方面有利于提高人们进入家政服务业的意愿，解决就业问题；另一方面有利于提高家政服务质量，从而促进人们生活质量的改善。

（三）规范化

纵观世界上诸多家政服务产业较为成熟的国家，其家政服务业的规范程度都相对较高。许多国家十分重视家政服务员的资格管理，如日本政府规定须具备 3 年以上的看护经验且通过国家考试的人员才可以拥有看护福利师资格证。此外，家政服务市场的规范化需要明确参与各方的权、责、利关系，如菲律宾的家政服务员属于劳动法的保护范畴内，而在我国家政服务市场比较完善的香港，也规定了家政服务员享有法定假日、不受歧视、工资保障等权利。

二、发展重点

家政服务业具有极大的社会外部正效应，考虑其较强的社会公益性质和从业门槛低的特点，结合家政服务产业链提出以下发展重点。具体家政服务业产业链如图 11-2 所示。

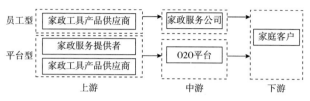

图 11-2　家政服务业产业链

（一）家政服务业产业链上游：提高服务人员准入门槛，强化职业培训

家政服务员的主要工作场所在消费者的家庭中，私密性较强，因此，家政服务业存在家庭服务供需双方身份核查困难、家庭服务供需双方健康问题等。此外，随着科技的不断发展，不仅家庭教师、家庭维修、房屋维修等需要较高的学识和专业技能，高档面料衣服洗涤、多功能洗衣机的使用、照顾儿童和老人，也需要专业技能和医疗应急知识，纯体能消耗的家政服务领域会逐渐缩小，而对能够承担科学育儿、家教、护理、陪老等技能型、智能型家政服务需求越来越多。因此，政府一方面应当提高家政服务人员的准入门槛，实行严进宽出的管理标准、持证上岗的制度，对其进行严格管理。另一方面应当促进家政学研究，为家政服务业发展提供理论基础，联合家政公司或家政服务协会对服务人员进行职业培训，提高其综合素质。

（二）家政服务业产业链中游：规范行业秩序，促进企业品牌化与规模化

家政服务业从业门槛低，许多进入家政服务业的企业或平台对家政服务员缺乏有效的监管和统一的管理，这类企业和平台的存在不仅损害了正规家政公司和平台的信誉与利益，也扰乱了整个家政市场的秩序。与此同时，家政服务业因其特殊性，缺乏专门法规保护，使得家政服务从业人员的权益难以得到保证，从而造成了家政服务业极大的流动性。因此，政府应当通过法律制度的有效供给，促进家政服务业向正规化、法制化的方向发展。一方面，根据具体情况分类建立家政服务业市场准入机制和从业人员管理制度，提高就业门槛，维护家政服务业从业人员的合法权益，逐步改变家政服务业散、小、乱的局面，加速家政行业的优胜劣汰。另一方面，加强对于开办家政服务的企业或平台的监管、服务和引导，对其市场设立的准入条件、家政从业人员资格审查制度、服务收费标准、岗前培训

资质、跟踪管理、为雇用的家政服务人员购买意外保险等法律责任做出明细规定。

(三) 家政服务业产业链下游：加强行业宣传，破除传统观念

家政服务行业的客户由于受传统消费观念影响较大，对家政服务人员心存芥蒂，导致家政服务人员得不到应有的尊重，经常受到歧视。部分拥有较高文化素质的人难以摒弃传统观念的影响从事家政服务业，从而造成一些"智力型"的服务供给难以满足社会需求。因此，应通过大众媒体对家政服务业进行宣传，使群众意识到家政服务业是培养健康生活方式、提高生活质量的有效途径，促使人们尊重家政服务人员，营造良好的社会氛围，从而实现家政服务业的健康发展。

(四) 引导家政服务业健康发展

1. 加大政策支持

目前，家政服务业面临着小、散、乱、弱的局面，政府应当加大政策支持力度，设立家政服务业发展专项资金，制定资金管理办法，在财政补助、税费优惠等方面加大支持力度。首先，政府应在创业补贴、社会保险补贴、税收优惠等方面给予优惠政策，在家政服务领域积极推进大众创业、万众创新，吸引高校毕业生和具有相关技能的人才进入家政服务业。其次，针对家政服务企业资产规模小、资信等级不高、经营管理水平低、融资难度大的问题，制定和完善有利于中小企业融资的政策措施，加强信用担保服务，降低担保收费，健全信用风险的分散转移机制。最后，政府应扶持培育一批明星企业，打造连锁品牌，从而带动家政服务业市场的梯次发展。

2. 健全相关法律法规

家政服务业由于其特殊性，不属于《劳动法》的调整范围，且现有法律法规可操作性不强，尽管商务部已制定《家政服务业管理暂行办法》，但其作为部门规章难以调整其权限范围以外的行政管理关系，政府在家政服务业的管理中无法可依，阻碍家政服务业健康、规范的发展。因此，应参照国内外先进经验和做法，建立健全的家政服务业法律法规体系，调整家政服务业三方主体间的行为，规范家政服务业的劳务关系，建立健全三者之间的行为制约机制和合法权益保护机制，强化法律对该行业的支持和推动。

(五) 促进家政服务业规范化管理

1. 强化家政行业制度建设和规范

由于家政服务业范围宽广，缺乏系统的行业准则和规范，导致家政服务市场鱼龙混杂，家政服务机构管理混乱，从业人员复杂，难以形成高效的监管体制。

首先，行业内应当针对家政服务市场中缺乏准入机制的问题，尽快制定家政服务业的规范的市场准则，明确行业准入标准。其次，尽快完善和实施已制定的行业规范和家政服务标准，为家政服务业提供统一规范的要求。再次，通过定期考察家政服务机构，对其经营行为进行综合评定和动态管理，建立适当的奖惩机制，推动市场形成优胜劣汰、公平竞争的发展环境。最后，加大执法力度，对违法经营行为严厉查处，促进家政服务机构的规范化经营，切实维护家政服务员与雇主的合法权益。

2. 鼓励员工制管理

家政服务企业采用员工制管理的方式有利于推动家政服务业的规范化建设，家政服务员也能够享有劳动和社会保障，增强职业稳定性。针对目前员工制管理造成家政服务企业税费负担重、职业风险高、推广难度大的现状，政府应当加大扶持力度，对于其所承担的社会保险费，可采取先缴后补的方式进行补贴，或者在税收政策上作出调整，减轻家政服务企业的负担。

3. 强化职业培训

随着家政服务市场的不断发展，对家政服务从业人员数量和质量的需求不断增加，从而对职业技能培训工作提出了更高的要求。强化家政服务从业人员的职业培训需要整合培训资源，为避免家政服务业培训多头举办、各自为政的情况出现，应由政府主导整合资源、优化配置、统筹安排，依托家政服务业协会，建立以市场需求为导向、家政服务企业和培训机构协作的培训机制，鼓励行业、企业、院校和社会力量积极参与家政服务业培训，提升家政服务从业人员的专业化素质。

（六）营造良好的家政服务业发展环境

1. 提升社会地位

政府应当充分发挥舆论引导的作用，通过报纸、电视、网络、微信等多种途径，对家政服务业的方针政策进行宣传推介，对从事家政服务业的社会意义和价值进行宣传普及，增强社会对家政服务业的认知和支持，消除社会对家政服务业的偏见和歧视，吸引更多优秀的人才从事家政服务业，引导消费者树立平等与尊重的思想，为家政服务业的发展创造良好的社会环境。

2. 完善社会保障

目前，家政服务业市场规则尚不完善，缺少相应的社会保障政策，使得本就处于弱势地位的家政服务从业人员处于更加不利地位，无论是家政服务机构、消费者或家政服务从业人员自身都无意识或法律依据为家政服务从业人员购买社会保险。一方面，政府应当加快制定有利于保护家政服务从业人员的法律法规，使其从法律层面享有社会保险和福利待遇。另一方面，建立有效的维权体制机制，对于家政服务员、家政服务机构和雇主之间的侵权事件和矛盾纠纷等，要依法依规妥善处理。

第五节 中国家政服务产业发展研究

一、发展现状

(一) 行业规模

1. 企业数量

近几年，我国家政服务市场需求大，再加上行业进入门槛低，大量企业涌入家政服务行业，表11-8数据显示，目前我国家政服务业企业数量增速放缓，家政服务业的经营主体以小型企业为主。

表11-8　家政服务业企业数量情况

年份	2014	2015	2016	2017	2018
企业总数（万家）	60	64	66	68	70
规模以上企业占比（%）	23.5	21.9	21.3	—	—
规模以下企业占比（%）	76.5	78.1	78.7	—	—

2. 从业人数

我国家政服务业从业人员规模持续增长，如表11-9所示。2017~2018年，得益于国家脱贫攻坚政策和全国家政服务劳务对接扶贫行动、"百城万村"家政扶贫试点行动的实施，一大批贫困妇女进入家政服务行业就业、创业。

表11-9　家政服务从业人数情况

年份	2014	2015	2016	2017	2018
行业从业人员总数（万人）	2034	2326	2542	2570	2602
规模以上企业从业人数占比（%）	41.7	42.0	43.0	43.0	43.0
规模以下企业从业人数占比（%）	58.3	58.0	57.0	57.0	57.0

3. 营收规模

从家政服务产业总体规模看，近五年发展态势良好，如表 11-10 所示。2018年中国家政服务行业营业收入达到 5540 亿元，同比增长 25.9%。

表 11-10　家政服务业营业收入情况

年份	2014	2015	2016	2017	2018
行业营业收入（亿元）	2304	2776	3498	4400	5540
规模以上企业营业收入占比（%）	52.9	54.5	61.3	—	—
规模以下企业营业收入占比（%）	47.1	45.5	38.7	—	—

（二）行业结构

1. 业态结构

根据商务部商贸服务典型企业统计制度，家政服务业经营业态可划分为母婴护理、养老看护、小时工及其他四类。目前，我国整个市场对家政服务业四大业态的用工需求基本保持高速增长，其中，母婴护理成为家政服务业的重要分支，养老看护成为家政服务业极具潜力的分支，如表 11-11 所示。

表 11-11　家政服务业分业态营业收入　　　　　　　　单位：亿元

年份	2014	2015	2016	2017	2018
母婴护理	703	847	1055	1350	1620
养老看护	447	481	570	690	870
小时工	622	705	916	1150	1445
其他	532	733	957	1210	1605

2. 家政服务业电子商务

目前，我国人口老龄化、家庭小型化的现象越来越显著，随着我国经济水平的不断提高，居民收入也有了显著的提升，在健康意识方面也有了较大的觉醒，众多因素结合起来，导致中国的家政行业得到了空前关注，发展迅速。目前，我国家政服务业市场规模增长较快，从业机构数量呈增加态势，从业人员数量持续增加。此外，中国家政服务业传统的商业模式是连锁经营，但随着移动互联网和大数据等信息技术的发展和各路资本的涌入，家政 O2O 市场规模不断扩大，出现了一批家政 O2O 创业公司，如 51 家庭管家、好慷在家和 e 家洁等。

此外，近年来家政 O2O 高速发展。与传统家政服务不同，家政 O2O 提供的家政服务打通了线上线下界限，加强了用户体验，有力促进了家政服务业的发展。2013年以来，e家洁、云家政、阿姨帮、阿姨来了、小马管家、嘉佣坊等众多家政O2O创业公司不断涌现。2014年以来，BAT、京东、58同城、大众点评、美团等领军企业也纷纷布局包括家政服务在内的上门服务业务。

总体而言，我国家政服务业发展迅速，但仍旧存在市场供需不平衡，规范化、信息化、集约化水平有待提升，从业人员专业化、职业化水平较低等诸多问题。

二、发展模式

基于当前我国家政服务业发展现状，结合国内外家政服务业发展经验，提出"政府引导、企业为主、协会协作"的模式。通过建立以上产业发展模式，以期促进我国家政服务业发展。

（一）政府是保障家政服务业发展的中坚力量

1. 将家政服务人员纳入劳动法范围

家政服务人员被劳动法边缘化是家政服务业缺乏人才、职业不稳定的根源。确定劳动者平等的法律地位，是解决家政服务业难以职业化问题的根本途径。只有家政服务人员成为在社会中有尊严和地位的劳动者，才会有人以此为终身职业，从而建设高素质的家政服务专业人才队伍，最终解决家政服务供需不平衡的问题。

2. 明确政府相关主管部门，理顺政府相关部门间关系

通过确定政府相关部门间的关系，增强部门间横向沟通、相互协作，从而保证政策导向一致、互相呼应。首先，应确定与人力资源和社会保障部门的关系，将家政服务培训大纲、考试与发证等与国家职业资格考试相统一。其次，应加强与工商部门的合作，完善家政企业工商登记，加强统计与管理，强化市场监管，取缔无照中介，处罚不良中介。最后，协调与妇联组织的关系，充分利用现有的人力资源。

3. 完善家政从业人员的技能培训种类

从事家政服务业的服务人员中具有大中专文化程度的人数比重较小，由此可见，加大培训力度对于家政服务业的发展而言有着不可忽视的作用。因此，我国应由政府主导，构建以职业类院校为主，以企业、社区、协会、妇联等社会机构为辅的家政培训网络体系，加大基础家政技能培训的基础上注重针对高端家政服务需求的培训。

（二）家政企业是促进家庭服务业健康发展的主体

1. 促进家政企业实行员工制，实现产业规模化

中介制的家政服务企业由于难以实现从业人员职业化，已经不符合当今家政行业发展的潮流，而员工制则有利于家政服务企业实现大规模、集团化、产业化的发展，其在员工培训、服务反馈等各个环节都有较为严格的管控，符合企业管理经营模式运营。

2. 打造品牌，实现连锁经营

良好的品牌有利于企业在激烈的市场中获取竞争优势，对于家政企业而言，应当根据客户需求定位自己的服务项目，并通过培训等手段提高服务质量，形成并发扬自己的特色品牌，从而在全社会产生品牌效应。进而借助企业的品牌效应，加强连锁经营，促使企业规模化发展，从而带动家政服务业的健康发展。

3. 完善家政服务企业从业人员管理，降低员工流动率

作为服务业，如果家政服务企业拥有一批具有较高技能水平以及个人素养的从业人员，有利于其在激烈的市场竞争中脱颖而出。因此，家政企业应当不断完善自身的员工管理水平，为招聘而来的从业人员提供充足的岗前培训，及时签订劳务合同并购买社会保险，对其技能进行评定并提供相应的薪酬待遇，积极处理员工与客户的纠纷。通过合理的员工管理模式，企业可以提升家政服务从业人员的职业归属感、自豪感，增强其工作积极性，使其积极参与培训，不断提高能力。与此同时，还可以吸引更多的优秀人才投身于家政服务业中。

（三）家政服务业协会是联系政府与企业之间的桥梁

1. 与政府进行沟通，反映行业存在的问题

家政服务业协会可在政府进行决策时，通过积极调查、报告等多种形式，将家政企业的诉求及行业存在的问题向政府反映，为相关法规政策的制定提供客观依据，进而为该行业企业的发展创造更好的政策环境。

2. 服务企业，发挥平台作用

协会具有信息收集和处理方面的明显优势。因此，家政服务业协会应当积极与会员单位开展交流活动，向其提供及时、透明的行业信息，形成更广阔的交流、信息平台。与此同时，家政服务业协会应当积极为家政服务业发展提供系统、完善的培训，提高行业从业人员整体水平。

3. 制定行业规定，规范行业发展

家政服务业协会通过制定符合本国国情的家政服务业质量规范和服务标准，警告、业内批评、通告、开除会员资格等手段监督会员单位依法经营；通过对会

员的服务质量、竞争手段、经营作风进行行业评定，维护行业信誉，维护公平竞争秩序。

三、发展重点

（一）促使家政服务业规范化

家政服务业的发展有利于我国第三产业的发展，解决农村富余劳动力及城镇下岗人员的就业问题，提高人民生活质量。但一方面，家政服务行业门槛低，家政服务人员没有经过专业技能培训，严重影响家政服务业服务水平；另一方面，家政服务中介机构缺乏统一有效的管理和行业标准，雇主对中介机构缺乏信任。在这种情况下，根据《关于加快家政服务业发展的意见》，结合我国家政服务业的发展现状，我国应根据市场需求，借鉴家政服务市场较为完善的发达国家的先进经验，不断完善并严格执行家政服务行业标准，将政府引导与市场运作相结合，规范家政服务行为，从而促进家政服务市场的规范化发展。

（二）提高家政服务业职业化、专业化水平

近年来，我国家政服务业快速发展，服务企业迅速增加，市场规模不断扩大，但同时也存在着家政市场供需不匹配的现象，尤其是在从业人员中接受过正规的职业教育并且具备较高技能的人才极为稀缺的情况下。因此，我国一方面应依据家政服务市场需求情况，针对不同学员的特点分级培训，不断提升从业人员的个人素质以及专业技能，并在此基础上增加诸如膳食搭配、医疗应急知识等高层级技能的培训。另一方面应促进家政服务企业由中介制向员工制转变，提高企业的专业性，引导其规模化、连锁化、品牌化经营，增强大众对家政服务企业的认可和信任。

（三）加强宣传力度，转变行业偏见

受传统观念的束缚，相当比例的人认为从事家政服务是一个艰难、不得已的选择，认为家政服务员低人一等，这使得从事家政服务行业的人员社会地位较低。大量有能力提供较高技术含量服务的潜在人力资源流失。此外，对于广大消费者而言，由于家庭属于较为私密的空间，其对于外人进入家庭中处理家庭事务心存芥蒂。因此，我国应积极通过网络、报纸、广播电视等媒体，大力加强对家政服务业的宣传，加深广大群众对家政行业发展前景和服务主体的理解和认知，宣传家政服务业以及从业人员对于社会发展的贡献，引导人们逐步转变消费观

念，扩大消费群体，鼓励城镇下岗失业人员、农村富余劳动力进入家政服务行业，在全社会形成良好的产业发展环境。

四、发展对策

（一）加大政府引导力度，促进家政服务业发展

1. 促进家政从业人员的多元化

鼓励农村富余劳动力、城镇失业人员进入家政服务业，对于在家政服务业就业的就业困难人员给予社会保险补贴。此外，对于有意愿进行自主创业的人员可从提供创业培训、小额担保贷款、税收、办公场所租赁等不同门类给予一系列指导服务和优惠扶持政策。针对从事家政业的高校毕业生，给予适当的就业补贴，鼓励高学历人才进入家政服务业。

2. 加强就业服务的平台化建设

利用互联网等技术，建立公益性质的家政服务平台，充分发挥各方面信息资源的作用，为家庭、社区、家政企业提供公益性服务以及更高端的量身定制服务。与此同时，为了保证不了解互联网技术的老年人可以及时享受到家政服务，应当在需求规模较大的区域设置家政服务呼叫电话。

3. 加大对中小型家政企业的政策扶持

政府各级机关和相关部门应将有关促进中小企业发展的政策切实贯彻落实到家政服务企业，为家政企业改革、发展和市场化等提供更多的便捷服务，帮助中小型家政服务企业解决融资困难的问题。大力支持家政服务企业通过打造连锁品牌、创新经营管理机制等方式，整合服务资源，扩大服务群体，增加特色服务项目。

4. 出台统一的合同示范文本，规范家政服务中三方的关系

合同范本应当包括家政企业与家政服务人员之间的合同、家政企业与消费者之间的合同、家政服务人员与消费者之间的合同。通过规范合同文本，促进正当劳动关系的建立，明确各方权利和义务，使各方均可以受到法律的约束与保障。

5. 维护家政服务从业人员的合法权益

政府有关部门须定期组织公布家政服务人员的工资指导水平，为家政企业制定科学合理的收入分配制度提供可借鉴的依据。此外，相关部门应加大力度规范用工协议，严厉整顿某些家政服务企业不规范的劳务管理，从而更好地维护从业员工的切实利益。再者建立专门处理家政服务纠纷的渠道，形成高效、科学的维权机制，维护从业人员的正当权益，及时妥善处理家政服务企业、用工方与从业

人员三方之间的各种劳动争议和侵权事件。

(二) 培训机构强化培训方式，提高家政服务人员综合素质

1. 实行实践与理论相结合的培训方式

培训机构在进行培训时应当秉承"以实践为主，知识教授为辅"的宗旨，在保证家政服务人员在熟练掌握基本操作能力的基础上，增加如营养学、心理学等高端技能的培训。通过实践操作、互相交流、经验积累，促使家政服务人员在理论与实践方面能力均得到强化，达到上岗标准。

2. 结合市场需求，有针对性提供不同的家政服务培训

尽管当前我国家政服务需求仍多以孕产妇护理、老人照护等需求为主，但随着人们收入的提高和对生活质量追求的提高，人们对于智家型、管家型高端家政服务的需求也必然增加，家政服务机构应适当开展针对白领及高收入人群的中高档家政服务培训项目，吸引一些高校毕业生与其他高素质人群进入家政服务行业，以满足当前家政服务市场上较为紧缺的高端、复合型的管家类型家政以及涉外家政的需求。

(三) 加大家政服务业的宣传，营造良好的社会氛围

1. 加强教育引导，促进家政服务人员观念的转变

我国从事家政服务业的从业人员普遍学历较低、文化素养不高，造成该现象的一部分原因是由于传统观念造成的对家政服务业的偏见。应通过讲座、对话等方式引导家政服务人员充分认识服务没有高低贵贱之分，家政服务产业具有广阔前景。从理论和实践两个方面，深入浅出地向务工人员讲清家政服务业产生的必然性、现实意义和职业特点，使其意识到家政服务工作需要优良的个人素质，现代社会的家政服务人员已不同于传统意义上的"保姆""佣人""管家"，在职业地位、工作内容、工作质量、职业道德规范等方面都有更高、更新的要求，家政服务人员应努力提高综合素质，包括提高文化水平，熟练掌握家政服务的技术、技能和技巧等。

2. 媒体积极引导，优化舆论氛围

我国应借助广告、电视、报刊等新闻媒体，对家政服务工作的相关问题进行广泛宣传以及积极的引导，促使社会对家政服务工作以及从事该工作的人员加深理解，加强关爱，从而减轻人们对家政服务业以及从业人员的偏见和歧视，与此同时，新闻媒体应大力宣传家政服务业新理念、新知识，积极引导社会转变就业观念，树立正确择业观，营造"家政服务光荣"的良好社会氛围。

3. 树立推广典型，实现以点带面

政府与协会应合力发现、培养、树立、推广模范家政服务员、再就业明星等

典型。通过座谈会、经验交流会、演讲报告会、实地参观等形式，使先进典型人物的精神和具体的经验做法得到彰显扩散，产生以点带面的辐射功能，调动和激励更多的务工人员投身到家政服务工作中去。同时，也唤起和促进全社会对先进典型人物的关注和敬慕，以及对家政服务工作的理解和支持。

(四) 促进协会协调组织作用，助力家政服务业健康有序

1. 制定行业准入标准

行业协会作为市场准入的前置审批主体，应基于行业发展趋势，制定普遍使用的家政服务行业准入标准。同时，将行业协会的认可作为政府等的前置条件，有利于避免一部分规模小、不正规的家政企业进入市场，从而遏制非法中介，提升整个行业的层次。

2. 发展会员，提升行业协会权威性

行业协会可采用书面申请与公布公示结合的方式，以申请入会单位的书面材料为主，对于书面材料符合入会基本要求的，可集中在协会门户网站进行公示，对于有异议的申请单位再进行深入了解和考察，无异议的申请单位入会。通过发展会员单位，迅速提升会员单位在家政市场的比重，迅速提升行业协会在业内权威性的同时，压缩非法中介的生存空间。

3. 定期进行会员企业评级

家政服务业协会为会员单位制定等级标准，在会员单位加入时进行定级，同时，在接纳会员后定期或不定期进行服务质量检查，根据结果给予升级或降级，通过媒体向社会公布会员单位中的优秀成员单位，曝光不合格单位，联合相关部门取缔严重违反行业规定的会员单位的资格，以促进行业内良性竞争。

4. 提供家政从业人员技能培训

家政服务协会应掌握招生主动权，由其在会员单位内组织人员参加培训。以一个或几个会员单位为班级，由家政公司负责班级学员招募及组织工作。为保证培训的课程安排不大量占用家政服务从业人员的工作时间，采用提前预约的形式，安排小班制教学，利用弹性培训课程，对从业人员进行以实际操作为主、理论知识为辅的培训。

5. 完善家政服务机构综合评价体系

运用网络海量信息构建家政服务人员综合性评价体系，针对每一个家政服务人员建立独立的信息库，保存所有用工方对该家政服务人员的评价记录。该记录包括文字评价与数字评分，在通过大量雇主评分得出综合评分的同时，由文字记录深入了解某个家政服务人员的特点。提供供需双方信息对接平台，通过供需双方信息对接，将家政服务企业和服务人员信息囊括其中，实现在线选择家政服

务，一方面雇主可以轻松找到自己满意的家政员，另一方面家政服务企业可以拿到订单。

（五）提升行业现代化水平，促进 O2O 商业模式的构建

第一，加强家政服务网络预约平台建设，使消费者可利用该平台，通过家庭地址和服务需求等关键词进行筛选，自动匹配符合条件的家政服务人员，使其可及时选取经过行业组织或权威机构认证的家政服务机构或从业人员，从而提升家政服务效率与质量水平。

第二，整合线上线下资源，推进营销模式创新。通过电商、微商等加强家庭服务营销渠道建设，实现线上电商、微商和线下实体家政企业的融合发展。利用线上解决消费者与家政服务员间信息不对称的问题，完整反映家政服务人员信息、技能、服务内容等，并且使消费者可以简单、便捷、快速地完成雇佣手续。与此同时，充分发展线下资源，使线下资源覆盖区域更广泛，保障客户可以就近消费。此外，线下实体家政企业应当充分把握家政服务的质量，营造良好企业口碑。

第十二章
全民健身产业发展研究

全民健身产业属于幸福产业体系中的提升型产业。加快全民健身产业的发展有利于深化体育改革和机制转换，拓展体育事业发展的经费渠道，满足社会日益增长的体育需求，保证全民健身计划和奥运争光计划的实施和实现。推动我国全民健身与全民健康深度融合是建设健康中国的一项重大决策部署，为实现体育强国、国民身体素质的提升，具有非常重要的意义。

第一节　全民健身产业概念、特征与构成

一、产业概念

所谓全民健身产业，就是一个能够不断为全体国民提供体育健身的基本环境和条件，满足全体国民体育健身的基本需求，使全体国民健康素质得到明显提高的产业系统。全民健身产业的基本特征是全面性、系统性、多元化、服务性、保障性和平民化，其核心是服务的保障性。

二、产业特征

（一）全面性

这既是"全民健身产业"中"全民"的要求，也是"全面建设小康社会"中"全面"的规定，它包括服务人群的全面性、服务内容的全面性和服务范围的全面性。

（二）保障性

这是我国群众体育事业的公益性决定的。党中央和国务院在《关于进一步加强和改进新时期体育工作的意见》中明确提出，群众性体育事业属于公益性事业。这个产业体系要"保障广大人民群众享有基本的体育服务"，保障法定的公民的体育权益切实得以实现；保障政府承担的体育责任切实得到落实；保障基本的体育健身环境和条件切实得到改善；保障全民族健康素质切实得到明显提高。

（三）服务性

这是党和政府全心全意为人民服务的宗旨决定的。这个产业体系要为广大人民群众参与体育健身活动服务，为明显提高全民族健康素质服务，为积极形成全民族健全心理服务，为提高人民生活质量服务，为繁荣体育事业、建设先进文化、推动经济发展服务。

（四）平民化

平民化是指在体现服务人群全面性和服务对象多元化的同时，突出体现这个体系切实为占人口大多数的普通老百姓、中低收入人群服务，切实保障这些人们的平等参与和平等受益，使这些人真正"享有基本的体育服务"。

三、产业构成

从全民健身产业的基本含义和基本特征出发，所构建的全民健身产业体系分为两大部分：一部分称之为体育服务产业体系或直接服务产业体系。它是直接为人们参与体育健身活动服务的部分，人们直接与这一部分中的要素打交道，享受这些要素带来的服务。另一部分称之为体育保障产业体系或间接服务产业体系。它是为体育服务产业体系中诸要素提供供给、改善、支撑、保护的部分，体育参与者虽然不直接与之打交道，但也享受着这个体系提供的成果。没有体育保障产业体系，则没有体育服务产业体系，即使有了，也不会健康发展或长久维持。

全民健身产业总体来说可以分为体育保障产业和体育服务产业两大块。我国体育产业各个类别与全民健身产业之间的关系可界定为服务关系和保障关系，如表12-1所示。

表 12-1　我国体育产业与全民健身产业的关系

代码	体育产业类别名称	与全民健身产业的关系
01	体育管理	服务关系
02	竞赛表演	服务关系
03	健身休闲	服务关系
04	体育场馆服务	服务关系
05	体育中介服务	保障关系
06	体育培训与教育	服务关系
07	体育传媒与信息服务	保障关系
08	其他与体育相关服务	服务关系
09	体育用品及相关产品制造	保障关系
10	体育用品及相关产品销售、贸易代理与出租	保障关系
11	体育场地设施建设	保障关系

资料来源：根据国家统计局和国家体育总局联合发布的《国家体育产业统计分类（2015）》整理形成。

第二节　全民健身产业与幸福感的关系

全民健身产业对人民幸福感的影响落到实处是通过一个个具体的群众个体来实现的。从群众个体的健身需求和健身产品的供给角度出发，提出全民健身产业对提升人民幸福感的影响。

一、理论分析

全民健身活动可以提高个体主观幸福感。全民健身产业作为一个提升人民幸福感的庞大系统，落到实处，是通过一个个具体的行业来实现的。这些具体行业对人民幸福感的提升主要体现在以下几个方面：

（一）人力资本积累（体育培训与健身产业）

体育培训与健身产业是人力资本积累的重要形式。就发达国家而言，体育培训课程在居民消费项目中占有较大比重。例如，2010~2013 年美国居民参与运动俱乐部、运动中心会员类支出费用分别为 391 亿美元、395 亿美元和 406 亿美元。

近年来，素质教育在中国变得十分热门，出于对提高孩子身体基本素养、养成健康生活理念、培养兴趣的考虑，体育类素质教育相当受家长欢迎。《2018 中国少儿体育培训家庭消费报告》显示，41.50% 的家长每年投入 1 万元以上的体育培训费用（包含装备）。

（二）娱乐与减压功能（竞技表演产业与户外休闲产业等）

竞技表演体育具有极大的戏剧性和观赏性，因此，每年的比赛吸引成千上万的观众参与其中，极大地丰富了人民群众的业余文化生活，增加了满足感和幸福感。以 2018 年足球世界杯为例，数据显示，共有 35.72 亿人观看了本次的俄罗斯世界杯，这一数字在全世界 4 岁以上人口中占比超过了一半。

人民群众通过参与户外休闲活动放松心情，释放压力，同时，通过健身休闲活动交友娱乐，增加社会资本。户外休闲产业能够直接提升人民群众的幸福感和获得感。

（三）社会教育价值（大型体育赛事、竞技表演产业）

全民健身产业对人民群众具有社会教育价值，有助于提高人民群众对国家、社区的认同感。1981~1986 年，中国女排创下世界排球史上第一个"五连冠"。38 年以来，中国女排十次登上世界排球"三大赛"的冠军领奖台，女排姑娘们在赛场上展现出的祖国至上、团结协作、顽强拼搏、永不言败的精神早已超越了体育本身的意义，成为国人不忘初心、艰苦奋斗、自强不息、力争上游的民族精神，为中华民族的伟大复兴提供了强大的精神动力。"女排精神"为中国人民赢得了集体尊严，提高了中国人民的幸福感。

（四）社会经济价值（职业体育、体育媒体、场馆建设与服务、咨询产业等）

全民健身产业能够促进国民经济的增长，提供众多就业机会，增加国民收入。1995 年，美国体育产业的产值增加到 1520 亿美元，居国民经济的第 11 位，而 1999 年则增加到 2000 亿美元，成为国民经济的支柱产业。

从产业经济学的视角来看，全民健身产业的产业链很长，既有体育场馆建筑、体育用品和装备制造等上游产业，也有体育中介、体育传媒、体育广告等中游产业，还有体育健身休闲、体育竞赛表演、体育旅游等下游产业。同时，由于体育产业具有较强的融合性和经济的正外部性特征，对相关产业的带动作用非常大。

二、计量分析

全民健身产业对人民幸福感的影响最终是通过全民健身活动来实现的。我们选取影响全民健身活动的六个要素，即健身总量大小、健身时间长短、健身伙伴、健身项目、健身场所、健身设施，通过研究生活满意度、积极情感、消极情感与全民健身活动六个要素之间的关系来研究全民健身产业对人民幸福感的影响。它们之间的影响关系如图 12-1 所示。

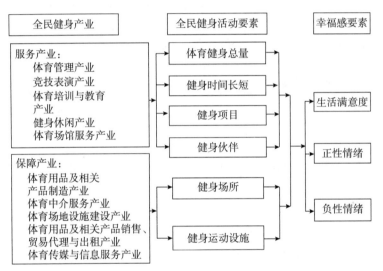

图 12-1　全民健身产业对人民幸福感的影响示意图

通过相关分析与方差分析可以揭示了全民健身活动各要素与主观幸福感之间的内在关系，为大力发展全民健身产业提供依据。

（一）方差分析模型

方差分析的基本思想就是对被影响因素（如生活满意度、正性情绪、负性情绪）提供几种方案（如影响因素—健身锻炼总量的三种方案：小运动量、中运动量、大运动量），用方案之间的方差和所有方案内部的方差之和的比值，与提供的检验水平作比较来判别所提供的这几个方案的均值是否存在显著性差异。

（二）方差分析实验

选取调查被试 1478 人，其中，男性 679 人，女性 799 人，年龄在 25 岁以下 302 人，25~35 岁 547 人，36~45 岁 287 人，46~55 岁 170 人，56~65 岁 133 人，

66 岁以上 39 人。采用测试量表为居民幸福感调查量表、身体锻炼等级量表。数据处理软件为 SPSS 11.0。

(三) 研究结论

通过方差分析研究表明：

其一，健身锻炼总量与主观幸福感之间存在正相关关系。大运动量对生活满意度和正性情绪的作用较大，而中等运动量者负性情绪较少。

其二，健身锻炼项目的选择对主观幸福感的影响效应非常显著。

其三，健身伙伴对主观幸福感影响很大，不论是对生活满意义度、正性情绪还是负性情绪，都达到显著性水平。和朋友在一起锻炼的被试的生活满意度最高，与体育指导一起锻炼的被试生活满意度最低，和家人一起锻炼时负性情绪最少。

其四，健身设施越齐全，健身锻炼者体验到的负性情绪越少，健身设施越不齐全，健身锻炼者体验到的负性情绪越多。

第三节　全民健身产业发展模式

各国全民健身产业的发展可以分为三个梯队：第一梯队由美国和欧盟所组成，全民健身比例超过 60%，其中，2011～2016 年，美国全民健身比例达到 72%；第二梯队包括澳大利亚、日本、韩国等发达国家，全民健身比例为 50% 左右，其中，2017 年韩国全民健身比例为 59.2%；第三梯队则是包括俄罗斯、巴西、中国等在内的发展中国家和部分新兴的工业化国家，全民健身比例在 30%～40%，其中，2017 年中国全民健身比例达到 41.3%。根据市场在全民健身活动中所起作用的不同，全民健身产业的发展模式可分为市场主导下的"全产业链发展模式"、市场主导下的"梯度发展模式"以及计划与市场结合的"双轨发展模式"。

一、市场主导下的"全产业链发展模式"

"全产业链发展模式"是指在市场竞争压力下全民健身产业的上游、中游、下游产业都得到了全面的发展，全民健身产业和全民健身活动融合度很高。美国、英国等市场经济国家大多采用这种模式。

二、市场主导下的"梯度发展模式"

后发的市场经济国家一般都走市场主导下的"梯度发展模式",以日本、韩国、法国最为典型。

三、计划与市场结合的"双轨发展模式"

相对于这些经济发达的国家,发展中国家,特别是一些以前是计划体制的国家,在向市场经济转型的过程中,往往不得不采用混合模式,也就是我们俗称的"双轨制"来发展全民健身产业。这样的国家包括中国、俄罗斯和东欧的一些国家。

通过上面的分析,我们得到这样的结论:一个国家全民健身产业的发展模式与一个国家的市场经济成熟度以及社会制度密切联系。

各发展模式的运行如表 12-2 所示。

表 12-2　全民健身产业发展模式

模式	主要特征	支撑条件	政府职责	代表国家
市场主导下的"全产业链发展模式"	有十分完善的俱乐部体制和职业联盟体制;体育产业和全民健身活动的融合度极高;形成了比较完整的体育市场产业体系	经济发展水平高,有钱和有闲阶层群体的人数庞大,其国民的体育消费不仅有传统,而且呈现普遍化、经常化、生活化和多元化趋势;体育中介机构高度发达	把自己界定为"守夜人"角色,对产业中的各类市场主体实行"市场决定"的放任政策	美国和英国
市场主导下的"梯度发展模式"	采用梯度发展战略,根据本国体育消费和体育市场的实际发育程度,确立发展重点,有计划、有步骤地推动本国体育产业的发展	在体育消费的规模、全民健身市场体系的完善程度以及体育企业的规范化运作水平等方面,均落后于源发市场经济国家;体育中介机构发育尚不健全	政府运用多种手段参与和引导全民健身体育产业的发展,为发展本国体育产业制定规划、设定目标	日本、韩国和法国
计划与市场结合的"双轨发展模式"	采用计划与市场相结合的方式发展全民健身产业;体育企业所有制形式由单一的国有制向民营所有制、股份制、混合所有制转型	市场体系不完善,市场经济不发达,计划经济的烙印还存在;体育中介机构的市场尚未形成	政府制定全民健身发展规划的同时鼓励民营资本发展全民健身产业,政府是全民健身活动的组织者和管理者	中国和东欧国家

第四节　全民健身产业的发展方向与重点

一、发展方向

（一）从"竞技表演体育"走向"全产业链"发展

"竞技表演体育"又称"职业体育"，是全民健身产业"皇冠上的明珠"。国内和国际职业体育的激烈竞争推动了全民健身市场的扩张和产业的创新，使全民健身产业内部分工越来越细。市场竞争促使全民健身产业不断转型升级，由单一的"表演体育"向"全产业链"方向发展。以美国职业体育打造的四大联盟品牌赛事为例，四大联盟品牌赛事带动了体育中介、传媒、装备、场馆建设等行业的发展，创造了良好的经济效益与社会效益。职业体育产业和相关产业的联系如图12-2所示。

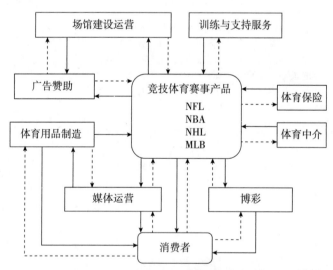

图12-2　以赛事为中心的职业体育产业链

（二）从"线下运动"到"线上竞技"

现代网络通信技术的发展使传统的全民健身产业发生了深刻的变革，"线上竞技"越来越成为当代年轻人热衷的一项体育项目。全民健身在互联网时代不断发酵，运动健身 App 呈爆发式增长，传统健身企业重新整合线下资源，积极转型升级。例如，中体倍力与百度携手，用户在百度搜索中输入"@中体倍力"，即可直达中体倍力服务界面，体验 360 度在线看官、云直播、预约私教、在线健美操等功能。

(三) 从"粗放扩张"到"个性化、专业化发展"

传统的全民健身产业以满足消费者的保健需求为主，较少考虑消费者的个性化需求，全民健身体育企业以"粗放扩张"的方式来占领市场。随着消费者可支配收入的提高，消费者对全民健身产业提供的健身产品提出了更高的要求。瑜伽、拳击、普拉提等小而美的工作室越来越多，未来全民健身产业将呈现市场分工更细致、分工愈加明确的态势。

(四) 从"室 (市) 内活动"到"户外运动"

传统的全民健身项目一般是舞蹈、健身操、武术、球类项目等，活动地点一般局限于室内、社区或公园等离工作场所或居住地比较近的地方。随着社会的发展，户外运动休闲消费逐渐成为需求层次扩展、消费结构升级的一大主题。作为全民健身产业的重要的组成部分，户外运动产业将户外运动项目作为重要的内容载体，突出参与体验形式，能吸收融入更广泛的休闲娱乐要素和产品，将产业链条延展至户外运动休闲服务、设施建设、器材装备制造等多个行业，户外运动产业是全民健身产业发展的高级状态和国民经济重要的组成部分。

二、发展重点

根据世界全民健身产业的发展方向和美国全民健身产业的发展历程可知，不同的发展阶段，全民健身产业的发展重点不同。一般来说，全民健身产业发展初期以发展保障型产业为重点，休育用品制造产业、体育场馆建设与运营产业会得到飞速发展，这些是全民健身产业的基础产业。这一过程完成后，竞技表演体育、体育培训、体育健身等服务型产业会成为全民健身产业发展的重点。从世界范围来看，发达国家引领全民健身产业的潮流，在服务型产业中，竞技表演体育、户外运动、体育培训与健身和电子竞技产业是其在新时代的发展重点。

(一) 竞技表演体育产业

美国全民健身产业从萌芽到成熟的过程是一个竞技表演体育产业链不断延伸

和完善的过程。竞技表演体育通过市场化、商业化成为带动全民健身产业的"火车头"。竞技表演体育对全民健身产业的带动作用主要体现在两个方面：一是娱乐大众，传播体育文化；二是教导人们如何参与体育比赛。竞技表演体育培养了大批忠实粉丝，这些粉丝不仅是竞技表演体育的观众，同时，也常常是这些体育项目的业余爱好者。竞技表演体育在引导人们观赏和参与体育比赛中的作用十分明显，意义非凡。

（二）户外运动产业

户外运动产业是全民健身产业的一个重要分支，是在大众化户外休闲旅游活动基础上所形成的新型经济产业，内容涉及户外用品、户外拓展活动、户外休闲旅游等多个方面。

根据美国户外产业协会（Outdoor Industry Association，OIA）调查显示，目前，在欧美国家，参与户外休闲活动的人数占参与娱乐休闲活动总人数的40%以上，在希腊等多山脉、户外运动历史悠久的国家，这一比例甚至高达80%，户外休闲用品和相关服务市场的发展亦相当成熟。而在我国，参与户外运动休闲活动的热潮才刚刚兴起，相应的户外用品生产商和活动运营商亦不断增多。

（三）体育培训与健身产业

在现代社会中，世界各国经济发展的关键均取决于人才的竞争。而体育培训是提升生活品质、积累人力资本、培养人才的重要方式。在物质财富达到一定程度后，人们对精神财富的追求自然提升。而作为集健身、娱乐、人际交往和全面发展等作用于一体的价值平台，体育培训与健身越发受到社会的广泛关注。

（四）电子竞技产业

电子竞技作为一个新兴的竞技体育项目，已经发展成为一个具有现代竞技体育精神的人与人之间的电子游戏竞技运动。广为人知的电竞游戏包括穿越火线、星际争霸1、星际争霸2、魔兽争霸3、DOTA2、CSGO、英雄联盟、风暴英雄、雷神之锤、绝地求生、和平精英、APEX、帝国时代、虚荣、守望先锋、FIFA、炉石传说、彩虹6号、无限法则、王者荣耀等局域网对战游戏。近几年，在国际赛事的推动下，电竞从业者越来越多，电子竞技已成为新兴产业。

第五节 中国全民健身产业发展研究

一、发展现状

自 1995 年我国政府推行《全民健身计划纲要》以来，在各个方面都取得了巨大的成就。2019 年，全国共有体育场地 316.2 万个，体育场地面积 25.9 亿平方米，人均体育场地面积 1.86 平方米。现今我国经常锻炼的人口已达到 4.35 亿人，占全国人口的 30% 以上，人均寿命由中华人民共和国成立前的 35 岁提高到 2018 年的 77 岁。

国际经验显示，当一个国家的人均 GDP 达到 8000 美元时，该国体育产业将步入爆发期，2019 年，中国人均 GDP 首次超过 1 万美元，全年全国居民人均可支配收入为 30733 元，比上年增长 12.9%，扣除价格因素，实际增长 5.8%。随着经济发展水平的提高，群众自主健身意识增强，体育消费支出增加，全民健身市场有蓬勃发展的趋势，为推动全民健身产业的发展提供了资金支持。2017 年，我国 40 岁及以上人口约为 6.6 亿人，相比 2016 年增长约 400 万人，人口老龄化趋势增强，健康需求旺盛。特别是 2020 年新冠肺炎疫情的爆发让中国百姓越发意识到健康的重要性，由此可以预测疫情结束后群众体育消费需求的增长。特别是"90 后"年轻一代将成为新兴主力消费人群，运动消费需求明显，为该产业发展提供了广阔的市场前景。

中国幅员辽阔，人口众多。作为世界上最大的发展中国家，发展的不均衡性是全民健身产业发展的主要问题，主要包括城乡体育发展不平衡、区域体育发展不平衡、保障性产业和服务性产业发展的不均衡。全民健身产业发展的不均衡性极大地增加了全民健身活动开展的难度，提高了开展全民健身活动、发展全民健身产业的成本和代价。不同地区必须因地制宜，一切从实际出发，选择适合本地区的发展模式。

二、发展模式

2019 年中国人口总数达到 14 亿，各年龄阶段居民的健身需求不相同，各个地区经济社会发展也极不均衡，城乡二元经济特征明显。因此，针对中国社会经济发展的不均衡性，全民健身产业的发展模式应该走多元化的道路，具体来说有以下几种：

（一）职业体育带动模式

职业体育又称竞技表演体育，是全民健身产业金字塔塔尖的部分。一方面，通过竞技表演比赛能够提高收视率和上座率，另一方面，宣传体育文化和运动项目，能够培养大量的粉丝。它对全民健身产业的发展具有非常强的带动作用，受其带动的相关产业包括新闻媒体、广告、体育培训、餐饮、娱乐、体育中介等。

目前，我国有职业体育联赛近 20 个，比较有名的联赛包括中国足球协会超级联赛（CSL）、中国男子篮球职业联赛（CBA）、中国乒乓球俱乐部超级联赛（CTTSL）、中国女子排球联赛（WCVL）等。

（二）群众体育俱乐部模式

群众体育俱乐部是群众自发形成的体育组织，一般以社区兴趣为纽带，是群众自我管理的非营利性组织。群众体育俱乐部符合国际大众体育发展的普遍规律。我国群众体育俱乐部可以根据社区居民收入情况，采取公私结合的方式设立，有公益性的非营利俱乐部，也有收费的营利性俱乐部，以满足不同人群的健身需求。

（三）学校体育带动模式

根据教育部发布的《2018 年全国教育事业发展统计公报》，全国共有各级各类学历教育在校生 2.76 亿人，专任教师 1672.85 万人。因此，学校体育教育是全民健身活动重要的组成部分。学校是中国体育基础设施最完善的事业单位，经调查，中国体育场地 65.6% 集中在教育系统。通过组织各类校园体育活动，鼓励学生参加自己感兴趣的体育项目，培养学生体育锻炼的习惯，有助于学生增强健身意识，养成终身锻炼的体育习惯，夯实群众体育发展的基础。

（四）传统民俗体育发展模式

民俗体育是由一定民众所创造，为一定民众所传承和享用，并融入和依附于民众日常生活风俗习惯（如节日、礼仪等）之中的一种集体性、模式性、传统性、生活化的体育活动。我们熟知的传统民俗体育项目有赛龙舟、踩高跷、舞龙舞狮表演、打陀螺、社火表演等。发展传统民俗体育运动，不仅能推动该地区的全民健身运动，同时还能带动旅游、餐饮、购物、住宿等一系列产业的发展。

（五）体育运动休闲小镇发展模式

2017 年 5 月，国家体育总局办公厅发布了《关于推动运动休闲特色小镇建设工作的通知》。体育小镇不仅可以运动休闲，围绕它还有很多高附加值的配套内容，如康居、疗养、购物、娱乐、户外+室内、养老+亲子等，体育运动包含多个方面内容，因此，体育小镇的类型也不是单一的，可以分为四大类，即产业型体育小镇、康体型体育小镇、休闲型体育小镇、赛事型体育小镇。浙江省通过深入挖掘当地资源优势、产业特色，已经在浙江湖州、嘉兴、绍兴等地规划、申报多个体育特色小镇，打造中的体育小镇成为了特色小镇建设中的"一缕彩虹"。

(六)"互联网+体育"发展模式

随着科技的发展，"互联网+"早已融入了人们生产、生活的方方面面，体育也不例外。疫情之前，形形色色的"互联网+体育"已经呈现出方兴未艾之势，近几年，国家体育总局在全国七地启动了"智慧社区健身中心试点"，就是希望加速推动"互联网+"与全民健身的深度融合。新冠肺炎疫情打乱了人们的生活节奏，但也在客观上加速了"互联网+"与全民健身乃至体育行业的"亲密接触"，为了满足居家健身爱好者们的体育需求，形式多样的居家科学健身指导内容几乎与"居家抗疫要求"同步，呈现在线上平台。

三、发展方向与发展重点

(一) 发展方向

根据世界体育产业发展规律和中国体育产业发展实际，全民健身活动将会向以下几个方向发展。

1. 竞技表演娱乐方向

CBA、中超、乒乓球赛、网球赛、台球赛、电子竞技赛等职业比赛将会吸引越来越多的观众，同时，会面临同国际体育赛事的竞争。

2. 户外运动休闲方向

中国名山大川众多，户外运动资源十分丰富，户外运动越来越受到中国百姓的青睐，爬山、钓鱼、溯溪、漂流、自行车、滑雪等运动装备的热卖表明，中国百姓越来越重视健康和生活情趣，户外健身活动在中国拥有广阔的市场。

3. 体育培训方向

体育培训产业是全民健身产业的重要组成部分。随着人们收入水平的提高和闲暇时间的增多，健身需求也面临同样的消费升级问题。广场舞、跑步等运动已经不能满足高端消费者的健身需求，越来越多人加入到体育培训的行列中来。就体育培训的消费群体而言，主要分为两类：一类是成人培训，主要针对有一定经济基础的城市白领和部分脑力劳动者；另一类为青少年，就项目而言，足球、篮球、羽毛球、乒乓球、跆拳道、轮滑、击剑等项目是市场主流。

4. 群众体育方向

广场舞越来越成为中国各个城市一道独特的风景线，健身操、民族舞、鬼步舞等也成为网络舞蹈教学的热门。气功、太极拳、八段锦、瑜伽等群众性体育运动也拥有了众多的参与群体。群众体育活动参与人数众多，给许多网络企业提供了商机，2016年，糖豆广场舞获得2000万美元A轮和B轮融资。

5. 医疗体育方向

在市场经济条件下，人们的生活节奏越来越快，生活压力大，容易产生很多身体和心理疾病，医疗体育对调节情绪、锻炼人的意志品质、修复人身体和心灵创伤具有积极作用。因此，医疗体育也是全民健身产业未来发展的方向之一。

（二）发展重点

根据《体育产业发展"十三五"规划》和《关于加快发展体育产业促进体育消费的若干意见》（以下简称《意见》），中国全民健身产业未来将重点发展以下行业。

1. 竞赛表演业

鼓励机关团体、企事业单位、学校等单位广泛举办各类体育比赛。探索完善赛事市场开发和运作模式，实施品牌战略，打造一批国际性、区域性品牌赛事。积极推进职业体育发展，鼓励有条件的运动项目走职业发展道路，努力培育和打造一批具有国际影响力的职业体育明星。加强足球、篮球、排球、乒乓球、羽毛球等职业联赛建设，全面提高职业联赛水平。

2. 健身休闲业

制定健身休闲重点运动项目目录，以户外运动为重点，研制配套系列规划，引导具有消费引领性的健身休闲项目健康发展。通过政府购买服务等方式，鼓励社会各种资本进入健身休闲业。贯彻落实《意见》关于新建居住区和社区配套建设体育健身设施的有关规定。支持体育健身企业开展社区健身设施品牌经营和连锁经营。

3. 场馆服务业

积极推动体育场馆做好体育专业技术服务，开展场地开放、健身服务、体育培训、竞赛表演、运动指导、健康管理等体育经营服务。充分盘活体育场馆资源，采用多种方式促进无形资产开发，扩大无形资产价值和经营效益。支持大型体育场馆发展体育商贸、体育会展、康体休闲、文化演艺、体育旅游等多元业态，打造体育服务综合体。推进体育场馆通过连锁等模式扩大品牌输出、管理输出和资本输出，提升规模化、专业化、市场化运营水平。

4. 体育培训业

鼓励和引导各地积极开展国际合作，创办一批高水平的国际体育学校。鼓励学校与专业体育培训机构合作，加强青少年体育爱好和运动技能的培养，组织学生开展课外健身活动。加强不同运动项目培训标准的制定与实施，提高体育培训市场的专业化水平。

5. 体育用品业

结合传统制造业去产能，引导体育用品制造企业转型升级，鼓励企业通过海外并购、合资合作、联合开发等方式，提升冰雪运动、水上运动、汽摩运动、航空运动等高端器材装备的本土化水平。支持企业利用互联网采集技术对接体育健身个性化需求，鼓励新型体育器材装备、可穿戴式运动设备、虚拟现实运动装备等的研发。支持体育类企业积极参与高新技术企业认定，提高关键技术和产品的自主创新能力，打造一批具有自主知识产权的体育用品知名品牌。

四、发展对策

（一）引导广大群众树立以健身促健康的新理念，逐步养成健康文明的生活方式

《关于发展体育产业促进体育消费的若干意见》中明确提出，倡导健康生活，树立文明健康生活方式，推进健康关口前移，延长健康寿命，提高生活品质的理念，并提出营造健身氛围，促进康体结合，加强体育运动指导，发挥体育锻炼在疾病防治以及健康促进等方面的积极作用。习近平总书记在全国卫生与健康大会上指出，"要倡导健康文明的生活方式，树立大卫生、大健康的观念，把以治病为中心转变为以人民健康为中心，建立健全健康教育体系，提升全民健康素养"。因此，要广泛开展宣传教育活动，逐步纠正当前普遍存在的重医疗轻预防、重养生轻运动的传统观点，大力宣传"运动是良医"理念，采取多种方式鼓励民众通过广泛参加体育健身活动来促进个体健康。

（二）实行群众体育管理经营化

这是我国体育商品化的重要标志，也是群众体育走向市场的客观命题。实现管理经营化就是要在市场经济大潮中，把市场机制、竞争机制和价值规律引进群体部门，运用经济杠杆进行调节、实施管理。通俗地说，就是要把群众体育办成一个由若干子公司构成的集团公司，子公司的一切活动可以自主独立、自负盈

亏，总公司只起调控、监督、指导和仲裁作用。这对充分发挥体育工作者的积极性、主动性和创造精神，提高经营管理效益，改进管理作风，促进群众体育由"福利型"向"消费型"转变，最大限度地体现体育的功能，满足社会不同阶层人士体育锻炼的需要等都将起到积极的作用。

(三) 加速人才、技术、劳务市场化

市场是商品交换的领域和场所。传统观念只把有形的实物作为商品，并未意识到体育人才、技术和劳务的商品属性，这就从根本上淡化了群众体育市场观。开辟群体人才市场就是要使从事群众体育工作的人才从种类、层次到结构进行合理的配置和优化，充分体现人尽其才、唯才所用，最终形成有效的人才竞争机制和激励机制，但这并不意味着具有买卖和雇佣关系。建立技术市场就是要把非物化的技术咨询、技术指导、新技术的开发与研制、群体科研成果等作为商品进行交易和转让，这对确认、评价体育工作者辛勤劳动的成果，调动其积极性和创造性十分有利。而群体劳务市场的形成将加速劳务转让、劳务合作和劳务出口等方面的进程。

(四) 体育场馆池、器材等物资设备商品化

体育场馆面向社会定期开放、有偿使用、合理收费是体育市场化的又一重要标志。这对减轻国家经济负担，提高场馆使用率，加快体育物资设备的更新与改造，满足广大群众锻炼身体的需要，实现"以体养体"的目的将产生良好的影响，是一件关系国计民生的大事。国家体育总局多次下达体育场馆要向社会开放的通知，但是，在当前场馆仍十分紧缺的条件下，要尽快实现商品化、社会化，首先必须按照市场规律，完善管理制度，正确处理好运动队训练与人们身体锻炼需要之间的矛盾、体育部门与社会活动需求之间的矛盾、提高场馆经营效益与合理收费之间的矛盾等。

(五) 群众体育经费筹集社会化

全民健身计划是一项功归国家、利属个人的造福工程。在当前群众体育逐步走向市场和国家财力有限的情况下，我们必须拓宽渠道，广开财路，把国家拨款、社会赞助和个人筹集有机结合起来。其具体做法和途径有：第一，加强对人们群体意识的培养。第二，设立群众体育活动基金，逐步增加资本积累，为扩大再生产创造良好的条件。第三，积极鼓励企业组织群体活动，并建立相对稳定的联姻合作关系，实行"经济搭台，体育唱戏"。第四，有计划地发行群众体育彩票，使之逐步法律化、经常化、制度化。

第十三章
成人教育产业发展研究

随着社会经济的发展及终生学习理念的深入人心，提高全社会的文化水平成为社会文化建设的重要一环，成人教育产业焕发出新的生机，体现在教育培养对象、内容、模式、主体等呈现多样化的特点，形成了办学层次多样、学科门类齐全的教育培训体系，不仅让成年人学到了专业知识，提高了素质，为社会培养了大量紧缺的实用型人才，而且满足了人们追求全面发展的需要。这样社会就会更加和谐，人们的幸福感就会不断提高。

第一节　成人教育产业特征、性质与构成

一、产业特征

成人教育是以成人为主要对象的教育与培训，是为了满足成人工作和生活的需要，周期较短，面对的人群比较广泛的一种教育培训方式。

(一) 对象的成人性

成人教育与培训主要面向的是成年人，这些人有的已经参加工作，工作的忙碌、家庭的负担以及离开学校后知识基础较差等问题，成为学习的主要障碍；有的处于待业状态，对提升自身有更高的需求，有一定的学习能力，他们的学习目的明确、学习要求具体、学习愿望强烈、理解能力较强，对知识水平、实践能力或素质提升的要求较高，希望有立竿见影的学习效果。

(二) 内容的实用性

成人教育产业的教育对象一般都是具有工作经验与职业经历的人群，他们更

希望学习内容与自身的职业相关或与未来的职业规划有关，为了提升个人素养，学习内容更注重实用性和功能性，单纯的知识性学习已经不能满足他们的学习需求。

(三) 学习时间的灵活性、形式的多样性

学习时间的灵活性主要体现在成人教育培养方式主要分为脱产、半脱产、业余等形式，这是由成人教育培训对象的特点决定的；学习形式的多样性主要体现在教育形式包括面授学习、函授学习和网络学习等多种选择方式。

(四) 管理的高效率

相对于全日制教育，成人教育在培养过程中投入较低。首先，管理成本一般较低，这与成人的基本特性相关。成人在面临继续教育的选择时，有自己的判断，并且有为自己选择承担责任的能力。与此同时，相关的管理成本就会比较低。其次，成人教育的老师一般是在正常工作日之外的时间进行成人教育的培训，或者网上授课，班次较大，节约教师、教室资源。最后，对于成人来说，缴纳的学费一般比正常专科、本科的学费高，这极大地节约了国家在教育成本上的投入。

二、产业性质

(一) 生产性

1. 生产知识、生产技术的产业

成人教育产业的生产性表现在通过对受教育者进行知识、文化或技能的培训，能够直接生产和再生产社会劳动力，提高社会劳动生产力水平。工业和农业作为基础产业，发展起步早，产业特点是为生产提供人类社会所需的生产资料和生活资料。相比之下，教育产业发展起步晚，且产业特点是形成知识、技能等无形资产。在农业经济时代和工业时代，人们对经济发展的研究主要侧重劳动、土地等自然资源要素投入对经济产出的影响，到了工业经济后期，特别是随着第三次科技革命社会化大生产的逐渐发展，信息技术产业慢慢进入大众视野。到了信息时代和知识经济时代，科学技术对经济发展的作用越来越明显。特别是在西方的国家，科学技术对经济发展的贡献率超过了社会经济发展的3/5。知识的生产、分配以及使用，逐渐变成现代经济发展的中坚力量。科学技术是第一生产力，而教育是技术进步的关键因素。教育，尤其是高等教育，推动着知识、技术

的产生、积累、传播。目前，国际间的竞争已经变成科技和人才的竞争，实际上就是教育发展的竞争。教育对生产力发展的促进作用在众多社会发展要素中起着关键作用，由此可见，教育不仅仅是一个产业，而且应该是具有基础性、先导性的生产知识的产业。

2. 生产人力资本的产业

以舒尔茨为核心的一部分经济学家提出了人力资本理论，即教育在提高劳动生产率、培养促进经济发展的人才的同时，还能够促进经济效益的显著增长。根据历史积累的经验来看，每一次的经济大发展都是通过教育来实现人力资本促进社会价值提升的过程。素质为本、教育为先，想要在一个国家实现人口整体素质的提升，首先要做的就是发展教育产业，教育是基础，是发展人力资本的基础，在建设经济发展的过程中应当将其作为发展的重点。

（二）双重性

教育依据其性质大体可分为三类，一类是由政府支持并免费提供的义务教育、特殊教育，具有公众产品特性。一类是非义务教育，如高等教育、职业教育等，这类教育受众人群具有指向性，在性质上属于准公众产品。还有一类是由盈利机构、私人投资设立的民办学校、技能培训机构、补习班等，主要是满足个人需要，属于私人产品。在成人教育产业中，成人教育具有准公共产品性质，而各类市场培训则具有私人产品性质。当前，随着信息技术的应用与发展、信息和知识的不断更新、就业市场和形势的不断更新转变，成人教育在这个过程中起着关键作用。成人教育在形式上注重职业技术培训和知识体系更新，具有投资少、周期短、效益高的特点，是实现终身教育、开发人力资源的最便捷的途径。我国在教育体制上尚未达到全民终身免费教育的水平，对教育投入的资源有限，因此，国家在进行教育改革时应当着重鼓励成人教育的产业化，将成人教育普及化，鼓励更多的市场经营者进入成人教育市场，大力发展成人教育产业，由此即可缓解目前国家环境下的高等教育资源的不充足，在摄升劳动力的同时提升劳动力的基本素质，以匹配市场对相关行业劳动力的需求。

（三）先导性

成人教育产业在职能上属于提供教育培训服务的精神生产和服务部门，属于第三产业的范畴，也是现今第三产业不可或缺的组成部分，在经济社会迅猛发展的当前更应成为具有先导性、超前发展的重要产业。

三、产业构成

根据马斯洛需求层次理论，处于不同层次的人对幸福感有不同的追求，而不同时期成人教育产业的时代特征不同。如图 13-1 所示，在温饱型社会，成人教育产业的重点在于发展生产力，提高技术生产，技术技能教育在此阶段担负着重要的角色，此时成人教育主要以扫盲教育、技能培训、职业教育为主；小康型社会则是在满足职业技能提升的基础上，更加注重人文教育，主要体现在成人高等教育、大学后继续教育方面；在富裕型社会，更加注重成人自身综合素质的培养与提升，如个人兴趣爱好的培养、个人能力的提升等。

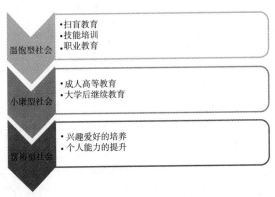

图 13-1　不同社会中成人教育与培训产业发展重点

国际上举行的成人教育交流大会不同时期对于成人教育发展方向的讨论足以证明成人教育产业在国际上的被重视程度，从刚开始的扫盲教育以及技能培训，到培养符合社会需求的成人教育，将成人教育与社会需求紧密配合，最后演变为以实现个体价值、精神方面需求的教育为主。这个过程满足了个人对发展的需求，也配合了社会发展的需要，并逐渐形成以下几种方式。

（一）以提升职业能力和素质为主的成人教育

以提升职业能力和素质为主的成人教育包括四种形式，如图 13-2 所示。

1. 开放大学

开放大学在英国比较盛行，这种学习方式对于学生的要求较低，限制比较少，无论年龄大小、学历高低或者学生的家庭背景如何，各个方面都不受限制。在学习方式上也比较自由，可以选择任意的时间和地点，不用参加入学考试选拔，甚至没有学习年限的限制。当然，这种学习方式主要采用远距离教学，与函

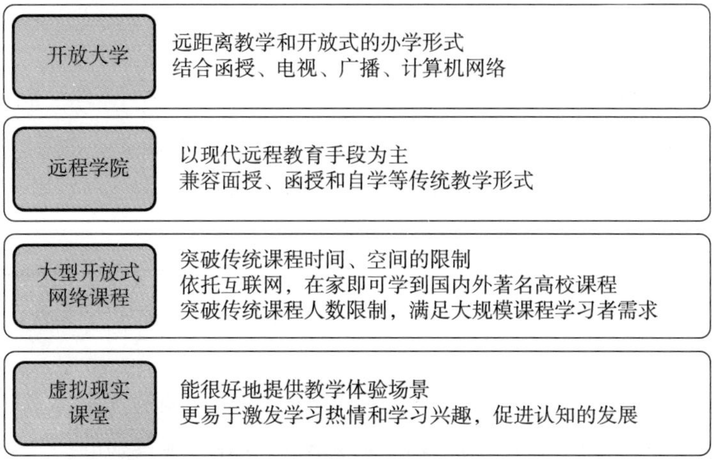

图 13-2　以提升职业能力与素质为主的成人教育

授、计算机等信息技术相结合，使成人教育普及化。

2. 远程学院

远程学院主要在德国和加拿大等国家较为普遍，这种学习方式主要利用的是录制好的音频、视频或者直播的形势进行授课，可以将知识更广泛地传送到校外，同时，远程学院的学习模式以结合面授、函授以及自学的形式而存在。计算机信息技术的发展为此种教育形式提供了便利，也使远程教育在发展上有了质的飞跃。

3. 大型开放式网络课程

该种学习形式主要在以美国为核心的一些西方国家实行，现在亚洲的一些国家（比如中国）也广泛使用。大型开放式网络课程实际上就是我们所说的 MOOC（Massive Open Online Course）。MOOC 课程的显著特点就是能够整合各个学科、不同地域的各种不同来源的学习资源，将这些来源不同的资料进行数字化，储存在云空间，学习者可以随时随地、不受限制地获取所需的教育资源，极大地丰富了个体选择。除此之外，MOOC 可以不受人数限制，这极大地节省了教育经费，同时，满足了个人的需求。

4. 虚拟现实课堂

虚拟现实课堂运用 VR 技术，为学生创造更好的学习环境，寓教于体验，让课堂无边界，可以在虚拟的环境里获得真实的感受，不仅能够保证教学质量，而且也能够缓解学校经费紧张的问题。虚拟现实课堂的显著特点就是它能很好地提供教学体验场景。学生通过亲身体验和感受，更易于激发他们的学习热情和学习兴趣，无限制地漫游在知识的海洋中，促进其认知的发展。

（二）以满足人的全面发展需要为主的成人教育

1. 艺术类

成人教育艺术类培训主要包括音乐类、美术类、舞蹈类、表演类等几个方面，主要是成人对自身艺术兴趣的培养，主要以短期培训为主。

2. 体育类

体育类成人培训主要包括田径类、武术类、球类、健身等方面，成人选择体育类培训主要以强身健体为目标，或者满足个人对于体育的热爱。

3. 厨艺类

选择厨艺类培训的更多是女性，包括菜品类和甜品类两大主体。主要是为了自身食物处理的个人能力的提高，以及满足对于世界各地食物的热爱。

4. 其他兴趣爱好

其他兴趣爱好相较于前三种偏向个人化，常见的有养宠物协会、登山组织、读书会等。

第二节　成人教育产业与幸福感的关系

一、理论分析

成人教育是许多人人生中重要的一部分，已成为现代社会年轻人追求目标、提升自我、实现价值的一种可选择的途径。对于成人来说，首先追求的就是幸福或者价值的实现，追求幸福是人的本能和最终目的。这样，成人教育总是与人的幸福感相关联的。

现实中，成人教育的对象大多进入了社会，他们大多投身在社会生活的各个领域，处于"成熟"状态，他们之所以继续接受教育多是出于现实的需要，成人教育帮助他们获得相应的学历，从而达到某些门槛，以更好地实现自我发展，还帮助他们拓宽了就业渠道，提升了就业技能。然而，除了获得生存技能之外，成人教育的对象在接受教育的过程中，也得到了精神层面的满足和实现，这也是成人教育的目标的一部分，即如何满足教育对象的精神需求。

成人教育及培训产业的幸福感模型如图13-3所示。

成人教育幸福感是指在成人教育中体验到的或者通过成人教育获得的幸福

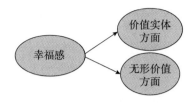

图 13-3 成人教育及培训的幸福感模型

感。成人教育幸福感更多的是一种感受，是通过接受教育得到的感受。从发生学角度，可以用场域这个概念来解释成人教育幸福感的问题。

成人教育对象在接受教育的过程中，在场域内，也享受着精神层面的满足，收获自信和充实感。幸福是在成人教育的要素（诸如教师、学生以及成人教育的条件、手段、方法）与成人教育环境等的相互作用中产生的。追求幸福是人生的最终目的，追求幸福的过程是实现自身作为人的个体价值和意义的过程。成人教育承担着一部分培育社会优秀人才的教育职能，成人教育在人赢得幸福、获取幸福的过程中充当着一个重要的角色。成人教育幸福感还包括引导受教育者提升自身的心理优势。成人教育满足人的高级需求的过程是一个渐进的过程，从低往高，只有先从技能、生存的角度出发，解决他们现实的职业生存和发展问题，进而提升整个人生的精神境界，才能满足他们更高层次的自我实现的需要。

二、计量分析

在大量相关文献分析的基础上，通过设计问卷、发放问卷、数据分析等对影响接受成人教育和培训后的受教育者的幸福感的因素进行了实证研究。

（一）研究对象和研究变量

本章的研究对象是接受完普通中高等教育后继续接受成人教育的年轻人，还有因职业需要接受教育培训的一部分受教育者，再加上参加纯"个性发展"或"个人兴趣"教育培训的受教育者以及接受老年人教育培训的中老年人。研究变量为接受成人教育与培训后影响受教育者幸福感的因素，主要包括带给受教育者的可以将收益实体化的因素以及从精神方面带给受教者满足的无形因素。

（二）问卷设计

在对成人教育与培训产业幸福感进行相关理论和文献研究的基础上，编制成《成人教育与培训行业受教育者幸福感影响因素调查问卷》，问卷采用 5 分量表，问卷框架如表 13-1 所示。

表 13-1 问卷框架

类别	指标
有形价值	出国
	学历提升
	升职
	加薪
	城市落户
无形价值	获得充实感
	人际情感
	快乐自信

(三) 问卷发放及回收情况

所选择的调研对象对调研问题了解的深度和广度会产生直接影响，并将影响调研结果的可靠性。鉴于调研内容涉及多个层次，且面向广大接受各种形式成人教育及培训的人，故调研对象涉及各年龄段的成人受教育者。

研究数据的有效性和可靠性与问卷数据收集的质量息息相关，调研对象的普遍性使得调研具有随机性。为了保证问卷的回收率和有效率，问卷的发放与回收主要通过问卷星进行。

本次调查共发放问卷 200 份（见表 13-2），其中，有效问卷 185 份，无效问卷 15 份，回收率为 92.5%。样本基本信息如表 13-2 所示，被调查者中男性与女性人数相当，分别占 51.5% 和 48.5%。从年龄分布上看，20~30 岁人群占比较大，为 62.7%，30~40 岁和 20 岁以下人群占比不大，分别为 13.3% 和 14.1%，40 岁以上人群占比最小，为 9.9%。

表 13-2 样本基本信息表

类别	调查项目	人数	占比（%）
性别	男	95	51.5
	女	90	48.5
年龄	20 岁以下	26	14.1
	20~30 岁	116	62.7
	30~40 岁	25	13.3
	40 岁以上	18	9.9

（四）数据分析

本次问卷调查的有效问卷共计 185 份，对问卷幸福感量表部分的数据进行统计，如表 13-3 所示。

表 13-3　幸福感量表调查问卷数据统计

调查项目	非常不满意	不满意	一般	满意	非常满意	均值
出国	3	15	78	56	33	3.5460
学历提升	2	14	85	50	34	3.5405
升职	11	16	56	82	20	3.4541
加薪	0	5	44	80	56	4.0108
城市落户	23	35	37	77	13	3.1189
获得充实感	47	67	39	19	13	2.3730
人际情感	34	26	42	74	9	2.9892
快乐自信	14	23	33	91	24	3.4759

对人民幸福感指数的计算公式为：

$$T = \sum_{i=1}^{n} \omega_i C_i \qquad (13-1)$$

其中，T 是幸福总指数，ω_i 是第 X 个项目的权重，C_i 是被调查者对第 i 个评价标度的评价分数。用得到的权重计算幸福指数，如表 13-4 所示。

表 13-4　各指标权重、均值及幸福指数

一级指标	一级指标权重	二级指标	二级指标权重	均值	幸福指数
有形价值	0.5822	出国	0.0300	3.5460	3.6963
		学历提升	0.1464	3.5405	
		升职	0.3107	3.4541	
		加薪	0.4036	4.0108	
		城市落户	0.1093	3.1189	
无形价值	0.4178	获得充实感	0.2493	2.3730	2.9121
		人际情感	0.5936	2.9892	
		快乐自信	0.1571	3.4759	

为了尽可能全面的考察，所引入的判断成人教育产业发展所带来的幸福感

的指标较多。接下来，运用 SPSS 软件中的主成分分析法（Principal Components Analysis）对收集处理的幸福感影响因素数据作因子提取，对多个变量进行合理归类及划分。

表 13-5　KMO 和 Bartlett's 检验

Kaiser-Meyer-Olkin Measure of Sampling Adequacy		0.892
Bartlett's Test of Sphericity	Approx. Chi-Square	2.684E3
	df	28
	Sig.	0.000

将问卷所得的各项数据输入到 SPSS 软件进行因子分析，得到如表 13-5 所示的 KMO 和 Bartlett's 检验结果表。由表可知，成人教育产业发展所带来幸福感的 8 个二级指标的相关性较强（KMO = 0.892，接近于 1）且幸福感具有显著差异（P = 0.000），因此，我们可以对数据进行进一步分析。

表 13-6　公因子方差表

二级指标	Initial	Extraction
出国	1.000	0.901
学历提升	1.000	0.878
升职	1.000	0.891
加薪	1.000	0.856
城市落户	1.000	0.925
获得充实感	1.000	0.859
人际情感	1.000	0.907
快乐自信	1.000	0.886

表 13-6 为公因子方差表，表中第二列为初始信息度，显示为 1.000，表示初始信息均为 100%；第三列为提取的信息度，均大于 0.05，表示提取达标，此次调研合格。

表 13-7　总方差说明表

Component	Initial Eigenvalues			Extraction Sums of Squared Loadings		
	Total	% of Variance	Cumulative %	Total	% of Variance	Cumulative %
1	7.104	88.798	88.798	7.104	88.798	88.798

续表

Component	Initial Eigenvalues			Extraction Sums of Squared Loadings		
	Total	% of Variance	Cumulative %	Total	% of Variance	Cumulative %
2	0.327	4.091	92.889			
3	0.218	2.726	95.615			
4	0.128	1.602	97.217			
5	0.102	1.277	98.494			
6	0.064	0.798	99.292			
7	0.039	0.487	99.779			
8	0.018	0.221	100.000			
Extraction Method: Principal Component Analysis						

　　由表 13-7 总方差说明表（主成分特征根和贡献率）可知，特征根 λ = 7.104，其主成分的累计方差贡献率达 88.798%，即涵盖了大部分信息。这表明，这一个主成分能够代表最初的 8 个指标来分析成人教育产业发展所带来的幸福感的水平，故提取这个指标即可。

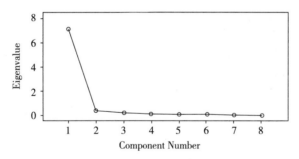

图 13-4　碎石图

　　由图 13-4 碎石图可以看出，只有第一项是大于特征值 1 的，后面的每一项都是小于特征值的，这与上述总方差说明表一致。

表 13-8　成分矩阵

二级指标	成分 1
城市落户	0.962
人际情感	0.953
出国	0.949
升职	0.944

续表

二级指标	成分 1
快乐自信	0.941
学历提升	0.937
获得充实感	0.927
加薪	0.925

Extraction Method：Principal Component Analysis

a. 1 components extracted

表 13-8 也是因子载荷矩阵，通过载荷矩阵，我们可以看出消费者幸福感影响因素体系的各个因子所包括的成分，也就是特征项。结合总方差说明表、碎石图以及各指标权重、均值及幸福指数分布表可知，成人教育产业的发展给受教育者带来的最大的满意或是感到最幸福的地方是加薪，其得分为 4.0108。成人教育会给受教育者带来出国和学历提升的机会，同样也能使受教育者感受到一定程度的幸福感，得分分别为 3.5460 和 3.5405。升职方面的幸福指数为 3.4541，有形价值中城市落户带来的幸福感最低，仅为 3.1189。综合来看，相比于无形价值，有形价值所带来的幸福感较为突出。

总的来说，首先，通过将幸福感这个抽象的概念进行量化，将成人教育产业发展所带来的幸福感进行量化，设计出 8 个二级指标，采用李克特五级量表测量被调查者的幸福感水平。其次，抽取了 200 个样本进行调查，求出各个指标的均值。再次，通过层次分析法赋予各个指标权重。最后，通过计算得出的幸福指数，结合 SPSS 软件对各项指标进行因素分析。我们得到了如下结论：相比于有形价值，无形价值所带来的幸福感不是很高，说明成人教育产业对于受教育者在获得充实感、人际情感、快乐自信方面带来的幸福感并不是很强烈。受教育者从有形价值中所获得的幸福要远高于从无形价值中所感受到的幸福。

第三节　成人教育产业发展模式

一、社区教育模式

社区成人教育是以社区为单位，根据特定的社区发展需要而实施的成人教育活动。社区成人教育发展较完善的国家主要有英国和美国。

英国是现代成人教育的起源地，拥有悠久的成人教育历史，在长期的教育实践中形成了特色的整体性教学体系。1938 年，英国开始设立社区学院，主要培养各种家庭技能，如裁缝、家庭理财等课程，"二战"以后，英国的成人教育进入了发展的快车道，社区学院的规模和教育水平得到了很大的提升。此外，英国成立了全国成人教育咨询委员会、全国成人继续教育协会等成人教育形式的协会，为政府提供咨询服务，并协助政府进行成人教育理论指导和研究，保证了成人教育健康、有序、稳定的发展。成人教育的经费主要来自政府拨款。

美国的社区学院是美国成人教育的主要形式。美国社区学院的专业及课程设置非常灵活，具有鲜明的职业特色，最大限度地满足了各类成人的教育需求。20 世纪 40 年代，美国各州政府通过立法明确了社区学院作为成人教育形式的教育职能，明确了终身教育的概念，与传统的正规大学平行发展。这些政策产生了巨大的成果。第一，改善了国民受教育的环境，提高了国民基本素质。第二，改善了劳动者队伍结构。第三，拓宽了成人教育市场。第四，使公民拥有了平等的受教育的机会。第五，公民永久性学习的意识显著增强。

二、企业教育模式

企业教育模式是以企业为中心的教育模式，可以使成人学习者在工作中学习，在学习中工作，这种模式与成人的实际情况更加匹配。代表国家主要为日本和韩国。

日本是一个后起的经济大国，更是一个教育先行的文化教育强国，日本的文盲人口占国家人口的比例是世界上最低的，同时也是高等教育（含成人高等教育与继续教育）普及率最高的国家。日本奉行"人是日本的财富，教育是国政的根本"的信念，是"企业文化"与"企业家大学"的发源地，在企业的发展过程中，通过举办企业内成人教育，使日本企业积累了一定的人力资源，成就了日式企业的声誉。日本比较大的企业都非常重视对职工的培训，除职业技能外，还重视对职工心理方面的训练，如团队精神的训练等。

韩国重视教育立国以及科技人才在经济社会发展中的作用，不断挖掘教育潜力，重视企业人才资源的开发，以企业教育为核心的韩国成人教育是促使韩国经济腾飞的重要动力源泉之一。1986 年，韩国设立了"企业教育发展基金"，政府规定企业主必须为每月工薪低于 1000 韩元的员工向政府缴纳相当于其工薪 5% 的金额作为该项基金，支持生产力发展局培训低文化程度、低技术水平的员工。韩国的企业内成人教育有一定的借鉴意义。

三、学校教育模式

学校教育模式是指成人学习者在学校中接受教育的一种模式。学校教育相比社区教育更具有系统性，学习时间也相对较长。在北欧，民众中学、民众大学是实施成人教育的主要载体。丹麦每年约有 1.1 万人在学校内参与长期课程的培训。

德国的成人教育历史悠久，开始于 19 世纪前半叶。19 世纪末，德国开始设立业余大学。业余大学能根据教育的变化做出最快的灵活反映，近一个世纪以来，业余大学得到了飞速发展。德国现有 1082 所业余大学。业余大学的办学目的是为了向社会提供一定的支持和服务，课程设置多样化且灵活，比其他教育机构更丰富，业余大学举办语言、社会科学、政治、自然科学、行政管理、手工劳动、艺术劳动等形式的成人教育课程。此外，业余大学还举办各种教学活动或报告会。德国业余大学主要由专兼职教师担任教学任务，且他们都是既受过高等教育，又有实际教学经验的教师。

第四节　成人教育产业发展方向与重点

一、发展方向

（一）教育过程由阶段性到终身化

面对激烈的现代社会竞争，只有不断学习才能顺应社会需求，学习正从环境和社会的需要，转化为个人生存的自发行为和生活的乐趣。教育不再是一个阶段的终止，而是正从一次性过程转变为一个持续不断的过程，也就是终身受教育。终身教育能够时刻警醒学习者自主学习，不断提升自己。要用知识丰富自己的大脑，在常规学习之外学会主动学习，人在其生命后半段的旅程中一劳永逸地消耗前半生学习所积累资本的模式，已经无法再继续维持下去，只有不断学习，才能够满足社会对个人的要求和个人对更高层次的追求，所以，树立终身学习的观念是至关重要的。世界各国为推动终身教育的发展制定了一系列政策，例如，日本为鼓励成人学习者树立终身学习理念，出台了很多相关法案等。

（二）教育目标由能力提升到与全面发展的融合

在成人教育发展之初，成人进行学习的主要动力是被动接受的，自身能力不足以支撑工作需求，或者进行岗位转换时能力不足等原因，使得成人学习者被动地选择提升自己来适应工作。但随着知识经济时代的到来，对个人知识和能力提出了更高的要求，学历与个人收入之间的关系也越来越紧密，人们逐渐认识到个人教育水平的高低将影响生活水平的高低，传统单方面的能力提高已经不能满足社会发展的需要，教育目标逐渐由能力提升转向与全面发展相融合。成人学习者的全面发展更有利于国际间先进成人教育文化的融合，培养出具有更高水平的人才。

（三）教育形式由传统发展模式向网络化发展模式转变

随着科技的进步，网络化教育相比传统教育有着十分明显的优势。与传统教育理念相比，"互联网+"时代下的远程教育更加注重教育的普及性和积累性，成人学习者能够借助网络教育平台开展自己想要的学习活动。社会发展使得生活和工作的节奏逐步加快，成人的课余学习时间是非常紧张和短暂的，传统的面授、函授已经不能满足这些工作者的需求。有需求就会有发展，网络教育随之兴起，极大地改善了学习时间、地点不匹配等问题，极大地丰富了成人学习者的选择。网络化的教学模式还能够随时随地对成人学习者的问题进行解答，使学生与授课教师之间建立密切的教学关系，促进成人教育产业的发展。

二、发展重点

（一）充足的经费来源

教育投资是教育事业发展的前提，保证成人教育经费的充足对成人教育的发展具有关键性的作用。2012 年世界银行认定的 19 个高收入国家平均分配了相当于本国 GNP 0.1504%的经费给予成人教育，这高出 34 个中等收入国家成人教育支出的 50%，这些中等收入国家平均分配了 GNP 的 0.1080%。他们的支出是低收入国家的 2.6 倍，低收入国家平均为 GNP 的 0.0418%。不同收入水平国家分配给成人教育的经费占 GNP 的百分比如表 13-9 所示。这说明，相对于发达国家来说，中低收入国家的教育经费支出不足，这对成人教育与培训产业的发展具有一定的限制作用。

表 13-9　不同国家成人教育经费占 GNP 的百分比

收入水平（国家数）	成人教育经费占 GNP 的百分比（%）
低收入国家（9）	0.0418
中等收入国家（34）	0.1080
高收入国家（19）	0.1504

资料来源：《成人学习与教育全球报告》。

在国际上，多数发达国家都制定了明确的法律来规定成人教育的经费来源。法国 1984 年出台了《企业主承担初等阶段职业技术教育经费法》，该法规定企业每年必须拿出相当于工资总额的 1.1% 的经费用于各种培训，其中 0.1% 的资金上交国家统一安排，再加上国家拨付的成人教育经费，这为法国成人教育的发展打下了良好的经济基础。在英国，雇主每年花费约 200 亿英镑用于员工非工资成本培训和培养，同时，政府还投资 120 亿英镑用于全国成人学习和技能。1986 年，韩国建立了"企业教育发展基金"，政府规定企业主必须为每月工薪低于 1000 韩元的员工向政府交纳相当于其工薪 5% 的金额作为该项基金，支持生产力发展局培训低文化程度、低技术水平的员工。由此可见，通过立法的形式调动各社会主体的积极性对成人教育的发展具有重要推动作用，增加成人教育投入可以提高个人的科学文化素质和思想道德素质水平，提升个人幸福感，进而提高社会整体的素质水平。

（二）完善的教学体系

成人教育产业以培养实用型高素质人才为主，更加注重培养学生的职业素养，大多数成人学习者需要学习的是可以在实践中立即使用的知识，而不是纯粹的理论知识。完善的教学体系是成人教育发展的关键性因素。

首先，课程体系的建设至关重要。在开发课程的过程中，英国的开放大学模式通过完善课程管理机制，使课程开发形成一个规范的流程，分模块进行课程开发，以满足课程多样化的需求。除此之外，在建设、开发课程的同时严把质量，建立完善的课程质量监管与反馈系统，保证课程质量。韩国的课程体系建设是通过政府部门制定标准化课程体系，建立适合各个专业特点的全方位的学习计划，同时，对授课者进行培训指导，对学习者进行选课指导。当然，在成人教育发展的历程中也不乏课程体系建设不完善的例子，例如，美国开放大学倒闭的重要原因之一就是课程与社会需求之间的不匹配，造成课程设置与社会需求严重脱节，以至于美国开放大学倒闭；英国和美国作为西方发达国家，在成人教育课程设计上有很多的相似之处，也曾出现课程设置专家觉得好的课程却不能满足学生需求的情况。

其次，在教师方面，聘任来自各行各业的有相关工作经验的实际工作者当教师，可以保证教学内容紧跟劳动力市场的需求，同时，能把自身的专业特长和实际工作经验相结合进行教学，有利于学生掌握理论知识和实践经验。

(三) 规范的管理体系

成人教育是国家现代教育体系的一个组成部分，是满足人们多样化社会生活需要、实现人的自我发展和人格完善的教育途径。在成人教育的管理体制上，基层服务不充足，缺乏有效的指导和管理，会导致各方面办学的积极性得不到充分的发挥和正确的引导，规范的管理体系是保证成人教育更好发展的基础。

英美成人教育产业发展的成功在很大程度上归功于他们有一套完整的教育管理体系，进而保证了成人教育的教学质量，维护了成人教育的声誉。英国成立了全国成人教育咨询委员会、全国成人继续教育协会、全国工人教育协会，对政府提供咨询、信息服务，并协助政府进行成人教育理论研究、发展论证、业务指导、运行督导、结果评价等工作，各地区也成立相应的机构从事相关的工作，从而保证了成人教育健康、有序、稳定的发展。在师资方面，美国的成人学校聘任有相关工作经验的来自各行各业的实际工作者，这样的教师可以保证教学内容紧跟劳动力市场的需求，同时，能把自身的专业特长和实际工作经验相结合进行教学，更有利于学生掌握理论知识和实践经验。在课程设置方面，有专业的教师队伍专门负责开发实用性强、能够满足市场需求的课程，并根据社会实际需求的不断变化，对课程进行更新。除了课程设计充分体现实用性、可操作性，各成人学校还提供了灵活、便利的选课方式，最大限度地满足成人学习者的学习需求。

第五节　中国成人教育产业发展研究

一、发展现状

(一) 中国成人教育产业发展成果

我国成人教育自提出以来经历了较大的发展变化。由改革开放初期的只以提高生产效率为目的的技术培训，扩大到了目前以文化基础教育、继续教育为主的发展模式，目前，我国已建立起一个较为系统的成人教育体系。2019 年国家统计年鉴显示，截至 2018 年，成人高等学校数共计 277 所，成人本专科学历教育毕业人数为 218 万人，在校人数约为 591 万人；成人本专科民办教育毕业人数约为 8 万人，在校人数为 28 万人。由此可见，现阶段我国已建立起了规模较大的成人教育。此外，成人教育办学单位师资等方面的条件也有了较大的改善，2018 年，成人高等学校教职工人数共计 3.8 万余人，专任教师 21908 人，成人教育学校已成为中国重要的教育资源。

(二) 中国成人教育产业存在的不足

1. 教育经费投入不足

目前，我国成人教育经费的来源主要为政府有限的财政投入，而发展成人教育需要充足的经费投资，这就在一定程度上限制了其发展。因此，制定一些能保证成人教育经费充足、稳定的相关政策，可以促进成人教育更好的发展，如地方财政可以把成人教育所需经费直接列入预算，特殊时期使其随经济发展等因素的变动动态调整。

2. 课程设置不匹配

目前，成人教育院校课程设置还不能与实际需求相匹配。从表 13-10 中可以看出，我国目前各类专业性人才在劳动力市场中均处在供小于求的状态，高级技师类专业人才短缺较严重，可见现有的成人教育模式还远不能满足实际发展的需求。

表 13-10　各类职业技能型人才比率

等级	频率	百分比（%）	累计百分比（%）
无级别	105	31.0	31.0
初级技工	76	22.4	53.4
中级技工	109	32.2	85.6
高级技工	26	11.7	93.3
专业技师	22	6.5	99.8
高级技师	1	0.2	100.0
总计	339	100.0	—

资料来源：王卓. 基于产业链发展视角的成人职业课程设置研究 [J]. 成人教育，2016 (1)：84-87.

3. 管理监督机制弱

我国大多成人教育办学单位仍沿用传统的管理方式，学生管理制度与考核机制相对落后，对学生的监督管理与约束较弱。现阶段对于招生对象、办学形式等管得过多、过死，使学校缺乏办学的灵活性。此外，大多成人教育办学单位的成人教育管理措施落实有限，造成了管理工作的表面化与管理效果的无效化，弱化了成人教育对学生的吸引力与督促力。

二、发展模式

成人教育产业的发展受到多方面的制约，如生产关系和生产力的发展水平、经济发展水平等。我国地域辽阔，成人教育产业发展模式主要呈现出多种形式并举、多种手段并存的发展格局。

（一）由政府主导发展模式向市场化发展模式转变

我国成人教育发展之初主要为政府主导式发展，由政府统一规划当地的成人教育工作，因此，具有高权威性和强统筹性的特点。但随着成人教育的不断发展，政府主导式发展模式越来越跟不上时代的步伐，成人教育产业的发展模式逐步由政府主导转向了市场化的发展模式，有效实现了教育资源共享，培养出更多与相关岗位相适应的高素质专业化人才。市场开放式的成人教育模式可以使不同的受教育者自由选择专业，对现有的工作进行深入学习。网络化成人教育发展模式属于市场开放模式的一种，在网络信息时代的背景下，应用网络教育技术改造传统的成人教育模式可以突破传统成人教育发展模式的局限性，使学员可以在远距离的情况下和老师交流学习，具有高效性、便利性等特点。

（二）由外力拉动模式向主动内驱模式转变

回顾成人教育的发展历程可以得知，外力拉动模式是过去中国成人教育发展的主要模式。无论是扫盲教育、技能教育还是学历教育，外部因素都起着决定性作用，这种模式虽然短期内带动了中国成人教育的发展，但却存在外部因素过度作用的缺陷，对我国成人教育的可持续发展造成了严重阻碍。在知识时代的大背景下，依靠外力因素驱动远远不足以支撑成人教育的发展，在此基础上还应积极推进内生驱动力的运用，促进外力拉动模式向主动内驱动模式的转变。在成人教育发展过程中，把主动性摆在突出位置，自觉转变发展模式的内部机制，可以在面对发展困境时，以主动的形式打破僵局，而不是被动地等待事情出现转机，只有这样才会发现新的发展增长点，进而谋取更好的发展优势。

（三）由传统发展模式向网络化发展模式转变

随着 21 世纪信息时代的到来，多媒体和互联网走进了千家万户，引发了人类社会生产及生活方式的重大变革，网络教育强烈冲击着传统的教育模式，使得成人教育市场重新进行了优化组合。成人教育网络式发展模式经历了四代的变迁，发展到目前盛行的较为灵活的网络化学习模式，这种模式主要基于网络获取学习资源，利用相互作用的多媒体媒介进行学习。随着现代生活节奏的加快，人们的时间一再被压缩，传统的成人教育模式已经越来越跟不上学习者的需求，而网络化的教育模式可以跨越地域、时间限制，在教师和学习者之间建立起一个虚拟化的网络教学空间，使教师和学习者自如地进行交流沟通和疑难问答。

三、发展重点

(一) 确保充足的教育投入

教育经费短缺一直是困扰我国教育且不只是成人教育的突出问题。对于成人教育的投入，国家没有具体的法律规定，往往是普通教育经费与成人教育经费捆在一起，在使用上也是先保证普通教育，有余再照顾成人教育。2018 年国家财政性教育经费为 36990 亿元，全年 GDP 为 90.03 万亿元，教育经费支出占比达 4.1%。可见，长久以来我国教育经费投入的不足使得成人教育的经费也少之又少，而经费不够充足、稳定，其发展就容易受限。要解决成人教育经费的问题，须进一步提高各级政府和全社会对成人教育重要性的认识，加大国家财政对教育及成人教育的投入力度。

(二) 建设完善的教学体系

成人教育以培养实用型高素质人才为主，注重培养学生的职业素养，其首要目标是提高在职人员的学历层次和技能水平，与全日制教育的教学目标存在很大差异，尤其在专业设置、教学方式等方面，需要与实际情况相结合，但目前许多高校的成人教育与全日制教育在内容、模式等方面过于相似，成人教育院校课程设置与产业链发展相脱节，造成了教学模式与成人教育目标的不吻合，在降低成人教育教学效率与效果质量的同时，也降低了成人教育教学资源综合利用率。

(三) 规范成人教育管理方式

成人教育教学管理在提升教学质量等方面发挥着至关重要的作用。管理程序的规范化是保证成人教育管理工作持续稳定发展的必要前提，在进行成人教育管理的过程中，要严格按照管理程序进行，保证管理活动每一环节的科学性和有效性，如明确制定各级、各类成人教育最基本的质量标准，对办学机构的条件和财务状况等进行定期或不定期的审查和监督，定期公布办学机构及办学绩效的有关信息，使社会成员及时了解成人教育办学的情况等，促进成人教育的健康发展。

四、发展对策

在经济高速发展的今天，人才是最重要的社会资源之一。2018 年我国文盲人口为 5466 万人，文盲率为 4.1%，可见随着知识时代的到来，我国部分社会人员的文化水平与技术素质还是相对过低，要提高社会人员的文化水平就需要大力推进成人教育的发展，坚持改革发展的方针，使成人教育与实际需求相结合。

(一) 制定健全的成人教育法规

中华人民共和国成立以来，出台了较多与成人教育相关的法律条文，但这些法规对成人教育只是笼统的涉及，覆盖面窄，在相当程度上沿袭了计划经济体制下学校教育的传统，与市场经济条件下的成人教育结合不紧密。至今，我国还没有一部权威的成人教育法来指导成人教育的发展。成人教育相关政策是政府管理成人教育的重要手段，国家可以通过先进的教育理念与科学的教育战略来引导成人教育的发展方向，通过立法与执法的手段来保证成人教育的持续稳定发展，如通过立法的形式确保成人教育经费来源充足等，纵观各发达国家的经费筹措方式，大多以立法的方式规定了经费来源，通过立法的形式可以使国家和社会力量共同担负成人教育的发展。

(二) 建立规范的运行体制

成人教育以培养实用型高素质人才为主，更加注重培养学生的职业素养，与全日制教育的教学目标存在很大差异，但是许多高校成人教育与全日制教育在内容、模式等方面过于相似，甚至个别高校直接用全日制教育的教学材料当作成人教育的教学材料，降低了成人教育教学的针对性与合理性。成人教育产业是涉及全社会的事业，范围广大，门类繁多，成人教育的管理与运行体制应与普通学校教育有所区别。对在评估督导中发现的问题要及时进行解决，在办学过程中对有办学质量达不到要求、管理不善等问题的办学单位予以相应惩处。通过评估、督导、规范成人教育办学行为，可以推动各级、各类成人教育办学机构和学校适应市场需要，保证成人教育的健康发展。

(三) 确保良好的教育质量

成人教育相比普通教育有着独特的办学模式，目前，我国成人教育工作大多还存在教学内容与社会实践联系不紧密的问题，教学方法等还不是很符合成人教育的要求。成人教育单位应根据成人学习的特点，增加实践性教学环节，最大限度地满足成人学员的职业需求，确保成人教育良好的教育质量。第一，成人教育的课程内容应有效满足职业需求。成人教育课程设置要想紧跟时代的发展，核心在于与实践接轨，如企业可以参与成人教育的课程设置，促进企业与成人教育的双向发展。第二，规范成人教育的教学标准，保证教学质量。目前，我国大多成人教育机构存在为追求利益而导致的教育过程敷衍等问题，严重降低了社会对成人教育的认同感。因此，在教学方面，应加强对教师的监管，保证良好的教学水平。

第 三 篇

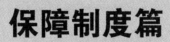

保障制度篇

社会保障制度是人民生活的安全网，也是经济发展的助推器，关乎着国家的安定和社会的公平与和谐，是增强人民共同理想认同感的基本保障。目前，中国特色社会主义进入了一个新时代，社会的主要矛盾已经转变为人民日益增长的美好生活需要和不平衡不充分的发展之间的矛盾。因此，建设多层次、全覆盖的社会保障制度对于人民追求美好生活有着格外重要的意义，只有人民基本生活需要得到满足和保障，人民才会对社会制度、社会理想产生信心，才能进一步提升人民幸福感。

第十四章
社会保障制度

第一节 社会保障制度概念及特征

一、概念

（一）社会保障的概念

"社会保障"（Social Security）一词最早出现于美国 1935 年颁布的《社会保障法》中，也可译作"社会安全"。美国对于社会保障的定义是："根据政府法规而建立的项目，给个人谋生能力中断或丧失以保险，还为结婚、生育或死亡而需要某些特殊开支时提供保障。"为抚养子女而发给家属的津贴也被包括在这个定义之中。德国是现代意义上社会保障制度的发源地，社会市场经济理论在德国有较为深远的影响，德国对于社会保障的定义为："社会保障是对竞争中不幸失败的那些人提供基本的生活保障。"英国伦敦经济学院院长、著名经济学家贝弗里奇在其《社会保险及其相关服务》中认为：社会保障是以国家为主体的公共福利计划，是国民收入再分配的措施，应该遵循普遍性和分类性原则，对全体国民实施"从摇篮到坟墓"的全面安全保障，目标是消除贫困，保障公民在失业、生病、受伤、年老、家庭收入急剧下降、生活贫困时的基本生活。

（二）社会保障制度的概念

对于社会保障，很多专家都提出了不同的观点。边沁首先提出了"功利主义"的原则，他说生活的目的是为了增加幸福感，人类的社会活动是为了获得最大的个人幸福。萨缪尔森提出了"供给自动创造需求"的观点，社会保障具有很强的公共产品的性质。只要社会成员提供一定数量的公共产品，每一个成员都可以消费。凯恩斯则提出了"有效需求"理论，主张国家全面干预和调节经济生活，社会商品的总需求价格与总供给价格之间相互调节。当总需求价格大于总供给价格时，市场自动调整为增加供给，增加就业；反之，市场自动减少供给，减少就业。从经济角度看，市场分配可以刺激人们不断开拓创新，勇于进取，对于提高经济效益是有益的。但从社会角度来看，这种分配机制使财产占有和劳动力的弱者、丧失就业机会和丧失劳动能力的弱者，在激烈的竞争中遭到无情的裁决，这就需要国家干预。在市场经济体制下，政府虽然不能通过行政手段在初次分配领域干预人们的收入分配，但可以采取收入再分配手段，来缩小人们的收入差距，矫正市场分配的不公平。

因此，社会保障制度是指在政府的管理之下，以国家为主体，依据一定的法律和规定，通过国民收入的再分配，以社会保障基金为依托，对公民在暂时或者永久性失去劳动能力以及由于各种原因生活发生困难时给予物质帮助，用以保障居民的最基本的生活需要。社会保障的本质是维护社会公平进而促进社会稳定发展，社会保障体系是否完善已经成为社会文明进步的重要标志之一。

二、特征

现代社会保障制度具有普遍性、强制性、公平性、社会性、福利性、法制规范性、模式多样性以及发展性等特征。这些特征既是社会保障制度区别于其他社会制度的鲜明特征，也是现代社会保障制度应该遵守的基本原则、基本目标。下面从公平性与效率性相结合、强制性与自愿性相结合、普遍性与选择性相结合三个角度去分析现代社会保障制度的一般性特征。

（一）公平性与效率性相结合的特征

社会保障制度的发展经历了两个时期：一个是低效率的平均主义；另一个是强化效率而忽视公平。低效率的平均主义强调平均，即人人有份，人人可享受。但是这一时期的生产力并不能匹配社会需求，所以这种平均是低效率，你是享有社会保障，但社会保障真正落实到你，会经过很长的时间。人民意识到单纯强调平均是没有意义的，社会保障制度的迅速落实更重要，要通过提高生产力，加大社会产出，从而保障社会公平的效率，也就进入了强化效率而忽视公平的阶段，经济飞速发展，社会保障制度享受的差异化也越来越明显。为了解决这一问题，现阶段的社会保障制度开始着重强调公平性和效率性要相互结合，双向顾及。例如，中国城镇职工基本养老保险制度设计中的社会统筹与个人账户相结合的做法，以及"多缴多得、长缴多得"等措施的出台，都体现了这一点。

（二）强制性与自愿性相结合的特征

一般来说，现代意义上的社会保障制度是以强制性、制度化、规范化等为基本特征的，依据相关法律强制推进、强制执行，是社会保障制度的重要特征之一。强制性也就是通过国家政策强制性，要求每个国家公民都参与到社会保障制度的构建中，必须人人参与，这种情势下的社会保障制度固然能照顾到整体，但并不亲民，进而很多国家开始实行自愿的社会保障制度，即根据自我意愿进行社会保障金的缴纳，在这种情势下，人民可以选择参保或者不参保，亦可选择缴纳什么档次的社会保障金，但是对于部分居民来讲，社会保障制度仍处于半强制的状态，这种强制性和自愿性相结合的特征，更利于完善的社会保障制度体系，也更利于公民的选择和参与。

（三）普遍性与选择性相结合的特征

《贝弗里奇报告》中将普遍性作为社会保障制度的一个基本原则提了出来，部分福利国家、社会保险型国家也将此作为该国家或地区社会保障制度所追求的目标与应坚持的基本原则，对于大多数发展中国家而言，从选择性过渡到普遍性需要有一个过程，应该承认，受制于相对低下的生产力，发展中国家的社会保障制度从部分社会成员过渡到全体社会成员，从选择性原则过渡到普遍性原则，具有一定的现实合理性与必要性。

第二节　社会保障制度分类

一、国外社会保险制度分类

由于世界各国的社会制度不同，经济发展水平不等，文化历史各异，建立社会保障制度的时间长短不一，因而形成了不同类型的社会保障制度。按照常用的分类标准，当今世界各国的社会保障制度主要分为五种类型。

（一）传统型社会保险制度

美国、日本等许多发达的资本主义国家都实行该类型制度。这类社会保障制度实行"选择性"的保障原则，即对不同的社会成员适用不同的保障标准，社会保障费用由国家、雇主和劳动者三方负担，社会保障的待遇给付标准与劳动者的个人收入和社会保障缴费相联系，强调劳动者个人在社会保障方面应承担的责任。

(二) 福利型社会保障制度

英国、瑞典、挪威等高福利发达国家实行该类制度。这类社会保障制度实行"普遍性"的保障原则，社会保障基金主要来源于国家税收，社会保障的范围包括从出生到死亡的各种生活需要，给付的待遇标准是统一的。

(三) 国家保障型社会保障制度

苏联以及东欧等国家都曾实行该类制度，这类社会保障制度坚持"国家统包"的保障原则，社会保障费用由国家和用人单位负担，职工个人不必缴纳，社会保障的范围包括职工的基本生活需要，社会保障事务由国家统一设立的机构经办，职工参加管理。这种社会保障制度存在着一定的弊端，保障费用完全由国家和用人单位包揽，造成企业负担过重，不利于企业参与市场竞争，不利于劳动力合理流动，不利于职工个人树立自我保障的意识。

(四) 储蓄型社会保障制度

新加坡、马来西亚等新兴市场经济国家大多实行该类型制度。这种社会保障制度实行"个人账户积累"的原则，社会保障费用由劳资双方按比例缴纳，以职工个人名义存入个人账户，在职工退休或有其他生活需要时，将该费用连本带息发给职工个人。这种社会保障制度有利于劳动者树立自我保障意识，保障劳动者的基本生活需要，但它存在不能对保障基金进行必要的使用调剂和不能发挥社会保障互助功能的缺陷。

(五) 救助型社会保障制度

救助型社会保障制度通过国家建立健全社会保障的有关规章制度，来保证每个社会成员能得到救助而不至于陷入贫困。对于已经处于贫困境遇的人们，则发放社会保障津贴，以维持其基本生活。这种救助型社会保障制度是工业化开始前后所实行的单项或多项救助制度。按社会保障的标准来衡量，只能说它处于起步阶段，是社会保障制度中的一种初级的、不成熟的、不完备的形式。这种制度目前主要在一些发展较为迟缓的非洲国家实行。

二、我国社会保障制度分类及内容

（一）我国社会保障制度分类

自 20 世纪 80 年代中期，我国开始逐步进行社会保障制度改革的探索。经过多年的艰苦努力，我国基本建立了多层次、全方位、兜底线、覆盖城乡的社会保障制度，推进了公平和谐社会建设。目前，我国社会保障制度按内容进行分类可以分为以下几个类型。

1. 社会保险型

按照"风险分担、互助互济"的保险原则举办的社会保险计划，受保人和雇主要缴纳保险、受保人发生受保事故时，无论其经济条件如何，只要按规定交纳了保险费，就可以享受政府提供的保险金。

2. 社会救济型

对生活在社会基本生活水平以下的贫困地区或贫困居民给予的基本生活保障。社会救济是基础的、最低层次的社会保障，其目的是保障公民享有最低生活水平，给付标准低于社会保险。社会救济主要包括自然灾害救济、失业救济、孤寡病残救济和城乡困难户救济等。

3. 普遍津贴型

按照"人人有份"的福利原则举办的一种社会保障计划。受保人及其雇主并不需要缴纳任何费用，普遍津贴的资金来源与社会救济一样，也完全由政府预算拨款，与社会救济不同的是，受保人在享受津贴时不需要进行家庭生计调查。

4. 节俭基金型

按照个人账户的方式举办的社会保障计划。雇主和雇员都必须依法按照职工工资的一定比例向雇员的个人账户缴费。个人账户中缴费和投资收益形成的资产归个人所有，但这部分资产要由政府负责管理。一旦个人发生受保事故，政府要从其个人账户中提取资金支付保障津贴，而当职工不幸去世时，其个人账户中的资产家属可以继承。

（二）我国社会保障制度的内容

目前，我国社会保障制度内容如表 14-1 所示。

表 14-1　我国社会保障制度的内容

我国社会保障制度	主要内容及形式
社会保险	医疗保险、养老保险、失业保险、工伤保险、生育保险
社会救济	自然灾害救济、失业救济、孤寡病残救济、城乡困难户救济等
社会福利	社会福利院、敬老院、疗养院、儿童福利院、各类福利企业、福利彩票等
优抚安置	抚恤金、优待金、补助金，举办军人疗养院、光荣院，安置复员退伍军人等
社会互助	工会、妇联等团体组织的群众性互助互济；民间公益事业团体组织的慈善救助；城乡居民自发组成的各种形式的互助组织等

1. 社会保险

社会保险制度以国家为主体，运用国民收入再分配对特定群体所进行的保障其基本生活的制度。社会保险制度又可以细分为医疗保险、养老保险、失业保险、工伤保险、生育保险制度。我国现行的养老保险制度又包括以下三个：一是城镇企业职工基本养老保险制度，要求城镇个体工商户和灵活就业人员也要参加基本养老保险，并明确规定了企业缴费和职工缴费的比率，奠定了现行企业职工基本养老保险制度的基础。二是机关事业单位养老保险，实行社会统筹与个人账户相结合的制度模式，养老保险费由单位和个人共同负担。三是城乡居民养老保险，待遇由基础养老金和个人账户养老金构成。目前，我国医疗保险制度包括城镇职工基本医疗保险制度、城镇居民基本医疗保险制度、新型农村合作医疗制度和城乡居民大病保险制度，它们分别对应着城乡不同的群体，在筹资模式和待遇标准上也有一定的区别。大病保险与医疗救助紧密衔接，共同发挥兜底保障的功能。失业保险制度是国家通过立法强制实行的，由社会集中建立基金，对因非本人原因而失业、暂时中断生活来源的劳动者提供物质帮助，进而保障失业人员失业期间的基本生活，促进其再就业。1999 年，国务院颁布了《失业保险条例》，2015 年，国务院颁布了《关于进一步做好新形势下就业创业工作的意见》，进一步扩大了失业保险的覆盖范围。之后，我国人力资源与社会保障部又下发了相关通知，不断降低失业保险费率，以减轻企业和员工的负担。此外，社会保险还包括工伤保险和生育保险。

2. 社会救济

社会救济又称社会救助，其旨在于维持社会弱势群体的基本生活，是保障社会弱势群体最低生活水平的各种措施。中华人民共和国成立之初，党和国家非常重视对灾民、城市失业者及生活困难人员的救助，并在农村建立了"五保"供养制度。经过 70 年来的不断探索与实践，目前，我国建立了包括自然灾害救济、失业救济、孤寡病残救济和城乡困难户救济等的较为完整的社会救济制度。

3. 社会福利

社会福利是政府为社会成员举办的各种公益性事业及为残疾人员和无保障人员提供的生活保障。目前，社会福利制度逐渐往市场化、社会化方向快速转型。社会福利的类型可以分为老年人福利、儿童福利、残疾人福利、福利企业以及福利彩票。其具体的表现形式为社会福利院、敬老院、疗养院、儿童福利院、各类福利企业等。

4. 优抚安置

主要有面向军属、烈属、复员退伍军人、残疾军人及其家属提供抚恤金、优待金、补助金，举办军人疗养院、光荣院，安置复员退伍军人等。

5. 社会互助

社会互助的主要内容有工会、妇联等团体组织的群众性互助互济；民间公益事业团体组织的慈善救助；城乡居民自发组成的各种形式的互助组织等。社会互助的资金来源主要是社会捐赠和成员的自愿交费、政府从税收方面给予的支持。

日益完善的社会保障制度更能够满足人民生活中的各种基本需要，促进公平社会的发展，对于增强人民幸福感有着重要的意义。习近平总书记在党的十九大报告中强调，要在幼有所育、学有所教、劳有所得、病有所医、老有所养、住有所居、弱有所扶上持续取得新进展，保证全体人民在共建共享发展中有更多获得感。其中，病有所医、老有所养、弱有所扶与人民幸福感的关系最为密切，而提升幸福感的关键就是建立相应的社会保障制度，养老保险和退休金制度为年老丧失劳动能力的人提供养老保障，医疗保险制度使患病的人得到及时救治，失业保险制度防止失去工作的人失业后没有糊口的经济收入，社会救济制度为弱势群体提供基本生活保障。

此外，我国长期以来的城乡二元社会结构导致了城乡社会保障制度也实行二元模式，城乡社会保障制度的发展存在不均衡的情况，因此，要建立兼顾城乡、普惠全体人民的社会保障制度。重点建设与人民幸福感关系最为密切的城乡一体化的医疗保险制度，城乡一体化的养老保险制度、失业保险制度、退休金制度及完善的社会救济制度。这样就可以基本解除人们的后顾之忧，为社会成员提供起码的生活保障，进一步推动社会进步，提高人民幸福感。

第三节 社会保障制度对人民幸福感的影响

一、理论分析

社会保障是民生安全网、社会稳定器，关系到亿万人民的切身利益，是维护社会公平、促进社会和谐的基本制度安排，是提升群众幸福感和获得感的重要手段。从马斯洛的需求层次理论和需求范畴理论可知，社会制度因素是影响人民需求的重要原因之一，人民的幸福感与社会制度和个人心理息息相关。

(一) 社会福利与人民幸福感的关系

我国一直通过不断完善社会福利制度来增进人民幸福感，社会福利事业逐步从官方举办转向社会举办，并按福利需求设立福利项目。

如图 14-1 所示，我国的社会福利制度主要体现在四个方面。针对社会弱势群体的福利包括福利院、养老院、老年公寓、老年护理服务、残疾人就业和教育等，极大地维护了弱势群体，使其享有与正常人同等的社会权利，提高了这些群体幸福感的尊严基础；针对普通民众住房问题的福利包括确立了住房公积金制度、经济适用房制度，提供廉租房或房租补贴等，大大保障了低收入人群的基本住房需求，解决了人民最关心的住的问题，提高了其生活质量和生活幸福感；针对教育问题的福利从九年义务教育制度、农民留守儿童教育到学龄前儿童教育保障，我国不断提升教育公平和教育资源的质量，以促进家庭和社会的和谐安稳，提升千家万户的幸福感；精神需求是提高人民幸福感的关键因素，文化的供给和服务对人们的幸福感具有重要影响，针对文化事业，我国坚持发展人民群众喜闻乐见的中国特色社会主义文化，不断满足人民群众日益增长的精神文化需求，保障人民群众的文化权益，奠定人民幸福的坚实基础。

(二) 社会保险制度与人民幸福感的关系

社会保险制度作为我国社会保障制度最重要的基础，如图 14-2 所示，包括失业保险、医疗保险、养老保险三个重要组成部分，作为一种间接的收入分配方式，社会保险与国民的主观幸福感具有密切关系。

失业保险在预防当前失业、保障失业后的基本生活以及促进未来就业方面发

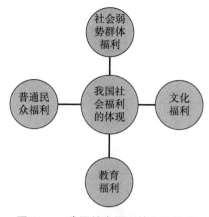

图 14-1　我国社会福利的主要体现

图 14-2　我国社会保险制度主要构成

挥着重要作用。失业保险能够通过降低公众的工作不安感，缓解害怕失业带来的压力、恐惧与焦虑，提升公众的主观幸福感。中国社会科学院社会学研究所社会心理学研究中心发布了《中国社会心态研究报告（2019）》，报告称，家人的收入和就业是影响主观幸福感的两个重要的压力因素，因为对于劳动年龄人口而言，就业是获取劳动报酬和缩小收入差距的最主要方式，劳动报酬又是满足生活需要的最重要经济来源。因此，完善失业保险制度，保障人民的收入和就业，是牵动千家万户、涉及每个公民的社会系统工程，也是关乎人民获得感、幸福感、安全感的重要制度安排。

医疗保险是实现"健康中国"伟大目标的重要手段，对促进社会主义物质文明和精神文明建设都有着积极的作用，对人们的幸福感、获得感、安全感都有重要意义。习近平总书记在党的十九大报告中提出，要在"病有所医"上不断取得新进展。医疗保险作为一种社会收入再分配的制度安排，给予患者补偿，让患者及时得到治疗，感受到来自于国家和社会的关怀，从而极大地影响低收入者或其他弱势群体的认知行为，能够起到缩小社会差距、促进社会公平的效果。所以，依托于医疗保障体系，全方位、全周期保障人民健康，才能让居民获得切实的幸福感。

养老保险对于人们追求幸福感、获得感有非常重要的意义。党的十九大报告中提出，要以更为积极主动的态度面对人口老龄化的问题，要在全社会范围内形成养老、孝老、敬老的意识，要从政治体系方面完善我国的养老服务工作事业，要从医疗角度入手完善养老事业，确保老龄化事业和产业能够正常运行与发展，进一步增强新中国当代老年人的幸福感。

(三) 社会救济制度与人民幸福感的关系

党的十九大报告提出，要全面建成覆盖全民、城乡统筹、权责清晰、保障适度、可持续的多层次社会保障体系。其中，兜底线是指对各类生活艰难、自身难以发展的困难群众实施社会救济，主要对象有低保户和五保户。从农村五保到城乡低保，再到精准扶贫，我国一直在不断探索社会救济的有效方式。政府和社会给予这类群体更多的帮扶和照顾，有利于保障其基本生活，在此基础上困难群体才能有更多的精力谋求自身幸福和发展。

相比于普通人，困难群众的知识水平和能力较低，经济状况较差，自身很难改变这种现状，所以需要政府和社会的救助才能解决其基本生活需求问题。对于国家来说，也有责任救助和保障他们的稳定生活，提升他们的幸福感。政府的救助是贫困人群收入的重要来源，对能否维持基本生活质量起着决定性作用。2019年6月，中共中央办公厅、国务院办公厅印发《关于加强和改进乡村治理的指导意见》表明，把弱有所扶纳入全面建成小康社会的总目标，一体实施、同步推进，小康路上一个也不能少。2020年是全面打赢脱贫攻坚战的收官之年，是全面建成小康社会的决胜之年，以低保和五保制度为核心的社会救助制度是我国社会保障体系的重要组成部分，同时也在全面打赢脱贫攻坚战中发挥着重要的作用。

二、计量分析

(一) 计量模型设计

影响居民对社会保障制度的幸福感的因素有很多，再结合上述理论分析，采用社会保险制度、社会救济制度、社会福利制度、社会优抚制度和社会互助制度5个指标下的15个二级指标来展开研究。选取这15个指标是因为其与居民自身利益相关性高，是能够切实感受到的，并且对整体幸福感的影响最直接。以居民对社会保障制度的整体幸福感程度为被解释变量，医疗保险制度、养老保险制度、失业保险制度、养老金制度、自然灾害救济制度、孤寡病残救济和城乡困难户救济制度、社会福利院等 15 个指标的重要性为解释变量。研究社会保险制度中这些变量与居民幸福感之间的关系，以及对居民幸福感产生的影响。因此，构建社会保障制度与居民幸福感之间关系的模型如下：

$$Y_i = \alpha_1 X_{1i} + \alpha_2 X_{2i} + \alpha_3 X_{3i} + \cdots + \alpha_{14} X_{14i} + \alpha_{15} X_{15i} + \beta_j \sum_{j=1}^{n} Controls_j + \varepsilon_i$$

$$(14-1)$$

其中，被解释变量 Y_i 表示社会保障制度整体影响幸福感的程度，在调查过程中，要求被访问者对基本社会保障制度对幸福感的影响程度打分，非常重要为 7 分，非常不重要为 0 分。

解释变量 X_1 为医疗保险制度，询问被访问者觉得治疗报销额度和医保覆盖药类品种能满足群众的基本生活需要的重要性，并且要求被访问者在"非常重要""重要""比较重要""一般""比较不重要""不重要""非常不重要"答案中进行选择，其分别对应的赋值为 7、6、5、4、3、2、1。

解释变量 X_2 为养老保险制度，询问被访问者觉得老年基本生活保障水平能达到国际标准水平的重要性，并且要求被访问者在"非常重要""重要""比较重要""一般""比较不重要""不重要""非常不重要"答案中进行选择，其分别对应的赋值为 7、6、5、4、3、2、1。

解释变量 X_3 为养老金制度，询问被访问者觉得退休后的中老年人货币形式补助能实现安享晚年的重要性，并且要求被访问者在"非常重要""重要""比较重要""一般""比较不重要""不重要""非常不重要"答案中进行选择，其分别对应的赋值为 7、6、5、4、3、2、1。

解释变量 X_4 为失业保险制度，询问被访问者觉得对因失业而暂时中断生活来源的劳动者提供帮助以保障其基本生活的重要性，并且要求被访问者在"非常重要""重要""比较重要""一般""比较不重要""不重要""非常不重要"答案中进行选择，其分别对应的赋值为 7、6、5、4、3、2、1。

解释变量 X_5 为自然灾害救济制度，询问被访问者觉得遭遇灾害后的援助措施能满足受灾人群的最低生活保障的重要性，并且要求被访问者在"非常重要""重要""比较重要""一般""比较不重要""不重要""非常不重要"答案中进行选择，其分别对应的赋值为 7、6、5、4、3、2、1。

解释变量 X_6 为孤寡病残救济和城乡困难户救济制度，询问被访问者觉得对特殊困难人群进行针对性的资源救济配置合理的重要性，并且要求被访问者在"非常重要""重要""比较重要""一般""比较不重要""不重要""非常不重要"答案中进行选择，其分别对应的赋值为 7、6、5、4、3、2、1。

解释变量 X_7 为社会福利院，询问被访问者觉得收纳社会弱势群体、保障其合法权益的机构数量能满足社会需求的重要性，并且要求被访问者在"非常重要""重要""比较重要""一般""比较不重要""不重要""非常不重要"答案中进行选择，其分别对应的赋值为 7、6、5、4、3、2、1。

解释变量 X_8 为儿童福利院，询问被访问者觉得为孤儿和残疾儿童提供服务的社会福利机构数量能满足社会需求的重要性，并且要求被访问者在"非常重要""重要""比较重要""一般""比较不重要""不重要""非常不重要"答案中进行选择，其分别对应的赋值为 7、6、5、4、3、2、1。

解释变量 X_9 为敬老院，询问被访问者觉得为老人提供住宿和日常起居照顾的机构数量能满足社会需求的重要性，并且要求被访问者在"非常重要""重要""比较重要""一般""比较不重要""不重要""非常不重要"答案中进行选择，其分别对应的赋值为 7、6、5、4、3、2、1。

解释变量 X_{10} 为疗养院，询问被访问者觉得为康复疗养、健康疗养等设立的疗养机构数量能满足社会需求的重要性，并且要求被访问者在"非常重要""重要""比较重要""一般""比较不重要""不重要""非常不重要"答案中进行选择，其分别对应的赋值为 7、6、5、4、3、2、1。

解释变量 X_{11} 为抚恤金制度，询问被访问者觉得给予死者亲属费用能保障亲属的基本生活的重要性，并且要求被访问者在"非常重要""重要""比较重要""一般""比较不重要""不重要""非常不重要"答案中进行选择，其分别对应的赋值为 7、6、5、4、3、2、1。

解释变量 X_{12} 为优待金制度，询问被访问者觉得义务兵家属等优抚对象安置金额合理的重要性，并且要求被访问者在"非常重要""重要""比较重要""一般""比较不重要""不重要""非常不重要"答案中进行选择，其分别对应的赋值为 7、6、5、4、3、2、1。

解释变量 X_{13} 为补助金制度，询问被访问者觉得义务兵家属等优抚对象补助金按时发放、金额合理的重要性，并且要求被访问者在"非常重要""重要""比较重要""一般""比较不重要""不重要""非常不重要"答案中进行选择，其分别对应的赋值为 7、6、5、4、3、2、1。

解释变量 X_{14} 为资金形式的社会互助，询问被访问者觉得以社会捐赠、海外捐赠、互助基金和义演、义赛、义卖为主要形式的社会互助能满足需求的重要性，并且要求被访问者在"非常重要""重要""比较重要""一般""比较不重要""不重要""非常不重要"答案中进行选择，其分别对应的赋值为 7、6、5、4、3、2、1。

解释变量 X_{15} 为服务形式的社会互助，询问被访问者觉得以邻里互助、团体互助和慈善事业为主要形式的社会互助能解决实际需要的重要性，并且要求被访问者在"非常重要""重要""比较重要""一般""比较不重要""不重要""非常不重要"答案中进行选择，其分别对应的赋值为 7、6、5、4、3、2、1。

$\beta_j \sum_{j=1}^{n} Controls_j + \varepsilon_i$ 表示一组控制变量，$\beta_j \sum_{j=1}^{n} Controls_j$ 包含受访者的年龄、收入、性别、身体健康状况等，ε_i 为随机扰动项。

（二）数据来源说明

采用调查问卷的方式，累计发放问卷 1000 份，在所有样本中，有一部分样本关键变量存在缺失值，因为有些受访者的回答为"不知道""拒绝回答"，无法进行回归计算，将这些数据缺失的无效样本删除后，最终整理得到了 950 个有效样本观察值。变量的描述性统计见表 14-2。

表 14-2　变量的描述性统计

变量名称	均值	标准差	样本数量	最大值	最小值
X_1	4.991	1.382	950	7	2
X_2	4.974	1.395	950	7	2
X_3	5.057	1.402	950	7	2
X_4	5.066	1.418	950	7	2
X_5	5.031	1.415	950	7	1
X_6	4.945	1.119	950	7	2
X_7	3.491	1.138	950	7	2
X_8	3.457	1.142	950	7	2
X_9	3.522	1.142	950	7	2
X_{10}	3.463	1.116	950	7	2
X_{11}	3.952	1.421	950	7	2
X_{12}	3.964	1.432	950	7	2
X_{13}	3.951	1.434	950	7	2
X_{14}	4.038	1.411	950	7	2
X_{15}	4.014	1.422	950	7	1
Y	4.134	0.491	950	7	2

（三）实证结果分析

利用 Python 软件对所采用的数据进行描述性统计分析，其结果见表 14-3 和

表 14-4。

表 14-3　社会保障制度对居民幸福感影响程度的估计结果（1）

指标	coef	t	指标	coef	t
Const	−0.241	−2.027	X_8	0.021	2.529
X_1	0.111	16.488	X_9	0.036	4.43
X_2	0.125	18.774	X_{10}	0.03	3.643
X_3	0.107	16.213	X_{11}	0.032	4.834
X_4	0.124	18.962	X_{12}	0.035	5.373
X_5	0.123	18.683	X_{13}	0.03	4.67
X_6	0.093	14.249	X_{14}	0.011	1.722
X_7	0.02	2.399	X_{15}	0.037	5.65

表 14-4　社会保障制度对居民幸福感影响程度的估计结果（2）

OLS Regression Results	
R−squared	0.671
F−statistic	126.9
Log−Likelihood	−143.94

从数据处理结果可以得出，社会保障制度与居民幸福感之间的关系为：

$$Y = 0.111X_1 + 0.125X_2 + 0.107X_3 + 0.124X_4 + 0.123X_5 + 0.093X_6 + 0.02X_7 +$$
$$0.021X_8 + 0.036X_9 + 0.03X_{10} + 0.032X_{11} + 0.035X_{12} + 0.03X_{13} + 0.011X_{14} +$$
$$0.037X_{15} - 0.241 \qquad (14-2)$$

可以得出结论：估计结果满足信效度检验，并且在对 15 个指标的权重系数进行对比后，发现 X_1、X_2、X_3、X_4、X_5 和 X_6 对居民幸福感的影响程度相比其他指标而言更为显著，分别为医疗保险制度、养老保险制度、养老金制度、失业保险制度、自然救济制度及孤寡病残救济和城乡困难户救济制度。由于自然救济制度、孤寡病残救济和城乡困难户救济制度两者之间存在一些属性上的相似性，所以，在后文的论述中将两者合并描述为社会救济制度。综上所述，本书将通过对医疗保险制度、养老保险制度、养老金制度、失业保险制度和社会救济制度五大社会保障制度进行描述分析其同幸福感之间的关系。

第十五章

社会医疗保险制度

第一节　社会医疗保险制度概念、分类及作用

一、概念

社会医疗保险制度是指减轻群众就医负担、增进民生福祉、维护社会和谐稳定的重大制度安排，是指一个国家或地区按照保险原则为解决居民防病治病问题而筹集、分配和使用医疗保险基金的制度，是居民医疗保健事业的有效筹资机制，是构成社会保险制度的一种比较进步的制度，也是目前世界上应用相当普遍的一种卫生费用管理模式。社会医疗保险是根据立法规定，通过强制性社会保险原则，由国家、单位（雇主）和个人共同缴纳保险费，把具有不同医疗需求群体的资金集中起来进行再分配，即集资建立起社会医疗保险基金，当个人因疾病接受医疗服务时，由社会医疗保险机构提供医疗保险费用补偿的一种社会保险制度。当人们因生病、受伤或生育需要治疗时，由国家或社会向其提供必要的医疗服务或经济补偿的制度。其实质是社会风险共担，由用人单位和个人缴纳一定的医疗保险费，通过社会调剂，以保证劳动者在其健康受到伤害时得到基本医疗，不会因为医疗而影响生活。

从社会医疗保险承保的范围大小来看，可分为广义和狭义的社会医疗保险。广义的社会医疗保险即社会健康保险，包含的内容要比单纯的社会医疗保险广。国外发达国家的社会健康保险不仅包括补偿由于疾病给人们带来的直接经济损失（医疗费用），也包括补偿疾病带来的间接经济损失（如收入损失），另外，对分娩、残疾、死亡也给予经济补偿，甚至还包括疾病预防和康复保健等。狭义的社会医疗保险只是对医疗费用进行的保险。我国以往和现行的职工医疗保险制度从表面看只支付医疗费用，但实际上通过其他制度也补偿了由疾病引起的收入损失

等费用，所以也属于一种广义的社会医疗保险。

二、分类

在不同的国家，由于国情不同以及历史和文化理念的差异，形成了各具特色的医疗保险制度。世界医疗保险不下 100 种形式，具有代表性的医疗保险制度有 4 种，即国家医疗保险制度、商业医疗保险制度、社会医疗保险制度和储蓄医疗保险制度。

（一）国家医疗保险制度

国家医疗保险制度也称国家健康保障制度，是指国家通过向社会征税等方式筹集医疗保险资金，并将医疗保险资金分批下发给各医疗机构，由医疗机构免费或低收费为公民提供相应医疗服务的医疗保险制度。在此种制度下，政府在医疗保险体系中承担主要责任，控制着医疗预算并承担着医疗费用。国家对于公民的医疗保障偏向为一种社会福利，能够很大程度上保证医疗资源在全国范围内的公平、合理分配，使公众可以很好地享受到免费（低收费）的、具有普遍性的医疗服务。实行国家医疗保险制度的国家主要有英国、瑞典、加拿大等，其中最具有代表意义的是英国。

英国实行由政府主导的公民健康服务体系（National Health Service，NHS），超过 90% 的英国人享受着 NHS 健保署下设的医疗机构所提供的医疗服务。公民以个人收入水平按照确定比例缴纳相应的"公民保险金"后无须购买其他医疗保险，即可免费享受国家所提供的医疗服务，患者仅需自费承担少部分不在免费计划中的医疗项目，如处方费用、配眼镜费用、牙科费用等。

（二）商业医疗保险制度

商业医疗保险制度又称私人医疗保险制度，是指一国的医疗保险行业由市场主导控制，按照市场机制自由运转，医疗卫生资源和服务都由市场来提供，并且由私营医疗保险机构自由经营的医疗保险制度，其代表国家是美国。

美国不同于其他发达国家，一直以来崇尚文化，故并未在全国范围内建立起统一的医疗保障制度，而是遵从自然导向的法则，大规模实行由私人主导的商业医疗保险，其商业保险制度的种类复杂多样、五花八门。自其在本国萌芽、兴起，一直到 20 世纪 60 年代中期以前，美国政府从未干预医疗保险领域的发展，仅从 1965 年起，有关穷人和老人的医疗计划在《社会保障修正案》通过后，国家才开始有限介入。

（三）社会医疗保险制度

社会医疗保险制度是指一国医疗保险资金由社会统筹，主要由雇主与个人按照确定比例缴纳，以大数法则将其中部分成员偶然出现的疾病风险分散给所有参保人员的一种医疗保险制度。社会医疗保险制度主要体现为国家、雇主与雇员三方担责的原则。实行社会医疗保险制度的国家主要有德国、法国、日本和中国等，其中最具代表性的是德国。

德国所实行的社会医疗保险在其史上很久以前就已初具雏形，当时分散的邦国版图上出现了一些以"共济会"为代表的医疗救助组织、同行业的互助协会和一系列原始的疾病保险做法，这为后来俾斯麦政府所颁布的《工人疾病保险法》（社会医疗保险制度的正式问世）奠定了基础。

（四）储蓄医疗保险制度

储蓄医疗保险制度也称个人积累制医疗保险制度，是指依据法律法规，强制性地要求雇员和雇主以个人或家庭为单位建立医疗储蓄基金，通过纵向不断积累，用以支付家庭成员因患病可能需要的医疗费用支出的医疗保障制度。新加坡实行的是典型的储蓄医疗保险制度。

新加坡的医疗保险制度主要包含三个层次，即全民保健储蓄计划、健保双全计划和保健储蓄基金计划。制度强调以个人责任为基础，对所有国民实行统一的医疗保健制度。1983年开始实行的全民保健储蓄计划是新加坡公积金制度的一个重要组成部分。

三、作用

医疗保险制度最直观的作用就是使得受保人能够得到及时的医疗，也就是使得人民能够享有医疗的公平性，能够人人看得起医生，在此基础上间接促进社会文明建设和社会安定，人民的获得感和幸福感得到满足。

（一）收入再分配，实现医疗公平性

医疗保险通过征收医疗保险费和偿付医疗保险服务费来调节收入差别，是政府一种重要的收入再分配手段。医疗保险能为低收入者带来更大效用，能够起到缩小社会差距、促进社会公平的效果。依托于医疗保障体系，全方位、全周期保障人民健康，从广泛的健康影响因素入手，突出解决好低收入人群等重点人群的健康问题，从而实现全民健康。全民健康是该制度的根本目的，其实质是在较高

的健康状态下实现不同人群间的健康公平性。

(二) 维护社会安定, 促进社会文明

医疗保险制度的作用是解除疾病医疗后顾之忧, 避免重特大疾病的灾难性后果。

疾病带给人的心理压力和经济负担非常大, 个别患者因为得不到治疗或者为了得到治疗产生暴力行为, 成为社会的危险分子。医疗保险能够给予患者补偿, 让患者及时得到治疗, 也能让他们感受到来自于国家和社会的关爱, 他们对社会的认知及行为会因此发生变化, 减少暴力犯罪行为, 提高社会文明程度。此外, 医疗保险制度本身的设计也体现着补偿分担、互帮互助的美德, 也是文明的体现。通过在参保人之间分摊疾病费用风险, 体现了一方有难、八方支援的新型社会关系, 有利于促进社会文明和进步。

(三) 提高劳动生产率, 提升群众获得感

医疗保险是社会进步、生产发展的必然结果。反过来, 医保制度的建立和完善又会促进社会进步和生产发展。一方面, 实行医疗保险能为病伤职工提供医疗服务, 不断调整与群众直接利益相关的、看得见的、享受得到的终端核心政策, 在经济上给予物质帮助, 解除劳动力的后顾之忧, 使其安心工作, 从而提高劳动生产率, 促进生产发展。同时, 也保证了劳动者的身心健康, 保证了劳动力的正常再生产。另一方面, 不断提高补偿标准, 提高筹资标准, 提高补偿比, 设计制定较为完善的终端核心政策, 能够提高群众的受益度, 进而提升群众获得感。

第二节　社会医疗保险制度比较研究

世界各国对医疗保险制度的研究既有相同的方面也有不同的方面。相同的方面主要是面对人口老龄化、医疗科技发展和人民日益增长的医疗健康需求, 要解决供需矛盾和提供有效的医疗保健服务。不同的方面大致可以分为两类: 一是医疗保险制度建立比较久的发达国家, 目前的研究重点主要是在国家已经普遍提供较高水平的医疗保险的基础上, 调整供需双方的利益关系, 通过加大个人的责任来扩大医疗保险的资金来源, 通过引入市场机制来降低医疗保险的服务成本, 通过重新配置医疗卫生资源来提高服务效率。二是医疗保险制度处在建立初期的包括中国在内的发展中国家, 研究的重点主要集中在如何利用有限的资源解决大多

数人群的医疗保险问题，如何确定与国家社会经济发展相适应的医疗保险制度模式，国家、用人单位和个人在医疗保险制度中的定位和责任等问题。

　　不同国家的医疗保险研究之所以有不同的取向，是因为社会发展程度和医疗保险的阶段不同。西方国家的医疗保险制度相对比较完整和稳定，在没有特殊因素的冲击下，福利制度的刚性使得其难以有大的改变，所以研究也大多只是改良性的。而在发展中国家如中国，由于经济体制的转型带来了社会保障制度的根本转变，人们更加关心应该建立一个什么样的医疗保险制度、如何建立这样的制度等问题。因此，通过对各国医疗保险制度建立和发展过程的经验总结以及制度体系和制度模式的分析比较，加强医疗保险制度的理论研究，对指导中国医疗保险制度改革的实践有重要意义。

一、各国医疗保险制度

　　西方国家社会保险制度的建立，大多是从医疗保险起步的。医疗保险始于1883年德国颁布的《劳工疾病保险法》，其中规定某些行业中工资少于限额的工人应强制加入医疗保险基金会，基金会强制性征收工人和雇主应缴纳的基金。这一法令标志着医疗保险作为一种强制性社会保险制度的产生。特别是1929～1933年世界性经济危机后，医疗保险立法进入全面发展时期，这个时期的立法不仅规定了医疗保险的对象、范围、待遇项目，而且对与医疗保险相关的医疗服务也进行了立法规范。目前，所有发达国家和许多发展中国家都建立了医疗保险制度。各国医疗保险制度发展至今，已经形成了较为成熟的医疗保险制度体系，而且由于各个国家国情有所不同，其民众的思想也有所不同，就产生了各种各样具体形态的医疗保险制度，例如，推行商业保险制度的美国、推行国家医疗保险制度的英国以及鼓励全民储蓄、国民皆保险的新加坡和日本等。

（一）最早建立医疗保险制度的国家——德国

　　德国位于欧洲中部，是世界上第一个按照福利国家理论建立起社会保障制度的国家，自"铁血首相"俾斯麦1883年首创法定医疗保险制度以来，已有130多年的历史。目前，德国的社会保险主要由医疗保险、失业保险、养老保险、伤残保险、护理保险组成。作为社会保险一个极其重要的组成部分，德国的医疗保险制度先进、覆盖面广，主要由法定医疗保险和私人医疗保险两部分组成。在德国，所有从业人员可以选择法定医疗保险或私人保险。法定保险不得拒绝申请人，但私人保险可视申请人情况拒绝，如年龄过大、患有大病等。从法定保险转为私人保险时，申请人必须达到一定的年收入水平（5.7万欧元），私人保险与法定保险相比，主要有预约快、住院享受单间等优待条件。

从目前保险市场的占有情况来看，在德国总人口中，91%左右参保 300 多家法定医疗保险基金组织，9%左右参加私人医疗保险，参保率基本达到 100%。任何医疗保险基金组织都不能在参保人的年龄、性别、身体状况及家庭成员数量方面设限。法定医疗保险缴费率为工资税前收入的 14%~15%（各保险公司缴费比例不尽相同，平均在 14.3%左右），但仅缴一人，全家就能享受待遇，病人可在保险基金组织认定的医院及治疗范围内凭医疗卡（医疗卡在不同的保险基金组织之间互认）自由就诊，并可自由选择医师，产生的费用由所投保的保险基金组织支付。法定医疗保险缴费基数设封顶线和保底线，由政府每年予以调整，收入高于封顶线以上部分不再征缴，收入低于保底线的人群可免除缴费义务，由政府予以代缴。私人医疗保险则是缴一人，保一人。

在医疗服务体制上，德国不实行医疗定点制度，患者可选择到任何医院看病，到任何药店取药，可以自由选择开业医师和专科医师，并可在开业医师的指导下在一定范围内选择住院的医院。德国实行严格的医药分开，避免医生滥用处方权与药商串通牟利。同时，门诊和住院严格分开，保证了转诊渠道的畅通，杜绝医院滞留病人获取利益的情况。经济收入是决定参保人缴纳保险费多少的唯一因素，它与享受医疗保险的程度没有关系，任何缴纳了占工资一定比例的医疗保险费的参保人员都有享受同等医疗待遇的权利，这使得健康者与病患者之间、高风险者与低风险者之间、单身者与有家庭者之间、高收入者与低收入者之间彼此共济互助，充分体现了社会医疗保险的公平性。

（二）推行商业保险制度的代表国家——美国

美国是没有政府承担社会保险责任的国家，医疗保险基本依靠国民自己购买商业保险为其医疗费用"买单"。因贫富差距的长时间存在，很多学者均针对低收入家庭和儿童医疗保险的覆盖进行了研究。当前美国儿童的参保方式主要分为个人保险、公共医疗补助制和儿童健康保险，据学者普查 80655 名儿童的参保情况发现，57.3%的儿童选择参加私人保险，13.6%的儿童参保公共医疗补助制，18.4%的儿童参加儿童健康保险，另外，仍有 10.8%的儿童未参加医疗保险。其中，私人保险的参保人群多为白人、父母未离婚以及学历高于高中的家庭；参加公共医疗补助制的儿童更为年幼，而儿童健康保险的参保儿童与其他儿童相比更需要特殊医疗服务。针对个人自付费用来讲，私人保险的参保家庭与公共医疗补助制和儿童健康保险相比自付比例更高，同时，约 1/5 的家庭对于特殊医疗服务的需求存在支付困难的问题，与参加私人保险、公共医疗补助制的儿童相比，儿童健康保险的参保儿童接受特殊医疗服务更为困难，而公共医疗补助制的参保儿童在就医过程中需要自付的可能性最小。此外，州际之间的公共医疗补助制仍存在差异，这就要求政府有责任统筹管理不同的保险类型以提高儿童和家庭的医疗保障，使其更好地利用医疗服务，减少家庭经济负担。

国家安全网诊所是美国进行初级诊疗的场所之一，但美国自身国情导致其有多种医疗保险参保类型，针对不同参保方式的成年人在国家安全网诊所初级诊疗情况的研究也可以体现美国现行的医保状况。美国国家安全网诊所是由公立医院、诊所、社区卫生中心以及其他医疗组织共同组成的不考虑患者支付能力的提供医疗服务关怀的组织。同时，其还是约 4400 万无保险美国人最后的"避风港"，但其他如联邦医疗保险、医疗补助计划等的参保患者对国家安全网的依赖性明显较低。据调查，2006~2010 年参加全美初级保健检查的公民共有 53833 万人，其中，92.3%的非医疗补助计划参保患者选择安全网诊所就诊，大多数在过去的一年中就诊次数超过 5 次，与非安全网诊所使用者相比，这些患者更多倾向于慢性病就诊。同时，非医疗补助计划的参保患者、黑人以及西班牙裔公民、慢性病以及多重用药的小于 65 岁的公民会更频繁地接受安全网诊所的初级保健检查。由此可见，安全网诊所可视作弥补医保参保不足的方式，可以更好地为低收入的弱势群体提供初级健康检查服务。

通过研究公民卫生经济支出的影响因素及发展情况，可得出其与疾病经济风险的相关度以及对国民经济支出的影响。有学者通过调研美国健康与公共服务部近 40 年公共卫生支出和国家卫生支出账户中的全部健康支出，发现多数健康支出均产生于美国食品药品局和疾病控制预防中心。公共卫生支出包括流行病监督、预防接种服务、疾病预防项目以及公共卫生实验室的经营，但不包括政府对卫生领域科研的建设和资本购买以及如污水处理、减轻污染等与健康相关的公共工作。同时，预测了未来 10 年的人均数据，调查显示人均公共卫生支出呈下降趋势，公共卫生在卫生支出中的份额呈上升趋势，2012 年起的改革使得许多机构强制性财政资金减少，与此同时，很多州政府的卫生经济来源面临财政挑战。然而，州际间医疗花费持续增长，公共卫生支出却没有增长的趋势，研究还发现，美国目前的卫生支出呈失衡状态，急需调整。

（三）推行国家医疗保障制度的代表国家——英国

英国的国家医疗服务体系建立于 1948 年，经历半个多世纪的发展与完善，已经成为英国福利制度的重要组成部分，其功能是为英国的全体国民提供免费医疗服务。在英国，患者不论属于哪个阶层、社会地位如何，只要有医疗需求，都能得到相应的医疗服务。该医疗服务体系由英国各级公立医院、各类诊所、社区医疗中心和养老院等医疗机构组成，大致可分三级。

第一级为基本护理机构。这是国家医疗服务体系的最大组成部分，约占其总预算的 75%。基本护理机构是包括医疗保健和社会关怀在内的综合服务机构，一般常见病患者就医必须先到基本护理机构看医生，然后根据病情的需要转到相应的上一级医院治疗。第二级为地区医院。地区医院通常就是这个地区的医疗中心，而地区医院有的是好几家由同一套管理层管理。地区医院接待从第一级机构转诊来的患者。第三级为教学医院。教学医院以紧急救治和重大疑难病医院为主。一级医疗机构在转诊的时候，如果认定病情复杂可以直接转给三级；而二级医疗机构也可以转诊给三级。这种由许多医疗单元组成，被分为三级的医疗体系又被称为联合体。在英国，大多数城市和大型市镇都有自己的医院联合体。这些医疗单位能够提供国民日常所需的医疗服务，能够满足大多数患者的需求。有些联合体医院还起到了专科会诊中心的作用，也有一些联合体医院是大学的附属医院，承担医护人员的培训工作。联合体通过健康中心和门诊部进行诊疗，预约和治疗都是免费的。

（四）推行全民储蓄计划的代表国家——新加坡

新加坡的保险制度主要分为全民保健储蓄计划、健保双全计划以及保健基金计划三种模式。其中，全民保健储蓄是全国性、强制性的储蓄计划项目，帮助公民进行储蓄存款，用来支付未来的医疗费用。根据政府规定，所有已经工作的公民都必须参加这项储蓄项目，每人都有自己的专属账户，另外，医疗储蓄也可以用来支付父母、配偶、子女等直系家属的住院费用。医疗储蓄中的钱只能用来缴纳住院费以及一些特殊重大门诊的检查，此外，同我国基本医疗保险制度相同，其支付费用也有最大限额的规定。然而，只参加保健储蓄计划对于患重病或慢性病的人而言则是远远不够的，为了弥补保健储蓄计划的不足，新加坡政府于1990年制定了健保双全计划。健保双全计划主要目的是减轻重病及长期慢性病患者的医疗负担，保费从个人保健储蓄账户中支出，由政府指定的商业保险公司承办，具有自愿性、低费用、社会统筹的特点。参加健保双全计划的公民必须在医院账单超过一定数目以后，才能获得医疗保险的福利，报销比例约为80%。保健基金是一种特别基金，它是新加坡政府专门针对那些生活贫困的公民提供的一项保险基金，以帮助他们减轻一部分医疗负担。这项制度几乎为所有新加坡公民提供了保障，需要保健基金援助的病人可以通过社区提出申请，经保健基金医院委员会评审后，会得到医疗救助金。

尽管新加坡医保制度为人津津乐道，但其仍存在缺陷。目前来看，新加坡政府与私人保险机制相结合基本实现了医疗保险全覆盖，但私人保险对于新加坡而言是一个相对新鲜的事物，大众将私人保险定义为现有三种保险制度之外的独立险种，同时，近年来，政府批准私人保险市场基于健保双全计划不足之处进行补充。据统计，现有的未参保公民大部分为女性，年龄超过 65 岁居多，受教育程度以及家庭收入较低，而购买保险的患者与男性公民相比多为年龄小于 40 岁的女性。由此，政策制定者应理解并鉴别部分公民不愿参保的原因，尤其是低收入群体的参保情况，以干涉其固有思想，从而改变其参保行为。

（五）推行国民皆保险制度的代表国家——日本

日本医疗保险制度的建立时间跟欧洲一些国家相比不算早，但却取得了非常卓越的成绩。研究日本的医疗保险制度，对我国未来医疗保险制度的改革与完善具有重要意义。1961 年日本医疗保险制度覆盖全民，在实施过程中经过不断推进与改良，为国民提供了价格低但质量很高的医疗服务，为促进日本国民的身体健康、社会经济发展和安定提供了很好的保障。

在日本全民保险制度下，国民具有缴纳保险金的义务。就诊时在医疗机构的窗口出示健康保险证明后，个人仅缴纳一定比例的金额就可以接受医疗服务。根据个人需求，可以在全国范围内的所有医院、诊所自由看病的制度受到了全体国民的大力支持。但是，全民保险制度持续发展的同时，疾病构造的变化，人口的高龄化，医学、医疗技术的进步等造成了医疗费的增长，1980 年以后几乎每两年就要进行一次以抑制医疗费为目的的医疗保险制度修改。

当下的日本医疗保险制度主要分为"职域医疗保险"和"地域医疗保险"两大组成部分，"职域医疗保险"主要指雇员健康保险和共济组合保险，"地域医疗保险"则主要指国民健康保险和后期高龄者医疗保险。在这里需要特别进行说明的是，一方面，由于日本的国家特殊性，船员保险成为一项单独的保险制度，与其他各项保险制度并列，但由于参加人数较少，也为了便于研究，遂将其归入共济组合保险。另一方面，由于后期高龄者医疗保险制度是在 2006 年建立并于 2008 年开始正式实施的，所以，严格上讲，该制度是和职域及地域医疗保险制度相平行的，但由于该制度运行的特点以及为了便于进行研究分析，遂将后期高龄者医疗保险归入到"地域医疗保险"中。

近年来，由于日本老龄化问题日益明显，日本又通过推行高龄者医疗保险制度及老人保健制度来补充日本的公共医疗保险制度。日本高龄者医疗保险制度的参保对象为所有 75 岁以上的老人。高龄者医疗制度的行政管理仍然由市町村进行，但财政上由各个都道府县建立"地区联合"来统筹，设立该制度是为了平衡各医疗保险制度间的医疗支出负担。为提高国民身体素质，日本针对年满 40 岁的中老年人设立了老人保健制度，该制度包括医疗服务和保健事业。作为亮点的保健事业是针对所有 40 岁以上的日本居民进行的提升健康意识和身体素质的活动，具体包括发放健康手册，进行健康教育、健康检查、康复训练等医疗以外的保健活动。

二、各国医疗保险制度比较

通过对上述几个典型国家的医疗保险制度进行介绍，对这四种典型的国家进行比较分析，如表 15-1 所示。

表 15-1　各国医疗保险制度对比分析

	英国国家医疗保险制度	德国社会医疗保险制度	美国商业医疗保险制度	新加坡"三位一体"医疗保障制度
资金来源	国家税收	雇主雇员缴纳，政府酌情补贴	参保人缴纳的保险金	全民储蓄
医疗领域支出	支出占 GDP 比例较低	支出占 GDP 比例较高	支出占 GDP 比例为全球最高	支出占 GDP 比例低
保险购买方式	公民无须购买，只需定期缴纳税款即可免费获得医疗服务	强制性购买，通过大数法则分担风险	按照参保人意愿自主购买	企业和个人共同缴费形成积累基金，由国家负责投资管理
政府参与与医疗保险领域程度	由政府直接建立、管理、控制国家医疗服务体系，大多数医院实行国有化，医务人员也是国家工作人员	由疾病基金会管理法定医疗保险，政府制定统一的监管标准而不直接控制和管理医疗行业	为补缺型医保制度，以商业保险为主，政府提供的公共医保项目为辅	政府主导、个人支付与社会统筹相结合，共同完成对国民的医疗保障任务
医疗保障水平	作为一种社会福利，保障基本的健康性需要	保障基本的医疗需求，但保障水平会与国家经济的波动相关联	保障水平较高	保障在国际上处于较高水平，得到世界卫生组织的较高评价
医疗救助制度	无单独医疗救助制度，通过 NHS 系统向特殊人群倾斜（儿童、青少年、老人、身体欠佳者、享受政府津贴者、低收入者等）	无单独的医疗救助制度，在社会医疗保险的框架内解决特殊人群的医疗保障问题	有单独的医疗照顾计划与医疗救助制度，急诊救助制度相对发达，医疗照顾计划包含残障人士、高于 65 岁的老人等	无单独的医疗救助制度，新加坡的健保双全计划是一项基本的大病保险计划，它的设立是为了帮助参保者支付大病或慢性病的医疗费用
医疗资源公平性	公平性好	公平性较好	公平性差	公平性好

续表

	英国国家医疗保险制度	德国社会医疗保险制度	美国商业医疗保险制度	新加坡"三位一体"医疗保障制度
医疗服务效率	候诊期长，总体效率低下	总体效率较高	医疗服务质量根据购买的商业保险类型有所差别，总体效率高	总体效率高

综上所述，每个国家的医疗保险制度都是根据其国情逐步确立起来的，并且各有其优缺点。具有代表性的医疗保障制度有四种，分别是：以英国为代表的国家医疗保险制度，其特点是国家医疗保障制度政府主导，看病免费，医疗保障体系完善，全民覆盖；以美国为代表的商业医疗保险制度；以德国为代表的社会医疗保险制度，具有强制性、公平性、互济性、社会性、风险与补偿的不确定性等基本特征；以新加坡为代表的储蓄医疗保险制度。

第三节　社会医疗保险制度发展内容与重点

一、发展内容

在对国外社会医疗保险制度进行比较研究后发现，虽然国与国之间的状况不同，但对城乡医疗保险制度发展的内容和方向趋于一致。具体而言，即为覆盖全体居民的健康保障体系、完善卫生筹资的长效机制、改革和完善医疗卫生服务的支付制度和建立老年人医疗和护理保险制度四大点。

（一）覆盖全体居民的健康保障体系

世界各国从开始建立医疗保险制度到实现"全民医保"都经历了很长的时间，也就是说，"全民医保"的实现不是一步完成的。在世界卫生组织（World Health Organization，WHO）的 194 个成员中，已有约 90 个国家基本建立了覆盖全体居民的健康保障制度，表 15-2 为部分国家建立医疗保险制度以及步入"全民医保时代"的时间序列表。德国、法国、韩国、日本等国家都通过针对各种人群的健康保险或其他辅助制度实现了医疗保障的全民覆盖。

表 15-2　部分国家建立医疗保险制度和步入"全民医保时代"的时间

国家	建立医疗保险制度的时间	步入"全民医保时代"的时间	时差（年）
德国	1883	1972	89
法国	1928	1975	47
英国	1911	1948	37
美国	1965	2012	47
日本	1922	1961	39
新加坡	1965	1993	28

社会医疗保险体系覆盖的首要人群是雇员及其家属，对于无力参加社会医疗保险的低收入人群，则由政府采取各种手段以扩大医疗保险的覆盖面。一是政府立法免除低收入人群的缴费或纳税义务，统一纳入一般收入人群的医疗保障制度，如德国规定，无收入职工配偶和子女、收入低于 314 欧元人员可以免除缴纳保险费的义务，参加法定医疗保险，各医疗保险基金会必须接受；二是政府代缴费用参加一般收入人群的医疗保障制度，如韩国政府替一些低收入农民缴费参加地区医疗保险。各国政府在建立完善健康保障体系的过程中发挥了主导作用，使医疗保险制度覆盖社会绝大多数人群（尤其是弱势人群），确保了医疗卫生服务的公平性。当然，每个国家的健康保障制度并不是单一的模式，而是根据本国实际，选择一种或几种制度为基本（或主体）制度、多种保障制度单元的组合，除了扩大医疗保险覆盖面之外，政府还可以通过出资单独建立医疗救助制度、对医疗服务机构减免医疗服务费用或政府对发生的医疗费用给予补贴等手段来建立健全健康保障体系。对于各国政府而言，尽快建立符合本国特色，包含医疗救助、社会医疗保险、商业保险以及免费公共服务的健康保障体系，实属明智之举。

（二）完善卫生筹资的长效机制

建立并完善卫生筹资的长效机制、规范卫生筹资的渠道，是一个国家卫生体制运行和健康保障制度的核心。根据上述国家的分析，不同性质的利益保险制度的国家筹资方式也存在差异：第一，以社会医疗保险制度为主体的卫生体系的筹资来源主要是社会医疗保险税，而医疗保险制度的发展规模、保险税的数额、保险的内容范围主要取决于这个国家的经济发展水平或大多数国民的经济承受能力，因此，在参保人缴纳保费、个人适当自付与医疗保险覆盖内容方面建立平衡显得尤为重要。对发展中国家而言，人均普遍医疗资源并不高，因此，当前比较现实的是继续推行"低水平、广覆盖"的基本医疗保险制度。第二，立法是保证各国医疗保险资金筹集的关键。无论德国、法国、日本、韩国，都有成熟的医疗保险法律法规，应强制国民参保，加快出台有关法律法规，以确保本国医疗保险长期稳定发展。第三，同一个国家、不同收入人群健康保障的内容有较大差异。高收入人群除了强制性参加国家基本或主体保障制度外，还可以灵活选择商业保险作为补充。因此，应充分发挥市场机制作用，积极引导商业保险机制加快卫生发展，通过国家适度调整政策，使商业保险成为中高收入人群与社会化医疗机构之间的桥梁和中介，而公立医院重点承担政府职能。

(三) 改革和完善医疗卫生服务的支付制度

通过总结已初步形成完善医疗支付制度国家的经验发现，在建立医疗保险体系之初，几乎都采用了当时的市场价格机制，按服务项目收费。由于利益机制的作用，支付制度成为医疗服务提供者主要的经济诱因，按服务项目收费加重费用上涨，应尽可能避免使用，而按人头、病种付费和总额预算控制有良好发展势头。因此，各国都对支付制度做了改革和完善的尝试，将之作为配置医疗卫生资源、控制医疗费用不合理增长的一个手段。目前，大部分发展中国家的各级各类医疗卫生机构，大多数仍采用最古老、最原始的按服务项目收费的支付制度，诱导需求、高精尖医疗技术和仪器设备的广泛使用、医疗费用不合理增长等现象普遍存在，在很大程度上与这一支付制度有关。要改变这一情况，可在社区卫生服务层面试点并逐步推行按"人头"付费的支付制度，该方法可有效地控制费用，降低基金平衡风险，并且鼓励卫生服务提供方注重预防保健工作，降低疾病发生率，提高健康水平。而在医院服务层面，可探索并逐步推行以"病种"付费为主、限额付费和总额预算等多种方式相结合的支付制度，强化医院管理，抑制医药费用上涨。同时，也可以降低医院的管理成本，从而降低整个医疗机构的运行费用。

(四) 老年人医疗和护理保险制度

全球人口老龄化是各国医疗保险发展中最令人担忧的问题，为此，近年来各国采取了一系列针对人口老龄化的医疗保险计划。日本是世界上人口老龄化程度最重的国家，2015 年，65 岁以上老年人占总人口的比例达到 26.7%。2008 年，日本颁布《高龄者医疗确保法》，将 65 岁以上的老年人分为 65 岁以上、未满 75 岁的前期高龄者和年满 75 岁的后期高龄者两个群体，后期高龄者适用独立的后期高龄者医疗制度。日本现行的老年人保险制度为高龄者医疗保险制度和护理保险制度，两者相互独立。德国是老龄化起步较早的国家之一，也是目前老龄化程度较重的国家之一，在确定了"护理保险跟从医疗保险"的原则后，经过 20 多年的运行，德国的护理保险体系依靠良好的制度设计，不仅形成了全覆盖、多层次的体系，还达到了护理质量有保证、基金财务可持续等制度目标。各国以明确、细致的法律基础为支撑，推行对所有老年人都适用的、公平的医疗保险政策，建立高龄者和低收入老人的救助制度后，逐步建立起适用于本国的长期护理保险制度。

二、发展重点

（一）医疗保险赔付方案的制定应当从"重医轻防"向"预防为主、防治结合"转变

我国居民医疗保险报销范围主要包括因病在定点医院产生的治疗性费用，而不包括预防保健等非疾病治疗项目。全日本有约 80% 的肿瘤和癌症于早初期阶段得到诊断，但许多国家恰恰相反，大量的医疗资源集中于疾病的中晚期治疗阶段。很多国家出于提高国民健康水平和降低医疗成本的目的将体检、保健等非疾病类支出纳入医保体系中，为各国提供了成功的经验。因此，各国居民医保的目录范围可以适当扩大，将自由职业者、不稳定就业者和无业居民的体检纳入医保体系中，定期开展全面检查，特别是癌症的体检筛查，实现疾病的早期诊断和治疗，既有利于降低治疗的难度，又能够节约成本，从根本上实现健康脱贫。

（二）实行医药分离，降低医疗成本

药价高、药费支出多是许多发展中国家医疗体制存在已久的问题。以我国为例，目前，住院病人的人均药费占总费用的 40%，而检查费所占比例不足 8%，药费支出给居民造成了不小的负担。全民医保不可避免存在道德风险，我国尚未实现医药分离，医院兼有开具处方和销售药品的权利，"以药养医"的现象还存在，增加了患者的医疗负担，也在一定程度上造成了财政补贴的浪费。从避免供方诱致需求的角度而言，应当实行医药分离，减轻居民的就医负担，适当借助商业保险分担疾病风险。

（三）增加财政支持

全民免费医疗会在一定程度上导致医疗资源的过度浪费和收支失衡，虽然这是未来社会保险制度的必然趋势，但许多国家尚不具备实现全民免费医疗的经济实力，政府的医疗卫生财政支出与世界平均水平还有一定差距，医疗资源供给还不充足，居民就诊的经济负担较重，财政支持略显微薄。在当前经济能力范围

内，这些国家还应适当增加财政支持，用于卫生设施和医疗资源的改善，并平衡城乡医疗资源配置的供求。适当扩大医保目录，同时，还应当避免基金的过度支出，考虑不同疾病和不同人群的发病特点，结合保险精算和临床医学合理制定医保目录。

(四) 加强对老年人的医疗保障

目前，世界许多国家已逐渐步入老龄化社会，老龄人口比例已经远高于联合国对老龄化社会的界定标准，但是对老年人的医疗保障明显不足。为了加强对老年人的医护，各国才开始重视发展老年人医疗和护理保险制度。日本《老年保健法》的实施为我国老年人的就医问题提供了参考。针对老年人慢性病患病率高的特点，在医疗补偿方案的制定方面应该向老年人倾斜。除此之外，许多国家社会针对老年人护理方面的服务和保障严重缺失，无法满足老年群体个性化的护理需求，需要逐步完善和推广老年人护理制度，实现健康老龄化。

第四节　中国社会医疗保险制度发展研究

一、发展历程

基本医疗保险是惠及全民的一项工程，其建设无法一蹴而就，分阶段、分步骤完成目标是必然选择。中华人民共和国成立 70 年来，我国医疗保险制度从无到有、从城镇到农村、从职工到居民，建立了世界上最大的社会保障安全网，与社会主义市场经济体制基本适应、人人享有基本医疗保险的目标基本实现，成为了满足人民日益增长的美好生活需要的重要组成部分。

我国多年来在医疗保险事业方面不断探索，建立起了具有中国特色的多层次医疗保险体系——以全民保健为基础，公费医疗为主，合作医疗和其他形式的医疗保险为补充的社会医疗保险体系，具体发展历程如图 15-1 所示。

从时间演变上可以看出，我国的基本医疗保险制度通过城镇职工基本医疗保险、城镇居民基本医疗保险、新型农村合作医疗实现了城镇就业人口、城镇非就业人口和农村人口的全覆盖。在资金筹集与分担上，政策制定者充分考虑各方资金承受能力，通过明确国家、企业和个人的责任来合理分担医保资金和费用，从而满足城乡居民的基本医疗保障需求，实现社会互助共济。

图15-1 我国医疗保险制度发展历程

如图 15-2 所示，目前我国已经基本形成了以基本医保制度为主体，大病保险为延伸，医疗救助为托底，商业健康保险、社会慈善以及其他医疗保险为补充的全方位医疗保障体系。

图15-2 我国多层次的医疗保障体系

为满足人民群众的基本医疗需求，提高人民的幸福感和获得感，2009 年我国开始试行大病保险制度。大病保险本质是基本医疗保险的延伸和拓展，是为了缓解大病患者看病就医负担，防止发生家庭灾难性医疗支出，从基本医疗保险基金中划出一定比例或额度作为大病保险资金，并由商业保险机构承办的一种医疗保险制度。2009 年，在湛江率先设立大病保险制度试点，其后在江苏等地推行，2015 年，国务院决定在全国城乡全面实施大病保险制度，2018 年，开始将居民医保财政补助新增款一半用于商业保险经办的大病保险。目前，我国城乡居民大病保险制度已经全面建立，各省份均已出台大病保险的实施方案，覆盖全体城乡居民超过 10 亿人，成为我国多层次医疗保障体系的重要组成部分。如果说享受基本医疗保障关系着百姓的生活质量与幸福感，是社会文明进步的重要标志的话，那么，全面实施大病医疗保险制度更是促进社会公平，解决因病致贫问题，提高群众就医支付能力的重大举措。

为充分发挥医保制度对人民健康和财产的保障作用，保障医保制度的正常有效运行，我国设计了基本医保制度的托底制度——医疗救助。医疗救助是我国多层次医疗保障体系的网底，主要由政府财政提供资金，为无力进入基本医疗保险体系以及进入后个人无力承担共付费用的城乡贫困人口提供帮助，使他们能够与其他社会成员一样享有基本医疗保障。2008 年，我国医疗救助制度已经实现全国覆盖，2015 年年底，已经全面开展重特大疾病医疗救助工作，2019 年，新型农村合作医疗县级区划数已达到 2846 个。

为弥补政府投入的不足，尽可能对需要帮助的社会成员实施救助，从而促进医疗卫生的公平性，使困难群众不因经济问题而影响医疗服务的利用，实现"病有所医"的目标。我国还建立了商业健康保险和第三方慈善机构，作为对基本医疗保险的重要补充，不仅提供了一些医保目录无法覆盖到的保障，而且还提供较高的保额，使人们的日常生活变得更加有保障，提高了人们的生活质量，同时，也是推进健康中国建设、促进社会和谐、维护社会稳定的必然要求。

综上所述，我国的医疗保障体系目前已经初步建成，随着社会经济的发展，医疗保障制度也会更加完善。同时，医疗保障的实现也会对我国医药卫生事业和医疗健康产业等幸福产业的发展起到积极的促进作用。在技术、市场和投资的作用下，我国医疗健康产业进入了高速成长期，健康管理、专科医疗、健康养生、生物医药等领域快速发展，健康服务业总规模将达到 8 万亿元以上，所以，政府和企业要积极促进健康与养老、旅游、互联网、健身休闲、食品等产业融合，催生健康新产业、新业态、新模式。

二、发展现状

建立科学合理的社会保障是保障企业职工享受国家福利、缓解广大人民群众的生活经济压力、提升人们生活满意度的主要途径。医疗保险制度是社会保障体系中最重要的一环，它为广大劳动者提供了身体健康管理的便利性。通过医疗保险基金分担个人医疗压力，是保证社会安定、经济可持续发展的必要途径。中国医疗保障制度主要是由城镇职工基本医疗保险（简称城镇职工医保）、城镇居民基本医疗保险和新型农村合作医疗等部分组成。城镇职工基本医疗保险，是针对城镇所有用人单位和职工，以强制参保为原则的一项基本医疗保险制度；城镇居民基本医疗保险，是以大病统筹为主，针对城镇非从业居民的一项基本医疗保险制度；新型农村合作医疗，是以政府资助为主，针对农村居民的一项基本医疗保险制度。医疗保障制度是实现"健康中国"伟大目标的重要手段，对促进社会主义物质文明和精神文明建设都有着积极作用，对人们的幸福感、获得感、安全感都有着重要意义。当前我国医疗保险制度平稳有序运行，呈现出以下特点。

（一）医疗保险改革有效推进

自 2009 年新医改提出以来，医疗保险改革一直作为新医改的前沿阵地，可以说是目前我国医疗改革中改革力度最大、成效最显著的模块。目前，我国多地试点进行了多种方式的医保支付制度改革，不断完善医保总额预算付费制度，积极推进按病种付费、按人头付费，积极探索按疾病诊断相关分组付费（Diagnosis Related Groups，DRGs）、按服务绩效付费，形成了总额预算管理下的复合式付费方式，全医保经办机构与医疗机构的谈判协商与风险分担机制。此外，2018 年中央决定组建国家医疗保障局，打破了长期制约医保改革的体制性障碍，实现了全国医保事业的集中统一管理。

（二）参保覆盖面持续增加

整合城乡居民医疗保险制度缩小了城乡医疗保障的差距，提高了公平性，提升了城乡居民的参保积极性。如图 15-3 所示，城镇基本医疗保险年末参保人数在近三年达到新高，2015 年与 2016 年参保人数大体相当，集中在 70000 万人左右。随后几年，制度保障能力进一步增强，覆盖面持续扩大，2017～2019 年，基本医疗保险制度参保人数分别为 117681.4 万、134458.6 万、135436.0 万。相比 2015 年，2019 年的基本医疗参保人数增加了 68854.4 万人，增长了 103.4%，全国参保率达到约 97%。

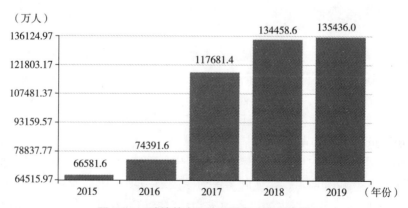

图 15-3　城镇基本医疗保险年末参保人数

（三）基金规模持续增长

医保制度的有效运行使医保基金规模也持续增加，如图 15-4 所示，医疗保险基金收入、支出和累计结余都呈稳定上升趋势，截至 2018 年，城镇基本医疗保险基金收入 21384.4 亿元，支出 17822.5 亿元，累计结余 23439.9 亿元。相比 2015 年，收入增长了 91.1%，支出增长了 91.4%，累计结余增长了 86.9%。

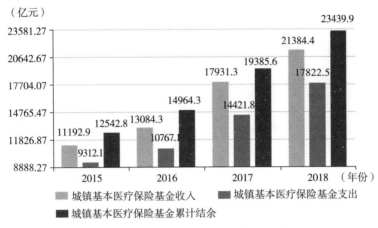

图 15-4　城镇基本医疗保险基金规模

（四）保障待遇不断提高

定点医疗机构覆盖范围不断扩大，截至 2018 年末，跨省异地就医定点医疗机构数量达到 15411 家。其中，二级及以下定点医疗机构 12803 家。跨省异地就医结算规模稳步增长，2018 年全年跨省异地就医直接结算 131.8 万人次，是 2017 年的 6.3 倍；医疗费用 319.4 亿元，是 2017 年的 6.6 倍；基金支付 18.5 亿元，是 2017 年的 6.7 倍。此外，城乡居民基本医疗保险筹资标准不断提高，2019 年城乡居民基本医疗保险人均财政补助标准新增 30 元，达到每人每年不低于 520 元，个人缴费同步新增 30 元，达到每人每年 250 元。同时，大病保险保障功能不断提升，2019 年城乡居民基本医疗保险财政补助人均增加 30 元，其中的一半用于提高大病保险保障能力。具体措施包括：降低并统一大病保险起付线，原则上按上一年度居民人均可支配收入的 50% 确定；政策范围内报销比例提高至 60%；加大大病保险对贫困人口的倾斜力度，起付线降低 50%，支付比例提高 5 个百分点，全面取消建档立卡贫困人口大病保险封顶线。

三、发展重点

习近平总书记在党的十九大报告中提出，要在"病有所医"上不断取得新进展，要"完善国民健康政策，为人民群众提供全方位全周期健康服务"。我国医疗保障体系多层次正在稳中有进，但为了更好地提高制度运行效率，以确保医疗保障制度长期可持续性发展，为人民群众提供全方位全周期健康服务，让居民获得切实幸福感，还需注意以下发展重点。

（一）推进医疗保险制度统筹协调发展

目前，医疗保障制度仍然存在发展不平衡的问题，如图 15-5 所示，农村每万人拥有卫生技术人员数在 2015～2018 年占比不到城市每万人拥有卫生技术人员数的 50%。统筹层次低和地区分割、人群分割、制度分割，不利于互助共济、分散风险，不利于制度的长期健康可持续发展，不利于人口流动。总之，随着城市化的发展，以及老龄化的加快，基本医疗保险制度的财务可持续成为一个必须解决的问题。因此，要加快整合资源和统筹规划，推动全国基本医疗保险制度的优化协调发展。一方面，要推进制度内部统筹，巩固提升统筹层次，规范制度政策。另一方面，在整合城乡居民基本医疗保险制度的基础上，调整城乡居民和职工两个基本医疗保险制度的参保条件、筹资方式和保障待遇，并依靠信息技术等手段区分收入情况，促使就业人群参加职工基本医疗保险，无收入人群参加城乡居民基本医疗保险，从而使两个制度分别发挥各自的作用，促进公平参保，减轻财政负担，有效推动制度可持续发展。在此基础上，逐步形成全民统一的基本医疗保险制度，实现《"健康中国 2030"规划纲要》所提出的逐步缩小城乡、地区、人群间基本健康服务和健康水平的差异，实现全民健康覆盖，促进社会公平的目标。

（二）加强医保基金预算管理，完善医保支付制度改革

坚定按照以收定支、收支平衡、略有结余的原则，科学管理并严格执行医保基金收支预算。进一步完善总额预付制的推进，从而实现科学、合理、高效地推进医保基金预算管理。同时，制定配套的考核制度，以维持改革期间医疗机构运行的动态平衡，根据实际考察医疗机构总额预算的实际运行情况，对存在超总额预算的合理工作量的相应医疗机构予以补偿，从而维系医保经办机构与医疗机构之间的良好联系。

完善医保支付制度改革，严格规范医保支付边界，坚持基本医保"保基本"

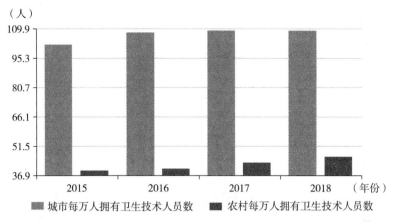

（人）

图 15-5　每万人拥有卫生技术人员数

■ 城市每万人拥有卫生技术人员数　　■ 农村每万人拥有卫生技术人员数

的原则，规范收取药品、治疗项目和诊疗相关服务项目的费用。充分考虑医保支付能力，坚持在基本保障和责任分担的原则下完善医保支付制度改革。同时，纵向探讨医联体及家庭医生签约制度，对其进行医保总额付费，充分发挥基层医疗机构和家庭医生的"守门人"作用，合理引导双向就诊，通过医疗保险改革推动分级诊疗发展。

（三）以信息化推动医保快速发展

大数据、"互联网+"医药服务的快速发展，为医保信息化建设提供了数据和技术支持。医保在扩面、经办、支付、监管方面的改革发展、提升质量，也必须充分利用信息技术手段。

第一，充分利用参保人员信息登记库，排查重复参保和漏保等情况，有助于有效推动医保扩面，实现参保尽保。进一步加强与银行、税务等部门共享数据库，摸清人员收入情况，优化城乡居民和职工两个医保制度的功能定位，为医保政策的改革调整提供数据支持，为全民参保搭建制度基础。第二，提升医保运行效率，助力医保改革科学化。充分利用先进的信息技术，推进医保缴费、查询、结算便捷化；开展医保诊疗信息历史数据的挖掘分析，运用大数据聚类、决策树等算法，为按病种付费、DRGs 等支付方式的改革探索提供数据支持。第三，利用信息化手段，对诊疗服务加强监管。通过人工智能技术开展智能监控和异常数据分析，有效预防和打击各类违法、违规行为，保障医保基金安全。

第十六章
社会养老保险制度

第一节　社会养老保险制度概念、分类及作用

一、概念

人类都无法回避生老病死的风险，而老有所养、老有所依是所有国家、所有公民的共同目标和追求。如何不断满足人民日益增长的美好生活需要，使人民的获得感、幸福感、安全感更加充实、更有保障、更可持续，将是未来一段时期党和人民共同的目标。健康和社会保障水平是衡量居民福祉的重要指征。作为社会保障系统主要项目之一，养老保障主要是指国家对退出劳动领域或无劳动能力的老年人实行的社会保险和社会救助措施，包括经济、医疗以及服务照料等方面的社会保险和社会救助。

养老保险是社会保障制度的重要组成部分，是社会保障五大险种中重要的险种之一，由国家依法建立、强制实施，是为满足劳动者因年老丧失劳动能力或达到法定解除劳动义务的劳动年限后的基本生活需要的一项保障制度，每个人都会因年老而中断劳动收入，年老时需要通过他人或社会的力量来保证其老年生活不受影响。

养老保险制度的建立，从制度层面上实现了养老保险的全覆盖，不同的社会成员可以根据自身条件状况选择相对应的养老保险制度，在财务模式上也已经建立起社会统筹和个人账户相结合的，由国家、企业和个人多方面负担的筹资机制。为了保障退休人员能够共享社会发展成果，在待遇给付过程中建立起养老金正常调节机制，政府给付的养老金随着物价和经济水平的变动浮动上调。同时，在管理方面实现了社会保险费用从管理到放发的全方位、规范化的社会管理与服务，这些都为全方面保障老年群体的晚年生活做出了重要贡献。

二、分类

世界各国实行的养老保险制度有三种，可概括为传统型、国家统筹型和强制储蓄型。传统型的养老保险制度又称为与雇佣相关模式或自保公助模式，最早由德国俾斯麦政府于 1889 年颁布养老保险法所创设，后被美国、日本等国家所采纳。个人领取养老金的工资替代率，然后再以支出来确定总缴费率。个人领取养老金的权利与缴费义务联系在一起，即个人缴费是领取养老金的前提，养老金水平与个人收入挂钩，基本养老金按退休前雇员历年指数化月平均工资和不同档次的替代率来计算，并定期自动调整。除基本养老金外，国家还通过税收、利息等方面的优惠政策，鼓励企业实行补充养老保险，基本上就是实行多层次的养老保险制度。

国家统筹型分为两种类型，一种是福利国家所在地普遍采取的，又称为福利型养老保险，最早由英国创设，适用该类型的国家还包括瑞典、挪威、澳大利亚、加拿大等，该制度的特点是实行完全的"现收现付"制度，并按"支付确定"的方式来确定养老金水平。养老保险费全部来源于政府税收，个人不需缴费。享受养老金的对象不仅仅为劳动者，还包括社会全体成员。另一种是由苏联创设的，其理论基础为列宁的国家保险理论，这种类型与前一种的不同之处是适用的对象并非全体社会成员，而是在职劳动者，养老金也只有一个层次，未建立多层次的养老保险，一般也不定期调整养老金。

强制储蓄型主要有新加坡模式和智利模式两种。新加坡模式是一种公积金模式。该模式的主要特点是强调自我保障，建立个人公积金账户，由劳动者于在职期间与其雇主共同缴纳养老保险费，劳动者在退休后完全从个人账户领取养老金，国家不再以任何形式支付养老金。智利模式作为另一种强制储蓄型，也强调自我保障，也采取了个人账户的模式，但与新加坡模式不同的是，个人账户的管理完全实行私有化，即将个人账户交出自负盈亏的私营养老保险公司，规定了最大化回报率，同时实行养老金最低保险制度。

就我国而言，创建了适应中国国情、具有中国特色的社会统筹与个人账户相结合的养老保险模式。我国在 2014 年合并城乡居民养老保险，建立了城乡居民基本养老保险制度；随后在 2015 年，国务院重启机关事业单位养老保险改革，城镇职工和机关事业单位实现养老金"并轨"，存在了多年的养老金"双轨制"正式宣告终结。2017 年 10 月，针对未来进步完善和发展中国基本养老保险制度的目标，党的十九大报告进一步提出了"完善城镇职工基本养老保险和城乡居民基本养老保险制度，尽快实现养老保险全国统筹"的新要求和新举措。表 16-1

显示了截至 2018 年的中国基本养老保险制度细则。

表 16-1　我国基本养老保险制度框架

群体类型	适用的制度	缴费		退休年龄 男/女（岁）	收益	
		社会统筹	个人账户		社会统筹	个人账户
企业职工	城镇职工基本养老保险制度	企业缴纳月工资的20%	个人缴纳月工资的8%	60/50	以参保人退休时上一年当地平均工资与本人指数化月工资的平均值为基数，按缴费年限每满一年发给的1%	个人账户储蓄额除以国家规定的计发系数
机关事业工作人员		单位缴纳月工资的20%	个人缴纳月工资的8%	60/50	以参保人退休时上一年当地平均工资与本人指数化月工资的平均值为基数，按缴费年限每满一年发给的1%	个人账户储蓄额除以国家规定的计发系数
农村居民	城镇职工基本养老保险制度	无	个人缴费100~1000元/年等10个档次，地方财政补贴最低30元/年	60/60	最低70元/月，逐年增加	个人账户储蓄额除以国家规定的计发系数
城镇居民		无	个人缴费100~1000元/年等10个档次，地方财政补贴最低30元/年	60/60	最低70元/月，逐年增加	个人账户储蓄额除以国家规定的计发系数

三、作用

（一）有利于社会的安全稳定，促进和谐文明生活风尚形成

养老保险制度为老年人提供了基本生活保障，使老年人老有所养。随着人口

老龄化的到来，老年人口的比例越来越大，人数也越来越多，养老保险保障了老年劳动者的基本生活，等于保障了社会相当部分人口的基本生活。在长期的家庭养老模式下，子女承担着老人的养老责任，由于经济比较落后，家庭收入较低，家庭负担又比较重，因此，很多老人的晚年没有很好的生活条件，也得不到很好的照顾，在一些情况下还可能导致家庭的不和谐。养老保险制度的推行是社会管理的制度创新，有利于发挥社会保障的再分配调节功能，改善低收入群体的生活质量，建立起缩小收入差距的长效机制，更公平地分配公共服务资源，对促进经济发展、维护社会和谐稳定起着积极作用。对于在职劳动者而言，参加养老保险意味着对将来年老后的生活有了预期，免除了后顾之忧。从社会心态来说，人们多了些稳定，少了些浮躁，这有利于社会的稳定。因此，养老保险制度可以使老年人的晚年生活在一定程度上有所改善，促进了和谐、幸福家庭生活的形成，更加有利于社会的稳定。

（二）对社会发展具有收入再分配作用，有利于促进经济发展

养老保障是各国步入小康社会的重要组成部分，完善养老服务对人们追求幸福感、获得感有非常重要的意义。以中国为例，近年来，中国养老金保险覆盖率的变化如图 16-1 所示。因此，继续完善养老保险制度模式，优化养老保险制度设计，有助于加强和完善多层次养老保险体系建设，逐步建立高龄老年人口基本养老服务照料制度。同时，养老保险制度多将公平与效率挂钩，尤其是部分积累和完全积累的养老金筹集模式。劳动者退休后领取养老金的数额，与其在职劳动期间的工资收入、缴费多少有直接的联系，这无疑能够产生一种激励，促使劳动者在职期间积极劳动，提高工作效率，长远看来，养老保险制度的逐步完善有利于我国经济的大力发展。

（三）减轻居民养老负担，提高生活水平和生活质量

与传统的养老情况相比，各国的养老服务对象和需求都发生了很人的变化。从服务对象上看，随着社会发展水平的提高、人们思想观念的转变以及养老政策的改变，养老服务对象不再局限于以往那些有养老困难的老人，而是全社会的老年人都需要养老服务。通过建立健全养老保险制度，最大限度地提升了居民的幸福感，使居民老有所养、老有所终，转变"多子多福"的观念，增强农村基本医疗和养老保障能力，促进城乡公共基础服务均等化，减轻居民当前现实的养老压力，并且在一定程度上改善老人的生活条件。推行养老保险制度可以有效减小养老负担，减轻家庭的总体生活压力，可以促进家庭事业的发展，有利于居民整体生活水平的提高和生活质量的改善，提高老年人的生活热情。只有老年人的基

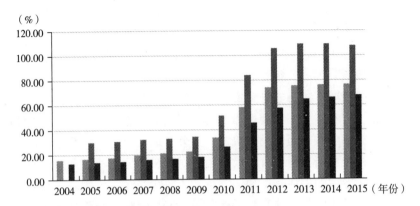

图16-1　2004~2015年中国基本养老保险覆盖率三个指标的变化

本生活有所保障，才能提升当代老年人的幸福感、获得感与安全感。

第二节　社会养老保险制度比较研究

一、各国养老模式比较

就福利国家而言，西方发达国家一般可以分为三种类型：一是以美国为代表的自由主义福利国家。这种类型的特点是对市场的高度依赖，高度的社会分层，低度的社会保障以及私人预存在养老保险金中占较大比重。二是以德国为代表的保守主义福利国家。这种类型的特点是对市场的中度依赖，高度的身份隔离和"国家社会主义"（以国家雇员养老金支出占国内生产总值百分比的形式衡量）以及由国家主导的高度维持身份的保险制度。三是以瑞典为代表的社会民主主义福利国家。这种类型的特点是对市场的低度依赖，强烈的普救主义和普遍由政府主导的养老保险制度。世界上典型的三种养老保险制度分别为投保资助型、全民福利型以及强制储蓄型养老保险制度，这三种养老保险制度在养老基金的来源、发放以及享受条件和养老金筹资模式等方面各有所长。本书通过举例，来比较这三种类型国家所采用的养老保险制度。

（一）自由主义福利国家养老保险制度的代表——美国

美国是世界上较早建立养老保险制度的国家之一，其养老金体系是典型的三支柱模式。第一支柱联邦养老计划由政府主导，第二、第三支柱具有私人性质并且是养老金的主要来源。2018 年末，美国的养老资产总计为 27.06 万亿美元，是当年 GDP 的 1.32 倍。在美国的养老资产中，第二支柱雇主养老金计划和第三支柱个人养老储蓄计划资产占比超过 60%。

1. 社会养老计划

1935 年《社会保障法》的颁布实施，标志着美国养老保险制度的建立。美国的社会养老保险计划项目（The Old-Age, Survivors and Disability Insurance, OASDI）向符合条件的退休人员、残疾职工及其家属以及被保险人的继承人逐月发放养老金，发放数量根据参保人员对社会保障的贡献决定。OASDI 项目由美国国会立法强制实施，社会保障管理局具体管理，该项目覆盖 96% 的美国劳动人口，未纳入该项目的人员大致分为五类，即 1984 年 1 月 1 日之前雇用的联邦政府雇员、铁路工人（与社会保障相协调的铁路退役制度）、州和地方政府雇员在雇主退休制度下被覆盖的人员、不符合最低要求的家庭劳动者和农业劳动者（工薪职工不受收入的限制）、自雇的净收入非常低的人（一般每年低于 400 美元）。OASDI 项目采用现收现付制，资金主要来源于单位和个人的强制缴费等，雇主和雇员的缴费比例分别为雇员工资的 6.2%、4.2%，资金账户由联邦政府统一管理，并依据社会保障法的规定运作，收支相抵后的多余资金可投资财政部专门为其发行的本息全额担保的特种国债。另外，铁路工人、联邦雇员、退伍军人的专门养老金计划也属于社会养老计划。

2. 雇主养老金计划

其属于补充养老性质，企业自愿建立，由雇主提供一定的资助，个人自愿参与，政府给予一定的税收优惠。1978 年，美国颁布《国内税收法》并以此为基础建立 401(k) 计划，这是雇主养老金计划的主要组成部分，主要针对企业雇员开展。在 401(k) 计划下每名员工开设一个独立个人账户，员工每月按照不超过工资 25% 的比例缴费，雇主按照一定比例缴纳资金。401(k) 的投资范围由企业选定且投资范围相对较大，可以投资于股票基金，个人选择具体投资产品并且自担风险。在养老金待遇模式选择方面，美国雇主养老金计划有缴费确定型（Defined Contribution, DC）和待遇确定型（Defined Benefit, DB）两种模式，DC 模式逐渐成为 401(k) 计划的主流模式。在职业养老计划中，美国还有针对非营利组织雇员的 403(b) 计划、政府雇员节俭储蓄计划、针对政府雇员的 457 计划等，其资产规模分布也不一样。

3. 个人养老储蓄计划

这是完全由个人自愿参加的养老计划，主要包括个人退休金账户（Individual Retirement Account，IRA）和其他个人补充养老计划。1974 年，美国《雇员退休收入保障法》建立 IRA 制度，参与者每年有 2000 美元的储蓄便可以享受免税优惠，以降低个人当期的税收负担。在领取 IRA 账户资金时，按照个人取款当年的收入重新计算个人所得税并缴税。由于个人所得税为累进税税率，退休后的收入低于工作时的收入，再考虑到通货膨胀和个人所得税起征点标准提高等因素，IRA 税收递延缴纳可以有效降低个人的税负。目前，美国的 IRA 主要包括 1974 年实行的传统型 IRA 和 1997 年开始实行的罗斯型 IRA，前者是税前优惠，后者是税后优惠。

（二）保守主义福利国家养老保险制度的代表——德国

德国的公共养老保险作为单一支柱长期存在，私人养老保险长期处于弱势地位，在面临较大的环境变化之后，德国对养老保险制度进行了改革，其养老金融框架也采用三支柱模式，依次是基本养老保险、企业补充养老保险、个人自愿养老保险。在三支柱中，德国自身的特点也很突出，法定养老保险占比较高，个人自愿养老保险居中，企业补充养老保险占比最低。同时，在德国的养老金框架中，不仅第二支柱、第三支柱建立较晚，而且由于第一支柱承担了较多的养老责任，第二支柱、第三支柱一度并未发挥较大作用。

1. 基本养老保险

这是德国绝大多数老年人的生存保障，在具体参与人员方面，有义务参保人和非义务参保人，义务参保人强制参加基本养老保险，非义务参保人可以自愿参加基本养老保险。按照德国《社会法典》的相关规定，雇员和独立经营人员（如教师、工匠、艺术家、独立护理人员等）均有义务参加基本养老保险。医生、律师等高收入人员以及低收入雇员不属于义务参保人，自愿参加基本养老保险。因为公务员、法官以及农民有独立的养老保险制度，所以，第一支柱养老保险的具体类型包括法定养老保险、参照法定养老保险运行的农民养老保险、公务员等特定职业的养老保险以及基础养老金。德国《老年收入法》中规定对法定养老金采取延迟纳税制度，参保人员在职时缴纳保险费的部分不缴纳个人所得税，在领取养老金时缴纳个人所得税。在具体的费用来源方面，政府财政补贴约占 20%~25%，其余为雇主和雇员缴纳的养老保险费。为了降低基本养老保险的给付压力，德国在养老金的给付测算上引入可持续因子，养老金的给付从 DB 模式转变为 DC 模式，并逐步将法定退休年龄从 65 岁延迟到 67 岁。

2. 企业补充养老保险

这又被称为企业年金，企业年金保险采取直接支付原则，即个人缴费积存于个人账户，退休后可选择一次性领取或按月领取。其资金积累由雇主或雇员其中一方单独缴纳，或者是双方按比例共同缴纳。德国的企业补充养老保险实行完全积累制，具体包括直接承诺、援助基金、直接保险、退休保险、退休基金五种模式，单个企业采用哪种模式没有固定的规则，由雇主单方面决定采用何种模式。在企业补充养老保险的建立方面，德国也采用了对建立补充养老保险的企业进行税收优惠、延迟纳税的政策，或者是提供财政补贴。雇员更换工作单位时，其企业年金也转移到新的工作单位。

3. 个人自愿养老保险

这是个人层面的养老保险计划，保险形式等由个人自愿选择，养老保险账户中个人存入的本金及其利息完全归个人所有。为鼓励个人积极开展自愿养老保险，德国采取了相关的补贴和税收优惠。私人养老保险的最大优点是可以依据被保险人的需求进行灵活约定，对被保险人缴付的保险费用可以用于投资或基金式管理，被保险人可以根据自己现有养老保险（如法定养老保险等）与自己对老年生活花费的预期，在综合考虑通货膨胀等因素之后，对养老金空缺进行精准计算，再选择相应的私人养老保险产品，并根据自己的需求进行约定。某些私人养老保险产品允许被保险人在养老金支取期一次性提取大额甚至全部养老金。

（三）社会民主主义福利国家养老保险制度的代表——瑞典

瑞典作为全民福利型国家的代表，它的养老保险费主要由国家承担，实行高税收政策，由国家统一规定退休金待遇标准。瑞典主要实行的是现收现付制的筹资模式，"现收"则主要表现为一般性的国家高额税收，它遵循"以收定支，不留积累"的原则。在瑞典的现代多支柱养老保障体系中，零支柱保基本，第一支柱为主导，具有强制性，与收入相关联，由雇主、个人共同缴纳，第二支柱由雇主自愿为雇员缴纳，第三支柱由个人自愿建立，第二、第三支柱进行市场化运营，是第一支柱公共养老金的有益补充。

零支柱保障养老金（Guaranteed Pension）为最低保障，主要提供给低收入群体中满 65 岁的老人，不需要个人缴费，由政府税收提供支持，不设专门账户。领取保障养老金需要满足两个条件：一是居住时间条件，二是收入限制条件。居住时间条件指保障养老金从 65 岁开始领取，在瑞典居住满 3 年即可领取保障养老金，国民 25 岁以后在瑞典居住满 40 年可获得全额保障养老金，居住不满 40 年的国民待遇水平按每年 1/40 的比例递减。收入限制条件指 65 岁以上老人没有养老金的，或者领取比较少养老金的，都可以领取。

第一支柱公共养老金是以个人收入为基础的养老金体系，具有强制性，以养老保障税的形式缴纳，由雇主和个人共同承担，因此，又叫收入关联型养老金

（Income-Based Pension）。雇员缴费比例为税前工资收入的7%，以养老保障税的形式缴纳。同时，以雇员工资的93%为养老金缴费基数，雇主和雇员合计缴费总额为养老金缴费基数的18.5%，雇主缴费数额为雇员税前工资的10.21%。雇主缴费可以作为费用支出，扣除之后再缴纳企业所得税。在18.5%的养老金缴费比例中，16%部分进入个人名义账户（Notional Defined Contribution，NDC），剩余2.5%部分进入个人累积账户，分别进行投资运营和管理。领取养老金时实行浮动退休年龄机制并采取灵活的领取方式，个人从61岁开始可以申请领取，并自主选择首次领取时间，首次领取的时间越晚，每月可领取的金额越高。

第二支柱职业养老金是由企业自愿为职工缴纳的养老金，政府不做强制要求，一般由职工所在的工会团体与企业进行协商谈判，向企业提供职业养老金集体协议，企业按照集体协议为职工建立职业养老金计划，因此，该项养老金又称为集体协议养老金（Collective Agreement Pension）。瑞典职工一般都会加入工会，从而默认参与职业养老金计划，因此，职业养老金在瑞典拥有很高的覆盖率。

不同类别的工会与企业制定的集体协议可能各不相同，但一般约定的缴费比例为职工工资的4%~5%，由企业缴纳。一个工会通常执行一个集体协议，一名职工也最多只能参加一个职业养老金计划，工作变动时可以在不同集体协议之间转换。不同的集体协议，约定职工的起缴年龄也不尽相同，一般是21~25岁开始缴费，满30年后可以领取。自由职业者或者个体经营者也可以选择参加针对个人业主的职业养老金计划，并按比例进行缴款，通常为4.5%左右。目前，瑞典职业养老金主要由几大工会团体提供。

第三支柱私人养老金由个人自愿建立，包括个人退休账户（Investment Savings Account）、购买投资性保险（Capital Insurance）等。私人养老金在缴费及投资时没有税收优惠，领取时与其他养老金并入综合收入计征个人所得税。

（四）全民皆有养老金的亚洲国家代表——日本

日本政府在1961年建立了基础养老金（也称国民养老金）制度，规定20岁以上的国民都有义务加入基础养老金，做到"全民皆有养老金"。随着经济的发展和社会的变革，日本又在国民养老金的基础上设立了以企业在职人员为对象的厚生养老金和以公务员为对象的共济养老金。最终，形成了由三大支柱组成的养老保险制度：第一支柱是国民年金；第二支柱是厚生年金；第三支柱是补充养老保险。

国民年金是日本养老保险制度的基石与第一支柱，是一项普惠全民的基础养老保险。根据日本宪法第25条规定，国家有义务面向全体国民建立养老、伤残、死亡的公立年金制度，也称为国民年金。居住在日本的年龄在20~59岁的所有人（包括外籍居民）均须依法为国民养老保险体系缴纳保费。国民年金可分为老年基础年金、残疾赔付的障碍基础年金和死亡赔偿的遗族基础年金。国民年金有三类被保险人。第一类被保险人：登记居住在日本，年龄在 20～59 岁，且不属于第二类或第三类被保险人。第二类被保险人：受雇于公司、工厂等工作场所，且已参保员工养老保险体系者，即厚生年金或共济年金的参保者。第三类被保险人：对第二类被保险人的经济上有依赖性的配偶，个人没有独立收入来源或年收入不满 130 万日元者，年龄须在 20～59 岁。第三类被保险人无须缴纳保险费，其保险费包含在第二类被保险人所缴纳的保险费中。

日本养老保险制度的第二支柱是厚生年金与共济年金。日本于 2015 年 10 月1 日正式将厚生年金与共济年金并轨统称为厚生年金。厚生年金被保险者可分为以下四类：第一类为原厚生年金覆盖团体，即 5 人以上企业所雇职工、地方公共团体与法人事业单位雇员；第二类为国家公务员共济会成员；第三类为地方公务员共济会成员；第四类为私立学校教职工共济会成员。

日本养老保险制度的第三支柱是多样的补充型养老保险，包括企业年金、介护保险等。与第一、第二支柱不同，第三支柱是自愿性质的。补充型养老保险可以有效提高养老金替代率水平，增强国民退休后的生活保障。例如，企业年金可以大大提高员工退休后所领取的养老金数额，实际上是一种个人储蓄性的养老补贴。

二、各国养老保险制度内容比较

（一）第一支柱对比

第一支柱对比见表 16-2。

表 16-2　美国、日本、德国、瑞典、中国养老保险第一支柱对比

指标	美国	日本	德国	瑞典	中国
参与人群	国民	国民	国民	国民	国民
分类	—	1. 老年基础年金；2. 残疾赔付的障碍基础年金；3. 死亡赔偿的遗族基础年金	1. 法定养老保险；2. 农场主养老保险；3. 公务员和军人养老保险；4. 独立从业者养老保险	收入型养老金	职工养老保险
				积累型养老金	城乡居民养老保险
最低缴费	10 年	25 年	常规养老金 5 年；失业养老金 15 年	—	15 年

指标	美国	日本	德国	瑞典	中国
领取年龄	1960 年前出生的 65 岁；1960 年后出生的 67 岁	年满 65 岁，60~65 岁的老人也可领取，但要相应降低领取金额	67 岁以后，每提前一个月降低 0.3%，每延后一个月增加 0.5%	61 岁可以申请领取，66 岁退休领取的养老金比 65 岁高出 9%，67 岁退休比 65 岁高出 20%	职工养老保险：男 60 岁/女 50 岁、55 岁
缴费比例	个人，6.2%；雇主，6.2%；自雇，12.4%	国家和个人折半出资 雇主与雇员各分摊 50%	法定养老保险：雇主，9.5%；雇员，9.5%	雇主，9.25%；雇员，9.25%	职工养老保险：个人，8%；雇主，16%~20%；自雇，24%~28%
缴费水平	上限工资 11.85 万美元	平均工资的 18.3%	平均工资的 18.7%~20%	平均工资的 5%~114%	平均工资的 60%~300%
第一支柱占比	9.60%	27%	70%	61%	79.19%

　　第一支柱属于全民参与、政府主控的强制性养老保险，这是基本养老保险制度下政府兜底的公共养老金，旨在保障国民养老安全，并且每个国家都由不同的保险类别组成。如表 16-2 所示，从美国、日本、德国、瑞典、中国养老保险第一支柱对比来看，在领取年龄上，美国、日本、德国、瑞典实行延迟退休，年龄要大于中国。在缴费比例上（雇主+个人），中国的缴费率高于美国、德国、日本、瑞典，这也是导致中国第二支柱企业年金难以大面积推广的原因。从第一支柱占比来看，中国占比最高，接近 80%，说明第二、第三支柱的作用不明显。

（二）第二支柱对比

　　第二支柱对比见表 16-3。

表 16-3　美国、日本、德国、瑞典、中国养老保险第二支柱对比

指标	美国	日本	德国	瑞典	中国
参与人群	公务员+部分企业	企业+公务员	企业	公务员+大部分企业	公务员+少数企业

续表

指标	美国	日本	德国	瑞典	中国
分类	私人部门养老计划（401k 计划为主）	1. 原厚生年金覆盖团体；2. 国家公务员共济会成员；3. 地方公务员共济会成员；4. 私立学校教职工共济会成员	直接承诺、援助基金、直接保险、退休保险、退休基金	私人部门养老计划	企业年金
	公共部门养老计划（TSP、403 计划等）			公共部门养老计划	职业年金
领取年龄	年满 59.5 岁；55 岁后提前退休、离职等	高于 65 周岁	高于 67 周岁	满 30 年后即可领取	男 60 岁/女 50 岁、55 岁
缴费比例	401（k）计划：雇员，自定弹性缴费比例；雇主，3%~6%	厚生年金：员工和企业折半出资	不超过法定养老保险最高缴费计算上限的 4%	3.50%	企业年金：个人，0~4%；雇主，不超过 8%
	TSP 计划：公务员，比例固定	共济年金：个人和国家折半			职业年金：个人，4%；政府，8%
参与规模	全体公务员 + 30 万企业	—	65% 左右劳动力	90% 左右人群	全体公务员 + 8.92 万企业
第二支柱占比	54.60%	73%	20%	37%	20.80%

第二支柱的特点就是雇主帮你养老，一般是政府给予税收优惠，企业和个人共同缴费。这是对第一支柱养老金的补充，因为只有通过这一部分补充养老金，个人退休后的养老金收入才有可能相对充足，因此，很多国家选择了大力支持第二支柱养老金的发展。如表 16-3 所示，从第二支柱来看，参与人群主要锁定在公务员和企业上，公务员的职业年金是强制性覆盖的，企业则是自愿参与，并且每个国家都有属于本国特色的保险类别。中国企业由于第一支柱缴费比例过高，导致参与企业年金的主要集中在大型国企和少数私企，参与规模少于美国、日本、瑞典。在第二支柱占比上，美国和日本要明显高于德国、瑞典和中国。第二支柱不同于第一支柱，更多强调风险由雇主承担，已成为中高净值家庭必备。

（三）第三支柱对比

第三支柱对比见表 16-4。

表 16-4　美国、日本、德国、瑞典、中国养老保险第三支柱对比

指标	美国	日本	德国	瑞典	中国
参与人群	全体公民自愿参加	个人和企业自愿加入	全体公民自愿参加	全体公民自愿参加	上海、福建、苏州工业园试点
分类	IRA+商业养老保险	企业年金，介护险	1. 定期支付保费；2. 一次性支付养老金；3. 立即生效式养老金	个人退休账户+购买投资性保险等	（税优递延型）养老保险+养老目标基金
领取年龄	年满 59.5 周岁；55 岁后提前退休、离职等	高于 65 周岁	67 岁之后	61 岁可以申请领取，66 岁退休领取的养老金比 65 岁高出 9%，67 岁退休比 65 岁高出 20%	根据合同约定
参与规模	40%左右的家庭	—	很少	60%左右人群	很少
第三支柱占比	35.80%	—	10%	2%	可忽略不计

从第三支柱来看，主要针对全体公民自愿参加的补充养老金，通常是由雇主或个人发起，包括职业养老金和个人自愿养老金，政府给予税收优惠，是对公共养老金的补充和保障，如表 16-4 所示。一般采用基金积累制，即参与者在职期间通过自己和雇主的缴费建立养老金计划，委托给专业的资产管理机构，通过投资逐年积累，退休后再以积累的养老基金和投资收益作为养老金补充，以提高退休后的保障水平。从第三支柱占比来看，除了美国，其余国家的比率都很低，一方面，由于可选产品过多，投资者往往难以理解产品的风险收益特征，导致投资者难以抉择，使得养老金闲置；另一方面，投资者因行为偏差等因素导致养老金投资与生命周期阶段不符等诸多问题，致使参与率较低，发展缓慢，未充分发挥补充养老的功能。

第三节 社会养老保险制度发展内容与重点

一、发展内容

在对国外几个具有代表性国家的养老保险制度进行对比之后，可以看出，全世界各个国家在养老保险制度发展上的情况有所不同，但整体的发展方向和内容趋于一致。从养老保险制度建立的角度而言，各国都处在从初步建立到不断借鉴完善的过程中；从养老保险制度面向群体的角度而言，各国都在不断扩大养老保险制度的受益群体；从养老保险资金来源的角度而言，各国都在均衡市场和政府之间的关系。具体而言，近年来，全世界养老保险制度发展的主要方向和内容集中在这几个点：建立完善的养老保险制度、建立健全完善的市场与政府均衡制度、鼓励个人积累与国家补贴相结合、拓展养老保险制度的支柱。

（一）建立完善的养老保险制度

从美国、日本、德国和瑞典四个国家养老保险制度的比较出发，很容易发现，不论是哪个国家，养老保险制度都经历了初步建立阶段，并通过不断的调整，最后达到了一个相对于全民覆盖的水平，这个过程以及发展到最后的结果与各个国家的国情息息相关。

覆盖全民要从各个国家的具体实情出发，特别是经济发展水平、人口状况以及文化传统等，尤其是经济条件，发达国家和发展中国家的差异尤其明显，发达国家由于经济实力雄厚，其养老保险的补贴水平相对发展中国家而言更高，覆盖面也可能更广，但是即便是发达国家，他们之间也会产生不同，虽然经济条件都很好，但是由于国情不同，其覆盖的群体以及保险制度也会有所差异。美国、德国和瑞典的政治、经济和文化背景不同，所以选择的养老保险制度也有很大差异，美国更注重自由主义福利，对其高度发达的市场高度依赖；德国更注重保守主义福利，强调市场和政府之间的均衡；瑞典更注重社会民主主义福利，由政府承担主要的养老职能。具体以德国为例，德国的社会养老保险制度建立于1889年，以《老年和残障保险法》确定下来，但经历了74年以后，才覆盖到农业工人，又经过大约40年的时间，从农业工人延续到农民。

养老保险制度的发展，正经历着从部分到全民的过程，所有的老人都能够有所养以及所有的中年人开始逐步缴纳养老保障金已经开始成为全世界各个国家的追求，这个覆盖面包括老龄、残疾、遗属等老年人。除此以外，为了更好地建立完善适合的养老保险制度，目前，各国都从整体到局部落实对养老保险制度的完善，不断扩大养老保险制度的覆盖群体，提高养老保险的保障水平，拓展养老保险的资金来源，寻求市场和政府的均衡。

（二） 建立健全完善的市场与政府均衡制度

温克勒通过对欧盟国家的农民养老金财政状况进行研究之后谈到，任何一个养老保障机构仅仅依靠缴费来承担农民养老金的支出是不可能的。农村人口的社会地位、老龄人口的增多成为影响一个国家经济发展的重要的社会问题，必须要求国家承担更大的责任。这种责任是多方面的，包括财政支持、政策支持、法律制定、养老金的管理等。许多国家在解决农民养老保障的问题上，认为政府必须在养老保障制度的设计、财政的投入等方面起到积极的作用。无论是传统的农业社会救济式的养老保险制度，还是现代社会完善的养老保险模式，离开政府的主导都是难以建立的。特别是在农村养老保险形成时期，国家要提供更多的支持和帮助。当然，作为一种社会政策，国家不仅要调研设计制度，而且要管理、评价和修正。尽管在现实中，有些国家的养老保险制度发展有私营化的趋势，但是这并不意味着政府责任的终结，而恰恰意味着政府责任的转变。从财政责任来看，在西方国家的农村养老保险制度建设中，政府不仅直接给予农民更高比例的财政补贴，如日本政府给予农民养老保险的补贴为全部保费的43%，加拿大政府的补贴占到农场主账户总额的50%，法国为60%，而德国占到全部农业部预算的2/3，而且承担着我们所没有的财政兜底的责任，也就是说，承担了更多的养老金保值增值和超过平均余命的养老金补贴责任。更为重要的是，国外的养老保险制度都是以专门性的法律为依据的，在建立保险制度之初就成立了相关法律，使得养老保险制度有章可循。例如，瑞典1913年成立的《全国养老金法案》；日本分别在1959年和1970年颁布了《国民年金法》和《农业劳动者年金基金法》，在之后的发展过程中修改6次；新加坡1950年的《中央公积金法》等。所以，完善的立法保障和保护农民利益的专门法律是农村社会养老保险制度得以确立的必要条件。因此，目前全球基本都在寻求市场和政府之间的均衡，明确养老保险的主要经济来源。

（三） 鼓励个人积累与国家补贴相结合

瑞典作为高福利国家，采取的是福利型养老保险。国家在养老保险中担负着重要的责任，1913年实现的国民全覆盖的保险制度是通过高额税收，从而保证全民的高福利。在 20 世纪 80 年代经济发展趋缓的情况下，逐渐开始实行个人账户的积累制，从个人通过交税的间接义务向直接个人账户积累的直接义务转变。日本等国家养老保险金的来源与之不同，属于"自保公助型"养老保险制度，这种保险制度能够使国家和个人的义务同时得到均等的体现，实现效率和公平两者兼顾。它首先强调的是个人义务，保险金的来源以农民个人缴纳为主，国家补贴大约 1/3。在农民缴费能力不足的情况下，国家才予以资助。这种养老保险制度与市场经济的原则相一致，将国家和个人义务相结合，避免了政府财政负担过重，又发挥了个人的积极性。新加坡与瑞典和日本不同，主要是个人储蓄。虽然"政府不负担保险费，但政府承担了最低养老金和养老金投资最低回报率补贴"，而且在政策、养老金管理方面，政府发挥了重要的作用。

从整体上看，各个国家在养老金筹集方面的趋势是越来越精细化，从单一的政府保障或者个人保障，向个人、社会和国家保障三者转化，尽管三者义务不一，但是与支付能力结合，基本上处于平衡状态，这不仅能够激励个人的积极性，而且通过养老金的规模化和制度化，真正实现了全覆盖，体现了社会保险的共济性。而中国农村养老保险从中华人民共和国成立初期的个人保障到集体保障，再到国家保障、集体保障、个人保障相结合，也取得了很大进步。但是，就新型农村社会养老保险（以下简称新农保）来看，主要还是以个人义务为主，国家和社会义务为辅。这一状况与农民支付能力较弱的现状是不一致的，需要国家和社会承担更多的义务。

（四）拓展养老保险制度的支柱

从前文论述可以发现，各个国家寻求市场和政府之间均衡的目的就是更好地明确养老保险制度保障的资金来源以及保障方式，现阶段美国的养老体系是三支柱模式，即第一支柱联邦养老计划由政府主导，第二、第三支柱具有私人性质并且是养老金的主要来源，并且从资金占比的角度出发，私人性质的第二、第三支柱发挥着越来越重要的作用，占比超过六成，包括日本、德国以及瑞典，目前都是以三支柱为养老保险制度的重要组成形式。但在此之前，德国只有公共养老保险，作为单一的支柱，私人养老保险长期处于弱势地位，在面临较大的环境变化之后，德国对养老保险制度进行了改革，其养老金融框架也采用了三支柱模式，也就是说，现阶段西方的主要资本主义国家大多从单一支柱向多支柱的养老保险模式调整，多支柱养老保险模式有利于养老保险资金的筹集，有利于推动养老保险制度的多元化发展，以政府、市场和个人意愿相结合的方式，不断提高社会对养老保险制度的认可度、参与度，不断推动养老保险制度的健全。

二、发展重点

（一）明确养老保险资金供给责任

养老保险制度良性运行的前提是资金筹集，因此，资金筹集是养老保险制度建立的核心。政府要在政策和资金补贴方面加大扶持力度。各国相互借鉴经验，发挥政府利用财政和税收调节收入再分配的作用。根据地区经济水平、农民收入水平差异，制定科学合理的补贴政策。各国政府通过加大财政转移支付力度，保障贫困地区农民养老金水平不降低，并科学评估政府政策。具体来看，政府要在以下几个方面努力：首先，持续调整财政分配格局。政府的再分配要继续向农村和农业倾斜，通过增加"三农"资金的投入，促进农业和农村发展，提高农民生活水平。持续推进城市支援农村、工业反哺农业战略，坚持实施多予少取放活方针。其次，建立完善的养老资金筹集制度。一是出资比例要科学合理，为确保养老补贴准时到位，各级政府必须明确出资比例；二是资金筹集渠道要多元化，政府、集体和个人都要承担一定的出资责任，引导社会资金投向养老保险事业。随着国家经济的不断发展，政府比例应该适度提高。从最根本上来看，农村养老资源的解决要依靠经济发展，这也是构建完善的社会养老保险体系的基础。所以，必须大力发展经济，实现强国富民，为养老保险制度提供强大资金后盾。

（二）推进养老保险模式的多样化，扩大养老保险的覆盖面

农村应建立多层次、覆盖全部农村人口的农村社会养老保险制度，可分为三个层次：第一层次是非缴费普惠式福利养老保险。弥补缴费型养老保险难以解决的制度性因素造成的积累不足的缺陷。覆盖对象是农村全部高龄老年人口，其国家补贴水平只依据农民年龄一个标准来划定。资金来源于国家为农民建立的养老基金，由政府财政承担。第二层次是保险型激励式养老保险。这一层次实行完全积累，通过设立个人账户，政府给予适当优惠，并且引导参保人自愿参与。覆盖对象为农村大部分人口，包括继续从事农业劳动的人口和未参加城镇养老保险的非农业劳动者。与现行的农村养老保险制度一致，采取政府缴费、个人缴费和集体缴费相结合的筹集方式，全部缴费都要记入农民个人账户。第三层次是救助型养老保险。这一层次主要是针对特殊人群，类似于其他国家的特殊福利保障。社会救济保障的支出从过去的主要由集体基层提供，通过立法变更为地方省市级政府承担主要责任，地方政府也可以和民间组织进行一定形式的合作。作为农村社会救助的主要项目，农村低保对象的确定是以家庭收入水平为根据的。

（三）建立稳定的养老保险资金保值增值机制

农村养老保险金本是一项公益性事业，不以营利为目的，但保险金的保值受到多种因素的影响，所以，为了保障养老金的安全，必须建立良性循环机制。既要保证安全，又要获得收益，促进养老金的保值增值。政府要对养老金的增值给予一定的优惠政策，如可以提高农村养老保险金的利率水平。在进行保险基金投资时，要采取多元组合的方式，而不是仅仅存入银行获取利息。养老保险金用于政府债券投资是一种较好的投资选择。地方政府为促进经济发展，在资金不足的情况下发行政府债券。政府债券一般由政府财政担保，风险低，收益高。也有投入房地产以及股市以寻求增值的，但从国际经验来看，各国养老金投资这两项的总金额一般都低于10%。所以，必须控制在一定范围内，防止遭遇风险而投资难以收回，也可以确保农民养老保险金的正常发放。

第四节　中国社会养老保险制度发展研究

一、发展历程

我国作为世界上人口最多的国家，近年来，老龄化问题日渐突出，城乡养老问题得到了社会的重点关注，对于养老保险制度的制定和实施也在不断发展和完善中。养老问题关系到老年人的日常生活，关系到子女的经济压力，对于整个家庭生活的幸福感有着显著的影响，因此，养老问题如何解决，养老产业如何发展是我国发展幸福产业不得不面对的重要问题。

从研究者的角度，纵观学术界对幸福指数以及幸福感相关关键词的研究，都离不开对居民养老因素的考虑，大部分学者在进行幸福指数测算时，都将养老覆盖率、社会养老福利的受益金额等作为测度的指标之一，所以，在研究我国幸福产业发展如何得到保障时，就需要研究清楚我国近年来城乡养老一体化的推进程度、面临问题以及如何进行调整。

我国现有城乡养老保险制度的发展可以追溯到20世纪80年代，其经历了从农村养老到城镇养老，再到两者并轨实施的城乡一体化养老保险措施，目前，我国在整体上已经做到了养老全覆盖，城乡一体化养老保险制度不断完善。

（一）农村养老制度的发展

家庭养老是生产力发展水平较低情况下解决养老问题的主要方式，随着经济的发展、社会的变革，特别是城镇化的快速推进，已难以满足农村养老需要。1986 年，我国开始尝试在农村实行社会养老保险制度，2009 年，又进行了新农保试点，到 2012 年，基本实现了覆盖城乡居民的社会养老保险体系。在此期间，从小范围试点到全国推广，我国农村社会养老制度不断创新、不断完善，大致经历了三个阶段，如图 16-2 所示。

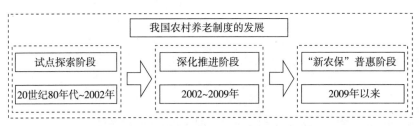

图 16-2　中国农村养老制度发展的三个阶段

1. 试点探索阶段

20 世纪 80 年代，一些先富裕起来的农村自发尝试小范围的老人补贴或退休制。1986 年，民政部和国务院有关部委根据国家 "七五" 计划，开始在经济发达的农村地区进行农保工作探索。1990 年 7 月，国务院明确了由民政部承担农村养老保险职能。1999 年 12 月，针对农村社会养老保险出现的问题，劳动和社会保障部开展调研和整顿工作，进一步规范管理。于 2002 年 10 月 14 日，向国务院呈送《关于整顿规范农村养老保险进展情况的报告》，认为目前我国尚不具备普遍实行 "农保" 的条件。但经过多年的试点和不断实践，农村社会养老保险制度的基本框架已经确立，在这一阶段中，并未提出人民幸福感、获得感等相关概念。

2. 深化推进阶段

2002 年 11 月，党的十六大明确提出，"在有条件的地方探索建立农村社会养老保险制度"，农村社会养老保险进入新阶段。2003 年，时任国务院总理温家宝、国务院副总理回良玉都对建立全国农村社会保障体系作出重要批示，称其是 "德政之举"，十分必要。这标志着，经过前期的整顿，农村养老制度受到高度重视，农民对社会制度的满意度逐渐提升，农村社会养老保险工作进入新阶段。

3. "新农保" 普惠阶段

2009 年，以《关于开展新型农村社会养老保险试点的指导意见》为标志，开始实施新农保试点，新农保应运而生，最大的变化是增加了政府补贴和集体补助。2014年2月，国务院会议决定，到2020年实现新农保的全覆盖，并逐渐将新农保与城镇居民社会养老保险合并，建立统一的城乡居民社会养老保险，不再区分城市户籍和农村户籍，打破城乡二元结构，随着农村养老制度逐渐完善，人民的幸福感、获得感逐步提升，提升人民幸福感成为养老保险制度的重要目标之一。

（二）城镇养老制度的发展

为保障城镇经济水平进一步快速发展，吸引更多的人口向城镇转移，我国根据城乡居民的生活水平，将城镇和农村的养老制度进行差别化制定，城镇职工是城镇养老制度的首批受众，直至2012年，基本实现城镇养老制度的全覆盖。我国城镇养老制度的发展流程如图16-3所示。

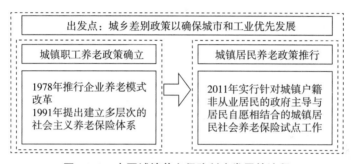

图16-3　中国城镇养老保险制度发展的流程

在城乡差别政策确立阶段，为确保城市和工业优先发展，实现经济快速发展，党和政府采取城乡分离的发展战略，推行统购统销、人民公社、城乡二元户籍制度等。在城市，为适应国有经济发展的需要，开始实施针对一些国家机关和国有企业职工的退休养老政策。

1. 城镇职工养老政策的确立

1978年，党把工作重心重新转移到经济上来，进行了经济体制改革，在养老方面也开始推行企业养老模式改革。经过几年的整改，我国企业养老模式基本确立起来，有效地减轻了国家财政负担，为国家经济转型提供了巨大的支持。1991年6月，国务院提出建立多层次的社会主义养老保险体系。至此，我国企业职工社会养老保险制度初步确立起来。

2. 城镇居民养老政策的推行

城镇居民社会养老保险是我国为实现全民共享社会主义改革发展的成果，对城镇户籍非从业居民开辟的新的养老保险制度，是继2009年新型农村社会养老保险试点后，党中央、国务院为加快建设覆盖城乡居民的社会保险体系做出的又一重大战略部署。2011 年，国务院提出根据城镇居民的实际情况，实行政府主导和居民自愿相结合的城镇居民社会养老保险试点工作。至此，城镇居民开始实行个人缴费和政府补贴相结合的社会养老，到 2012 年，我国已基本实现城镇居民养老保险制度全覆盖。

(三) 城乡一体养老制度的发展

自从 2009 年《关于开展新型农村社会养老保险试点的指导意见》颁布以来，我国农村由原来的个人缴费、自我存储养老转变为个人缴费、集体补助和政府补贴养老，农村养老的规范化、社会化水平又一次提升。但由于我国城乡居民基本养老保险起步晚，各地财政承受能力和基金结余分布不均，统筹层次偏低，地区之间待遇差别较大，制定实现城乡居民统筹养老、提高社会整体养老待遇和水平的政策要求日益紧迫。

1. 推动基本养老统筹协调发展

为实现我国养老城乡统筹发展、有效衔接，加快更公平、更可持续养老保险体系的建立，从根本上化解城乡之间养老待遇"不平衡"问题。我国继续推动城乡居民养老保险制度并轨改革，实现城镇职工养老保险、城镇居民养老保险、农村养老保险制度三大养老保险制度的有效衔接和转换。

2. 城乡居民养老制度并轨改革

为充分保障城乡居民基本生活，合理调节社会收入分配，实现城乡居民享受公平、统一养老保险待遇，党和政府推动了城镇居民养老保险和农村养老保险制度并轨改革，如图 16-4 所示。

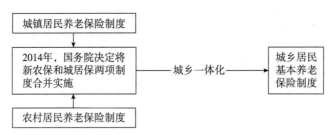

图 16-4　中国城乡居民养老保险制度并轨改革

2012 年，人社部发布了《城乡养老保险制度衔接暂行办法》的征求意见，暂行办法提出，职工养老保险、新型农村社会保险和城镇居民养老保险要实现衔接转换，明确了缴费年限的换算办法。2014 年，国务院决定将新农保和城居保两项制度合并实施，在全国范围内建立统一的城乡居民基本养老保险制度。城乡社会养老保险政策的衔接符合我国城乡一体化发展战略，加快了城乡协同发展布局，为建立公平、公正、可持续发展的养老制度奠定了坚实的基础，同时，统一的城乡居民基本养老保险制度，提高了人民对养老政策的满意度，人民能从中获得更多的幸福感。

二、发展现状

2014 年，国务院决定合并新型农村社会养老保险和城镇居民社会养老保险两项制度，建立全国统一的城乡居民基本养老保险制度。2017 年，习近平同志在党的十九大报告中指出，加强社会保障体系建设。全面建成覆盖全民、城乡统筹、权责清晰、保障适度、可持续的多层次社会保障体系。全面实施全民参保计划。完善城镇职工基本养老保险和城乡居民基本养老保险制度，尽快实现养老保险全国统筹。完善统一的城乡居民基本医疗保险制度和大病保险制度。完善失业、工伤保险制度。建立全国统一的社会保险公共服务平台。自 2018 年 7 月 1 日起，国务院《关于建立企业职工基本养老保险基金中央调剂制度的通知》实施，标志着我国城乡一体化养老保险制度发展迈向新的台阶。

当前我国的养老保险由四个层次（或部分）组成。第一层次是基本养老保险，第二层次是企业补充养老保险，第三层次是个人储蓄性养老保险，第四层次是商业养老保险。在这种多层次养老保险体系中，基本养老保险是第一层次，也是最高层次。

（一）基本养老保险

基本养老保险（亦称国家基本养老保险），它是国家和社会根据一定的法律和法规，为解决劳动者在达到国家的解除劳动义务的劳动年龄界限，或因年老丧失劳动能力退出劳动岗位后的基本生活而建立的一种社会保险制度。基本养老保险以保障离退休人员的基本生活为原则，具有强制性、互济性和社会性。强制性体现在，由国家立法并强制实行，企业和个人都必须参加而不得违背；互济性体现在，养老保险费用来源一般由国家、企业和个人三方共同负担，统一使用、支付，使企业职工得到生活保障并实现广泛的社会互济；社会性体现在，养老保险影响很大，享受人多且时间较长，费用支出庞大。

（二）企业补充养老保险

由国家宏观调控、企业内部决策执行的企业补充养老保险，又称企业年金，它是指由企业根据自身经济承受能力，在参加基本养老保险的基础上，为提高职工的养老保险待遇水平而自愿为本企业职工所建立的一种辅助性的养老保险。企业补充养老保险是一种企业行为，效益好的企业可以多投保，效益差、亏损的企业可以不投保。实行企业年金，可以使年老退出劳动岗位的职工在领取基本养老金的水平上再提高一步，有利于稳定职工队伍，发展企业生产。

(三) 个人储蓄性养老保险

职工个人储蓄性养老保险是我国多层次养老保险体系的一个组成部分，是由职工自愿参加、自愿选择经办机构的一种补充保险形式。实行职工个人储蓄性养老保险的目的，在于扩大养老保险经费来源，多渠道筹集养老保险基金，减轻国家和企业的负担；有利于消除长期形成的保险费用完全由国家"包下来"的观念，增强职工的自我保障意识和参与社会保险的主动性；同时，也能够对社会保险工作实行广泛的群众监督。

(四) 商业养老保险

商业养老保险是以获得养老金为主要目的的长期人身险，它是年金保险的一种特殊形式，又称为退休金养老保险，是社会养老保险的补充。商业性养老保险的被保险人在交纳了一定的保险费以后，就可以从一定的年龄开始领取养老金。这样，尽管被保险人在退休之后收入下降，但由于有养老金的帮助，他仍然能保持退休前的生活水平。商业养老保险如无特殊条款规定，则投保人缴纳保险费的时间间隔相等、保险费的金额相等、整个缴费期间内的利率不变且计息频率与付款频率相等。

截至 2018 年底，全国参加基本养老保险人数为 94293 万人，比上年增加 2745 万人。全年基本养老保险基金总收入 55005 亿元，基金总支出 47550 亿元。年末基本养老保险基金累计结存 58152 亿元。年末全国参加城镇职工基本养老保险人数为 41902 万人，比上年末增加 1608 万人。其中，参保职工 30104 万人，参保离退休人员 11798 万人，分别比上年末增加 836 万人和 772 万人。年末城镇职工基本养老保险执行企业制度参保人数为 36483 万人，比上年末增加 1166 万人。全年城镇职工基本养老保险基金收入 51168 亿元，基金支出 44645 亿元。年末城镇职工基本养老保险基金累计结存 50901 亿元。

2018 年 7 月 1 日，建立实施企业职工基本养老保险基金中央调剂制度，2018 年调剂比例为 3%，调剂基金总规模为 2422 亿元。年末城乡居民基本养老保险参保人数 52392 万人，比上年末增加 1137 万人。其中，实际领取待遇人数 15898 万人。2018 年，全国 60 岁以上享受城乡居民基本养老保险待遇的贫困老人 2195 万人，实际享受代缴保费的贫困人员 2741 万人，城乡居民基本养老保险使 4936 万贫困人员直接受益。全年城乡居民基本养老保险基金收入 3838 亿元，基金支出 2906 亿元。年末城乡居民基本养老保险基金累计结存 7250 亿元。

当前，我国医疗保险体系发展存在的不足如下：

1. 养老基金的筹资范围窄

就我国人口结构而言，我国已经迈入了老龄化社会，为了能够使老龄人口的基本生活得到保障，当务之急是筹集到更多的养老资金。尽管早在 1991 年《国务院关于深化企业职工养老保险制度改革的通知》文件中就确定的养老保险体制改革的目标之一就是要求建立资金来源多渠道的养老保障体系，但目前我国养老保险基金筹资面依然狭窄，主要来源是国家预算和企业营业外列支的生产性收益。而且，国家并不鼓励人民多存养老金，而世界上一些发达国家，如美国、日本等，则鼓励人民多存养老金，为国家财政减轻负担。随着我国社会老龄化的加重，如果不采取措施，我国财政负担会越来越重。

2. 行政管理体制与养老金制度不相匹配

首先，目前我国大部分地区的社会养老保险统筹层次较低，主要原因是我国对养老保险的行政管理模式是属地化管理，即市（县）养老保险经办机构由地方政府管理，市（县）养老保险经办机构必然成为地方政府利益的首选目标。省级政府的统筹目标是综合平衡全省各市（县）、各行业部门之间的利益，所以，便出现了省级养老保险机构与市（县）级养老保险机构利益的冲突，使得省级统筹难，全国统筹难，全国高度统筹更是难上加难。2011 年 7 月 1 日，国务院启动了城镇居民养老保险试点，目标是覆盖全国 60% 的地区，至 2012 年覆盖全国。很明显，在"量"上，我国社会养老保险将是完美的蜕变，但经过上面的分析我们不难发现，这种分级行政管理体制使得省级统筹、全国统筹难以实现"质"的飞跃。

其次，由于征收、支出、管理全部由社保部门负责，造成了行政工作人员的浪费。我国社会养老保险的政策制定、费用收缴、投资运作、监管查处都是由社保部门负责。社保局单独组织一批专业人士对企业进行财务核算、监控企业员工工资，通过专业征管软件对各个企业进行调查、稽核、收缴。这一过程造成了社保基金的额外支出，甚至有些地方社保基金的 40% 以上被当作行政费用浪费掉了。与我国相比较，智利、新加坡、美国等国家对养老金的征收都是由税务部门操作，独立的政府或者私营的基金管理公司负责投资，最后，统一由社保部门负责养老保险金的支出及政策标准的制定。

3. 养老保险基金违规挪用现象严重

企业缴纳的 20% 的养老金纳入社会统筹账户中，而养老基金的征收、支出、管理监督均由劳动和社会保障部门负责，这不免会出现"左手监管右手"的现象。统筹账户中的社会养老基金在被使用时，没有任何的披露，养老保险个人账户也不会汇报基金的投资用途、投资回报率，造成了基金违规挪用现象愈演愈烈，进而将影响扩散到全国。这种缺乏制约与监管的管理体制使得养老保险基金最终可能成为沉没成本，得不到任何投资回报。我国人口基数大，在老龄化社会来临的情况下，这种违规挪用保险基金的行为会给国家财政带来沉重的打击。

4. 养老金的收益性较低

从辽宁省做实个人账户的实践结果来看，我国养老金投资于银行协议借款和国债的投资回报率低于 2.5%，远远低于我国社会平均工资增长率。随着生活水平的提高、通货膨胀等因素的影响，使得养老基金的低收益难以支撑我国老龄人口的正常生活。以美国为例，美国养老基金与资本市场对接，养老金成为美国资本市场上三大主要机构投资者之一。美国逐渐科学地协调养老金的安全性与收益性，运用投资组合，分散风险，在风险一定的情况下，实现养老基金投资高收益。20 世纪 80 年代以来，美国的养老金投资收益均在 10% 以上（扣除通货膨胀因素后）。在中国对养老基金体制进行改革的过程中，我们应借鉴美国养老保险体制的经验，以部分积累制为根本，实现与资本市场相结合的模式。

2010 年 10 月 28 日，第十一届全国人大第十七次会议通过了《中华人民共和国社会保险法》，该法于 2011 年 7 月 1 日开始实施，按照"十二五"规划，基本养老保险有望在五年内实现全国统筹。在我国养老金体制实现由市（县）统筹到省级统筹，最终达到全国统筹的过程中，我们也看到了我国养老保险制度存在的以上种种问题，我国养老保险体制的改革必然会形成一种趋势，因此，我们应探索出一条符合我国国情的社会养老保险体制。

5. 养老保险基金管理过程不透明、不公开，且管理机构分散，管理层次过多

按照国务院要求，养老保险管理各项目应该公开化、透明化，但实际上，人们对自己的养老保险基金的管理过程并不了解，而且各级别、各部门都参与养老保险基金的统筹和管理，造成地区、部门间难以协调和集中运营，无法发挥规模效应，同时，也扩大了养老保险基金的投资风险。另外，各部门设置的多层管理机构人员冗余，效率低下，浪费严重。

三、发展重点

（一）建立与统筹层次相适应的养老保险行政管理体制

从中国养老保险制度现实出发，统筹层次（即基金管理层级）即是养老保险制度的责任本位。如县级统筹以县级为责任本位，市级统筹以市级为责任本

位，省级统筹应当是以省级为责任本位，这种责任本位不仅是行政管理的责任本位，更是养老财政的责任本位和养老保险经办机制的责任本位。因此，有必要明确养老保险经办机构和行政管理机构与统筹层级相一致，在所辖区域内对养老保险经办机构实行扁平化的垂直管理，以此保证制度统一、高效运行。在此基础上，探索建立健全风险管控和分级考核机制。

（二）借助市场力量优化养老保险体系

基于基本医保制度追求公平而制度运行需要提高效率的原则，强调医保经办机构垄断医保业务不等于经办机构包办医保实施中的全部事务。在不损害医保制度公平性及健康发展的前提下，本着节约成本、提高管理效率的原则，可以将基本医疗保险业务经办中的某些内容采取委托或外包方式交由市场主体承担，如委托商业保险公司在大病保险环节参与经办，吸引科技企业介入医疗运行监管，委托第三方评估医疗经办绩效等。此外，大力发展商业健康保险并由保险公司按照市场规则自主经办，同时，积极引导补充医疗保险融入商业健康保险市场，以此分担基本医疗保险制度及其经办机构的负担。

（三）逐步做实个人账户

个人账户区别于现收现付的主要特点之一，是可以保证养老保险基金可持续发展，并且对老龄化有良好的抵御能力。考虑到目前养老保险资金缺口较大，可以采取"名义账户制"的形式，逐渐过渡到真正的实账积累。随着我国进入老龄化社会的高峰期，养老保险的负担日益增大，如果按照现行的养老保险制度规定，做实个人账户必然是困难重重。可以选择一种折中的做法，即将个人缴费的8%部分做实，进入个人账户，企业缴费的3%可以进入社会统筹基金，应付当期退休人员的养老金的支付，以减轻政府的压力。

（四）确保养老基金运营的安全完整

一是要对养老基金投资运营实行严格的特许经营权管理制度，严格控制投资公司的数量和质量；二是要对养老保险基金的投资营运制定相应的法规和政策，用政策法规指导基金投资管理公司的营运活动；三是要明确投资公司的责任权限，防范和化解基金运营中的投资风险；四是建立健全养老保险基金投资的监督管理体系，包括加强养老保险基金的财务管理、严格审核各项投资计划、检查基金投资经营状况等。

第十七章

失业保险制度

第一节　失业保险制度概念、分类及作用

一、概念

关于失业的定义，国际劳工组织认为，失业是指有劳动能力并愿意就业的劳动者找不到工作这一社会现象，其实质是劳动者不能与生产资料相结合进行社会财富的创造，是一种经济资源的浪费。

中国国家统计局的定义和标准为，"失业是指在一定年龄以上、有劳动能力、在调查期间无工作、当前有就业的可能并以某种方式寻找工作的人员"，即失业主体必须具备三个条件：一是有劳动能力；二是没有工作；三是愿意就业。按照失业是否源于失业者自身意愿，可将失业分为自愿性失业和非自愿性失业两大类。按照造成失业的不同客观原因，可将失业分为结构性失业、摩擦性失业和季节性失业三大类。

关于失业保险制度的定义，国际通行的解释是，失业社会保险是政府给予非自愿失去工作的劳动者以补贴的一种制度。

在中国，失业保险制度是国家依法强制实施的，通过国家、企业以及个人渠道由社会筹集建立社会保险基金，对因失业而暂时中断生活来源的劳动者，在法定期限内给予物质帮助以保障其基本生活需要的一种社会保险制度。它是社会保障体系的重要组成部分，是社会保险的重要项目之一。它的目的是提高劳动者抵御失业风险的能力，具有普遍性、强制性、互济性的基本特征。

本书中，失业采用国际劳工组织的定义，失业保险制度是指通过国家、企业以及个人渠道由社会筹集建立社会保险基金，对非因本人意愿中断就业而失去工资收入的劳动者提供一定时期资金帮助，通过就业培训和就业指导帮助失业者尽

快实现再就业的一种制度安排。

二、分类

当前世界主要国家和地区的失业保险制度可归类为强制性失业保险制度、自愿性失业保险制度、失业救助制度和双重性失业保障制度四种类型。

(一) 强制性失业保险制度

强制性失业保险是由政府制定实施的，凡是符合失业保险条件的人都必须参加的失业保险。

(二) 自愿性失业保险制度

自愿性失业保险一般由工会组织实施，雇主、雇员自愿参加，由工会建立的失业保险基金会管理，由政府提供一定的资金支持。

(三) 失业救助制度

失业救助制度一般也是由政府组织实施的，其特点是需要对失业人员的经济情况进行调查，失业救济金只发放给符合经济情况调查规定的救济条件的失业人员。

(四) 双重性失业保障制度

双重性失业保障制度又分为三类：一是强制性失业保险制度与失业救助制度并存，既有强制性失业保险制度，也有由政府供给资金的、以经济情况调查为依据的失业救助制度；二是自愿性的失业保险制度与失业救助制度并存；三是强制性失业保险制度和自愿性失业保险制度相结合。

三、作用

失业保险制度的主要目的是防止失业者在遭受失业风险后陷入失业窘境，帮助他们实现再就业和防止大规模失业影响社会经济稳定和长远发展。因此，失业保险制度主要有以下作用：保障失业人员基本生活、促进就业、预防失业、优化劳动力配置和维持社会稳定。

(一) 保障失业人员基本生活

向非自愿失业者提供失业保险金保障其基本生活是失业保险制度的最基础的

作用。这一保险功能使失业保险成为社会的"安全网"和"稳定器"。对大多数劳动者来说，最大的风险是被临时解雇。失业保险的目标就是通过对非自愿失业者提供物质帮助，使失业者可以在一定时间内获得一定数量的现金收入，以维持其失业时的基本生活。目前，中国失业保险制度发挥保障基本生活功能的途径主要是定期发放失业保险金给符合规定的失业者、给患病期间的失业者提供医疗辅助以及向领取失业金期间死亡的失业人员的直系亲属提供丧葬补助和抚恤金。

（二）促进就业

失业保险制度的重点作用是促进就业，目的是通过社会化的就业服务体系，把失业救济和职业培训、就业训练和生产自救结合起来，促进失业者实现尽快就业。当失业者进行失业登记、申请领取失业保险金时，可获得工作机会的信息。此外，失业保险通过职业培训、职业咨询和指导等引导失业者尽快实现再就业，而严格领取失业保险金条件、逐步降低失业保险金给付标准、缩短失业保险金给付期限等手段也有助于引导失业者主动寻找工作。

（三）预防失业

失业保险制度可以通过实施工资性补贴和培训补贴等相关政策来预防失业。例如，对于参保缴费达到一定年限的企业，在企业不景气时，可以通过缩短工时、降低工资等手段维持就业人数，并给予该类企业一定工资补贴，进而达到预防失业的目的。

（四）优化劳动力配置

失业保险制度优化劳动力配置的功能主要体现在：由于失业保险消除了失业者寻找新的工作岗位期间的后顾之忧，失业者可以尽可能地寻找合适的工作，从而有助于劳动者充分发挥潜能，以促进劳动力的合理配置，提高经济活动效率。

（五）维持社会稳定

维持社会稳定是失业保险制度实施后的隐性作用。失业保险制度的实施有助于社会稳定。一方面，失业保险为失业者提供了必要的生活保障，避免失业者因为完全丧失经济来源、严重失衡而危害社会的行为。另一方面，失业保险能够在经济衰退时期维持经济的稳定。在经济衰退时期，申请失业保险金的人数会迅速增加，失业保险金的发放维持了一定的消费需求，进而维持经济的稳定和发展。

第二节　失业保险制度比较研究

　　当前世界主要国家和地区的失业保险制度可归类为强制性失业保险制度、自愿性失业保险制度、失业救助制度和双重性失业保障制度四种类型。不同类型的失业保险制度在覆盖范围、资金来源、享受资格方面各有不同。基于此，本书选用3个发达国家、2个幸福指数较高的国家、日本和中国共7个国家，其中，发达国家有美国、德国、英国，幸福指数较高的国家有丹麦和瑞士，对不同类型的失业保险制度在覆盖范围、资金来源、享受资格方面进行归类总结和分析，如表17-1所示。

表 17-1　失业保险制度的比较研究

制度类型	覆盖范围	资金来源	享受资格	代表国家和地区
强制性失业保险制度	拥有固定工作的受雇者	雇员和雇主	缴费时长、工作时长、非个人原因失业、就业意愿	美国、英国、瑞士、中国缴费阶段
自愿性失业保险制度	全体失业者	雇员和雇主	缴费时长、工作时长、非个人原因失业	丹麦
失业救助制度	拥有固定工作的受雇者和其他大多数失业者	政府	工作时长、非个人原因失业、就业意愿	中国香港、中国待遇发放阶段
双重性失业保障制度	全体失业者	雇员、雇主和政府	失业者必须在失业前的一段时间内缴纳失业保险费，在失业后向劳动局申报过失业并正式提出申请失业保险金	德国、芬兰
比较	自愿性失业保险制度和双重性失业保障制度覆盖范围最广	双重性失业保障制度资金来源最丰富	失业保险金的享受资格要求较多，双重性失业保险制度可以弥补这一缺点	—

一、制度类型

　　瑞士、美国、英国均实行强制性失业保险制度，丹麦实行自愿性失业保险制度，德国和日本则实行了双重性失业保障制度，其中，德国选用强制性失业保险制度和国家失业救助制度相结合，日本采取强制性失业保险制度和自愿性失业保险制度相结合。中国则是在缴费阶段采用强制性失业保险制度，在待遇发放阶段采用失业救济制度，中国香港采用失业救济制度如表17-2所示。

表17-2　制度类型比较

制度类型	实施国家和地区
强制性失业保险制度	美国、英国、瑞士、中国缴费阶段
自愿性失业保险制度	丹麦
失业救助制度	中国待遇发放阶段、中国香港
双重性失业保障制度	德国和日本

二、覆盖范围

瑞士规定居住在瑞士的受雇者都要参加失业保险，而自雇者则不被要求参加失业保险。美国失业保险覆盖95%的雇员。英国法律规定，所有拥有固定工作的人员均有义务参加失业保险，还有自我雇佣者等。丹麦的失业保险制度覆盖范围较广，凡是参加了工会建立的失业保险基金会的雇员、自雇者、参加了至少18周的职业培训的人员、政府雇员以及军人等，都可以参加失业保险制度。德国所有受雇者，包括家庭雇员、实习人员、接受培训人员等都被强制要求参加失业保险制度。灵活就业人员则不在强制性失业保险制度的覆盖范围内。失业救助的适用范围包括失业保险以外的人员及虽然参加了失业保险，但已无资格继续享受失业保险金的人员。日本法律规定，强制性失业保险范围包括大多数的受雇人员，但是从事农业、林业、渔业且受雇人数低于5人者，可以自愿选择是否参加该项制度；每周工作时间少于20小时的受雇者以及自雇人员被排除在强制性失业保险制度参保范围之外；按日工作的临时工和季节性工人则自愿参加特殊的失业保险制度。中国失业保险覆盖范围包括国有企事业单位、城镇集体企业、外商投资企业、城镇私营企业及其职工，如表17-3所示。

相较而言，大多数国家的覆盖范围均未包括灵活就业人员、自雇者以及临时工等，工作较不稳定的劳动者也是容易被忽视的群体。美国和德国的覆盖范围较广，能容扩大多数的应保人员。

表 17-3 覆盖范围比较

覆盖范围	实施国家
拥有固定工作的受雇者	美国、德国、英国、丹麦、瑞士、日本、中国
大多数没有固定工作的受雇者	美国、德国、丹麦、瑞士、日本
自雇者	英国、德国、丹麦
其他大多数失业者	德国、丹麦

三、资金来源

瑞士的资金来源为受雇者和雇主缴纳的失业保险税,其中,受雇者缴纳个人收入的 1.1%作为失业保险税,同时缴纳个人收入的 0.5%作为社会团结性缴税;雇主按照相同比例缴纳(即受雇者工资收入的 1.6%)。失业保险金由国家税务局通过国家税收方式强制收缴,雇主和雇员均有义务缴纳失业保险税。美国的失业保险金由国家税务局通过国家税收方式强制收缴,雇主和雇员缴纳失业保险税。英国的失业保险资金是由企业、雇员和政府三方共同负担。丹麦的资金来源为参保者和雇主缴纳的失业保险税,参加失业保险者按照本人月收入总额的 8%缴纳失业保险税,雇主为特定类型的雇员缴纳失业保险税,政府为失业保险基金提供一定的补贴。德国现行的失业保险规定,雇主和雇员都按照雇员收入的 1.5%缴纳失业保险税,同时,由政府规定失业保险税基上限,失业救助制度由联邦财政和地方财政共同负担,雇主和雇员不负担。日本的失业保险金主要由单位和被保险人双方共同负担,国库予以适当补助。中国的资金来源为失业保险税,单位缴纳劳动者工资收入的 1.5%,个人缴纳劳动者工资收入的 0.5%。

如表 17-4 所示,本书所选样本国家的失业保险基金均由雇员和雇主共同支付,双方负担的比例由法律规定,基本上雇员和雇主支付的比例相同,德国和日本国家政府也负担一定比例,给予适当补助。失业救助的基金一般主要由政府负担。

表 17-4 资金来源比较

资金来源	实施国家
雇员和雇主	美国、德国、英国、丹麦、瑞士、日本、中国
政府	德国、日本

四、享受资格

瑞士规定在过去两年中缴纳失业保险税满 1 年，非因个人原因失业且有就业能力和就业意愿的失业者可以申请领取失业保险金。美国要求被保险人能够且愿意重新就业，而且申请津贴前 1 年多时间至少就业半年。英国要求被保险人具有劳动能力并愿意从事全时工作，每周工作不少于 16 小时。丹麦的失业保险制度规定的享受失业保险待遇的资格条件是：成为某一失业保险基金成员的时间长于12 个月且在过去 3 年中工作了 52 周以上，且非因个人原因失业。德国的失业救助适用于没有资格领取失业保险和失业救济的失业者。日本要求被保险人失业前1 年合计投保 6 个月以上，失业后需立即到职业介绍所登记。中国要求参保对象及其雇主必须连续缴费满一年，非雇员自愿中断就业且具有再就业的打算。

如表 17-5 所示，总体来看，各国的享受资格存在，差异相对较小，基本上都是缴纳失业保险税满一定期限、非个人原因失业、进行登记、愿意再就业等。美国和英国则要求从业满一定期限。

表 17-5　享受资格比较

享受资格要求	国家
工作时长、非个人原因失业、就业意愿	瑞士、日本、中国
工作时长、就业意愿	美国、德国
工作时长、非个人原因失业	英国、丹麦
没有资格领取失业保险和失业救济的失业者	德国

第三节　失业保险制度发展内容与重点

一、发展内容

关于失业保险制度的发展内容，本书打算从覆盖范围、资金来源、享受资格、失业保险金给付水平四个方面来进行阐述。

（一） 覆盖范围

失业保险制度的作用是帮助失业者在遭受失业风险的威胁时，提供基本生活保障，促使其尽快就业。因此，失业保险制度的覆盖范围是失业保险制度发展的一个重要内容，即向哪些人提供制度保障。覆盖范围决定了一项制度能够惠及到哪些人，"普惠"的"普"就是普遍的意思，也就是覆盖范围应该越广越好，惠及到每个人。从理论上出发，失业保险制度的适用对象是从事社会经济活动的所有劳动者。

失业保险制度的覆盖范围应该是符合失业条件的全体属于劳动力的公民，无论是自雇者、受雇者、灵活就业人员，还是临时工等。失业保险制度应该做到应保尽保，但现如今大多数国家都没有达到应保尽保的水平。

（二） 资金来源

资金来源即失业保险金的筹措，资金来源应该是丰富的。除受雇者、雇员以及政府财政、国库补贴外，应丰富资金来源的渠道，多方筹措失业保险基金。现如今，大多数国家的资金来源都比较单一。

大多数国家的失业保险基金是由雇员和雇主共同支付的，双方负担的比例由法律规定，由单方缴费的国家数量不多。政府在失业保险基金方面，主要承担财政兜底责任，即在失业保险基金出现赤字时，缺口资金由政府垫支。但目前只有一半的国家是政府承担这种责任。换言之，还有大部分国家的政府不对失业保险基金承担兜底责任。

（三） 享受资格

本应该是所有属于劳动力的失业人员均能享受到失业保险金或失业救济，而不是需要满足各种各样苛刻的条件。由于失业保险制度的作用除保障失业人员基本生活外，还能促进就业、预防失业，所以，失业保险制度的享受资格的规定会影响其作用的发挥。若享受资格过于严格，则会使部分本该得到保障的失业者不能得到合理保障。若享受资格过于宽松，缴纳失业保险金的员工就不会有那么大的失业压力，会导致员工产生惰性心理，使得其再就业积极性不高，失业保险制度失去其应有的效力。

现如今大多数国家在失业保险享受资格方面都存在过多要求。多数国家对于享受失业保险待遇设置了限定条件，主要包括满足一定的缴费年限、到相关机构进行失业登记、有能力接受就业推荐（或有找寻工作的意愿）、因非不当行为被解雇、非自愿失业等。

（四）失业保险金给付水平

从世界各国失业保险制度的发展历程和制度设立的初衷来看，失业保险制度最基本以及最重要的功能都是为遭受失业风险威胁的失业者提供基本生活保障。所以，失业保险制度的给付水平能否为失业者提供基本生活保障变得尤为重要。

失业保险制度应该做到公民所领取的失业保险金和失业救济金至少能大概维持正常生活水平，应该与居民日常生活消费水平、家庭状况以及失业前的工资相关联。在建立失业保险制度的国家和地区中，多数国家和地区是按照雇员工资（或收入）的一定比例支付一定期限的失业金，部分国家和地区按照固定金额和参考工资（与个人工资和社会平均工资有关）支付失业金。

二、发展重点

（一）覆盖范围重点向工作较不稳定的劳动者倾斜

失业是每个从业者在整个职业生涯中都将面临的共性风险，因而，多数国家将失业保险纳入全面受益的社会保障体系，国际劳工组织 1988 年《促进就业和失业保护公约》文件建议指出，每位失业者不受歧视地获得失业保险是社会保障权益中不可或缺的重要权利之一，会员国应努力扩大失业保险的覆盖范围，使每一位从业者都有权平等地参与并获得失业权益的保障。

从失业保险制度的比较研究中我们得出，灵活就业人员、自雇者以及临时工等工作较不稳定的劳动者是最容易被忽视的群体。所以，各国在完善失业保险制度时，应注意纳入这些易被忽视的群体，这也是发展的一大难点。

除此之外，失业救助制度有助于扩大覆盖范围，有需要的国家应该建立失业救助制度来达到失业保险的应保尽保。

（二）综合考虑失业保险金给付水平

给付水平是失业保险制度发挥其作用的重要方面，是失业保险机制设计的核心。给付水平过高对失业者会形成不积极寻求就业的负面激励，引发道德风险；给付水平过低则会使失业保险的给付金额难以满足失业者个人及家庭的生活支出需要，带来失业贫困的风险。

失业保险金给付水平应与居民日常生活消费水平、家庭状况以及失业前的工资相关联。基于失业者失业前一定时期平均收入水平，综合考虑失业者的家庭收支状况及所处的失业期等因素来确定给付水平。

1. 失业前的收入水平

世界上多数国家按失业者失业前收入水平的一定比例即替代率确定失业保险的给付水平，以使失业者能够在收入的波动中维持与失业前相差不大的稳定的消费水平，实现平滑消费的作用，失业保险金的替代率通常为 45%~80%。

2. 家庭收支状况

通过对失业者家庭收入进行测试，确定失业者家庭的总收入水平，根据需要抚养的子女数量、亲属数量、独居还是夫妻共同生活等因素确定失业者家庭的实际生活支出需求，进而最终确定失业保险的给付水平。

3. 失业者所处的失业期限

很多国家采取递减式的失业保险金支付办法，即失业初期所享受的失业保险金给付水平高于失业后期，以促使失业者有压力和动力努力寻找工作，尽快实现再就业，降低陷入长期失业的风险。

给付期限对于促进就业具有抑制效应和促进效应。给付期限延长后，抑制效应降低了失业早期的再就业率，但是当接近最后期限时，促进效应就会导致较高的再就业率。所以，应合理制定给付期限，不宜过长也不宜过短。另外，给付期限的确定还应考虑失业者的缴费期限和年龄因素。

第四节　中国失业保险制度发展研究

一、发展历程

（一）制度摸索阶段（1986~1998 年）

1978 年以后，国家开始摸索经济体制改革，当时失业问题逐步显现并成为危及国有企业改革"消除冗员"的关键卡口。于是 1986 年 7 月出台了意义重大的《国营企业职工待业保险暂行规定》（以下简称《暂行规定》）。《暂行规定》的保障对象为下岗的劳动合同制职工，失业保险实行单方面统筹，缴费责任只由企业承担，缴费费率为 1%。《暂行规定》在一定程度上承认了失业问题的存在，开始对下岗的国企职工提供生活保障，被认为是中国正式建立失业保险制度的标志。

1993 年国务院颁布《国有企业职工待业保险规定》（以下简称《待业保险规定》），新规定除了在原《暂行规定》的基础之上继续沿用原有的组织管理模式、基金来源等内容外，实施范围仍然只覆盖国有企业职工。相比《暂行规定》，只增加了停产整顿企业被精简的职工，没有覆盖到其他所有制企业，且依然不承认失业问题。

由于《待业保险规定》在具体的制度实践中，依然存在覆盖面过窄、待遇偏低、基金支出不合理以及得不到合理有效监管等问题。1999 年国务院发布了《失业保险条例》，替代《待业保险规定》。从"待业"改为"失业"，意味着中国失业保险制度终于在制度覆盖面上有了实质突破。不再局限于面向国有企业职工，而是把城镇企业事业单位人员（包括国有企业、集体企业、外商投资企业、私营企业及其他性质企业）都纳入制度保险范围内；在失业保险基金的来源方面，建立了权利与义务对等原则，还首次提出建立失业保险基金调剂金，应对劳动力市场波动；在待遇标准方面，与城镇居民最低生活保障线和最低工资标准挂钩，并规定只有参加失业保险 1 年以上才符合领取资格。而且增加了失业保险金的领取程序，在失业保险基金支付范围上，增加了向失业者提供医疗补助金、职业训练补贴和职业介绍补贴。

《失业保险条例》的颁布表明中国已经全面建立失业保险制度，为维护劳动力市场的稳定发展发挥了"安全阀"和"减震器"作用，实现了由"单位保障"模式到"社会互济"模式的重大转变。

（二）制度发展阶段（1999~2005 年）

这一段时期属于过渡期，主要是完成下岗和失业的并轨任务。同时，由于经济不断深化改革，使得失业的形式也越发复杂，对失业保险制度提出了新的挑战。为了进一步强化权利与义务对等关系，明确失业保险制度的覆盖范围，规范失业保险金的增缴。2001 年 10 月，原劳动和社会保障部发布《失业保险金申领和发放办法》，详细规定了失业保险金的享受资格、待遇领取办法、失业保险关系转移等方面的内容，促进了失业保险制度的进一步完善。2002 年 9 月，中共中央、国务院联合发布《关于进一步做好下岗失业人员再就业工作的通知》。按照通知的部署要求，全国各地顺利完成了下岗职工基本生活保障向失业保险的并轨工作。截至 2005 年底，先后实现 2500 万职工退出再就业服务中心的并轨任务。1999 年人力资源与社会保障统计公报显示，中国失业保险参保人数为 9528 万人，全年征缴的失业保险基金收入为 125.2 亿元，支出 91.6 亿元，滚存结余合计为 159.9 亿元。2005 年，全国参加失业保险人数则达到了 10648 万人，全年失业保险基金收入为 333 亿元，支出 207 亿元，失业保险基金累计结余已经达到了 511 亿元，是 1999 年的 3.2 倍。

（三）制度成熟阶段（2006 年至今）

2005 年，中国经济体制改革有明显进展，改革进入重大利益调整的攻坚阶段。在劳动关系领域，失业保险与下岗职工基本生活保障制度并轨任务基本完成，失业保险制度平稳运行，失业保险金享受人数趋于稳定，整个基金池存在一定盈余。但是，制度存在过度注重保障基本生活，忽视促进就业和预防失业功能发挥的弊端。因此，2006 年国家决定在东部七省份即北京、上海、山东、浙江、广东、福建、江苏试点扩大失业保险基金支出范围。新规定允许失业保险基金可以用于职业培训、职业介绍补贴、社会保险补贴、岗位补贴和小额担保贷款贴息支出等，并允许在项目之外增设支出渠道，同时，要求试点地区加强制度扩面征缴工作。

2009 年 7 月，国家文件肯定北京和上海的做法，允许东部七省份在符合法律规定前提下根据本地实际情况参照学习，适当增加主要用于促进就业和预防失业项目的支出。

2011 年《社会保险法》的颁布实施是中国社会保障制度发展史上里程碑式的重大事件，以法律的高效力构建了中国社会保障制度的初步框架，廓清了中国社会保险立法领域法出多门、管理混杂的问题。并在《社会保险法》中专门开辟一章，以法律形式规定了失业保险制度的运行和管理机制，明确了制度覆盖范围、享受标准、享受资格、领取方式、失业保险基金支出等内容。《社会保险法》突破了城乡限制，改变了以往失业保险制度只覆盖城镇企事业单位的欠公平局面，将乡镇企业也纳入了覆盖范围，实现了城乡统筹。2013 年，国家首次提出要建立中国的失业预警制度，对失业问题进行动态监控和调控。

2015 年，中国经济进入新常态阶段，经济增长速度由高速增长向中高速增长回落。伴随着经济增速的下降，产业结构亟须进一步升级。2015 年 12 月召开的中央经济会议提出要进行供给侧结构性改革，明确提出将"三去一降一补"作为今后经济工作的重点任务来抓。人力资源和社会保障部发文要求将费率由现行的 3% 下降为 2%，进一步减轻企业社会保险费负担。同年 7 月，为支持国家化解过剩产能政策，对符合失业保险基金支持稳岗政策的企业全部提供政策覆盖。

2017 年，为进一步减轻企业社会保险费率负担，增强企业活力，积极营造支持企业发展的微观经济环境，人力资源和社会保障部决定将失业保险总费率 1.5% 的省份降至 1%，并延长到 2018 年 4 月 30 日。此外，又规定，允许符合一定失业保险缴费年限，并在当年获得职业技能证书的企业职工，申领职业技能补贴，补贴资金从失业保险基金中列支。

2020 年，为应对新冠肺炎疫情影响，强化稳就业，加大失业保险稳岗返还，对不裁员或少裁员的中小微企业，返还标准最高可提至企业及其职工上年度缴纳失业保险费的 100%；对暂时生产经营困难且恢复有望、坚持不裁员或少裁员的参保企业，适当放宽其稳岗返还政策认定标准，重点向受疫情影响企业倾斜，返还标准可按不超过 6 个月的当地月人均失业保险金和参保职工人数确定，或按不超过 3 个月的企业及其职工应缴纳社会保险费确定。2020 年 6 月底前，允许工程建设项目暂缓缴存农民工工资保证金，支付记录良好的企业可免缴。切实落实企业吸纳重点群体就业的定额税收减免、担保贷款及贴息、就业补贴等政策，加快实施阶段性减免、缓缴社会保险费政策，减免期间企业吸纳就业困难人员的社会保险补贴期限可顺延。

二、发展现状

(一) 参保人数缓步上升，但与其他保险相比参保人数较低

近年来，中国失业保险参保扩面工作稳步推进，参保人数呈现缓慢增长态势，2019 年底，全国失业保险参保人数达到 20543 万人。2009～2019 年全国失业保险参保人数增加了 7827.5 万，近 0.62 倍，如图 17-1 所示。与养老保险、医疗保险、工伤保险和生育保险相比，失业保险的覆盖面不够，参保人数相对较少，如图 17-2 所示。

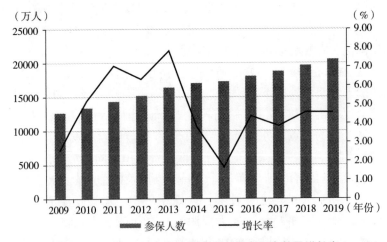

图 17-1　2009～2019 年中国失业保险参保人数及增长率

资料来源：国家统计局网站。

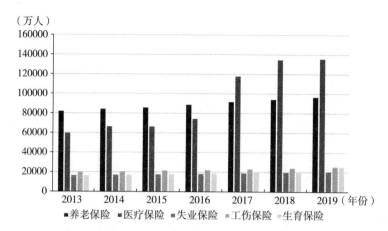

图 17-2　2013~2019 年中国各项社会保险参保人数

资料来源：国家统计局网站。

（二）失业保险覆盖率缓慢增长，受益率上下波动

2012~2018 年有关数据显示，近年来，中国失业保险覆盖率逐步增长，但到 2018 年也未达到 50%。总体来说，失业保险扩面工作进展缓慢，覆盖范围过小。从失业保险受益率情况来看，一半以上的登记失业人员未曾享有过失业保险，并且近几年失业保险受益率一直上下波动，情况不佳。2009~2018 年全国失业保险覆盖率和失业保险给付率如图 17-3 所示。

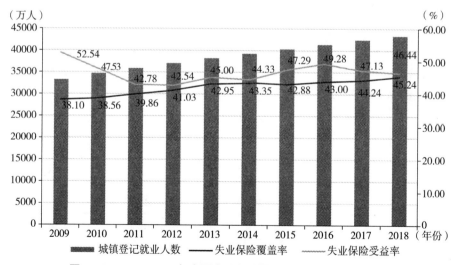

图 17-3　2009~2018 年中国失业保险覆盖率和失业保险给付率

资料来源：根据国家统计局网站。

（三）基金滚存结余居高不下，但增长率逐年下降

2018 年全国失业保险基金收入 1171.1 亿元，同比减少 5.26%；基金支出 915.3 亿元，同比减少 2.41%；收支结余 255.8 亿元，年末滚存结余 5817 亿元，同比增长 4.77%。2009～2018 年全国失业保险基金滚存增长率逐年下降，在一定程度上说明了，失业保险基金使用效率有所提升，如图 17-4 所示。

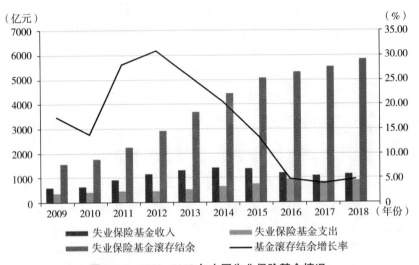

图 17-4　2009～2018 年中国失业保险基金情况

资料来源：国家统计局网站。

（四）失业保险给付待遇水平过低

失业保险金替代率是衡量失业保险水平的常见指标，表 17-6 是 2009～2018 年中国的失业保险金替代率。可以看出，中国的失业保险待遇标准偏低，除 2013 年、2014 年外，2009～2018 年中国失业保险金替代率均低于 20%，这充分说明，中国的失业保险金待遇水平偏低。

表 17-6　2009～2018 年中国失业保险金替代率

年份	失业保险金年人均水平（元）	城镇单位就业人员平均工资（元）	失业保险金替代率（%）
2009	6200	32244	19.23
2010	6718	36539	18.39

年份	失业保险金年人均水平（元）	城镇单位就业人员平均工资（元）	失业保险金替代率（%）
2011	8117	41799	19.42
2012	8887	46769	19.00
2013	10315	51483	20.04
2014	11271	56360	20.00
2015	11885	62029	19.16
2016	12612	67569	18.67
2017	13332	74318	17.94
2018	15192	82413	18.43

资料来源：国家统计局网站。

三、发展重点

根据中国失业保险制度的发展现状，我们可以发现，目前中国失业保险制度的参保人数较少，覆盖率、受益率较低，基金结余较高，失业保险金给付水平过低，基于此，中国失业保险制度应该朝着扩大失业保险覆盖范围和提高失业保险给付水平两个方向重点发展。

（一）扩大失业保险覆盖范围

每位从业者均有权公平地获得失业保险的保障，基于当前就业市场环境，我国亟须通过完善立法，将进城务工农民工和毕业大学生明确纳入失业保险的覆盖范围内。

1. 进城务工农民工

农民工是中国城镇化进程中出现的一类特殊就业群体，数量庞大，农民工的就业具有流动性、不稳定性、季节性等特点，面临较高的失业风险。高的失业风险使广大农民工群体对失业保险具有强烈的潜在投保需求，2011 年《社会保险法》规定，"进城务工的农村居民依照本法规定参加社会保险"，为农民工公平参加失业保险并享受合理待遇提供了法律保障。《失业保险条例》作为规范失业保险的专门立法，并未平等确立农民工的这一合法权益，虽然规定可以向失业农民工提供一次性的生活补助，但受益条件规定过于严苛导致一次性生活补助的受益范围过于狭窄。《失业保险条例》规定，农民工本人不需要缴纳失业保险费，失业农民工在"连续工作满 1 年"且"就业单位为其缴纳失业保险费"的条件下才可能获得一次性生活补助。

农民工进城务工有权依法与城镇职工同等参加失业保险，未来为建设更加公平的社会保障体系，打破城乡二元化，我国有必要进一步完善失业保险专门立法，保障农民工与城镇就业员工平等享受失业保障权益。

2. 毕业大学生

我国自 1998 年开始大学扩招，招生的快速扩大增加了就业市场毕业生供给，使劳动力市场的供求关系失衡，导致大学生就业难成为一个重要的社会问题。但《失业保险条例》规定缴费期限达 1 年以上才可获得失业保险的受益资格，将首次就业的大学生排除在保障范围之外。

近年来，很多国家年轻人失业率居高不下，年轻人的失业保障问题已成为一个全球性的特别挑战和重要问题。年轻人在失业期间往往缺乏平滑消费的手段，无论如何都要通过工作累积高回报的人力资本，因而，向年轻人提供失业保险隐性的道德风险很小。考虑到失业保险对于年轻人的重要性，比利时、卢森堡等20 个国家已通过立法明确将首次就业的年轻人纳入失业保险的覆盖范围，通过提供求职者津贴向新毕业大学生提供就业和创业缓冲期阶段的生活保障。同时，各国还通过提供积极的就业市场政策，帮助新就业者积极参与就业市场培训，提升人力资本，帮助其尽快实现就业。面对庞大的大学毕业生失业群体，我国未来有必要从立法层面明确，将首次就业群体纳入失业保障的覆盖范围，探索从中央和地方各级政府、高校、大学生家庭、社会捐助等多方面融资，向首次就业大学生提供失业保险，并通过提供就业和技能培训帮助失业大学生实现就业，通过提供创业补贴、贷款贴息、担保等政策支持，鼓励失业大学生实现自主创业。

（二）提高失业保险金的给付水平

近年来，我国较低的失业保险金给付水平与物价增长水平不相符，难以发挥作用，造成就业者参保积极性低，进而导致我国失业保险覆盖率低和巨额基金结余问题。因此，我国有必要通过完善立法提升失业保险金的给付水平。

关于失业保险的给付水平，国际通行的做法是按照失业者失业前一定时期收入水平的一定比例发放。而我国《失业保险条例》规定，"失业保险金的标准，按照低于当地最低工资标准、高于城市居民最低生活保障标准的水平"。从各省市地方性失业保险条例的规定来看，失业保险金的给付水平通常为当地最低工资标准的 60%~90%。失业保险金以最低工资标准的一定比例发放，会导致绝对保障水平偏低。近年来，失业保险金的平均替代率在 20% 左右，远低于国际通行的45%~80% 的替代率水平。未来我国有必要借鉴国际经验，完善立法，提升失业保险金的给付水平，以切实保障失业者的生活支出需求。

各国失业保险金给付水平的确定通常综合考虑失业者的以往收入水平、家庭收支状况、年龄、所处失业期限等多方面因素，以切实满足失业者的实际生活支出需要，避免失业贫困问题。如果我国失业保险金给付水平的确定无视每位失业者的个人及家庭特征，采取同一地区给付水平完全"一刀切"，就难以保障失业者及其家庭个性化的支出需求。失业保险金以本人失业前的工资水平作为缴费基数，失业保险金的给付标准却以当地最低工资标准统一设定，与个人工资水平无相关性，缴费义务与待遇给付权利的不对等，不利于激励就业者的参保积极性。因而，未来应借鉴国际经验，在确定失业保险的受益金额时，综合考虑失业者个人及家庭多方面因素，并体现与个人工资挂钩的效率原则，使失业保险金更好地发挥生活保障和消费平滑的作用。

第十八章
退休金制度

　　退休金是在劳动者年老或丧失劳动能力后，一次或分次支付给职工的服务酬劳的一部分，也就是俗称的养老金。养老金制度是居民养老体系下的一个重要制度，但是由于种种原因，养老金待遇水平在不同群体间的差异越来越大，如养老金的"双轨制"问题。因此，本着普惠性和公平性的目的，养老金制度的发展应当从照顾弱者到普惠全民，本章将对此单独阐述。

第一节　退休金制度概念、分类及作用

一、概念

　　退休金是一种最主要的养老保险待遇，也称养老金、退休费。它是指在劳动者年老或丧失劳动能力后，满足养老金制度规定的退休条件，并且有养老保险资格，此时，可以享受按月或一次性以货币形式支付的保险待遇。

　　退休金制度主要用于保障职工退休后的基本生活需要。退休金制度本着国家、集体、个人共同积累的原则积累、运作。当人们年富力强时，所创造财富的一部分被投资于养老金计划，以保证老有所养，解除公民对养老送终的顾虑和担心。这对于社会的和谐与稳定、减缓社会贫富差距加大的矛盾有重要意义。

二、分类

　　目前，世界各国的退休金制度主要分为两类，即"三支柱"型的退休金制度和强制储蓄型的退休金制度。

（一）"三支柱"型的退休金制度

1994 年 9 月，世界银行在报告《应对老龄化危机：保护老年人与促进经济增长》中，首次提出了"三支柱"养老金模式，这个建议随后很快得到了广泛传播。"三支柱"养老金制度结构的主要观点是强制公共养老金计划用于克服贫困，强制性和自愿性私人养老金计划，用于改善老年生活，并倡导各国政府以"三支柱"养老金制度的思想构建本国养老金体系。目前，"三支柱"养老金模式已经是国际上普遍采用的养老金制度模式，我国也采用这种模式。

"三支柱"养老金模式试图在政府、雇主和个人之间的博弈与合作中寻找责任边界。回顾 130 多年来各国养老金制度改革史，最终形成了两类三种养老金制度体系。

第一类是公共养老金计划，它是由政府主导建立的"公共养老金"，即第一支柱养老金计划；第二类是私人养老金计划，有两种非政府举办的合格计划，即第二支柱的雇主养老金计划和第三支柱的个人养老金计划。

为了便于理解，以我国为例，如图 18-1 所示，我国的"三支柱"分别是政府主导建立的公共养老金制度、单位主导的职业养老金制度、个人主导的个人养老金制度。其中，第三支柱刚刚起步，还不完善，是 2018 年新发起的一项制度。它包括个税递延养老金和非税惠型养老金，非税惠型养老金就是商业养老保险。

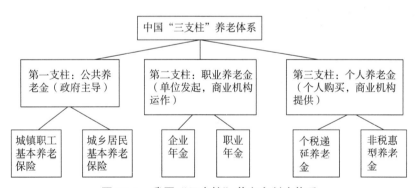

图 18-1　我国"三支柱"养老金制度体系

（二）强制储蓄型的退休金制度

与"三支柱"型的退休金制度相对应的是强制储蓄型的退休金制度，这种制度主要被新加坡、马来西亚等新兴市场经济国家采纳。这类保障制度实行"个人账户积累"的原则，保障费用由劳资双方按比例交纳，以职工个人名义存入个人账户，在职工退休时，将该费用连本带息以一定形式发给职工个人。这种制度有利于树立职工自我保障的意识，具有较强的激励机制，但同时也存在难以兼顾社会公平的缺陷。

三、作用

退休金水平事关老年人的幸福指数，提高老年人口收入是积极老龄化的重要举措。全球各国逐步进入老龄社会，实施退休金制度具有重大意义。

对于个人而言，退休金制度可以保障公民退休后的基本生活需要，解除公民对养老送终的顾虑和担心，提高老年人的幸福指数。退休金制度还可以减缓年轻人的养老负担，提高家庭幸福感。对于企业而言，退休金制度可以促进创新创业型企业发展，加快产业升级。对于社会而言，退休金制度可以减缓社会贫富差距，促进社会和谐和公平正义。

第二节　退休金制度比较研究

退休金制度主要分为两类："三支柱"型的退休金制度和强制储蓄型的退休金制度。本节主要从退休金来源、筹资模式、投资与监管三个方面对这两种模式进行比较。

一、退休金来源比较

"三支柱"型的退休金制度采用的是政府、企业与个人共同负责。该模式要求参加保险的人员要以一定比例缴纳养老金费用，也就是个人账户的缴费。同时，企业还要以员工工资总额为基础，按制度规定的比例为员工缴纳养老金。最后，政府也要从财政支出中划出一部分来保障养老金的充足。

强制储蓄型的退休金制度采用的是企业和个人共同承担，与"三支柱"型退休金制度不同的是，政府不需要承担缴费义务。通常根据员工收入情况来制定缴费标准，并规定征收费用的最高限额，只针对最高限额内的部分征收费用。例如，新加坡政府规定中央公积金缴费比例为 55~60 岁雇主缴纳 9%，职员缴纳的比例为 12.5%，总的缴纳比例为 21.5%。

如表 18-1 所示，相比之下，"三支柱"型退休金制度由于是多方共同缴费，而且有政府兜底，因此，这种模式风险会更小，养老基金基本充足。而强制储蓄型的退休金制度由于需要企业和个人自力更生，所以可以鼓励员工多劳多得，这样也可以保障退休后的基本生活需要。但这种方式也存在一定的风险，一旦企业破产倒闭，大量的退休金可能化为泡影。因此，从资金来源渠道和风险分析来看，"三支柱"型的退休金制度优于强制储蓄型的退休金制度。

表 18-1　退休金来源的比较

制度类型	退休金来源	比较
"三支柱"型的退休金制度	雇主与雇员承担、政府与雇主承担、雇员自愿	政府兜底，风险小，但是政府财政压力大
强制储蓄型的退休金制度	雇主与雇员承担	激励员工多劳多得，但是无政府兜底，风险大

二、退休金筹资模式比较

"三支柱"型的退休金制度的筹资模式采用的是现收现付制与基金积累制的结合。现收现付制是指筹资不需要积累，以养老金的支出确定养老金应收数额，即收即付。基金积累制是指依法建立个人积累账户，通过每年的积累，形成一个账户基金，并且有相应人员对其进行投资运营。

强制储蓄型的退休金制度的筹资模式采用的是基金积累制。

如表 18-2 所示，现收现付制主要靠政府兜底，政府先确认总额，再向社会成员收取，不够的话政府来弥补。它更加注重公平，使得所有人都有养老金保障，但是随着全球人口老龄化的加剧，政府财政已经无法负担巨大的养老金支付。基金积累制主要靠雇主与雇员共同出资，可以减少政府的财政负担。它更加注重效率，充分发挥个人能动性，确立了雇主与雇员的责任。因此，兼备现收现付制和基金积累制的"三支柱"型的退休金制度在公平与效率方面显然优于强制储蓄型的退休金制度。

表 18-2　退休金筹资模式的比较

制度类型	筹集模式	比较
"三支柱"型的退休金制度	现收现付制与基金积累制的结合	注重公平和效率
强制储蓄型的退休金制度	基金积累制	减少政府财政负担

三、退休金投资与监管比较

目前，各国养老金的投资主要集中在债券、票据、股票类资产。这些产品更为安全，而且还能满足一定的养老金收益。这是世界各国普遍采用的资产配置模式。

使用"三支柱"型养老金制度的国家大部分采用的是审慎监管模式，如美国、英国。还有少部分采用的是数量限制监管模式，如德国。审慎监管是指管理人按照谨慎人规则进行管理，不对养老金的资产配置做任何数量限制。

使用强制储蓄型养老金制度的国家普遍采用的是数量限制监管模式。数量限制监管是指监管人根据情况对养老金投资产品品种、投资比例设定限制。

如表18-3所示，审慎监管模式更加主观灵活，不会使得投资受到限制。数量限制监管模式对特定资产的数量和比例设置限制，有些过于谨慎，容易出现问题，如在风险和回报的择优方面，投资人受到限制，不能很好地取得高收益，往往会为了合规而选择较高比例的国债。这样会使得资本配置扭曲，不利于养老基金投资获利。因此，从总体来看，审慎监管模式要优于数量限制监管模式，也就是说，在退休金投资监管方面，"三支柱"型的退休金制度优于强制储蓄型的退休金制度。

表18-3　退休金投资与监管比较

制度类型	资金运用	投资监管	比较
"三支柱"型的退休金制度	债券、票据、股票	审慎监管（英国、美国）；数量限制监管（德国）	更加主观灵活，但是基金管理人主观性强，风险大
强制储蓄型的退休金制度	银行存款、债券、保单	数量限制监管	过于谨慎，基金管理人不能很好地取得高收益

第三节　退休金制度发展内容与重点

通过上述比较，可以发现"三支柱"型退休金制度优于强制储蓄型退休金制度，而且目前世界上绝大多数国家采用的都是"三支柱"型退休金制度。因此，未来的发展内容与重点主要集中在对"三支柱"型退休金制度的进一步完善。

一、发展内容

从各国的改革方向来看，发展内容主要有以下几个方面：制度的结构调整、参数调整、管理体系。

（一）制度的结构调整：拓宽支柱

目前，世界上绝大多数国家采用的都是"三支柱"型退休金制度，在多支柱养老金制度中，第一支柱指政府主导的公共养老保险制度，第二、第三支柱分别指职业养老金制度和个人养老金制度。在人口老龄化及经济增速放缓的背景下，多数国家公共养老金都面临可持续发展问题。因此，各国通过降低公共养老金支出，提高私人养老金资产，使养老金制度的可持续性显著增强，即对于养老金制度的结构，各国从普遍采用政府主导的第一支柱，逐渐转移到雇主主导的第二支柱和个人主导的第三支柱。如表18-4所示，当前OECD国家第一支柱都比较完善，而且各国都或多或少建立了第二支柱和第三支柱，在制度结构上形成了多支柱养老金制度体系。

表18-4 OECD国家养老金制度结构

国家	第一支柱	第二支柱	第三支柱
澳大利亚	基本养老金计划	政府强制性	政府强制性
美国	目标性养老金计划	自愿性	自愿性
智利	基本+目标性养老金计划	无	政府强制性
波兰	基本养老金计划	无	政府强制性
日本	基本养老金计划	自愿性	自愿性
韩国	基本+目标性养老金计划	自愿性	自愿性
瑞典	基本养老金计划	政府强制性	政府强制性
德国	目标性养老金计划	自愿性	自愿性
法国	目标性养老金计划	自愿性	自愿性
希腊	基本养老金计划	自愿性	无
比利时	目标性养老金计划	自愿性	自愿性

由于各国福利程度不同，采用的模式存在差异。第一支柱包括目标性养老金计划和基本养老计划。目标性养老金计划是依据退休者养老金收入高低而给予的

调节性补充养老金。基本养老金计划是待遇享有取决于居住年限或者工作年限。第二支柱职业养老金包括政府强制性和自愿性。

(二) 参数调整：逐步优化

养老金的参数是指影响养老金体系平衡的缴费及待遇给付相关的直接因素，包括缴费 (税) 基数、缴费 (税) 率、领取养老金的最低缴费年限、领取年龄等。这些参数的调整是各国改革的重点，降低缴费率，提高待遇水平，有利于老人退休之后更好地生活，有利于提高他们的幸福感。

在征缴方面，各国均采取了提高养老保险费率和提高退休年龄的方法。例如，德国在 1949 年将养老保险缴费率从 5.6% 提高到 10%，1957 年从 11% 提高到 14%。1980 年超过了 18%，1997 年与 1998 年达到了 20.3%，此后维持在 19% 左右，2001 年决定从 2030 年起从 19.9% 提高到 22%。退休年龄方面，德国在 1972 年开始实施灵活的退休年龄，在满足相应条件的情况下，个人可以选择在 60 岁或 63 岁退休。1992 年将退休年龄调整为 65 岁，2007 年 3 月决定进一步提高到 67 岁。此外，德国还将享受养老金的投保年限逐步由 5 年提高到 35 年，并改变了养老金的调整依据，引入了可持续因子。美国在 1983 年决定在 2003~2027 年逐步将退休年龄从 65 岁提高到 67 岁。芬兰在 1995 年将领取全额养老金的年龄从 63 岁提高到 65 岁，在 2005 年将可以领取年龄提高到 63 岁，2015 年进一步提高到 65 岁。

(三) 管理体系：分散到集中

管理体系指的就是养老金的管理机构和养老基金的投资与监管。从各国的改革来看，管理机构一般都由政府设立，采取的是集中管理的模式。有些国家在建立之初就是，还有一部分国家进行了不同程度的集中化改革，提高了管理体系的统一性。各个国家均通过机构改革加强了养老金投资的监管。

德国推行了整合管理机构和统一制度的改革。它为了改变养老保险经办机构分散化的局面，于 2005 年成立了"联邦德意志养老保险"机构，统一管理白领和工人的养老保险，并整合了矿业、铁路、邮政三个行业的养老保险经办机构，制度和经办都进行了统一。

美国 1974 年建立了雇主养老金的受托人制度，并赋予劳工部、财政部、税务署相应的监管职能，还成立了具有再保险性质的联邦养老金福利保障公司 (Pension Benefit Guaranty Corporation, PBGC)。加拿大 1997 年成立了养老金计划投资管理局 (Canadian Pension Plan Investment Board, CPPIB)，负责统一管理加拿大退休金计划 (Canadian Pension Plan, CPP) 基金的投资运营。

瑞典在 1984 年将社会保险费收缴职能从国家社会保险局转到国家税收机构，并成立了社会保险署管理除失业保险以外的整个社会保障体系。

日本 2007 年进行了养老金经办管理机构的改革，成立了具有相对独立性和统一垂直化管理的经办养老金的年金机构。日本 2003 年还组建了养老基金投资基金（Government Pension Investment Fund，GPIF），加强对养老保险基金的责任化管理。

从上述几个国家的例子来看，各个国家对于管理体系的改革，都是从分散管理逐步演变到集中管理，即设立一个统一的养老保险管理机构。这样有利于养老基金的健康发展，对养老保险制度的良好运行也具有重大意义。

二、发展重点

由上节的介绍，我们得知退休金制度的发展内容主要是制度的结构调整、参数调整、管理体系。其中，对于制度的结构调整，各国普遍的趋势是拓宽了支柱，而目前的发展重点应当是完善个人主导的第三支柱；参数调整没有优劣之分，只要适合国情即可；管理体系改革方面的发展内容是从分散管理到集中管理，而发展重点应当是如何更好地集中管理。

(一) 发展个人主导的第三支柱

在制度的结构调整方面，已经有大部分国家建立了第二支柱和第三支柱，目前，第三支柱还处于起步阶段，除了美国，其余国家的参保比率都很低。而鼓励公民自愿参加第三支柱，既可以缓解政府压力，又可以保障居民退休生活。因此，我们应当重点发展个人主导的第三支柱。

尽管大部分国家建立了第三支柱，但由于起步晚，私人养老金的替代率远不及公共养老金替代率。如图 18-2 所示，在 34 个 OECD 成员国中，智利、冰岛、墨西哥、以色列、澳大利亚、丹麦、英国、瑞士、荷兰、爱沙尼亚、爱尔兰、美国、加拿大、瑞典、德国、斯洛伐克、新西兰、挪威和比利时 19 个国家私人养老金在养老保障中已发挥很大的作用。另外 15 个国家由于私人养老金起步晚，其首批参与者多处于在职状态，私人养老金的保障作用尚未显现，已退休者的生活保障仍主要依靠公共养老金。因此，未来的发展重点应当是逐步普及个人主导的第三支柱。

为此，我们可以采取一些措施。例如，制定税收优惠政策来促进私人养老金的发展；提高资产管理能力，增强私人养老金的竞争力；加大宣传力度，鼓励公民参与私人养老金。

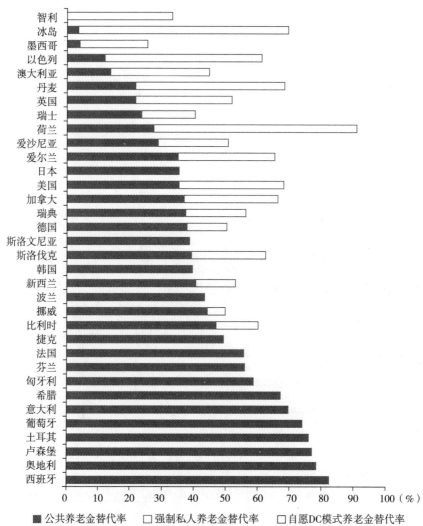

图 18-2　2014 年 OECD 成员国公私养老金替代率对比

资料来源：*Pension at a glance* 2015。

（二）加强养老基金的投资监管

随着全球多国逐渐步入老龄化社会，一些国家的养老基金收不抵支。为了解决这个问题，养老基金的运作者倾向于投资更高风险的产品，获得更高的收益。从统计数据来看，34 个 OECD 成员国养老金的市场化程度高，平均来看，股票和债券投资额之和都达 75% 以上。仅就风险和收益都更高的股票而言，有 15 个国家达到了 30% 的水平，而有多达 23 个国家的现金和存款所占比例都低于 10%。

在此背景下，我们应当加强对养老金投资的监管，防范风险。因为养老金一旦出现亏损，会有许多老年人无法领到相应的养老金，无法满足基本生活需求。对于养老金投资的监管，一般有数量限制监管和审慎监管。多数 OECD 成员国监管体制从数量限制监管开始向审慎性监管过渡。例如，日本在 2012 年取消保险资金（含年金保险）投资比例限制，重点监管偿付能力指标，以加强风险控制。这是由于在市场行情不好的情形下，无须法律限制，生命保险公司也会将股票等高风险资产配置到较低水平。

此外，除了对监管模式的转换，也需要采用别的手段来辅助。例如，发展私人养老金，增强其竞争性，提高信息披露程度，增强决策的透明度和对投资顾问资质的审查与监管等，以期实现资产的保值、增值。

第四节　中国退休金制度发展研究

一、发展历程

70 年来，就养老保险法治建设而言，无论是规范性法律文件的制定还是养老政策的颁行，都取得了丰硕的成果。总体上，这段历程呈现的从劳动保险向社会保险的转变，大致可分为以下三个阶段。

（一）1949~1991 年：从劳动保险到探索改革职工基本养老保险

中华人民共和国成立后，企业职工根据《劳动保险条例》规定享受养老待遇，同期的机关事业单位工作人员实行独立于职工劳动保险的供给制度，后者的待遇水平更高。为消除不同群体养老保障制度的差异，全国总工会于 1957 年建议取消机关事业单位工作人员供给制度，与企业职工劳动保险进行合并。但本次改革未能触及身份这个实质内容，两个群体养老保障体系依然分立，紧接着消除不同群体养老保障制度差异的改革被中断。

1991 年，国家开始尝试通过集中改革职工基本养老保险来实现企业与机关事业单位的分离，进而带动不同群体养老保险再改革。《关于企业职工基本养老保险制度改革的决定》（国发〔1991〕33 号）（以下简称 33 号文）提出，个人按其工资 3% 的缴费比例缴纳基本养老保险费。通过企业与劳动者缴费进入统筹基金账户和个人账户的方式，建立真正的养老保险制度。因此，将 1991 年作为中国养老保险法治建设历程的重要时间节点。但是，相较于企业职工和机关事业单位工作人员养老保险改革，农民养老保障问题直至 1991 年仍未被提及，农民依旧沿袭传统的家庭养老模式。

（二）1991~2009 年：从探索改革到集中建设职工基本养老保险

20 世纪 80 年代，在探索改革职工基本养老保险的过程中，并未解决与机关事业单位养老保险"并轨"的问题，反而造就了养老保险群体间的"干企差别"和"城乡差别"（郑秉文，2009）。20 世纪 90 年代的养老保险改革集中体现在对职工基本养老保险制度的社会化建设上，改革主要包括以部分积累制作为筹资模式、社会统筹与个人账户分配比例、转制成本的支付主体等，而将调整不同社会群体间的公平诉求推后。

对于职工基本养老保险改革，国家出台了许多文件，通过三个阶段来达成：第一，退休金统筹阶段（1992~1994）。该阶段落实了 33 号文，提出建立职工基本养老保险、企业补充养老保险和职工个人储蓄性养老保险相结合的社会保险制度，职工基本养老保险缴费由国家、企业、个人三方负担。第二，统账结合阶段（1995~1998）。1993 年出台的《关于建立社会主义市场经济体制若干问题的决定》和 1997 年的《关于建立统一的企业职工基本养老保险制度的决定》（国发〔1997〕26 号）（以下简称 26 号文），前者提出了社会统筹与个人账户相结合的养老保险制度想法，后者制定了改革方案。第三，统一并轨阶段（1991~2009）。该阶段将第二阶段的统一并轨改革在全国大规模推广，但是当时养老保险统筹层次较低，且各地管理制度各异，使得改革推进较为缓慢，直到 2007 年《劳动合同法》的实施才间接加速了改革的进程。

可惜的是，这一阶段职工基本养老保险的改革并没有复制到机关事业单位养老保险改革中。即使提出了相关的政策法规，大多也只是重复养老保险"分配平等"的政治立场，并未有明确的改革方案。因此，该阶段机关事业单位养老保险的社会化改革推进缓慢，几近停滞。

而为了缩小城乡差别，20 世纪 80 年代被忽视的农民养老保险在这一时期开始试行。1992 年，国家提出在县级建立农村养老保险（以下简称老农保），这是国家改善弱势群体养老保险待遇的一大创举。其方案与职工、机关事业单位养老保险不同，资金筹集坚持以个人缴纳为主，集体补助为辅，国家给予政策扶持。参保农民可选择月缴费 2~20 元十个档次，60 岁后可领取养老金。但是，老农保主要依靠个人缴费，而农民的缴费能力有限，因此，该制度欠缺公平性，仍需要改进。

(三) 2009~2019 年：从改革职工基本养老保险到推进全社会养老保险统筹

经历了前两个阶段的改革，职工基本养老保险制度建立了相对成熟的职工基本养老保险缴费、资金运转和待遇给付模式。由于之前的改革以不同的群体身份来实施，使得群体间的身份差异长期被固化，难以在短期内被突破乃至消除。改革开放后整个制度出现了新的趋势和结构性变化，养老保险待遇水平在不同群体间的差异越来越大，演变为各方均不满意的结果。因此，本阶段的重心转移到解决其他社会群体的养老保险问题，即如何实现养老保险的公平性和普惠性，本阶段的改革主要侧重两个群体：机关事业单位工作人员和农民工。

本阶段机关事业单位工作人员养老保险"并轨"改革在有序推进。这一时期的"并轨"改革的重点是解决机关事业单位工作人员与职工基本养老保险的差异的问题，谋求两者在养老保险形式上的公平。这体现了养老保险改革与发展战略从照顾弱者到普惠全民的转变。2010 年出台的《社会保险法》明确，机关事业单位养老保险由国务院另行规定，从而以立法形式承认机关事业单位养老保险独立于城乡居民和职工基本养老保险。2015 年出台的《关于机关事业单位工作人员养老保险制度改革的决定》在顶层设计上实现了机关事业单位工作人员与职工基本养老保险的"并轨"。随后，各省级政府公布了机关事业单位养老保险"并轨"方案，对缴费和待遇、改革的范围、改革前后待遇衔接、养老保险关系转移接续等进行了规定，确保"并轨"改革促进社会保障公平。这个方案的实施对缩小机关事业单位工作人员与职工基本养老保险金待遇水平的差距，起到了一定的作用。但是改革仍在过渡期，并未全面覆盖。

在新农保的实施过程中，也出现了许多问题。2009 年国务院发布《关于开展新型农村社会养老保险试点的指导意见》，全面试行新农保。新农保在 2012 年基本实现全覆盖，但是和老农保一样，主要靠个人缴费，因此，导致了部分农民不愿继续参保，即使在参保率高的地区农民也普遍选择最低的缴费档次。而且新农保待遇水平较低，不能满足基本生活需要。此外，在城市化进程中，部分进城务工的农民通过与正式职工基本养老保险待遇进行对比，引发了制度的横向差异。为此，2014 年对新农保再度进行改革，在《社会保险法》第 22 条的基础上，制定了 "8 号文"，建立了统一的城乡居民基本养老保险。并在北京、天津和重庆等地进行试点，以解决新农保推行中待遇和信任度低等问题。

可见，这一时期国家以立法形式赋予了不同群体养老保险设立的正当性，将养老保险分配不平等纳入法律程序内治理，以制度公平推进全社会养老保险的统筹。

二、发展现状

我国经历了几十年的摸索，也终于形成了相对成熟的养老保险制度。根据 OECD 2019 年发布的《养老金概览：OECD 和 G20 国家各项指标》显示，我国退休金制度目前的现状：第一，养老金制度充分考虑到低收入群体；第二，养老金收入不平等现象仍然存在。

（一）养老金制度充分考虑到低收入群体

养老金替代率衡量的是养老金制度如何有效地提供退休收入来替代退休前的主要收入。从表 18-5 的数据来看，我国在总收入替代率、净收入替代率上均高于 36 个 OECD 成员国、欧盟 28 国的平均水平。相对来说总收入替代率较高，这表明我国目前的养老金制度可以有效地提供退休收入来替代退休前的主要收入。净收入替代率是指除去税收和社保费率，个人可支配收入在退休时和工作时的相对水平。它相对来说较高，表明我国的老年人口在退休后可支配收入相比别国较高。从侧面反映了我国的养老金制度较为成功，对人民群众的晚年生活起到了一定的保障作用。

表 18-5　2018 年各国养老金替代率对比

国家	中国	36 个 OECD 成员国平均水平	欧盟 28 国平均水平
总收入替代率（%）	71.6	55.2	52
净收入替代率（%）	79.4	59	63.5

资料来源：*Pensions at a Glance* 2019。

从不同收入水平人群的强制性养老金总收入替代率来看，我国的养老金制度保障了低收入者，较好地发挥了兜底作用。大多数 OECD 成员国的目标是保护低收入者免于老年贫困，这使得各国低收入者的替代率在整体上要高于平均收入者。如图 18-3 所示，我国的低收入人群强制性养老金总收入替代率高达 90.6%，远远高于 OECD 成员国（60%）和欧盟 28 国（60.3%）的平均水平。这表明，我国的养老金制度充分考虑了贫困人群。

（二）养老金收入不平等现象仍然存

基尼系数是衡量养老金收入差距常用的指标，它用来衡量不平等现象，这里是基于等值化家庭可支配收入的分布，范围在 0（所有人完全平等）和 1（完全

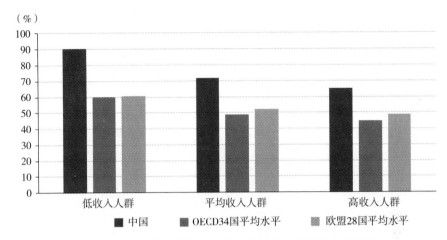

图 18-3　2018 年不同收入水平人群的养老金总收入替代率

资料来源：*Pensions at a Glance* 2019。

不平等，即一个人获得所有收入）之间。根据 OECD 2019 年发布的《养老金概览：OECD 和 G20 国家各项指标》，OECD 成员国 65 岁以上老年人的平均基尼系数为 0.302，中国老年人的基尼系数为 0.545，显著高于 OECD 成员国的平均水平。这说明我国的老年人收入差距大，而且这个差距要大于世界平均水平。这也从侧面反映出来，65 岁以上老年人的收入差距问题在最近几十年没有得到改善。

究其原因，主要是养老金制度在历史改革的过程中一直存在不同人群的身份差异，近几年来刚刚解决，效果还并不明显。目前，退休金制度中存在的不公平现象是："并轨"改革效果不明显；"非农非工"的农民工参保制度不完善。

1. "并轨"改革需要进一步完善

养老金"双轨制"是指不同工作性质的退休人员实行不同的养老金制度。由于双轨制对应的不同制度、不同标准，给予了差别化待遇，退休金收入差距悬殊。这明显不符合公平性和普惠性，因此，有必要通过"并轨"改革来消除这一差距。

2015 年 1 月 14 日，国务院正式发布《关于机关事业单位工作人员养老保险制度改革的决定》。方案明确，机关、事业单位建立与企业相同的基本养老保险制度，实行单位和个人缴费，改革退休金计发办法。这次改革建立了与企业年金制度相对应的职业年金制度，补充养老保障制度。至此，长达 25 年的"双轨制"结束。

这次改革之后，推出了新办法。新办法的待遇主要包含四个部分，即基础养老金、个人账户养老金、过渡性养老金和职业年金，计划在 2024 年 10 月全面实施。新老办法的计算公式有所差别，如图 18-4 所示。

新、老办法计算公式分别为：

新办法待遇月计发标准=基础养老金+个人账户养老金+过渡性养老金+职业年金；

老办法待遇月计发标准=（A×M+B+C）× $\prod\limits_{n=2015}^{N}$（1+G$_{n-1}$）

其中：A为2014年9月工作人员本人的基本工资标准；
B为2014年9月工作人员本人的职务职级（技术职称）等对应的退休补贴标准；
C为按照国办发〔2015〕3号文件规定相应增加的退休费标准；
M为工作人员退休时工作年限对应的老办法计发比例；
G$_{n-1}$为参考第n-1年在岗职工工资增长等因素确定的工资增长率，n∈〔2015，N〕，且G2014=0；
N为过渡期内退休人员的退休年度。N∈〔2015，2024〕，2014年10月1日至2014年12月31日期间退休的。

图18-4 养老金新、老办法计算公式

资料来源：网易新闻。

由于"并轨"改革刚开始实施时间不长，目前正处于过渡期。为了保证退休待遇新办法和老办法的平稳过渡，国家设置了10年的过渡期，从2014年10月至2024年9月。在过渡期，事业单位退休待遇采取"老人老办法、新人新制度、中人逐步过渡"的方案。

表18-6 2015~2017年机关事业单位和企业职工基本养老金收入

年份	基本养老金收入（元）		比值	收入差（元）
	机关事业单位	企业职工		
2015	44125.52	27108.18	1.63	17017.33
2016	46993.67	28870.21	1.63	18123.46
2017	49578.33	30458.08	1.63	19120.25

资料来源：《中国劳动统计年鉴》（2015~2017）。

如表18-6所示，实施新办法并未有效改善机关事业单位职工和企业职工之间的养老金收入差距。据上表18-6统计数据得知，2014年改革后，机关事业单位职工和企业职工之间的基本养老金收入仍存在差距，2015~2017年退休的机关事业单位职工领取的基本养老金收入是企业职工的1.63倍。因此，并轨改革并未达到理想的效果，还需要进一步完善。

2. 农民工参保制度不完善

农民工是我国社会转型发展时期形成的一类特殊群体，其拥有农村户口，但选择在城镇务工，一方面可以看作"亦农亦工"，另一方面也可以视为"非农非工"，具有自身独特的身份属性。基于农民工在我国城市化建设及工业化进程中的重要作用，推进农民工养老保险制度的顺畅运行，是新时期社会发展的必然要求。

过去由于城乡两套养老保险制度相互独立且区别，互不衔接。农民工来到城市后缺乏农村和城市之间的社保接续机制，不能就近享受养老保险，处于社保制度的真空地带。因此，2014 年 2 月 7 日，国务院决定合并新型农村社会养老保险和城镇居民社会养老保险，建立全国统一的城乡居民基本养老保险制度。

而现在农民工面临的问题是，在统一的城乡居民基本养老保险制度和城镇职工养老保险之间该如何选择。

2009 年 12 月国务院出台的包括农民工在内的城镇企业职工基本养老保险关系转移接续暂行办法规定，参保年限满 15 年才能享受社会统筹账户待遇。但在一个地方工作 15 年对农民工来说很难实现，而且农民工与城市员工在养老保险待遇方面存在许多的不同，因此，农民工参加城镇职工养老保险的积极性很低。

而统一的城乡居民基本养老保险制度又需要按照户籍来缴费参保，农民工在城镇工作，户籍却在农村，这就造成了参保不便，产生了养老保险转移接续问题。农民工养老保险转移接续困难的一个很重要的原因就是全国社保统筹尚未实现，部分省份省级统筹刚刚完成。各地区经济发展水平不平衡，只有不断提高全国社保统筹水平，调节各地区的收支差异，才能顺利解决包括农民工在内的城镇职工养老保险关系的转移接续问题。

我国为解决农民工养老保险问题出台了一系列政策，但是至今还没有做到全国各地统一，面对复杂的农民工群体，这些政策不足以解决根本问题，因此，农民工退休金制度是当下退休金制度的发展重点。

三、发展重点

(一)　促进私人养老金发展

在我国，随着人口老龄化的来临，养老金制度建设也受到了越来越多人的关注，我国养老金第一支柱建设相对来说比较完善，但是由于其过度依赖第一支柱，引发的问题也比较多，因此，我国未来养老金的发展重点要集中在第三支柱的发展建设方面。

对于我国的养老金第三支柱建设，首先，我们可以参考西方发达国家的经验。从美国及欧洲等国家的发展经验来看，在发展养老金第三支柱时，主要采取的是个人养老金账户及保险先行的制度，这些发展方式在应用时，用户的选择相对来说比较多，能够根据个人需要选择适合自己的产品进行投资，实现了更大范围内的统筹分配和合理化安排，操作方便快捷。

其次，我们应该加大养老金第三支柱的宣传力度。目前，我国养老金制度经过多年的发展已经取得了一定的成就，人们对于养老金第一、第二支柱已经有了一定的认识和了解，但是由于养老金第三支柱发展比较缓慢，人们对于其的了解和认识并不是十分充分。而且由于第三支柱采取的是自愿性，需要居民积极配合，主动参保，因此，我们有必要向广大居民普及第三支柱的内涵和作用。

（二）完善职业年金制度

2008 年我国的 5 个省（市）事业单位开始试点职业年金制度，随后 2015 年《关于机关事业单位工作人员养老保险制度改革的决定》和《机关事业单位职业年金办法》的发布使职业年金的大致框架渐渐明晰，但由于刚开始建立该制度，我们现阶段还处于探索阶段，因此，对于具体的配套政策和运行细则需要进一步完善。

职业年金制度是针对养老金"干企差别"而设立的，我们应当考虑其最初的设立目的是为了消除不公平现象。因此，在替代率的设定上，要拿捏好，要防止替代率过低造成所应起到的弥补收入落差、补充基本养老保险的作用没有得以体现。同时，又应设立职业年金替代率上限，防止替代率过高而没有改变机关事业单位实际养老待遇，出现新的"隐性双轨"。关于这一点，《关于机关事业单位工作人员养老保险制度改革的决定》并未就职业年金所应达到的替代率予以明确，为此我们要进一步明确。

（三）解决农民工参保问题

农民工由于具有较强的流动性，又具有双重身份，在参保方面很容易出现问题。在企业工作，应按规定缴纳职工养老保险；但由于户籍在农村，又属于新农合的覆盖对象，双重身份会导致重复参保。更重要的是，这两类分属不同系统，独立运行，目前，在统筹层次、统筹方式、补偿水平等方面存在较大差异，导致城乡保障制度无法有效衔接，出现双重参保现象，或者政府养老保障责任界限不清晰、互相推脱的现象。因此，目前我国农民工养老保险最关键的是要做好全国统筹，以实现农民工基本养老全覆盖。

全国统筹最大的难题就是地区发展不平衡问题导致养老保险也存在较大的差距，我们应当确保中央和地方政府一起为农民工养老保险统筹做出努力，而相应的税收也可以由中央与地方共同分配，从而促进我国农民工养老保险全国统筹的实施。

第十九章

社会救助制度

社会救助是以贫困者等弱势群体为对象，以维系受助者基本生活为目标的活动。当前，几乎所有国家都为那些经济状况不足以维持基本生活的社会成员设置了规范的社会救助项目，以此构成了社会救助制度。

第一节　社会救助制度概念、分类及作用

一、概念

社会救助制度起源于人类早期的慈善济贫行动。最初在 16 世纪，欧洲出现了国家济贫制度，由国家作为主体做慈善救济贫民，其中，1601 年英国政府颁布的《伊丽莎白济贫法》成为现代社会救助制度产生的标志。慈善观念的转变主要由于 1943 年贝弗里奇提出的著名的《社会保险及其服务有关的事务报告书》，该报告书对世界各国影响颇深，其拟定了社会救助方案，对社会保险未能完全保护的人给予各项救助，由此各国转变了慈善的观念，变为国民权利与政府责任的观念。

如今，社会救助制度是社会保障体系的一个部分，社会救助制度是指各国政府依据法律的标准和程序，对那些收入无法维持最低生活标准的贫困人口、不幸者和社会脆弱群体实行的社会救助制度。它是保障全体公民基本生存权利，帮助生活陷入贫困状态的社会弱势群体摆脱生存危机的制度。

二、分类

由于不同因素的影响，各国社会保障制度的模式各具特色，依据社会保障制

度的责任主体、覆盖范围、保障水平、筹资模式及经济条件的不同，本书将社会救助制度分为自保公助型、国家福利型和自我积累型三个类型。

（一）自保公助型

自保公助型也可以称为社会保险型模式，主要指的是建立在法律基础之上，国家依据选择性原则，建立以社会保险为主体，社会福利和社会救助为辅助的社会保障体系，并遵循效率和公平相结合原则。自保公助型社会救助模式能够更好地补充收入损失，保障劳动者在暂时或永久丧失劳动能力而失去或间断收入时，能够获得享受基本生活的权利，对劳动者起到基本的保障。自保公助型社会救助模式也更有利于稳定社会秩序，该模式能够保障更多陷入生活危机的成员摆脱生存危机，并获得更好的经济增长效益。同时，减少社会的不稳定因素。除此之外，自保公助型社会救助模式也更有利于促进公民的发展。该模式既能消除劳动者的后顾之忧，也能使其以更好的状态和经济能力去改善自己的生活。

（二）国家福利型

国家福利型也可以称为福利国家型模式。该模式来源于福利国家的福利政策。国家福利型模式依据普遍性和全面性的原则，建立在法律基础之上，以高福利为特征，国家和社会为社会保障制度的责任主体。国家福利型模式的特点主要表现在以下几个方面：第一，在一定程度上促进了经济的发展和资本的扩张。采用该种模式的国家提高了穷人的生活水平，保障了穷人的健康质量、教育质量、住房质量等。第二，对儿童、残疾人、老年人等有更好的照顾、使采用该种模式的国家更好地促进了经济的发展。第三，更好地缓解贫困，对稳定社会起到了不可估量的作用。该种模式不仅缓解了贫困人口的贫困状况，也使贫困人口有更多的机会获得更好的教育，从根本上改变贫困问题。这更有利于缩小社会差距，使社会更加公平。

（三）自我积累型

自我积累型模式也可以称为强制储蓄型模式。自我积累型模式主要产生于现代新兴工业化国家和发展中国家。该种模式更加强调自立性原则，以国家立法为基础强制建立个人社会保障储蓄账户，该种模式体现了效率和激励的原则。个人社会保障储蓄账户由雇主和雇员的一方或双方承担社会保障费用，采取完全积累方式进行市场化的运营。社会救助制度的本质是资源的再分配，但是在自我累计型的社会救助制度下，仅指的是自我资源的再分配，一些贫困人群如果之前没有积累将无法受到救助，可能还会导致社会差距加大，尽管国家也会进行补助，但补助有限。

三、作用

社会救助制度通过资金和服务对贫困者进行帮助，对他们的基本生活实施保障，其本质是社会财富的再分配。当前，几乎所有国家都为那些经济状况不足以维持基本生活的社会成员设置了规范的社会救助项目，以此构成了社会救助制度。建立和完善社会救助制度，是经济建设的减震器，是针对贫困者的最后一道防线。

(一) 对公民基本生活提供保障

社会救助制度有助于改善城乡困难家庭的生活水平，促进困难群体脱离贫困。现有救助家庭困难的原因比较复杂，既有自身劳动力缺乏而导致的生活贫困，也有由于机制和制度性而不能就业的人群。中央及各级政府作为社会救助的主要提供主体，通过物质、资金、服务等方式，将社会财富转移给贫困群体，实现财富的二次分配。对于贫困人口来说，其基本生活可以得到保障，同时能得到进一步发展的资金，有利于其摆脱困境。

(二) 有利于维护社会公正

贫困群体拥有的社会资源较少，仅仅依靠自身努力很难脱离生活困境。建立社会救助制度并作为最低层次的社会保障，既是保底性的制度安排，保障每个公民的最基本生活，也是对公正理念的贯彻。同时，社会救助制度也为每个人创造条件，可以通过自己的奋斗获得公平发展的机会，免除陷入生存危机的风险。此外，各国在社会救助制度内容方面不断丰富，救助覆盖范围也在不断扩大。

(三) 促进社会和谐稳定

社会救助是安全网，更是稳定器。贫困群体的稳定性是考察社会稳定程度的重要因素。贫困群体不仅更容易遭遇风险，风险对他们的负面影响也会更为严重，因为他们应对风险的工具非常有限。不仅如此，由于贫困人群没有能力或者不愿意选择高风险、高回报的经济活动，他们不仅难以脱贫，其贫困程度甚至会进一步加深。因此落实困难家庭基本公共服务权利、防止贫困代际传递的有效手段，也是建立和谐社会不可或缺的重要内容。

第二节　社会救助制度比较研究

社会救助制度在不同社会类型的国家之间存在着很大的多样性，而且即使在社会类型基本相同的不同国家之间也同样呈现出多样化的模式。

一、自保公助型

自保公助型模式由政府制定有关社会救助的法律，作为社会救助制度的实施依据。在资金筹集方面多体现自我保障，并辅以国家补偿机制。社会救助表现为强制性保险，实行社会救助费用由国家、雇主和个人共同承担的缴费机制，国家以不同标准拨款资助。社会救助资金除了以个人和雇主为主以外，也争取社会各界的资助，实现资金的多元化来源。公民只有在履行社会保险缴费义务后才能享受社会救助权利，才能依法领取社会保险津贴。公共机构和私营机构均可以参与到社会救助制度的管理和运行中，这也体现了自保公助型的公私并举、责任共担，是具有差别性的社会救助模式。自保公助型社会救助模式的保障范围较为广泛，几乎保障了全体社会成员。各国依据国情不同，制定的社会保障具体项目有所不同，但都在一定程度上解决人们的生、老、病、死、伤残及失业等后顾之忧。社会保障制度自保公助型模式起源于德国，而后美国、日本等国家也纷纷采用该种模式。

经济发展水平一直是影响各国社会救助制度完善和发展的重要因素之一，以至于西方很多学者也将社会救助制度的研究纳入经济学的研究当中。从社会救助制度的发展历史我们可以看到，该制度是一种国家干预的社会保障方式，旨在解决贫困人口的基本生活需求，是在特定的经济条件下产生和发展的，因此，社会救助制度的产生和发展和各国的经济基础紧密相关，各国社会救助制度的模式选择受到经济基础的客观约束。不过，以德国、美国为典型代表的自保公助型国家，均属于经济实力较为雄厚的国家，但是也都存在贫困问题。

二、国家福利型

该种模式的社会救助制度通过转移支付方式直接向低收入人群提供生活补助，使低收入人群的生活状况得到了较大的改善，极大地缓解了贫困人口的贫困状况。缩小了贫富差距，促进了社会公平。该模式的社会救助范围较为广泛，保障水平较高，保障项目较为齐全，社会保障的资金主要来源于财政资金。国家福利型模式是一种广泛、充分的社会保障模式，体现了一种公平的制度安排，也可以被称成为"从摇篮到坟墓"的福利模式。

经济发展水平也会影响各国社会救助制度的发展水平。社会救助制度实质上是一种经济上的保障，多数国家的保障形式都体现在货币给付上，因此，一个社会的财富积累是制约社会救助模式选择的重要因素之一。很多经济学家都认为，福利水平的高低是以经济发展水平为基础的。国家福利型国家因其经济水平高于国际平均水平，所以，国民素质、个人收入和物质水平都处于较高的水平。该模式起源于英国，后以英国、瑞典、丹麦、挪威等北欧国家为典型代表。

三、自我积累型

自 20 世纪 50 年代以来，以新加坡和智利为典型代表的自我积累型社会保障模式得以建立，该模式也是三种社会保障模式中建立的最晚的。该种模式作为一种独特的制度安排，为社会保障制度的发展和完善提供了新的范本。新加坡主要实行中央公积金模式，智利则采用养老金私营化模式，这两种模式均是为符合条件的社会成员建立个人社会保险储蓄账户。参加保险的人根据法律规定以工作年限为依据，定期缴纳社会保险费用，逐年累计，在退休时，根据个人储蓄账户的累计额再加上个人账户的资金投资所得，来领取养老金。该种模式的主要特点为国家依法强调雇主和雇员的专项储蓄。社会保险资金由雇主和雇员共同承担，政府给予财政拨款，从而实现养老、医疗、失业等情况的自我保障。

智利作为南美洲繁荣稳定的国家之一，社会治安较为稳定，社会经济在近几年也有了显著和持续的增长。智利除了拥有较为稳定的政治环境和自由的经济环境外，也拥有较强的市场竞争力和较高的民众生活质量。新加坡自 1965 年独立以后，逐步摆脱了单纯依靠转口贸易维持生计的局面，逐渐成为新兴发达国家，被誉为"亚洲四小龙"之一。新加坡作为拥有多种宗教、多种种族、多种文化和多种语言的移民国家，政府治国的核心思想是促进种族和谐，其社会保障制度和宏观经济体现出一种相互依赖和相互促进的关系。新加坡的中央公积金制度既支持了国家基础设施建设，又为社会救助提供了长期的资金保障。该种模式也是新加坡充分利用自身特点，形成的具有自身特色的社会救助制度。

表 19-1　社会救助制度比较

制度类型	责任主体	覆盖范围	筹资模式	经济条件	代表国家
自保公助型	国家、雇主和个人共同承担	较为广泛	自我保障，并辅以国家补偿机制	经济实力较为雄厚	美国、德国、日本
国家福利型	国家和社会	广泛	财政资金	长期和丰厚的物质	英国、瑞典、丹麦、挪威
自我累积型	雇主与雇员承担	符合条件的社会成员	雇主、雇员的一方或双方	较为稳定的经济环境	新加坡、智利
比较	国家福利型由政府承担的最多，自我积累型国家参与较少	归家福利型覆盖范围最广，更加追求公平	自保公助型为了协调各阶级之间的矛盾，呈现分散化的筹资方式，实行国家福利型模式的均为经济实力较强的国家		—

总体而言，如表 19-1 所示，国家福利型政府承担的最多，自我积累型国家参与较少。覆盖范围上，国家福利型覆盖范围最广，更加追求公平，自我积累型更加强调自我的积累，自己累计资源的自我分配，覆盖人群有限。自保公助型为了协调各阶级之间的矛盾，呈现分散化的筹资方式，跟其历史文化有一定的关系，而国家福利型更加注重维护社会的和谐稳定，注重财富的分配和减缓贫富差距，该类型的社会救助模式也体现出权利与义务"不对等"，采用自保公助型与国家福利型模式的均为经济实力较强的国家。

第三节　社会救助制度发展内容与重点

随着世界进入经济全球化和市场化时代，各国和各地区都不同程度地面临贫富差距拉大的问题。如何通过社会救助应对贫富分化，解决弱势群体的诸多生活困难，以缓和社会矛盾，促进社会公正、平衡发展，已经成为世界各国和地区共同需要解决的问题。总体上来看，社会救助的水平都有提升，救助项目越来越多，覆盖人群越来越广泛，救助标准不断提升，社会救助制度的不断完善，保障了人民的生活水平，提升了人民的幸福感。

一、发展内容

纵观国内外社会救助的发展经验，可以看出，虽然各国因其自身国情采取了不同的社会救助模式，但是社会救助制度的发展始终围绕着救助项目、覆盖人群、救助标准三方面不断丰富，让更多的贫困群体可以享受到社会给予的基本生活保障。

（一）救助项目越来越丰富

救助项目与人的最基本需求密切相关，因而，受到经济社会发展水平、程度等各种因素的影响。总体上看，随着经济社会的发展，人的最基本需要会不断扩大，推动社会救助项目不断增多，最初可能只是开展有限的物质性救助，现在则将服务性救助项目涵盖进来，体现着社会救助项目的便捷性与为人性；最初可能只是食品、衣服、居住、医疗等生存性项目的救助，现在则可能拓展到教育、就业乃至法律援助等发展性项目的救助，体现着社会发展的人文性与价值性；最初更多的只是物质生活的救助，而现在可以拓展到生活服务、精神服务乃至康复护理等领域的救助，体现出社会救助项目的拓展与延伸。

（二）覆盖人群越来越广泛

在各国社会救助制度实施过程中，对保障对象通常都有明确的规定。按照国际劳工组织的观点，认为在工业化国家，有权享受社会救助的受助对象，是那些收入相当于制造业公认平均工资30%的家庭和个人。依据社会救助对象贫困的原因，也可将社会救助对象分为没有生活来源又无依无靠的公民、突发性灾害后的贫困公民、有收入来源但是低于国家法定最低生活标准的公民、特殊贫困区域的公民及特殊贫困者等。与救助项目的发展态势相适应，社会救助制度的覆盖人群也在逐步增多。

（三）救助标准不断提升

救助标准的高低在很大程度上决定着社会救助制度能否有效缓解被救助对象的生存困境或者满足其最低生活需要。从国际经验来看，无论是自由主义福利国家，还是保守主义福利国家，抑或是社会民主主义福利国家，其社会救助的标准都在不断提高。在经济发展水平和人们生活水平持续提高的背景下，为了有效解除被救助者面临的生存危机或者满足其最低生活需要，政府正逐年提高社会救助的标准。以中国的最低生活保障为例，城市最低生活保障标准由2004年的每人每月 152 元提高到 2019 年的 624 元，农村最低生活保障标准则由 2007 年的每人每月 70 元增加到 2019 年的 444.6 元，两者分别增长了 310.5%和 535.1%。

二、发展重点

社会救助内容的核心是救助项目，针对存在的民生问题，救助项目不断丰富发展，救助项目种类增多，则受众群体增多，救助标准也会因救助项目的要求更加具体而提高标准，同样，救助项目增多，资金支出也会增长。

（一）救助项目分类化的综合管理

从现代社会救助的发展历史来看，各国社会救助通常都是从基本生活救助单项出发，逐渐发展出多种救助专项，从而在社会救助体系的基础上，通过法制化促进体系定型发展。但一般情况下，不同的部门管理不同的救助项目，部门分割的社会救助管理体制使制度割裂较为明显，实施制度的不同部门之间的协调成本很大，制度设计、救助规划与部门实施之间均难以实现全面协调，影响了工作效率，导致综合救助能力减弱，进而影响社会救助制度运行的绩效水平。由于部门间缺乏有效的沟通与衔接，难以形成统一的救助决策与监测体系，救助信息难以实现共享，导致重复救助与救助遗漏现象并存。特别是多方救助经常集中于同一类群体，部分补助项目用途类似，使得财政资金使用效益和救助政策效果打了折扣，造成社会救助资源的浪费。

（二）覆盖人群中边缘化群体

在最初社会救助制度发展的时期，救助仅针对贫困群体，后期随着社会救助的不断完善，大家也开始重视弱势群体，想要做到应保尽保，但不可避免地存在瞄准偏误问题。当贫困测量产生误差时，将会导致瞄准偏误，因此，贫困的定义不应仅仅单一地定义收入上的贫困，它更是多维度的贫困，同时，也可以将贫困分为慢性贫困与暂时性贫困等，许多学者都尝试定义贫困，去修正贫困的测量误差，但修正后的瞄准偏误依旧存在，且由于政策在实施的过程中可能因为监督机制的缺失或信息不对称等原因没有办法按计划落实，这就造成了有一部分本应该受到救助的群体却被排除在外，因此，如何有效帮助应该受到救助的群体，成为各国主要研究的问题。

（三）救助标准的人性化

救助标准是保障人基本的生活需求，当遇到贫困时，社会救助会帮助渡过难关，但不可避免会有群体因为享受了社会救助而拒绝去工作，因此，各国树立了适度的救助理念，坚持"救穷不救懒"的原则，把"输血式"救助和"造血式"解困有机衔接。目前，部分国家在社会救助对象的管理上也加入了部分附加条件，也就是说，被救助者并不是无条件地领取社会救助。例如，新加坡在就业扶助计划中就要求被救助者必须同就业扶助顾问合作，在接受救助的同时，也需要遵守就业扶助顾问与其制定的所有约定，否则被救助者将被减少或停发救助金及物资。在美国，早在 2000 年，政府就对救助者提出了新的救助要求，对接受救助的单亲父母均有工作时长的限制，要求在接受救助的同时每周工作至少 30 小时，如达不到要求将被减少或停发救助金及物资。在英国，政府也同样对被救助者提出了新的要求，特别是严格限制单亲父母、年轻的失业人员及长期的失业人员，并通过一定的措施使这些人员重新走上工作岗位。

第四节 中国社会救助制度发展研究

党和政府一直重视保障和改善民生，经过半个多世纪的改革与发展，中国社会救助制度在救助项目、覆盖人群、救助标准以及财政支出等方面实现了重要发展，日渐成为保障民众基本生活、促进社会和谐稳定和实现国家长治久安的重要制度安排。

一、发展历程

1956 年的《1956~1967 年全国农业发展纲要（草案）》中首次提出实行"五保"制度，要求各农业合作社"对社内缺乏劳动力、生活没有依靠的鳏寡孤独的社员"，做到保吃、保穿、保烧（燃料）、保教（儿童和少年）、保葬，五保供养制度是一项富有中国特色的社会保障制度，也是我国社会主义阶段建立时间最早、持续时间最长的社会保障制度。五保供养制度的产生是为了保障农村无劳动能力、无生活来源、无法定赡养人或抚养人的老年人、残疾人和未成年人。1993年，为了配套国企改革，产生了城市低保，传统的社会救济制度逐步被现代的社会救助制度所取代，作为最重要的社会救助制度安排，最低生活保障制度经历了从个别城市试点向所有城市推行，从城市向农村逐步发展的历程。低保制度的提出与实施，标志着"中国社会救助制度从慈善性救济向制度性救助转变"。与此同时，住房救助、教育救助、医疗救助等配套性的专项救助制度也被相继提出与推行，逐步形成了以低保制度和五保供养制度为基础，各专项救助制度共同发展的综合性社会救助制度体系。

（一）改革开放初期的传统型社会救济阶段（1978～1992年）

改革开放初期，中国社会救助制度的主要目标在于进一步恢复计划经济时期的救济模式，恢复成立民政部，设置城市社会福利司主管城市社会救济工作，农村社会救济司主管农村社会救济工作。随着家庭联产承包责任制的推行，集体经济的保障功能弱化，迫切需要改革救济方式，农村贫困救济成为这一时期社会救济工作的重点。通过对农村常年生活困难的特困、孤老病残人员等进行定量定时救济，完善五保供养救济，使农村绝对贫困人口得到基本保障。在城市地区，改革开放前的计划经济体制因推行以"低收入"为前提的城市劳动人口普遍就业政策，建立了基于工作身份的"单位制"职工福利体制，居民依附单位，城市贫困问题并不突出。但随着改革开放后计划经济体制的解体，城市居民下岗、失业等问题成为日益严重的社会问题。国家高度重视城市生活困难居民的生活问题，早在1979年民政部召开的"全国城市社会救济福利工作会议"上，就明确提出了城镇救济对象主要为"无依无靠、无生活来源的孤老残幼，以及无固定工作、无固定收入来源的生活困难居民"（"三无"人员），"对中央明文规定给予救济的人员，按规定办理"。

该阶段的社会救济制度虽然在救助范围、救助方式、救助资金投入等方面有所恢复和发展，但并未突破传统思路和发展框架，救助资金投入总体较少，救助标准非常低，救助对象认定随意性大，救助程序不合理。

（二）试点建立最低生活保障制度的探索阶段（1993～2007年）

随着我国国有企业改革的加速，城市中出现了大量失业和下岗而带来的贫困人口，为了解决他们的生活困难问题，1993年5月，上海市社会保险局发布《关于上海市城镇居民最低生活保障线的通知》，6月1日，上海市实施城市最低生活保障制度。随后，厦门、大连、青岛、福州和广州等地纷纷开始试点工作，民政部把探索建立城市低保制度作为民政工作的重中之重。城市最低生活保障制度的建立，是中国社会救助制度发展的重要里程碑，从实质上真正确立了国民的基本生活保障权益。1999年，用法规形式明确了政府救助贫困群体的法定责任，《城市居民最低生活保障条例》规定，"凡人均收入水平低于当地最低生活保障线的家庭"，均有权申请低保，首次从制度层面赋予国民平等受助的法定权利。农村低保相比城市发展略微滞后，到2002年，全国绝大多数省份都不同程度地实施了农村居民最低生活保障制度。2007年，国务院印发《关于在全国建立农村最低生活保障制度的通知》，对建立农村最低生活保障制度的目标和总体要求、标准和对象范围、规范管理方式、落实保障资金等主要方面进行了明确的规定。

但是，该阶段城乡低保相关制度的运行与执行仍不规范，救助标准还比较低，离真正的规范化、制度化还有很大差距，基层实践出现较大偏差，如各地在实践中对保障对象的家庭生活形态进行了苛刻的规定，使得许多应该纳入保障范围的困难群体实际上并未得到任何保障，并且受财力限制，保障水平还很低。

（三）综合全面型的社会救助体系建立阶段（2007年至今）

低保制度在城乡地区的全面建立和进一步发展，很好地解决了城乡贫困人口的基本生存问题，但因贫困者陷入贫困的成因差异较大，其他生活风险严重影响着贫困者的生存，单纯性的基本生活保障并不能解决贫困群体的生存危机，如对贫困群体的就医、就学、住房、就业等方面的专门需求未能给予满足。在进一步完善低保制度的同时，相配套的为解决贫困群体专门性困难的专项救助制度被提出并进一步实施、推行。2014年2月，国务院颁布了《社会救助暂行办法》。这是第一次以行政法规形式来规定最低生活保障、特困人员供养、受灾人员救助、医疗救助、教育救助、住房救助、就业救助、临时救助八项社会救助制度。各地以低保制度和五保供养制度为基础，积极建设涵盖医疗、教育、就业、住房、应急等领域的专项救助制度。初步形成了综合性的现代社会救助制度体系，为贫困群体提供了一张能够结实保障基本生存的"安全网"。在制度的实施过程中，也存在着一些问题，在有些地区，伴随着救助标准的不断提升，专项救助项目与低保救助的简单累加，不可避免地造成了部分受助群体对社会救助的过度依赖，甚至出现就业积极性下降，缺乏主动脱贫的动力的情况，因此，我们仍面临诸多问题。

该阶段社会救助标准和水平获得稳步提升，救助范围迅速扩大，生活困难群体在住房、教育、医疗、就业等方面的需求得到更多关注，以低保和五保供养为基础，各专项救助制度共同发展的局面逐步形成，保障贫困对象可以获得更多的发展条件和尊严，社会救助真正开始发挥"安全网"的作用。

二、发展现状

社会救助只提供给有需要的人，因而是社会保障体系的底部。在救助过程中，不管是讲社会政策"兜底"，还是社会保障"兜底"，抑或是社会救助"兜底"，归根结底都是在强调低保和五保救助在社会保障中发挥的"兜底"作用。无论是低保还是五保的救助支出均来自于民政事业费，民政事业费资金是否充足直接决定了救助的水平。因此，从低保、五保和民政事业费资金来叙述现状。

（一）城乡最低生活保障制度

最低生活保障制度是我国各地政府为其管辖区域内城乡贫困家庭提供现金救助的社会救助项目。其基本原理是由地方政府根据本地区居民实际生活消费的情况制定最低生活标准，对人均收入低于本地城市或农村最低生活标准的本地户籍家庭提供现金救助，帮助其达到本地居民最低生活标准。

第一，低保救助人数逐年减少。由图 19-1 可知，城市低保人数基本呈线性，逐年减少，农村低保人数在 2010~2011 年有小范围上升后，也逐年减少，且幅度大于城市低保人数，但在 2018 年减速放缓。城乡低保人数快速减少是新增低保人数减少和低保对象退出增多两个方面共同导致的。低保制度是根据家庭人均收入、人均财产拥有等标准确定其对象的。由于家庭人均收入和财产等方面的情况处在变动之中，因此，在正常情况下，低保对象的规模应该是由低保标准和低保对象家庭的实际收入及财产的动态变化共同决定的。在标准不变的情况下，低保家庭人均收入的普遍增加会使许多低保对象退出低保，从而使低保对象减少。同样的情况也会发生在低保申请者身上。同时，一直存在的低保瞄准偏误问题和监督机制的缺失都有可能造成应该享受低保的困难人群没办法得到救助，因此，低保人数的减少可能是多方面原因造成的。

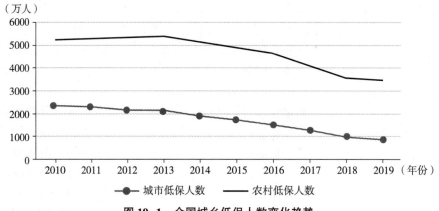

图 19-1　全国城乡低保人数变化趋势

第二，低保救助标准逐年增加。国际上一般把居民收入中位数的 30% 视为"极端贫困线"、40% 视为"严重贫困线"、50% 视为"温和贫困线"、60% 视为"近乎贫困线"。考虑到我国社会救助的发展水平，暂与"极端贫困线"相比较，见图 19-2。由图 19-2 可知，城乡低保救助标准都在逐年提升，且城乡低保救助水平有逐年加大的趋势，同时，与各自的"极端贫困线"相比较，也可以看出，城市低保标准远没达到"极端贫困线"。因此，仍需加大低保资金的投入。

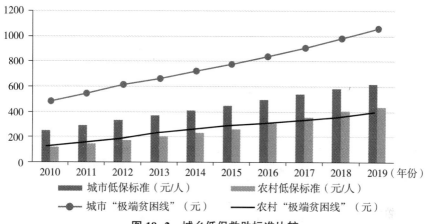

图 19-2　城乡低保救助标准比较

（二）五保供养制度

农村五保供养指对农村村民中无法定赡（扶）养人、无劳动能力、无生活来源的老人、残疾人和未成年人在吃、穿、住、医、葬以及未成年人义务教育等方面给予生活照料和物质帮助。五保供养的标准不得低于当地村民的平均生活水平，并根据当地村民平均生活水平的提高适时调整。五保供养的方式包括在当地农村五保供养服务机构集中供养和在家分散供养，供养对象可自行选择供养方式。五保供养资金在地方人民政府财政预算中安排。有农村集体经营等收入的，可从农村集体经营等收入中安排资金，用于补助和改善五保供养对象的生活。五保供养对象将承包土地交由他人代耕的，其收益归该供养对象所有。中央财政在资金上对财政困难地区的农村五保供养给予适当补助。

第一，分散供养人数多于集中供养人数。由图 19-3 可以看出，分散供养人数比较稳定，而集中供养人数有下降趋势，这表明在当下大多数五保供养对象更倾向于选择分散供养。民政部、国家发改委在 2016 年发布的《民政事业发展第十三个五年规划》中提出，要优先集中供养完全或部分丧失生活自理能力的特困人员，到 2020 年底前生活不能自理特困人员的集中供养率达到 50%。目前来看，2013 年集中供养率达到 34% 后，一直在下降，2018 年仅为 18%，可见，五保供养制度的实施前路依旧很艰难。

第二，供养标准不断提升。《农村五保供养条例》中规定，五保供养标准不得低于当地村民的平均生活水平，并根据本地居民平均生活水平的提高而适时调整。其中，"当地村民的平均生活水平"的标准很模糊，因此，由于当地居民平均消费支出水平的指标与其内涵较为接近，所以把当地居民平均消费支出水平当作衡量五保供养制度是否达到保障水平的现实依据。由图 19-4 可以看出，集中

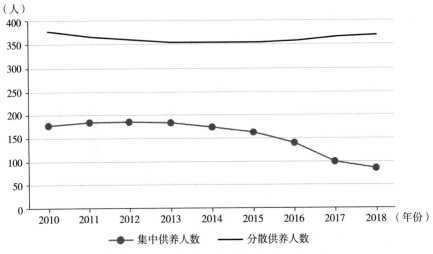

图 19-3　集中供养人数和分散供养人数比较

供养标准一直高于分散供养标准，且两者均与当地农村人均消费支出存在较大的差距，说明虽然五保供养标准在不断提升，但是仍然不能满足供养人群的基本生活需求。

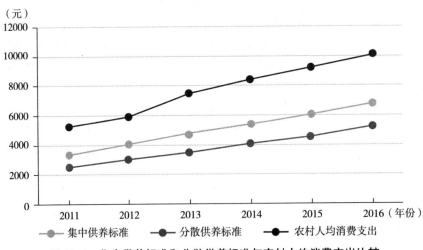

图 19-4　集中供养标准和分散供养标准与农村人均消费支出比较

(三) 民政事业费实际支出

民政事业费实际支出的状况影响着我国城乡居民最低生活保障制度和五保供养制度的保障水平，城乡居民最低生活保障制度和五保供养制度的保障水平要与政府的财政收支状况相适应。同时，城乡居民最低生活保障支出和五保供养支出在民政事业费的实际支出比例在2010~2016年一直高于40%，近年有所下降。

第一，民政事业费实际支出增长缓慢。民政事业是一项与保障和改善民生关系最密切的事业，以最低生活保障制度为核心的社会救助体系是否完善，直接决定着社会发展进程中的底线是否公平，而底线公平无疑是整个社会公平的第一块基石，没有底线公平不可能有社会公平。但由图19-5可以看出，民政事业费实际支出近年增长缓慢，甚至在2019年出现了负增长，增长率为-29%。

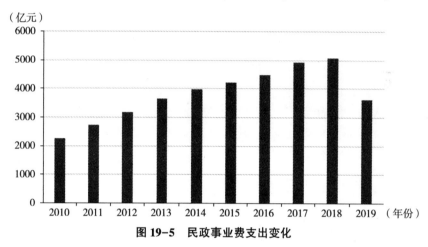

图19-5 民政事业费支出变化

第二，社会救助水平有待提高。民政事业费用实际支出占GDP比重，从供给的角度反映出社会救助水平，而低保和五保是社会救助的核心。由图19-6可以看出，全国民政事业费实际支出占GDP比重在2010~2013年有小幅度上升，2013~2017年较为稳定，在0.6%左右，从2017年开始呈现下降趋势。民政事业费用实际支出占GDP比重为0.5%~1.0%，就能为社会稳定做出极大的贡献。但很明显近年来我们在社会救助方面的投入不够。

三、发展重点

(一) 完善救助瞄准机制

除了家庭人均收入外，家庭人口特征、家庭结构、户主特征、家庭财产状况、家庭自评经济状况都是影响获得救助的重要因素。试点推广代理家计调查法是一种相对较新的瞄准方法，最近几年在拉美地区被广泛推广，也被一些研究称为准家计调查。具体而言，该方法是指在核准家庭信息成本很高、难度很大的情况下，只需家访员记录家庭基本生活的情况，然后根据统计模型估算家庭的贫困

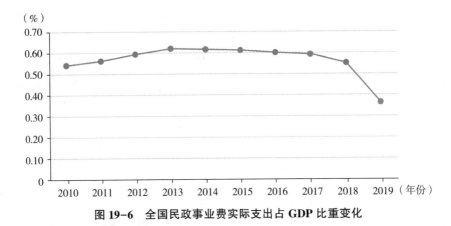

图 19-6　全国民政事业费实际支出占 GDP 比重变化

状况。由于我国目前的贫困人群大多从事农业工作或者非农就业中的非正规工作，使得收入的核准面临天然的难题，无法像美国等发达国家那样直接采用纳税记录等证明文件来核准家庭收入。代理家计调查法通过代理变量预测住户的收支情况，是一个节约成本的瞄准工具。

（二）制定相应参照的救助标准

我们应尽快制定以相对贫困标准作为参照物的低保标准测算方法，根据各地经济发展水平、风俗文化的不同，基于相对贫困标准的低保线测算方法可实现省级统一，由省政府在符合全国下限的基础上制定该省的相对低保和五保标准。根据低保的定义和《农村五保供养条例》中的规定，参照当地居民的生活水平，按照收入、消费等符合当地居民最低生活水平的比例设定动态调整框架。

（三）拓宽资金来源

中国社会救助保障资金不稳定，资金结构较为单一。中国社会救助资金主要是以中央财政为主，地方财政为辅。更加强调社会救助制度的普遍性，凡是收入低于政府规定的最低生活标准的贫困人口都可以申领，因此，应避免盲目照搬西方发达国家社会救助制度的做法，而使政府财政负担不堪重负。可以动员社会力量，对于企业而言，政府可以采取减免税费等优惠政策或者对相关企业进行宣传等方式，鼓励企业对民政事业进行投资或者捐献物资。同时，社会救助与慈善事业尚未形成互补。慈善事业也能够发挥保障弱势群体的重要功能，它与社会救助制度有着天然的功能互补空间，而且慈善事业更加灵活多元，因此，对于慈善机构而言，应引导慈善机构对民政事业提供相应的帮助。

第 四 篇

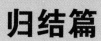

归结篇

第二十章

贴近百姓生活、文明社会之支柱产业

第一节　社会生活之共同需求

幸福产业能够满足涉及广大人民群众福祉的生活需求，即通过对主要生活物资的供给，满足人民群众生理与安全的双重需要。物质生活是社会生活的根本保障，包括人们在吃、穿、住、用、行等方面的生存和享受。物质条件的充裕在很大程度上满足了广大群众最基本的生理安全需求，保障了社会个体的生存自由，为形成幸福感提供基础。从社会发展的角度来看，社会中的每个个体在满足基本的生理和安全需求之后，社会生活的稳定发展便有了保障。幸福产业体系中与社会生活关系最为密切、联系最为普遍的是住房、粮食和医养产业，是最贴近百姓生活的基本民生项目。

首先，"民以食为天，以住为地"，凸显出了食物和住房对于人类的重要性，人们在从事各类社会文化活动之前首先要解决温饱问题。"米袋子""菜篮子""果盘子"产业是百姓生活物资供应的来源，粮食供应链的持续充足是社会生活稳定的前提，也是形成幸福感的动力源泉。特别是在此次新冠肺炎疫情的影响之下，之所以百姓生存上的物质需求可以满足，物质生活基本上没有受到疫情的影响，都得益于我国粮食储备丰富，存量充足，可见物资的持续供应保证了百姓生活的稳定，满足了基本的生理需求。

其次，住房作为百姓安身立命之所，给人以家庭归属感、认同感、隐秘感和安全感，满足了居民的安全保障需求。公共住房及物业服务产业作为幸福产业之首，体现了社会民本的思想。公共住房产业致力于为百姓提供一个安全舒适的居住场所，满足社会中每个群体的外在安全需求，尤其是对于社会中的低收入群体而言，政府投资建设的公共住房可以很好地保障这些弱势群体的住房需求，满足社会中不同阶层的共同需求，也有助于促进社会的和谐稳定。

再次，文化和旅游产业的发展满足了广大人民群众精神层面的需要。旅游业能体现人们的生活心态，也是幸福感最强的产业。在大众旅游时代，旅游已经成为衡量现代人生活质量的重要标准，是改善百姓生活条件、实现个体美好生活需求的最直接方式。旅游的本质是要让人们通过观光、休闲、度假等体验开阔视野、增长见识、实现身心的放松，大力发展文化、旅游产业，不仅标志着人民幸福健康的生活方式，也可以很大程度上促进消费、投资，助力经济发展。在继续发展幸福产业的基础上，着力提升各个产业的发展质量和效益，在改善人们生活质量的同时，也能满足百姓的消费需求。在疫情影响之下，线上生活方式的改变推动了产业转型和消费升级，为中国经济发展带来了新的强劲动力，生活逐步恢复正常之后，百姓的消费需求更加旺盛。消费需求的进一步扩大有助于社会文化生活的重建，增强消费的基础性作用，一方面可以满足人民的精神文化需求，维持稳定的幸福，另一方面也可以加快经济社会的发展，促进消费市场的繁荣。

最后，社会生活的安全需求还有来自医疗养老方面的保障。随着居民生活质量的提高，我国老年群体的数量越来越多，社会正在向人口老龄化迈进，构建一个养老、敬老的社会环境，提升社会整体幸福感是医养产业发展的最终目的。幸福产业旨在全面提升全体社会居民的幸福感，而根据我国实际国情和社会成员的发展趋势，养老产业正逐渐成为幸福产业中的"朝阳工程"，养老产业的兴起和发展有利于保障老年群体的生活，也为青年人减轻了家庭负担，从而提升了全民的生活质量和社会满意度。养老离不开医疗，"医"和"养"相结合的模式是提高老年群体生活质量的一个关键环节，应完善社会保障制度，为老年人提供有温度的日常生活服务，满足老年群体的生理安全需求，构筑社会整体的幸福家园。

社会是一个有机整体，社会生活的和谐有序离不开基本民生的稳定，个体的基本需求都来自物质方面的满足，切实保障百姓的基本需求，是推动民生经济健康发展的前提要求。不管是社会中的低收入弱势群体还是老年群体，生理安全需求都是每个社会个体需要满足的基本要求，只有最大限度地保障百姓的物质生活，满足社会生活的共同需求，才能有力地保障人民安居乐业和社会稳定发展，为建设精神文明社会打下坚实的基础。

第二节　满足最低消费的需求

满足最低消费的需求应实现对社会群体的全覆盖，通过满足贫困人口、低收入人群的基本生活需要，达到改善社会整体民生状况的目标。满足最低消费的需求是一种刚性需求，既是社会福利体系的深度改进，也是一个成熟社会的进步机制。因此，满足最低消费的产业在我国当前的经济社会中还占据着非常重要的地位。一般而言，满足最低消费的幸福产业解决的是人民群众最基本的需要。

首先，"米袋子""菜篮子""果盘子"产业以及大众餐饮服务产业等幸福产业能够提供各阶层需要的物质产品，并通过社会保障的转移支付功能满足贫困人口和低收入人口的最低消费需要。发展幸福产业并不意味着只满足中高收入人群的需要。实现对社会群体的全覆盖是构建幸福产业的题中应有之意。经济社会的建设成果理应由全体民众来享有。在"米袋子""菜篮子""果盘子"等产业的发展过程中，首先要将基本生活物资以廉价的、可获得的形式提供给人民群众。即使是在收入不高的群体中，基本生活物资的供给应该也是充足的，否则全社会的幸福感就无从谈起。同样地，大众餐饮服务产业一方面要为低收入群体提供消费产品，另一方面也应通过吸纳就业的方式帮助低收入群体提高收入。通过大力推动大众餐饮的升级，提高从业人员工资水平，从根本上改善低收入群体的生活条件。因此，发展幸福产业先要满足基本物资的最低消费需要，在此基础上才能发展满足其他需要的产业。

其次，公共住房产业的发展为弱势群体提供了生存庇护，促进社会和谐。古人对完美社会有着"大庇天下寒士俱欢颜"的理想。在一个幸福的社会中，人人有房住是重要的基础。特别是中国社会具有浓郁深厚的家庭观念，有家才有归属感。因此，住房往往是刚需。缺少住房会很大程度上影响人民群众的幸福感。在幸福产业的发展过程中，特别应注重低收入群体的居住问题。公共住房产业在很大程度上能够弥补以往经济发展过程中对低收入群体的忽视。在改革开放后相当长的一段时期内，购买商品房是人民群众获得住所的主要途径。然而，高昂的房价让低收入群体望而却步。由此，发展公共住房产业，提供大量廉价房、公租房，是帮助低收入群体扎根城市，弥补以往社会的救济功能缺失，促进社会和谐的重要路径。

最后，普惠的社保制度与公共医疗体系的完善让低收入群体老有所依、老有所养。养老和医疗是衡量社会发展程度的重要方面，也是实现最低消费的保障。我国目前面临着严重的老龄化问题，低收入群体未能完全纳入社保、医保体系中。与此同时，针对低收入阶层的养老和医疗产品并不多，使得该群体顾虑重重，消费能力受到很大制约，也严重阻滞了社会进步。医疗、养老等幸福产业的发展就是为了让低收入阶层同样老有所依、老有所养，放下包袱，以刺激消费。医疗、养老等行业所创造的价值不仅体现在物质层面，更突出体现在维护社会稳定、实现全社会共同进步等社会层面。当低收入阶层也得到全面的养老和医疗体系覆盖时，社会的整体发展水平将会迈上一个新的台阶。

第三节 高收入阶层也能得到满足

高收入阶层需要满足的需求包括尊重需求和自我实现需求。对于社会中高收入群体来说，基本的物质和精神需求通常都很容易得到满足，在生活质量方面的高标准追求使得他们开始寻求更高层次的需要。一个已经获得安全感的人，如果具有固定的住所和稳定的收入，他就会感觉到需要朋友、家人的陪伴，以及明晰自己在所处群体中的恰当位置，而这些心理上的需求可以通过参与社会活动来得到满足。在社会活动中，百姓对于精神层面的追求主要表现在文娱、体育、社交、教育等领域的消费性活动。参与社交、娱乐休闲等活动不仅可以满足情感归属等方面的需求，还能帮助我们保持积极的生活态度，在社会中找到归属感，维持幸福状态。

高收入人群的需求层面较普通人群更深一层，例如，高收入群体对于购房不仅仅局限于普通的自住，更加包含了投资和升级的目的，在消费方面，高收入阶层更追求身份和地位的体现，他们渴望获得更多的尊重，通过接受高等教育实现自我的人生价值，使幸福感得到最大限度的满足。

随着中国经济的高速发展，人们的生活价值观念和生活方式正在发生巨变，高收入人群在社会中的数量日益增多，庞大且快速增长的高收入群体对于品质生活的需求不断刷新。对于高收入群体来说，选择专业的家政服务可以满足他们的生活需求。家政服务范畴包括专业化程度高的家教、理财、保洁等新兴服务，个性化、多样化的服务发展为高收入群体提供高质量、安全便捷的服务享受。年迈的双亲可以得到温馨的照料和陪伴，婴幼儿童可以得到细心的看护和教育，繁杂的家务可以得到专业的料理和服务，全方位满足高收入阶层的不同生活需求，家庭质量提升了，由此也收获更多幸福感。

当社会发展到一定阶段时，居民的富裕程度会越来越高，幸福产业在发展提升型产业的过程中，对高收入群体的需求要重点关注。全民健身产业和成人教育产业同属于幸福产业中较高层次的提升产业，通过满足自我实现的需求来达成高收入群体的愿景。参与全民健身产业有助于百姓身体素质的提高，也体现出高收入人群对生活品质的追求，塑造一个健康积极的形象，表现出对生活的乐观态度，在心理上就会有成就感和满足感。同时，高收入阶层可以接受更多高质量的教育来满足自我实现的需求，他们有更好的物质条件和实力背景来享受成人教育，在认知的过程中培养高素质、多角度的学习思维，发挥自己的才能，实现理想抱负，从而得到满足和安慰，充分实现自身价值。

高收入阶层更渴望建立更高层次的精神生活。2020年是我国全面建成小康社会的决胜之年，小康阶段的需求主要来自社会中消费型产业带来的心理上的满足。在幸福产业体系中，发展消费型产业的多样化可以满足人们对于精神文化的需求和美好生活的向往。大众餐饮服务产业可以给消费者提供一个舒适的用餐环境，不同于在家吃饭，在消费场所享受优质的菜品、悠闲的环境以及贴心的服务带来的满足感会更多，因为接受的是外部所创造的现有事物，更容易产生心理上的愉悦，获得极大的幸福感。现如今越来越多的大众餐饮服务产业开始结合当下流行的外卖模式，利用新的基础设施来满足大众群体的消费需求，个性化的产品和服务不断升级，消费者的满意度也在随之提高。

高收入阶层作为社会国民经济的一大贡献主力，在需求的满足上有很强的自主意识，知道自己的实际需求，对于产品有理性的判断标准。这部分群体属于非价格主导性群体，更在乎产品的品质和形象，在乎产品的体验感受以及自身的心理需求，因此，在幸福产业的推动发展中，有针对性地满足这部分群体的品质化生活需求，当他们的高层次需求得到充分满足之后，就会带动社会整体向上发展，越来越多的人开始追求高质量的生活，社会经济发展也将逐步从小康迈向更富裕的阶段。

第四节　人人可参与的均等产业

创建人人可参与的均等产业是幸福产业社会均等化发展的核心。只有坚持社会公正，才能最大限度地激发人们的劳动热情与创造活力，增强人们的认同感，才能凝聚共识，形成合力。没有和谐、安定的社会环境，人民的幸福感也无从谈起。社会均等直接关系到人民的幸福感，关系到人民对生活的满意度、对社会的满意度、对政策的满意度，关系到社会的和谐稳定和国家的长治久安。正如党的十八大报告明确提出，逐步建立以权利均等、机会均等、规则均等为主要内容的幸福产业体系，保证人民平等参与、平等发展权利。

首先，"米袋子""菜篮子""果盘子"产业以及大众餐饮服务产业等幸福产业离不开每一位老百姓的参与。正所谓"国以民为本，民以食为天"。一方面，确保人人可参与的权利均等，要切实保障人民群众平等享有吃饱吃好的基本权利，推进"米袋子""菜篮子""果盘子"产业的高质量发展，不仅是让人民免于匮乏的自由的基本人权，而且要确保吃得安全，让人民免于食品安全的焦虑和恐惧，同样是一项基本权利，要促进幸福产业服务均等化，使不同地区、不同人群都能享受到吃饱吃好的基本权利及其待遇平等化。另一方面，确保人人可参与的权利均等，要全面提升餐饮业服务质量和水平，更好地满足广大人民群众的服务需求，推进大众餐饮服务产业的升级转型，更好地服务市民大众。因此，权利均等是底线的均等，也是生存权利的均等，人人皆可吃饱吃好是发展幸福产业的基础。

其次，"小康不小康，关键看住房"，公共住房及物业服务产业无疑是老百姓人人生活的立命之所。正所谓"安得广厦千万间，大庇天下寒士俱欢颜"。住房乃是中庸之道、幸福之本，拥有幸福感，从住房开始，一方面，确保人人可参与的权利均等，要确保人人拥有自己的住房才能拥有幸福感和归属感。所谓"安居"方能"乐业"，拥有自己的住房，才能生活得舒心、安心、放心，从而对未来有信心。实施有效的公共住房保障制度是确保人人住房幸福感增加的基础。另一方面，确保人人可参与的机会均等，同时，要把调节人民群众住房需求放在重要位置，推动各阶层享受住房机会的均等化，特别是"补好位"为困难群众提供基本住房保障，加快公共住房及物业服务产业等幸福产业的发展，让全体人民住有所居。因此，确保住房的权利均等，实现人人住进"安乐窝"是发展幸福产业的基础。

最后，"病有所医，医有所保"，体现了人人享有基本医疗卫生服务的权利，医养产业的发展无疑是老百姓生存安全的基石。正所谓"没有全民健康，就没有全面小康"，人人享有基本医疗卫生服务是维护社会公平正义、促进社会和谐的内在要求。一方面，确保人人可参与的权利均等，避免医疗卫生服务衍生为特权，解决医疗分布不均，优质资源匮乏的"看病难"问题，特别是确保弱势群体享有基本医疗卫生服务的权利，降低不公平现象的发生概率，才能打破"看病难"问题的束缚，筑牢人人均可参与的"幸福之基"。另一方面，确保人人可参与的权利均等，构建覆盖城乡居民的多层次医疗保障体系，织起覆盖全民的基本医疗保障安全网，发展医养产业等幸福产业。因此，确保医养的权利均等，实现人人享有医保、公平享有医保是发展幸福产业的基础。

第五节　物质文明与精神文明融合的产业

构建物质文明与精神文明融合的幸福产业，是聚焦并落脚于全面提升人民幸福感的关键。实现人民幸福感的全面提升需要具备一定的物质与精神基础，物质文明为精神文明的发展提供物质条件和实践经验，精神文明又为物质文明的发展提供精神动力和智力支持，两者彼此相连、相互促进。习近平总书记指出，只有物质文明建设和精神文明建设都搞好，国家物质力量和精神力量都增强，全国各族人民物质生活和精神生活都改善，以高度发达的精神文明引领物质文明高度发展，才能发展好幸福产业，使人民幸福，生活质量极大提高。

首先，"米袋子""菜篮子""果盘子"以及公共住房、医养等幸福产业的发展是实现物质文明、建设精神文明的基础。人的物质生活水平的改善、衣食住行水平的提高、生活方式的变化等是建设物质文明、提升居民幸福感的基础。一方面，物质文明建设与人民物质生活密切相关，与衣食住行相关的幸福产业在满足基本生理生存需求的基础上，逐步提高人民的生活水平。"吃饱吃好""安居乐业""病有所医，医有所保"等人民物质生活的极大丰富，能促进人民幸福感的全面提升。另一方面，精神文明建设是物质文明建设发展到一定阶段的产物，没有物质生活充实无忧的基础就难以形成精神文明建设的基础。只有"米袋子""菜篮子""果盘子"以及公共住房、医养这些最基本的需要得到满足，精神文明建设需要才能成为新的激励因素。

其次，文化产业、旅游休闲产业等幸福产业的发展是精神文明建设的重点。只有人民生活水平、生活质量得到提高，才愿意在精神文明生活方面投入更多的金钱，以满足自身精神生活的需要。物质资源极大丰富时，人们可以充分发挥自己的能动性，来获得最大的精神享受。一方面，文化民生事关人民群众的精神信仰、思想状况、文化权益和生活品质，保障人民基本文化权益是解决文化民生问题的重点，文化民生建设可以激发民众追求幸福生活的自觉性，提高创造幸福的能力，增强对文化产品优劣的辨别力，它是文化产业发展的根本动力，也是文化产业面朝幸福方向发展的重要条件。另一方面，旅游的本质是要让人们通过观光、休闲、度假等体验开阔视野、增长见识、陶冶情操，实现精神愉悦。旅游休闲产业是最能体现人们的生活心态，旅游是改善大众生存条件、实现个体美好生活的最直接的方式。因此，文化产业、旅游休闲产业等幸福产业均是精神文明建设的重要标志。

最后，成人教育产业和家政服务产业等幸福产业的发展是兼顾物质文明和精神文明均衡发展、相互促进、实现中国梦的关键。成人教育产业和家政服务产业的逐渐涌现，均是人民物质生活得到满足后的产物。一方面，成人教育产业的涌现源自于个人希望获得更好的就业机会、职业发展、加薪、当地居留许可和更高的社会地位，这些需求远远超出了物质生活需要的范畴，通过教育水平的提高有利于在职业生涯中获得幸福感，满足自己的生活欲望。另一方面，家政服务产业的产生既是专业家政服务人员提升物质生活水平的渠道，又是被服务家庭高品质生活的体现。为家庭提供了全方位的服务体系，是被服务家庭精神文化需求的间接体现，同时，也是解决再就业问题的主要渠道，是对从业人员物质生活的重要保障。因此，物质文明与精神文明协调发展不仅是人民幸福的重要特征，也是幸福产业发展的重要体现。

第六节　永恒的社会需求与永久的朝阳产业

　　幸福产业体现了公众对幸福的永恒追求，亦是助推创新、协调、绿色、开放、共享五大特征的朝阳产业。追求幸福是人生的永恒主题，也是人类一切活动的终极目的。人类文明的终极目标就是实现幸福最大化、最优化。幸福不能一蹴而就，而是需要一步一步推进。在物质丰富之后，需要找到更多的、可持续的幸福增长点。幸福产业具有强大的生命力，能够促使产业内部的协同发展，具有朝阳产业的发展特性。

　　首先，解决老百姓衣食住行的"米袋子""菜篮子""果盘子"以及公共住房、医养产业是永恒的朝阳产业。这些产业与需求层次中的生存需要和安全需要相对应，是人们生活的基础，也是人们感知幸福的基础。一方面，以上基础型产业的发展是人类生活的长期发展需求，是支柱性的永久朝阳产业。人吃五谷杂粮，衣食住行作为四大基本需求，关系百姓民生的基础性行业，其持续稳定性确保了该行业永远都会有市场，为感知幸福提供基础。另一方面，以上基础型产业的发展具有动态适应性，在维持产业构成的同时亦会有不同形式的改变，新经济刷新了中国人衣食住行的美好体验，带动了整个中国社会旺盛的新消费，涌现出盒马鲜生、滴滴、美团、饿了么等相关的新兴产业业态，始终维持着人们基本的生活需求，是人民生活中永久的朝阳产业。

　　其次，解决老百姓文娱生活的大众餐饮服务产业、文化产业、旅游休闲产业和家政服务产业亦是维持社会精神性需求和幸福感提升的朝阳产业。这些产业与需求层次中的情感与归属需要相对应，是人们生活水平提升到一定阶段后的幸福感知。一方面，大众餐饮服务产业和家政服务产业是对传统衣食住行产业的进一步升级，作为满足与服务群众日常生活需求的重要行业，不仅提供了高品质的餐饮服务，而且改变了传统的家庭生活方式，是增加大众幸福感的新兴朝阳产业；另一方面，文化和旅游休闲等保障型产业为需求的提升提供了保障，文化产业在为人民提供持续的文化消费产品的同时，满足了人民永恒的精神文化需求，同时，旅游使人们更加热爱生活，热爱大自然，丰富生活感悟的同时提升了人们的生活质量，其开放绿色的产业特性支撑了其朝阳产业的发展特性。

最后，为提升幸福提供源泉的成人教育产业和全民健身产业是满足更高层次需求的幸福产业，价值实现的精神性需求保证了其朝阳产业的发展特性。这些产业与需求层次中的尊重需要、自我提升需要相对应，有利于最大程度实现个人理想、抱负，发挥个人的能力。一方面，成人教育产业是提高全民族素质和劳动力水平的重要途径，能够提高或改变一个人的职业或职业资格，以及与职业相联系的社会地位，是长期自我价值与幸福感提升的关键途径。另一方面，全民健身产业的功能有助于提高居民身体素质、发展社会生产、振奋民族精神、实现个人的全面发展和社会文明的全面进步，这些价值实现的需要同样是个人与社会的永恒追求与永恒需求，对于提升公民的幸福感至关重要，属于最高层次的需求。因此，满足尊重需要、自我提升需要的幸福产业的发展不仅体现了人民永恒的社会需求，而且是面向社会的永久的朝阳产业。

第七节 现代经济体系中最稳定的产业

幸福产业是现代化经济体系中最为稳定的产业，保持其稳定增长是民生持续改善和幸福感持续攀升的关键。党的十九大报告指出，我国经济已由高速增长阶段转向高质量发展阶段，建设现代化经济体系是跨越关口的迫切要求和我国发展的战略目标。幸福产业机遇与挑战并存，自身构成与发展的稳定性是经济社会发展与人民幸福感提升的强大动力。稳中求进在把握好度和节奏的同时，实现新旧增长动能转换，努力推动产业发展与人民幸福感的同步提升。

首先，公共住房及物业服务，"米袋子""菜篮子""果盘子"，医养等基础型产业是人民生存与发展的长期稳定的基本需求，是建设现代经济体系中最为稳定的构成。一方面，涉及民生的衣食住行产业无论何时都是幸福产业中最为稳定的存在，是人类生存和繁衍不可或缺的，是人类社会生活的基本内容，为保障稳定的生活、感知幸福提供基础。另一方面，2020 年的新冠肺炎疫情对幸福产业的发展既是挑战也是机遇，其内部构成的传统基础型产业受冲击较大，需要适应性改进，通过造节、云观赏、直播带货等方式，积极寻找转型突破口，呈现出新兴业态。要以此为契机，改造提升传统产业，培育壮大新生产业。因此，基础型幸福产业的内部构成与发展的稳定性是相对的，要在保留原有发展稳定性的基础上，保持适度的变革性以适应环境的动态变化。

其次，大众餐饮服务、文化、旅游休闲、家政服务产业等保障型产业是生理需求和安全需求满足后的进阶需求，为维持幸福提供保障，亦是现代经济体系建设中最为稳定的构成。一方面，大众餐饮服务产业和家政服务产业为传统的家庭生活带来了新的体验，拓展了"米袋子""菜篮子""果盘子"产业的范畴与人民幸福的新的增长点，因为是涉及民生生活的进一步提升，对于稳定衣食住行产业同样具有较高的价值。另一方面，文化和旅游休闲产业是综合性、带动性强的产业，旅游业不仅与衣食住行等传统产业紧密相连，还能够有力地推动这些产业的发展，在百姓自身生活幸福中发挥着稳定持续的支撑作用。因此，保障型产业不仅促进了传统产业高效益发展，而且为幸福产业转变发展方式、优化经济结构、转换增长动力带来了新的机遇和挑战，是现代化经济体系中的稳定产业。

最后，全民健身、成人教育产业等提升型产业作为满足自我提升的最高层次需求的产业，为提升幸福提供源泉，是现代化经济体系中产业转型升级的关键，是建设幸福社会的基础，是提高人民群众生活质量和水平的保证。一方面，全民健身产业深度契合了加快建设体育强国、落实全民健身的国家战略，不断提高人民的健康水平，把满足人民健身需求、促进人的全面发展作为完善现代化产业体系的重点，成为实现经济社会发展与人民幸福感提升的必经之路。另一方面，成人教育产业作为促进个人全面发展和参与社会经济、文化的均衡而独立发展的产业，显著提升世界观的同时其幸福感也能得到大幅提升，为经济增长注入强大动力。因此，提升型产业在基础型产业和保障型产业的支持下，为实现我国经济创新力和竞争力增强，推动现代经济体系的稳定转型奠定了坚实的基础。

第八节　经济持续稳定发展的"定海神针"

随着经济社会的发展，中国特色社会主义建设进入了新时代。人民需要的不仅是物质生活的满足，还应包括精神生活的满足；不仅是个体层面的满足，还包括社会整体层面的满足；不仅是横向方面的满足，更是"以人为本"发展思想的全域满足。幸福产业能够满足公众全方位需求，更好促进公众个体在社会中全面提升价值，也能够深入贯彻落实社会全面发展战略方针思想。

一、幸福产业是社会全面发展的助推器

党的十九大报告指出，增进民生福祉是发展的根本目的。而民生的关键点在

于多为民生谋福利，多帮民生去忧心。幸福产业的建设不再以利润为核心目标，而在于关注民生问题，以民生力量带动经济发展，形成一种良性互动。因为民生问题包含最基础物质生活保证需求和对美好生活的向往。根据马斯洛需求层次理论，要注意各个层次需求之间的变化关系，从最基本的生理需求到最高层次的自我实现需求。因此，幸福产业的建设以民生社会经济为主要目标，以提供物质保障为最基础发展战略，是对人民从生存到发展的关怀的具体体现，而在人民生产和生活发展的基础上，幸福产业满足人们对美好生活的追求，注重提升民主、法治、公平、正义、安全、环境等方面质量。这就是幸福产业关注民生正义的体现，使民生社会经济发展更加稳定、长久。

（一）"米袋子""菜篮子""果盘子"

"米袋子""菜篮子""果盘子"产业是公众基础生活需求保障的来源，该产业首先帮助社会成员保障基本生存。只有"立身之本"得到满足，才有足够机会去提高个人精神层面的满足感。无论何时，不同收入水平的群体都需要足够的生活物资以确保生活无忧，这也是公众对社会产生认同感和不断发展自身素质的基点。只有发展好该产业，确保充足供给才能稳定社会秩序，达到和谐发展状态。

（二）公共住房

公共住房产业也是满足公众基本生理需求，为公众提供安居场所的基础产业，能够缓解我国房产市场过热、房价上涨对基层群众的压力。同时，公共住房产业积极建设保障性住房和廉租房，是为了缩小由于收入差距所造成的生活质量方面的巨大差异，让公众可以安居乐业，也是保障社会和谐的重要举措之一。

（三）"医疗、养老"产业

保障公众基础生活需求也离不开"医疗、养老"产业的建设保障。在此次新冠疫情的影响下，不难发现建设一个完备的医疗体系对国家人民生活的重要性。提高医疗水平和医疗保险体系建设对人民生活水平的提升、稳定社会秩序都起到关键作用。同时，在此次疫情之后要形成常态化的防疫体系与医疗物资合理储备系统，最大限度保障人民的生命安全，在未来突发公共卫生事件爆发之后，能达到精准防控的目标，让防疫体系覆盖整个社会，保持秩序的稳定。人民医疗体系的建设缓解了治愈过程中造成经济压力过大的负担。另外，随着我国人口结构中老龄化问题越来越明显，保障老年人生活水平也是刻不容缓的问题之一。而保障老年人生活水平需要"医疗"和"养老"两大产业相结合。由于我国人口结构的变化给不同收入阶层人民在养老方面造成一定负担，"医养"产业协同发展，使得老有所依，减少养老过程中的家庭成本，同时，保障老年人得到高质量服务，给予劳动人口在经济建设和个人全面发展过程中更多的空间，释放一定的消费空间，以更好地建设社会经济。

（四）旅游产业和文化产业

旅游产业和文化产业是在保障社会公众最基础生理需求后，重点满足公众精神文明层次需求，促进公众个体全面发展的必要部分。供给条件的升级是满足人民需求发展的重要途径，因而也就对旅游和文化产业的发展提出新要求。作为提升人民生活幸福感的重要战略方针，旅游和文化产业重在丰富个人人生观、价值观、世界观。使得个人在享受旅游文化服务的同时，缓解生活中的压力，愉悦身心，提升自身对社会生活的满足感和包容度，促进全面发展，也对个人自身发展和社会整体发展多一份认可，也是社会稳定的必要条件。同时，当公众在旅游和文化产业中获得了足够的满足感、幸福感，将带动相关产业的消费，有利于带动社会经济效益和质量的提升，对社会稳定和经济持续发展做出积极贡献。

（五）家政服务产业与大众餐饮服务产业

家政服务产业与大众餐饮服务产业旨在改善公众生活水平，提高生活层次。收入水平的提升促使家政服务产业为公众提供多样化、高质量的服务，使得人民自身可以有多余的空间与时间专注于实现自我价值，实现对社会经济建设的贡献，缓解照顾家庭方面的压力，使得自身、家庭、社会都受益于此，促进三者之间的和谐发展。而大众餐饮服务产业提供给消费者的更多是一种享受型服务，大众餐饮服务产业满足了消费者的个性化需求后，首先满足了自身发展效益的需要，有利于整体的社会经济建设。而对于消费者，就更加丰富了精神文明层面的满足，消费者会因为消费得到足够的满足感而不断促使自身发展，以保障这种高质量的满足，也就推动了社会整体建设的步伐。

（六）成人教育产业与全民健身产业

在社会经济不断发展，社会公众需要不断促进自身全面发展的同时，成人教育产业与全民健身产业的发展有利于公民满足自身全面发展的需要。这不同于最基础的物质保障需求，而是在新时期经济建设背景下，公众为了更好地融入社会建设而相匹配的产业模式。在全面建设现代化强国的时代背景下，人们需要社会经济建设中强化自身技能素质，培养不断创新的思维，不断学习，才能更好地在社会发展中获取回报，以保障各方面需求的满足。而受新冠肺炎疫情影响，各个收入阶层人民都意识到了健康对于生活的重要性，拥有一个健康的体魄，不仅是为自身赢得了一笔"财富"，也为家庭、社会发展提供了活力。同时，不断更新与完善的教育与全民健身产业能为社会稳定发展输送"新鲜血液"，也更加符合产业建设的使命要求。

习近平总书记在庆祝改革开放四十年大会中曾提到，为中国人民谋幸福，为中华民族谋复兴，是中国共产党人的初心与使命。改革开放政策实施以来，我国经济建设取得了令人瞩目的成就，但在新技术、新思维的冲击下，我国经济发展人口红利期即将过去，实现公众个体自身全面发展，刺激产业结构优化升级是经济高质量发展的必然选择。而在中国特色社会主义建设新时代，幸福产业的提出与建设不仅是对过去旧产业结构的变革，更是为经济新常态下的绿色发展与民生社会经济奠定基础。

二、社会保障制度建设是幸福经济建设的必然要求

社会保障制度建设同样从民生社会经济建设出发，保障制度的建设是为了兼顾经济发展公平性与社会整体福利最大化，体现社会发展"以人为本"的理念，与幸福产业相互促进，体现幸福产品与服务分配合理化，更好地促进国家社会稳定持续发展。

（1）社会保障制度建设是社会稳定发展的前提基础。幸福产业建设以发展产业模式和满足需求为研究目的，对国家社会经济与产业结构升级起到关键作用。幸福产业为推动人的全面发展、经济高质量发展、社会全面进步提供所需的幸福产品。同时，为保障产业优势落到实处，社会保障制度在分配体系中扮演重要角色。首先，社会保障制度重视基础分配，以社会救助、最低生活保障等多种形式满足基础物质需求。其次，社会保障制度在医疗、养老、保险等方面，利用财政调节帮助下岗职工缓解其在养老、医疗方面的压力，基本医疗和养老保险的覆盖面广，保障项目全，也有力缓解了经济发展的阻力，为社会发展起到了"定心丸"的作用。最后，社会保障制度有利于解决分配不公问题，缩小各个收入阶层之间的差距，同时，改善地区间、结构上存在的差异化问题，逐步改善"哑铃型"收入结构，是强调公平和正义的具体表现。社会保障制度使得公众更加体会到当家做主的国家发展理念，保障公众在社会发展中的权益，稳固公众对社会强烈的认同感与满足感，由此可见，良好的社会保障制度有利于促进社会和谐稳定发展，形成良性循环机制。

（2）社会保障制度是促进社会创新发展的重要推动力。幸福产业的发展注重满足人民的美好生活需要，注重幸福经济的建设与发展，而社会保障制度帮助

缓解公众的后顾之忧，使得人民以更幸福的状态参与幸福经济建设，更好地促使人们去追求美好的民生经济生活，从而促进幸福产业的升级，形成一种良性互动关系。

在社会保障制度满足最基础需求之后，提升社会公平性，让幸福产业在社会经济建设中促使公众全面发展的作用更加有效。在提升公众物质文明与精神文明层次之后，促进公众追求更高层次需求的发展，激发社会整体创新意识。同时，社会全面发展能挖掘出公众的创新潜力，使公众积极投身于社会建设新发展中，将新需求、新思维、新模式应用于社会经济的持续发展之中，形成一种循环创新发展态势。

幸福产业构建着力解决民生社会经济发展的各种问题，幸福产业涵盖满足人民各种需求的生产与服务领域，旨在全面提升人民生活的幸福感和满意度。发展产业的基本目标是实现经济的发展，但目前社会的主要矛盾已经转化为人民日益增长的美好生活需要和不平衡不充分的发展之间的矛盾。转变幸福产业的经济发展模式，有利于形成经济、绿色的发展模式，与社会保障制度相容，两者相互促进；有利于推动民生社会经济稳定持续发展，成为我国经济持续稳定与高质量发展的"定海神针"。

参考文献

［1］ Andersson D. , Naessen J. , Larsson J. , et al. Greenhouse Gas Emissions and Subjective Well-being: An Analysis of Swedish Households ［J］. Ecological Economics, 2014, 102 （102）: 75-82.

［2］ Bimonte S. , Faralla V. Tourist Types and Happiness a Comparative Study in Maremma, Italy ［J］. Annals of Tourism Research, 2012 （4）: 1929-1950.

［3］ Carley M. Social Measurement and Social Indicators ［J］. Issues of Policy and Theory, 1981: 34-40.

［4］ Csikszentmihalyi M. , Larson R. W. Validity and Reliability of the Experience-Sampling Method ［J］. Journal of Nervous and Mental Disease, 1987, 175 （9）: 526-536.

［5］ Diener E. Subjective Well-being ［J］. Psychology Bulletin, 1984, 95 （3）: 542-575.

［6］ Diener E. , Emmons R. A. , Larsen R. J. , et al. The Satisfaction with Life Scale ［J］. Journal of Personality Assessment, 1985, 49 （1）: 71-75.

［7］ Dolnicar S. , Lazarevski K. , Yanamandram V. Quality of Life and Tourism: A Conceptual Framework and Novel Segmentation Base ［J］. Journal of Business Research, 2011 （66）: 724-729.

［8］ Easterlin R. A. Does Economic Growth Improve the Human Lot? Some Empirical Evidence ［M］. Pittsburgh: Academic Press, 1974.

［9］ George M. K. Happiness Economics from 35000 Feet ［J］. Journal of Economic Surveys, 2012 （26）: 4.

［10］ Kahneman D. , Krueger A. B. , Schkade D. A. , et al. A Survey Method for Characterizing Daily Life Experience: The Day Reconstruction Method ［J］. Science, 2004, 306 （5702）: 1776-1780.

［11］ Kim J. , James J. D. Sport and Happiness: Understanding the Relations Among Sport Consumption Activities, Long- and Short-term Subjective Well-being, and Psychological Need Fulfillment ［J］. Journal of Sport Management, 2019, 33 （2）: 119-132.

［12］Kotakorpi K. , Laamanen J. P. Welfare State and Life Satisfaction：Evidence from Public Health Care ［J］. Economica, 2010, 77 （707）：565-583.

［13］Kozma A. , Stones M. J. The Measurement of Happiness：Development of the Memorial University of Newfoundland Scale of Happiness ［J］. The Journals of Gerontology, 1980, 35 （6）：906-912.

［14］Liang Y. , Kongjoo S. , Shunsuke M. Subjective Well-being and Environmental Quality：The Impact of Air Pollution and Green Coverage in China ［J］. Ecological Economics, 2018, 153：124-138.

［15］Lu L. , Gilmour R. , Kao S. F. , et al. Two Ways to Achieve Happiness：When the East Meets the West ［J］. Personality and Individual Differences, 2001, 30 （7）：1161-1174.

［16］Mccabe S. , Johnson S. The Happiness Factor in Tourism：Subjective Well-being and Social Tourism ［J］. Annals of Tourism Research, 2013 （41）：42-65.

［17］Miret M. , et al. Health and Happiness：Cross-sectional Household Surveys in Finland, Poland and Spain ［J］. Bulletin of the World Health Organization, 2014, 92：716-725.

［18］Neugarten B. L. , Havighurst R. J. , Tobin S. S. The Measurement of Life Satisfaction ［J］. Journal of Gerontology, 1961 （2）：2.

［19］Seresinhe C. I. , Preis T. , Mackerron G. , et al. Happiness is Greater in More Scenic Locations ［J］. Scientific Reports, 2019, 9 （1）：4498.

［20］Stanca L. The Geography of Economics and Happiness：Spatial Patterns in the Effects of Economic Conditions on Well-being ［J］. Social Indicators Research, 2010, 99 （1）：115-133.

［21］Zagorski K. , Kelley J. , Evans M. D. R. Economic Development and Happiness：Evidence from 32 Nations ［J］. Polish Sociological Review, 2010 （169）.

［22］柴化敏. 中国城乡居民医疗服务需求与医疗保险研究 ［D］. 天津：南开大学, 2013.

［23］常建勇, 龙玉其, 贾可卿. 分配正义：社会保障的根本价值诉求——概念、渊源、机理与实践 ［J］. 中国行政管理, 2014 （11）：77-81.

［24］陈东, 张郁杨. 不同养老模式对我国农村老年群体幸福感的影响分析——基于 CHARLS 基线数据的实证检验 ［J］. 农业技术经济, 2015 （4）：78-89.

［25］陈刚, 李树. 政府如何能够让人幸福？——政府质量影响居民幸福感的实证研究 ［J］. 管理世界, 2012 （8）：55-67.

［26］陈工, 何鹏飞, 梁若冰. 政府规模、政府质量与居民幸福感 ［J］. 山

西财经大学学报，2016，38（5）：11-21.

［27］陈世清．幸福经济［M］．北京：中国时代经济出版社，2005.

［28］陈帅，梁昌勇．基于 CNKI 的国内医养结合领域研究进展分析［J］．医学与社会，2020，33（9）：106-110.

［29］崔彩周．幸福导向型产业发展制约因素及因应策略——来自广东省的例证［J］．经济体制改革，2013（1）：98-102.

［30］邓大松，杨晶．养老保险、消费差异与农村老年人主观幸福感——基于中国家庭金融调查数据的实证分析［J］．中国人口科学，2019（4）：43-55+127.

［31］丁建定，王伟．改革开放以来党对中国特色社会保障制度目标的认识［J］．社会保障研究，2019（3）：3-11.

［32］段志光，王彤，李晓松等．大健康背景下我国公共卫生人才培养的政策研究［J］．中国工程科学，2019，21（2）：61-68.

［33］冯志峰．供给侧结构性改革的理论逻辑与实践路径［J］．经济问题，2016（2）：12-17.

［34］高国平．产业视角下成人高等教育发展刍议［J］．中国成人教育，2018（10）：32-34.

［35］高园．产业发展、民生幸福与地方政府治理的良性互动——旅游目的地居民幸福指数的价值探论［J］．理论导刊，2012（9）：89-91.

［36］郭克莎．中国工业化的进程、问题与出路［J］．中国社会科学，2000（3）：60-71+204.

［37］郭淑芬，王艳芬，黄桂英．中国文化产业效率的区域比较及关键因素［J］．宏观经济研究，2015（10）：111-119.

［38］国家发展改革委社会发展司．社会事业补短板　幸福产业稳增长［J］．宏观经济管理，2016（11）：38-40.

［39］何德旭，姚战琪．中国产业结构调整的效应、优化升级目标和政策措施［J］．中国工业经济，2008（5）：46-56.

［40］何晖，李全胜．健康中国战略背景下基本养老保险对居民幸福感的影响机制研究——基于 CHARLS 数据的实证分析［J］．社会保障研究，2019（6）：55-64.

［41］何立新，潘春阳．破解中国的"Easterlin 悖论"：收入差距、机会不均与居民幸福感［J］．管理世界，2011（8）：11-22+187.

［42］何凌云．政府质量、公共支出与居民主观幸福感［D］．武汉：华中科技大学，2014.

［43］何文炯．中国社会保障：从快速扩展到高质量发展［J］．中国人口科

学，2019（1）：2-15+126.

[44] 侯兵，周晓倩. 长三角地区文化产业与旅游产业融合态势测度与评价 [J]. 经济地理，2015（11）：211-217.

[45] 侯令忠，王全昌. 一圈二线三岸地域体育发展模式研究 [M]. 北京：中国社会科学出版社，2017.

[46] 侯明，张贵凤，曲洋. 地方财政社会保障支出的就业效应——基于空间面板模型的实证研究 [J]. 华东经济管理，2020，34（5）：105-112.

[47] 侯玉波，葛枭语. 收入不平等与收入再分配对幸福感的影响——基于社会认知视角 [J]. 北京大学学报（哲学社会科学版），2020，57（1）：150-160.

[48] 侯志阳. 社会保险能否让我们更幸福？——基于阶层认同的中介作用和公共服务绩效满意度的调节作用 [J]. 公共行政评论，2018，11（6）：87-111+211-212.

[49] 胡鑫. 精准扶贫中社会保障制度的合理利用 [J]. 人民论坛，2019（3）：60-61.

[50] 华颖. 中国医疗保险经办机制：现状评估与未来展望 [J]. 西北大学学报（哲学社会科学版），2020，50（3）：157-166.

[51] 黄曦，傅红春. 财政支出政策、收入水平与居民幸福感——来自中国综合社会调查的分析 [J]. 经济与管理，2019，33（2）：38-44.

[52] 黄有光. 金钱能买快乐吗？ [M]. 成都：四川人民出版社，2002.

[53] 江小涓. 产业结构优化升级：新阶段和新任务 [J]. 财贸经济，2005（4）：3-9+71-96.

[54] 江小娟. 中国体育产业：发展趋势及支柱地位 [J]. 管理世界，2018（5）：1-9.

[55] 康君. 基于政策效应的民众幸福感测量研究 [J]. 统计研究，2009，26（9）：82-86.

[56] 匡亚林. 新时代聚焦新发展：我国社会保障体系建设研究 [J]. 行政管理改革，2018（5）：39-44.

[57] 李刚，王斌，刘筱慧. 国民幸福指数测算方法研究 [J]. 东北大学学报（社会科学版），2015，17（4）：376-383.

[58] 李路路，石磊. 经济增长与幸福感——解析伊斯特林悖论的形成机制 [J]. 社会学研究，2017，32（3）：95-120+244.

[59] 李胜会，宗洁. 经济发展、社会保障财政支出与居民健康——兼对逆向选择行为的检验 [J]. 宏观经济研究，2018（11）：26-43.

[60] 李涛，史宇鹏，陈斌开. 住房与幸福：幸福经济学视角下的中国城镇

居民住房问题［J］. 经济研究，2011，46（9）：69-82+160.

［61］李焰，赵君. 大学生幸福感及其影响因素的研究［J］. 清华大学教育研究，2005（S1）：168-174.

［62］李焰，赵君. 幸福感研究概述［J］. 沈阳师范大学学报（社会科学版），2004（2）：22-26.

［63］李珍，王怡欢，张楚. 中国失业保险制度改革方向：纳入社会救助——基于历史背景与功能定位的分析［J］. 社会保障研究，2020（2）：68-75.

［64］梁斌，冀慧. 失业保险如何影响求职努力？——来自"中国时间利用调查"的证据［J］. 经济研究，2020（3）：179-197.

［65］梁土坤. 低保政策、家庭结构与贫困人口幸福感［J］. 现代经济探讨，2019（5）：29-39.

［66］梁兴辉，车娟娟. 幸福指数测量方法研究综述［J］. 山西财经大学学报，2012，34（S4）：4.

［67］林洪，温拓. 国民主观幸福感的实证研究——以广东21地市为例［J］. 当代财经，2010（5）：32-39.

［68］林闽钢. 社会保障如何能成为国家治理之"重器"？——基于国家治理能力现代化视角的研究［J］. 社会保障评论，2017，1（1）：34-42+134.

［69］刘佳. "国家—社会"共同在场：突发公共卫生事件中的全民动员和治理成长［J］. 武汉大学学报（哲学社会科学版），2020，73（3）：15-22.

［70］刘乐，周路艳，李雪文等. 不同类型医养结合模式下老年人孤独感与主观幸福感［J］. 中国老年学杂志，2020，40（18）：3990-3992.

［71］刘伟，苏剑. "新常态"下的中国宏观调控［J］. 经济科学，2014（4）：5-13.

［72］刘小鸽，司海平，庞嘉伟. 地区代际流动与居民幸福感：基于代际教育流动性的考察［J］. 世界经济，2018，41（9）：171-192.

［73］刘又堂. 全域旅游视阈下旅游目的地功能变化［J］. 社会科学家，2016（10）：90-94.

［74］鲁全. 社会保障在重大突发公共卫生事件中的功能研究［J］. 中共中央党校（国家行政学院）学报，2020，24（3）：36-41.

［75］罗楚亮. 城乡分割、就业状况与主观幸福感差异［J］. 经济学，2006（2）：817-840.

［76］罗斯托. 政治和成长阶段［M］. Cambridge Books，1971.

［77］马红鸽，席恒. 收入差距、社会保障与提升居民幸福感和获得感［J］. 社会保障研究，2020（1）：86-98.

[78] 马秀莲，范翻．住房福利模式的走向：大众化还是剩余化？基于 40 个大城市的实证研究 [J]．公共管理学报，2020，17（1）：110+120+173．

[79] 马志远，刘珊珊．中国国民幸福感的"镜像"与"原像"——基于国内外权威数据库的相互辅证与 QCA 适配路径分析 [J]．经济学家，2019（10）：46-57．

[80] 牛海，孟捷．新时代我国社会保障体系的主要矛盾及其优化路径研究 [J]．西北大学学报（哲学社会科学版），2019，49（4）：99-103．

[81] 庞善东．中国与发达国家体育产业发展的经济条件比较分析 [J]．南京体育学院学报，2014（4）：42-49．

[82] 彭代彦，吴宝新．农村内部的收入差距与农民的生活满意度 [J]．世界经济，2008（4）：79-85．

[83] 彭凯平．幸福产业是新的经济增长点 [N]．人民日报，2019-08-20（8）．

[84] 桑林．社会医疗保险对居民幸福感的影响及内在机制研究 [J]．社会保障研究，2018（6）：31-45．

[85] 施卫华．调整产业结构　幸福导向优先 [J]．广东经济，2012（7）：1．

[86] 孙立新，乐传永．嬗变与思考：成人教育理论研究 70 年 [J]．教育研究，2019，40（5）：123-132．

[87] 孙守纪，杨一．美国失业保险逆周期调节机制研究 [J]．经济社会体制比较，2020（3）：18-27

[88] 孙早，刘李华．社会保障、企业家精神与内生经济增长 [J]．统计研究，2019，36（1）：77-91．

[89] 孙智君，李响．文化产业集聚的空间溢出效应与收敛形态实证研究 [J]．中国软科学，2015（8）：173-183．

[90] 谈在祥，吴松婷，韩晓平．美国、日本突发公共卫生事件应急处置体系的借鉴及启示 ——兼论我国新型冠状病毒肺炎疫情应对 [J]．卫生经济研究，2020，37（3）：11-16．

[91] 唐珍名．提升幸福：文化产业发展的重大使命 [N]．光明日报，2011-10-23（7）．

[92] 陶纪坤．共享发展视角下我国社会保障再分配机制及实现方式研究 [J]．当代经济研究，2020（2）：78-87+113．

[93] 田朝辉，唐天龙．我国体育产业发展研究 [M]．西安：西北工业大学出版社，2016．

[94] 田国强，杨立岩．对"幸福—收入之谜"的一个解答 [J]．经济研究，2006（11）：4-15．

［95］王立剑，代秀亮．重大突发公共危机事件中的社会保障应急机制［J］．西安交通大学学报（社会科学版），2020，40（4）：23-32．

［96］王小鲁．中国经济增长的可持续性与制度变革［J］．经济研究，2000（7）：3-15+79．

［97］魏巍．基于产业价值链共建的我国体育产业与健康产业协同发展模式研究［J］．当代经济管理，2015（10）：69-73．

［98］温子勤，胡梦珂，叶德珠．居民幸福满意度与经济增长关系的实证分析［J］．统计与决策，2016（11）：100-101．

［99］希尔科·布罗克曼，简·德尔海，克里斯蒂·韦尔泽等．中国困惑：经济增长与幸福感的背离［J］．国外理论动态，2014（5）：75-87．

［100］习近平．决胜全面建成小康社会夺取新时代中国特色社会主义伟大胜利——在中国共产党第十九次全国代表大会上的报告［N］．人民日报，2017-10-28（1）．

［101］习近平．在全国党校工作会议上的讲话［M］．北京：人民出版社，2015．

［102］习近平在参加湖北代表团审议时强调　整体谋划系统重塑全面提升　织牢织密公共卫生防护网［J］．理论导报，2020（5）：8-9．

［103］习近平在全国卫生与健康大会上强调　把人民健康放在优先发展战略地位努力全方位全周期保障人民健康［J］．党建，2016（9）：4-6+9．

［104］习近平主持召开中央全面深化改革委员会第十二次会议强调：完善重大疫情防控体制机制　健全国家公共卫生应急管理体系［J］．中国建设信息化，2020（5）：2-3．

［105］夏杰长，周玉林．旅游业是最具发展潜力的幸福产业——中国社会科学院财经战略研究院副院长夏杰长教授访谈［J］．社会科学家，2019（5）：3-6+161．

［106］肖仲华．经济学理解的幸福［J］．学术论坛，2011，34（4）：120-122．

［107］谢彦君．基础旅游学［M］．北京：中国旅游出版社，2004．

［108］邢占军．主观幸福感研究：对幸福的实证探索［J］．理论学刊，2002（5）：57-60．

［109］徐金海．文化和旅游关系刍论：幸福的视角［J］．旅游学刊，2019，34（4）：3-5．

［110］徐明江，赵云仙，王碧艳．广西医养结合养老机构失能老人长期照护现状研究［J］．中国农村卫生事业管理，2020，40（8）：583-588．

［111］杨海波，高兴民．以高质量文化供给增强人民的获得感与幸福感

[J]. 出版广角，2019（9）：17-20.

[112] 杨君．"创造幸福的产业"[N]．光明日报，2013-11-28（16）.

[113] 杨立雄．"一揽子"打包，还是单项分类推进？——社会救助立法的路径选择 [J]．社会保障评论，2020，4（2）：56-69.

[114] 杨世谷．成人教育可持续发展探索 [J]．中国成人教育，2018（10）：56-61.

[115] 姚玲珍．德国社会保障制度 [M]．上海：上海人民出版社，2011.

[116] 叶德珠，曾繁清，郑贤．幸福满意度、内需驱动型产业发展与经济增长方式转变 [J]．产经评论，2016，7（3）：69-78.

[117] 叶林祥，张尉．主观空气污染、收入水平与居民幸福感 [J]．财经研究，2020，46（1）：126-140.

[118] 叶南客，陈如，饶红等．幸福感、幸福取向：和谐社会的主体动力、终极目标与深层战略——以南京为例 [J]．南京社会科学，2008（1）：87-95.

[119] 殷金朋，赵春玲，贾占标等．社会保障支出、地区差异与居民幸福感 [J]．经济评论，2016（3）：108-121.

[120] 于秀伟．从"三支柱模式"到"三层次模式"——解析德国养老保险体制改革 [J]．德国研究，2012，27（2）：70-79+126.

[121] 余红伟，沈珺，李丹丹．中等收入阶层幸福感测度及影响因素研究 [J]．中国人口·资源与环境，2016，26（11）：115-123.

[122] 禹新荣，陈湘舸．文化产业发展的深层原因与历史作用透视 [J]．经济学家，2008（2）：26-30.

[123] 袁正，郑欢，韩骁．收入水平、分配公平与幸福感 [J]．当代财经，2013（11）：5-15.

[124] 约翰·肯尼思·加尔布雷思．丰裕社会 [M]．上海：上海人民出版社，1958.

[125] 岳经纶，尤泽锋．挤压当前还是保障未来：中低收入阶层养老保险幸福效应研究 [J]．华中师范大学学报（人文社会科学版），2018，57（6）：20-29.

[126] 詹启敏．后疫情时代公共卫生人才培养的若干思考 [N]．中国青年报，2020-04-27（6）.

[127] 张浩成，方纪元，沈阳等．养老机构医养结合服务质量评价指标体系的构建——基于 SPO 模型 [J]．卫生软科学，2020，34（9）：23-27.

[128] 张鸿雁．迪士尼文化给我们带来什么启示——对中国文化建设的五重反思 [J]．探索与争鸣，2016（2）：33-35.

[129] 张进，马月婷．主观幸福感概念、测量及其与工作效能变量的关系

[J]．中国软科学，2007（5）：60-68.

[130] 张居营，周可．产业结构升级对中国经济波动的"稳定器"效应——基于部门价格粘性异质性视角的动态分析 [J]．经济问题探索，2019（12）：172-180.

[131] 张小瑛．马克思经济学的社会保障理论及当代启示 [J]．经济纵横，2018（12）：9-15.

[132] 张颖熙，夏杰长．新时代健康服务业发展的战略思考 [J]．劳动经济研究，2018，6（5）：82-98.

[133] 张志芳，林荣金，林志明等．医养结合养老院老人生活满意度、孤独症及其影响因素研究 [J]．中医药管理杂志，2020，28（16）：33-36.

[134] 赵树梅．我国保障性住房发展存在的问题及对策 [J]．宏观经济管理，2014（4）：71-72+81.

[135] 赵志立．文化产业：提升国民幸福总值 [N]．光明日报，2011-10-07（4）．

[136] 郑君君，刘璨，李诚志．环境污染对中国居民幸福感的影响——基于CGSS 的实证分析 [J]．武汉大学学报（哲学社会科学版），2015，68（4）：66-73.

[137] 周春平，蒋伏心．主观幸福感影响因素及其对科学发展观的启示 [J]．现代经济探讨，2010（12）：46-48+52.

[138] 周绍杰，王洪川，苏杨．中国人如何能有更高水平的幸福感——基于中国民生指数调查 [J]．管理世界，2015（6）：8-21.

[139] 周忠良．国外突发公共卫生事件应对体系比较 [J]．人民论坛，2020（10）：48-52.

[140] 朱金鹤，王军香．居民幸福感研究评述——基于测度方法、影响因素与区域实证的视角 [J]．新疆大学学报（哲学·人文社会科学版），2016，44（4）：31-37.

[141] 左学金．幸福和幸福经济学 [J]．江西社会科学，2007（3）：7-12.